REVISTA DE DIREITO MERCANTIL industrial, econômico e financeiro

139

Publicação do
Instituto Brasileiro de Direito Comercial Comparado
e Biblioteca Tullio Ascarelli
do Departamento de Direito Comercial
da Faculdade de Direito da Universidade de São Paulo

Ano XLIV (Nova Série)
julho-setembro/2005

MALHEIROS EDITORES

REVISTA DE DIREITO MERCANTIL
industrial, econômico e financeiro

Nova Série — Ano XLIV — n. 139 — julho-setembro de 2005

REVISTA DE DIREITO MERCANTIL
publicação trimestral de
MALHEIROS EDITORES LTDA.
Rua Paes de Araújo, 29, conjunto 171
CEP 04531-940
São Paulo, SP - Brasil
Tel. (011) 3078-7205
Fax: (011) 3168-5495

Diretor Responsável: Álvaro Malheiros
Diretora: Suzana Fleury Malheiros

Assinaturas e comercialização:
CATAVENTO DISTRIBUIDORA DE LIVROS S.A.
Rua Conselheiro Ramalho, 928
CEP 01325-000
São Paulo, SP - Brasil
Tel. (011) 3289-0811
Fax: (011) 3251-3756

Supervisão Gráfica: Vânia Lúcia Amato
Composição: *Scripta*

SUMÁRIO

DOUTRINA

O INVESTIDOR QUALIFICADO NO DIREITO COMPARADO 7
– Arnoldo Wald

FUNÇÃO SOCIAL DO CONTRATO E DIREITO DE EMPRESA 29
– Rachel Sztajn

ATUALIDADES

OS PRINCÍPIOS DO CÓDIGO CIVIL E O DIREITO DE EMPRESA 50
– Wilges Bruscato

O DIREITO, O MERCADO, O CONTRATO, OS RISCOS LEGAIS E A CERTEZA JURÍDICA 76
– Almir Rogério Gonçalves

AS RELAÇÕES MULTIFORMES ENTRE CONTRATO E RISCO 109
– Maria Luíza Pereira de Alencar Mayer Feitosa

SÉCULO XXI, A ERA DO NÃO-CONTRATO? 127
– Márcia Carla Pereira Ribeiro

O CONTRATO DE REPRESENTAÇÃO OU AGENTE INTERNACIONAL NO MERCADO GLOBALIZADO 144
– Cláudio Luiz Gonçalves de Souza

SEGURO-GARANTIA JUDICIAL 152
– Renato Buranello

INTERPRETAÇÃO DOS §§ 8º E 9º DO ART. 118 DA LEI DAS S/A 155
– Nelson Eizirik

ARBITRAGEM NAS SOCIEDADES ANÔNIMAS: ASPECTOS POLÊMICOS DA VINCULAÇÃO DOS ACIONISTAS NOVOS, AUSENTES, DISSIDENTES E ADMINISTRADORES À CLÁUSULA COMPROMISSÓRIA ESTATUTÁRIA, APÓS A INCLUSÃO DO § 3º AO ART. 109 DA LEI 6.404/1976 PELA LEI 10.303/2001 .. 164
– Marco Aurélio Gumieri Valério

CONCORRÊNCIA DESLEAL E SEGREDOS DE FÁBRICA E DE NEGÓCIO – ANÁLISE DO ART. 195, XI, DA LEI DA PROPRIEDADE INDUSTRIAL (LEI 9.279/1996) 177
– Flávia Parente

PATENTES DE MEDICAMENTOS E SAÚDE PÚBLICA 189
– GUSTAVO FÁVARO ARRUDA e PABLO DE CAMARGO CERDEIRA

ASPECTOS RELEVANTES DO PROGRAMA DE LENIÊNCIA 202
– JULIANA GIRARDELLI VILLELA

O ACORDO DE SUBSÍDIOS E MEDIDAS COMPENSATÓRIAS DA ORGANIZAÇÃO MUNDIAL DO COMÉRCIO 216
– ALEXANDRE MARQUES DA SILVA MARTINS

DIREITO E ECONOMIA

ANÁLISE ECONÔMICA DO DIREITO (AED): PARANÓIA OU MISTIFICAÇÃO? 242
– PAULA A. FORGIONI

ESPAÇO DISCENTE

RESOLUÇÃO DA SOCIEDADE LIMITADA EM RELAÇÃO A UM SÓCIO NO CÓDIGO CIVIL DE 2002 257
– BEATRIZ TROVO

JURISPRUDÊNCIA COMENTADA

CANCELAMENTO DE CONTRATO DE SEGURO SOB ALEGAÇÃO DE AUMENTO SAZONAL DA SINISTRALIDADE – ABUSIVIDADE – APLICAÇÃO DO CÓDIGO DE DEFESA DO CONSUMIDOR 271
– TARCÍSIO TEIXEIRA

PROPRIEDADE INDUSTRIAL – SEMELHANÇA ENTRE LOGOMARCAS.
Identidade de atividade empresarial – Produto com marca registrada no INPI 279
– ANALI DE OLIVEIRA ANHUCI

COLABORAM NESTE NÚMERO

ALEXANDRE MARQUES DA SILVA MARTINS

Procurador da Fazenda Nacional – Especialista em Direito Empresarial pela PUC/SP e em Integração Econômica e Direito Internacional Fiscal pela Universidade de Münster/Alemanha e FGV/RJ – Professor universitário

ALMIR ROGÉRIO GONÇALVES

Advogado em São Paulo

ANALI DE OLIVEIRA ANHUCI

Advogada – Especialista em Direito Processual Civil pelo Centro de Extensão Universitária

ARNOLDO WALD

Professor Catedrático de Direito Civil da Faculdade de Direito da UERJ. Doutor *Honoris Causa* da Faculdade de Direito de Paris (II). Presidente da Academia Internacional de Direito e Economia. Membro da Corte Internacional de Arbitragem da Câmara Internacional de Comércio (CCI). Advogado

BEATRIZ TROVO

Mestranda da Faculdade de Direito da USP

CLÁUDIO LUIZ GONÇALVES DE SOUZA

Advogado – Pós-Graduado em Administração do Comércio Exterior, Metodologia do Ensino Superior – Mestre em Direito Empresarial – Professor de Relações Internacionais do Comércio e Direito Internacional Privado da PUC/MG – Professor de Introdução ao Comércio Exterior e Sistemática Prática de Exportação do Centro Universitário Newton Paiva – Presidente do INACEX

FLÁVIA PARENTE

Advogada no Rio de Janeiro – Mestre em Direito pela PUC/SP

GUSTAVO FÁVARO ARRUDA

Advogado em São Paulo – Foi pesquisador do IDCID-Instituto do Direito do Comércio Internacional e do Desenvolvimento, suportado pela *Ford Foundation*, para pesquisas sobre Saúde Pública e Acesso a Medicamento – Bacharel em Direito pela USP

JULIANA GIRARDELLI VILLELA

Bacharel em Economia pela PUC/SP – Graduanda em Direito pela PUC/SP

MÁRCIA CARLA PEREIRA RIBEIRO

Professora da UFPR – Professora Titular de Direito Societário na PUC/PR – Professora Doutora Convidada da EDESP/FGV-SP – Procuradora do Estado do Paraná

MARCO AURÉLIO GUMIERI VALÉRIO

Advogado – Bacharel e Mestre em Direito pela UNESP, *campus* de Franca/SP – Professor Assistente da FEA/USP, *campus* de Ribeirão Preto/SP

Maria Luíza Pereira de Alencar Mayer Feitosa

Doutoranda em Ciências Jurídico-Econômicas pela Faculdade de Direito da Universidade de Coimbra – Professora Adjunta IV no Centro de Ciências Jurídicas/UFPB – Bolsista CAPES

Nelson Eizirik

Advogado no Rio de Janeiro e em São Paulo

Pablo de Camargo Cerdeira

Advogado – Bacharel em Direito pela USP – Foi consultor convidado do Instituto Nacional de Tecnologia da Informação (ITI), vinculado à Casa Civil, para pesquisa sobre a "Viabilidade jurídica de utilização da GNU/GPL pela Administração Pública brasileira". Foi pesquisador do IDCID-Instituto do Direito do Comércio Internacional e do Desenvolvimento, suportado pela *Ford Foundation*, para pesquisas sobre Saúde Pública e Acesso a Medicamento – Gestor do projeto "Justiça Sem Papel", da Escola de Direito da FGV/RJ e do Ministério da Justiça – Autor da Licença Pública Geral (LPG-PC) e um dos autores da Licença Pública Geral para a Administração Pública (LPG-AP), utilizada pelo Governo do Estado do Paraná – Membro fundador do Projeto *Software* Livre Jurídico (PSL-Jurídico) – Homenageado com o "Prêmio Spencer Vampré" pela Faculdade de Direito da USP, por contribuições à Academia

Paula A. Forgioni

Livre-Docente em Direito Comercial e Doutora em Direito Econômico pela Faculdade de Direito da USP – Professora Associada de Direito Comercial da Faculdade de Direito da USP – Professora de Direito da Escola de Administração de Empresas de São Paulo da FGV/EAESP

Rachel Sztajn

Professora Associada da Faculdade de Direito da USP

Renato Buranello

Mestre em Direito Comercial e Especialista em Direito Empresarial pela PUC/SP – Membro da Associação Internacional de Direito do Seguro/AIDA e da Associação Nacional de Seguro e Previdência/ANSP

Tarcísio Teixeira

Advogado em São Paulo – Mestrando em Direito Comercial pela Faculdade de Direito da USP – Professor universitário

Wilges Bruscato

Advogada – Especialista em Direito do Trabalho e Processo do Trabalho pela PUC/Campinas – Mestra em Direito Empresarial pela UNIMEP – Doutora em Direito Comercial pela PUC/SP – Professora Adjunta da PUC/MG

Doutrina

O INVESTIDOR QUALIFICADO NO DIREITO COMPARADO

ARNOLDO WALD

I – Introdução. II – Estados Unidos da América do Norte: a) "Investidor qualificado" no âmbito do Securities Act *de 1933, designado como* accredited investor *– b) "Comprador qualificado" no âmbito do* Investment Company Act *de 1940, designado como* qualified purchaser *– c) Outras definições de "investidores sofisticados" no Direito Norte-Americano – d) Comentários. III – Direito comunitário. Regras gerais para os membros da União Européia. IV – França: a) A noção de "investidor informado" (*investisseur averti*) – b) A noção de "investidor qualificado" (*investisseur qualifié*) – c) A noção de "investidor institucional" (*investisseur institutionnel*) – d) Comentários. V – Reino Unido: a) O conceito de "investidor qualificado" na captação de clientes e convite ao investimento – b) Comentários. VI – Itália: a) A noção de "operador qualificado" (*operatore qualificato*) *– b) A noção de "investidor qualificado" (*investitore qualificato*) – c) Comentários. VII – Conclusões.*

I – Introdução

1. Consideramos que o exame da regulamentação de outros países sobre o tratamento dispensado ao *investidor qualificado* pode servir de grande valia, no presente e no futuro, tanto para aqueles que buscam se aprofundar na matéria como para o exercício da atividade normativa da Agência Reguladora – CVM – na busca de novos aperfeiçoamentos da disciplina do investidor qualificado no âmbito dos fundos de investimento e de outras atividades e operações do mercado de valores mobiliários.

2. Assim, procederemos à análise da regulação adotada nos Estados Unidos, França, Reino Unido e Itália, bem como na União Européia, abrangendo o histórico de cada uma delas e as normas editadas em cada país versando sobre a figura do *investidor qualificado*.

3. Além disso, faremos a comparação das normas estrangeiras com as que regem o instituto no Direito Brasileiro.

4. Para tanto, é necessário mencionar a definição de investidor qualificado contida na Instrução CVM-409, de 18.8.2004:

"Art. 109. Para efeito do disposto no artigo anterior, são considerados investidores qualificados: I – instituições financeiras; II – companhias seguradoras e sociedades de capitalização; III – entidades abertas e fechadas de previdência complementar; IV – pessoas físicas ou jurídicas que possuam investimentos financeiros em valor superior a R$ 300.000,00 (trezentos mil reais) e que, adicionalmente, atestem por escrito sua condição de investidor qualificado mediante termo próprio, de acordo com o Anexo I; V – fundos de investimento destinados exclusivamente a investidores qualificados; e VI – administradores de carteira e consultores de valores mobiliários autorizados pela CVM, em relação a seus recursos próprios.

"§ 1º. Poderão ser admitidos, como cotistas de um fundo para investidores qualificados, os empregados e/ou sócios das instituições administradoras ou gestoras deste fundo, expressamente autorizados pelo diretor responsável da instituição perante a CVM.

"§ 2º. É permitida a permanência, em fundos para investidores qualificados, de cotistas que não se enquadrem nos incisos deste artigo, desde que tais cotistas tenham ingressado até a data de vigência desta Instrução e em concordância com os critérios de admissão e permanência anteriormente vigentes.

"§ 3º. Os requisitos a que se refere o caput *deverão ser verificados, pelo administrador ou pelo intermediário, no ato de cada aplicação em fundo de investimento de que o investidor não seja cotista, sendo certo que a perda da condição de investidor qualificado não implica a exclusão do cotista do fundo de investimentos."*

5. A referida instrução disciplina a constituição, administração, funcionamento e divulgação de informações dos fundos de investimento e é o único documento normativo que trata da definição de "investidor qualificado" no Direito Brasileiro.

II – Estados Unidos da América do Norte

6. O mercado financeiro e de capitais norte-americano é um dos mais desenvolvidos do mundo, tanto pelo volume de negociações e valor das transações como pelas regras de proteção do investidor.

7. É importante lembrar que, além das leis federais e da regulamentação da *Securities and Exchange Commission* – SEC, as transações envolvendo valores mobiliários ainda estão sujeitas às normas estaduais, as chamadas *blue sky laws*, que são normas editadas pelos Estados no sentido de proteger investidores de fraudes relacionadas a valores mobiliários. Tais normas obrigam os ofertantes (companhias ou fundos de investimento) a registrar suas ofertas e fornecer detalhes de cada oferta com o intuito de prover o investidor das informações relevantes para a decisão de investir.[1]

8. Importante destacar que, diferentemente do Brasil, nos Estados Unidos os mercados de bolsas de valores e de balcão são altamente desenvolvidos, sendo muito comum que pequenos investidores negociem diretamente valores mobiliários no mercado. Desse modo, não há ênfase na disciplina do investidor de fundos de investimento, como no Brasil.

9. Analisando apenas as leis federais e as regras da SEC sobre o tema em estudo, encontramos diversos conceitos que se aproximam da nossa noção de "investidor qualificado".

a) "Investidor qualificado" no âmbito do Securities Act *de 1933, designado como* accredited investor

10. A classificação dos investidores em categorias tem servido, precipuamente, para isentar algumas ofertas de valores mobiliários do registro junto à SEC, levan-

1. Definindo as *blue sky laws*, John Downes e Jordan Elliot Goodman (*Dictionary of Finance and Investment Terms*, 6ª ed., Hauppauge/NY, Barron's, 2003, p. 66): "*Blue sky law*: law of a kind passed by various States to protect investors against securities fraud. These laws require sellers of new stock issues or mutual funds to register their offerings and provide financial details on each issue so that investors can base their judgments on relevant data. The term is said to have originated with a judge who asserted that a particular stock offering had as much value as a patch of blue sky". E, ainda, Kevin A. Jones ("The National Securities Markets Improvement Act of 1996: a new model for efficient capital formation", *Arkansas Law Review* 53/153, 2000): "State securities regulation dates back to 1911 when Kansas enacted legislation regulating the distribution and sale of securities. These state regulations are commonly referred to as 'blue sky laws', and today, every state has some form of state securities regulation. These statutes have always been intended to protect investors from fraudulent dealings".

do em consideração a capacidade do investidor de tomar decisões de investimento sem que seja necessária a proteção do Estado. Ou seja, algumas pessoas, físicas ou jurídicas, por sua experiência financeira, patrimônio ou composição societária e/ou gerencial, são presumidamente consideradas capazes de, por si mesmas, entender adequadamente os riscos envolvidos em cada espécie de investimento e decidir se tais investimentos lhes são convenientes, ou não. Para estas pessoas os benefícios da proteção estatal seriam mínimos.[2]

11. Uma das discussões mais importantes no tocante a registros de emissões de valores mobiliários ocorreu em 1953, quando foi julgado pela Suprema Corte o caso "SEC *vs.* Ralston Purina Co.".[3] Neste caso discutiu-se a abrangência do art. 4(2) do *Securities Act* de 1933,[4] que isentava de registro as ofertas de valores mobiliários que não fossem dirigidas ao público. Conforme exposto na decisão judicial, entendeu-se que a *Section* 4(2) abrangia somente ofertas dirigidas àqueles que eram capazes de tomar decisões adequadas por si mesmos, sem a proteção da lei ou da autoridade competente, e que não envolvessem oferta ao público em geral. Conseqüentemente, o público em geral não poderia ser alvo de oferta privada de valores mobiliários; e, havendo oferta pública, a mesma deveria ser registrada na SEC.

12. A partir do caso "SEC *vs.* Ralston Purina Co.", a SEC passou a incluir o critério de "sofisticação do investidor" em suas normas e decisões relativas a ofertas de valores mobiliários. A primeira regra foi a *Rule* 146, editada em 1974, que, além de extremamente complexa,[5] ainda permitia que o ofertante analisasse de forma subjetiva a condição do ofertado.[6] Um novo conceito, desta vez mais objetivo, foi trazido pela *Rule* 242, em 1979. Nesta norma, classes específicas de investidores qualificados (*accredited investors*) foram desenhadas com base na sua capacidade de obter informações suficientes para que fossem tomadas decisões conscientes em termos de investimento.

13. Em 1980, pouco tempo depois da edição da *Rule* 242, o Congresso acrescentou ao *Securities Act* o art. 4(6),[7] que isenta de registro transações envolvendo ofertas e vendas a investidores qualificados (*accredited investors*). Neste contexto, foi incluído na lei o conceito de "investidor qualificado" (*accredited investor*), que perdura até hoje. A definição legal era bastante parecida com a contida na *Rule* 242, embora ambas não fossem idênticas. A nova regra continuou permitindo que ofertas privadas destinadas a investidores qualificados (*accredited investors*) não se sujeitassem ao registro previsto no *Securities Act*. Nesta oportunidade, o Congresso autorizou que a SEC adotasse outras categorias de in-

2. Securities and Exchange Commission, "Securities Act Release n. 5.560", in Larry D. Soderquist, *Securities Regulation: a Problem Approach*, Mineola/NY, The Foundation Press, 1982, p. 275; e, ainda, "Securities Act Release n. 6.256", in ob. cit., p. 281.

3. *346 U.S. 119* (1953).

4. "Section 4. (...). (2) Transactions by an issuer not involving any public offering."

5. David L. Ratner, *Securities Regulation in a Nutshell*, 2ª ed., St. Paul/Minnesota: West Publishing, 1982, pp. 57-58.

6. Securities and Exchange Commission, "Defining the term 'qualified purchaser' under the Securities Act 1933", *Release* 33-8041, *File* S7-23-01, in *www.sec.gov*.

7. *Section* 4(6), que dispõe: "(6) Transactions involving offers of sales by an issuer solely to one or more accredited investors, if the aggregate offering price of an issue of securities offered in reliance on this paragraph does not exceed the amount allowed under Section 3(b) of this title, if there is no advertising or public solicitation in connection with the transaction by the issuer or anyone acting on the issuer's behalf, and if the issuer files such notice with the Commission as the Commission shall prescribe" (traduzindo livremente o dispositivo: "(6) Transações envolvendo ofertas de venda dirigidas somente a um ou mais *accredited investors*, no caso de o preço total da emissão realizada de acordo com este dispositivo não ultrapassar o montante indicado pelo art. 3(b) e de não haver apelo ao público, seja por parte do emissor ou de qualquer um agindo em seu nome, tendo o emissor a obrigação de informar a Comissão *[SEC]* sobre a operação na forma prevista").

vestidores qualificados (*accredited investors*), de acordo com os diversos graus de sofisticação financeira dos investidores (dependendo do patrimônio, conhecimento e experiência financeira do indivíduo, além do montante investido); e, assim, vários indivíduos foram incluídos na definição, contida na *Rule* 501.[8]

14. O *Securities Act* de 1933, que ainda está em vigor, tem por objetivo proporcionar o completo fornecimento de informações sobre os valores mobiliários negociados em âmbito interestadual e internacional, bem como os negociados por correio, além de prevenir fraudes nas vendas, dentre outros.[9]

15. Segundo referida norma, a companhia que oferta publicamente à venda valores mobiliários deve registrar tais valores mobiliários na SEC caso os mesmos não estejam abrangidos por alguma das exceções que enumera. Dentre as exceções estão os valores mobiliários oferecidos aos chamados "investidores qualificados" (*accredited investors*), que são definidos pela própria lei na *Section* 2(a)(15)(i) e (ii) do *Securities Act* de 1933 nos seguintes termos:

"(15) O termo 'investidor qualificado' (*accredited investor*) significa:

"(i) Bancos, conforme definidos no art. 3(a)(2), atuando pessoalmente ou representando terceiros; companhias de seguro, conforme definidas no item (13) deste inciso; companhias de investimento registradas sob o *Investment Company Act* de 1940 ou companhias de desenvolvimento de negócios conforme definido no art. 2(a)(48) da mesma lei; pequenas empresas de investimento autorizadas a funcionar pela *Small Business Administration*; ou planos de benefícios de empregados, incluindo planos de previdência individuais, sujeitos ao *Employee Retirement Income Security Act* de 1974, se as decisões de investimento forem tomadas por um representante do plano, conforme definido no art. 3(21) da lei de 1974, o qual deverá ser, necessariamente, um banco, uma companhia seguradora ou um consultor de investimento registrado; ou

"(ii) Qualquer pessoa que, com base em fatores como sofisticação financeira, patrimônio, conhecimentos e experiência financeira, ou, ainda, bens administrados, pode ser considerada como investidor qualificado (*accredited investor*) de acordo com as regras editadas pela Comissão."[10]

16. A definição incluída no *Securities Act* teve como motivação, além das questões conceituais já expostas, a preocupação do Congresso Americano de garantir às pequenas empresas um mercado para seu financiamento.[11] Além disso, outra justifi-

8. Securities and Exchange Commission, "Defining the term 'qualified purchaser' under the Securities Act 1933", *Release* 33-8041, *File* S7-23-01, in *www.sec.gov*.

9. Prevê o "Preâmbulo" do *Securities Act* de 1933: "An act to provide full and fair disclosure of the character of securities sold in interstate and foreign commerce and through the mails, and to prevent frauds in the sale thereof, and for other purposes".

10. Tradução livre. O teor da norma no idioma original é o seguinte:

"(15) The term 'accredited investor' shall mean:

"(i) A bank as defined in Section 3(a)(2) whether acting in its individual or fiduciary capacity; an insurance company as defined in paragraph (13) of this Subsection; an investment company registered under the Investment Company Act 1940 or a business development company as defined in Section 2 (a)(48) of that Act; a Small Business Investment Company licensed by the Small Business Administration; or an employee benefit plan, including an individual retirement account, which is subject to the provisions of the Employee Retirement Income Security Act of 1974, if the investment decision is made by a plan fiduciary, as defined in Section 3(21) of such act, which is either a bank, insurance company, or registered investment adviser; or

"(ii) Any person who, on the basis of such factors as financial sophistication, net worth, knowledge, and experience in financial matters, or amount of assets under management qualifies as an accredited investor under rules and regulations which the Commission shall prescribe."

11. Securities and Exchange Commission, "Securities Act Release n. 6.256", in Larry D. Soderquist, *Securities Regulation: a Problem Approach*,

cativa para a regra de exclusão de registro refere-se à capacidade de instituições financeiras e outros investidores sofisticados que investem em valores mobiliários de se resguardarem sem que seja necessária a proteção do Estado. Ou seja, um benefício mínimo adviria do registro da emissão dos valores mobiliários que seriam por eles adquiridos.[12]

17. A fim de simplificar e coordenar as exceções para as ofertas de valores mobiliários, a SEC, valendo-se da prerrogativa concedida pelo Congresso Norte-Americano, editou a *Regulation* D, composta pelas Regras (*Rules*) 501 a 506, que trazem as definições para fins da *Regulation* D; ou seja, para as exceções à obrigação de registro da oferta de valores mobiliários prevista no *Securities Act* (art. 5).[13]

18. A *Rule* 501 estabelece que:

"a. *Investidor Qualificado. [accredited investor]* Investidor qualificado *[accredited investor]* é qualquer indivíduo que se enquadre em alguma das categorias abaixo, ou que o ofertante acredite se enquadrar em alguma delas, no momento em que o mesmo adquirir valores mobiliários:

"1. Qualquer banco, conforme definido no art. 3(a)(2) do *Securities Act* de 1933, ou entidade de poupança, ou associação de crédito, ou outra instituição enumerada no art. 3(a)(5)(A) do *Securities Act*, atuando pessoalmente ou representando terceiros; qualquer corretor ou distribuidor registrado de acordo com o art. 15 do *Securities Exchange Act* de 1934; as companhias de seguro, conforme definidas no art. 2(a)(13) do *Securities Act*; as companhias de investimento registradas sob o *Investment Company Act* de 1940 ou companhias de desenvolvimento de negócios conforme definido no art. 2(a)(48) da mesma lei; as pequenas empresas de investimento autorizadas a funcionar pela *Small Business Administration* nos termos do art.301(c) ou (d) do *Small Business Investment Act* de 1958; os planos de benefícios de empregados estabelecidos ou mantidos pelos Estados, suas subdivisões políticas ou qualquer agência ou entidade pertencente aos Estados ou suas subdivisões políticas, se o plano possuir bens em montante superior a 5 milhões de Dólares; os planos de benefícios de empregados, incluindo planos de previdência individuais, sujeitos ao *Employee Retirement Income Security Act* de 1974, se as decisões de investimento forem tomadas por um representante do plano, conforme definido no art.(21) da lei de 1974, o qual deverá ser, necessariamente, um banco, uma entidade de poupança ou associação de crédito, companhia seguradora ou um consultor de investimento registrado, ou caso o plano de benefício possua bens em montante superior a 5 milhões de Dólares, ou, se se tratar de plano auto-administrado, com decisões de investimento tomadas exclusivamente por pessoas consideradas investidores qualificados; *[accredited investors]*

"2. Qualquer companhia fechada de desenvolvimento de negócios, nos termos do art. 202(a)(22) do *Investment Advisers Act* de 1940;

"3. Qualquer organização relacionada no art. 501(c)(3) do *Internal Revenue Code*, ou sociedade não constituída exclusivamente para a aquisição de valores mobiliários, com bens em montante superior a 5 milhões de Dólares;

"4. Qualquer diretor, ou executivo que participe da administração, ou sócio do emissor dos valores mobiliários ofertados ou alienados, ou diretor, executivo que par-

Mineola/NY, The Foundation Press, 1982, p. 281. Com a dispensa de registro, os custos de emissão e colocação de valores mobiliários no mercado diminuem e tornam o mercado atrativo aos pequenos empreendimentos.

12. Securities and Exchange Commission, "Securities Act Release n. 5.560", cit., in Larry D. Soderquist, *Securities Regulation: a Problem Approach*, p. 275; e, ainda, "Securities Act Release n. 6.256", cit., in ob. cit., p. 281. Como já apontado acima, os custos do registro e cumprimento das regras de informação aos investidores não se justificam no caso de investidores sofisticados.

13. David L. Ratner, *Securities Regulation in a Nutshell*, cit., 2ª ed., p. 59.

ticipe da administração ou sócio de algum dos sócios do emissor;

"5. Qualquer pessoa física cujo patrimônio individual, ou somado ao do cônjuge, exceda 1 milhão de Dólares no momento da aquisição dos valores mobiliários;

"6. Qualquer pessoa física que possua renda individual superior a 200 mil Dólares em cada um dos dois exercícios financeiros mais recentes, ou renda conjunta com o cônjuge superior a 300 mil Dólares no mesmo período, e que tenha expectativa de alcançar a mesma renda no presente exercício;

"7. Qualquer *trust* cujo patrimônio total exceda 5 milhões de Dólares, que não tenha sido formado no intuito de adquirir valores mobiliários e que tenha as aquisições comandadas por uma pessoa sofisticada, conforme descrito na *Rule* 506(b)(2)(ii); e

"8. Qualquer entidade cujos sócios sejam investidores qualificados" [*accredited investors*].[14]

19. Na *Regulation* D também encontramos regras que dizem respeito às informações que devem ser fornecidas aos potenciais investidores. A *Rule* 502 trata das informações em si e das hipóteses em que devem ser fornecidas,[15] excluindo as ofer-

14. Tradução livre. O teor da norma no idioma original é o seguinte:

"(a) *Accredited investor*. 'Accredited investor' shall mean any person who comes within any of the following categories, or who the issuer reasonably believes comes within any of the following categories, at the time of the sale of the securities to that person:

"(1) Any bank as defined in Section 3(a)(2) of the Act, or any savings and loan association or other institution as defined in Section 3(a)(5)(A) of the Act whether acting in its individual or fiduciary capacity; any broker or dealer registered pursuant to Section 15 of the Securities Exchange Act of 1934; any insurance company as defined in Section 2(13) of the Act; any investment company registered under the Investment Company Act of 1940 or a business development company as defined in Section 2(a)(48) of that Act; any Small Business Investment Company licensed by the U.S. Small Business Administration under Section 301(c) or (d) of the Small Business Investment Act of 1958; any plan established and maintained by a state, its political subdivisions, or any agency or instrumentality of a State or its political subdivisions, for the benefit of its employees, if such plan has total assets in excess of $5,000,000; any employee benefit plan within the meaning of the Employee Retirement Income Security Act of 1974 if the investment decision is made by a plan fiduciary, as defined in Section 3(21) of such Act, which is either a bank, savings and loan association, insurance company, or registered adviser, or if the employee benefit plan has total assets in excess of $5,000,000 or, if a self-directed plan, with investment decisions made solely by persons that are accredited investors;

"(2) Any private business development company as defined in Section 202(a)(22) of the Investment Advisers Act of 1940;

"(3) Any organization described in Section 501(c)(3) of the Internal Revenue Code, corporation, Massachusetts or similar business trust, or partnership, not formed for the specific purpose of acquiring the securities offered, with total assets in excess of $5,000,000;

"(4) Any director, executive officer, or general partner of the issuer of the securities being offered or sold, or any director, executive officer, or general partner of a general partner of that issuer;

"(5) Any natural person whose individual net worth, or joint net worth with that person's spouse, at the time of his purchase exceeds $1,000,000;

"(6) Any natural person who had an individual income in excess of $200,000 in each of the two most recent years or joint income with that person's spouse in excess of $300,000 in each of those years and has a reasonable expectation of reaching the same income level in the current year;

"(7) Any trust, with total assets in excess of $5,000,000, not formed for the specific purpose of acquiring the securities offered, whose purchase is directed by a sophisticated person as described in Rule 506(b)(2)(ii); and

"(8) Any entity in which all of the equity owners are accredited investors."

15. Dispõe o item (b)(1) da *Rule* 502:

"(b) Information requirements

"(1) When information must be furnished

"If the issuer sells securities under Rule 505 or Rule 506 to any purchaser that is not an accredited investor, the issuer shall furnish the information specified in paragraph (b)(2) of this Section to such purchaser a reasonable time prior to sale. The issuer is not required to furnish the specified information to purchasers when it sells securities under Rule 504, or to any accredited investor.

"**Note:** When an issuer provides information to investors pursuant to paragraph (b)(1), it should consider providing such information to accredited investors as well, in view of the anti-fraud provisions of the federal securities laws."

tas dirigidas a investidores qualificados (*accredited investors*).[16]

b) "Comprador qualificado" no âmbito do Investment Company Act *de 1940, designado como* qualified purchaser

20. O *Investment Company Act* de 1940, que tem por objetivo regular o registro e o funcionamento das companhias de investimento e dos consultores de investimento, dentre outras questões,[17] traz definição para "comprador qualificado" (*qualified purchaser*). As companhias de investimento, ou *Investment Companies*, são definidas na *Section* 3; e, dentre elas, a principal categoria são os fundos de investimento, ou *mutual funds*.[18]

21. O conceito de "comprador qualificado" (*qualified purchaser*) encontra-se na *Section* 2(a)(51)(A), que trata das definições e abrange, em termos gerais:

– pessoas físicas que possuam pelo menos 5 milhões de Dólares em investimentos;

– companhias que possuam pelo menos 5 milhões de Dólares em investimentos, desde que pertencentes a pelo menos duas pessoas físicas vinculadas (cônjuges, irmãos, descendentes diretos etc.), ou tenham sido feitos em benefício destas pessoas;

– investimentos equivalentes a 5 milhões de Dólares, no mínimo, em virtude de criação de instrumento de *trust*, por tais pessoas ou em seu benefício;

– *trusts* que não tenham sido criados para a aquisição de valores mobiliários e obedeçam a certos requisitos;

– qualquer pessoa que, agindo por conta própria ou em nome outros compradores qualificados (*qualilfied purchasers*), ao todo, possua e/ou invista pelo menos 25 milhões de Dólares.[19]

c) Outras definições de "investidores sofisticados" no Direito Norte-Americano

22. Outros diplomas legais têm suas próprias definições para "investidores sofisticados". São eles os seguintes:

– *Qualified Institutional Buyers (QIBs)* – definição dada pela *Rule* 144A – *Private Resales of Securities to Institutions*. Estão incluídas nesta categoria instituições que possuem e investem grandes montantes em valores mobiliários em geral, variando de 10 a 100 milhões de Dólares. A vantagem de se oferecer valores mobiliários às entidades enumeradas pela *Rule* 144A é a isenção do dever de registro para a revenda.[20]

16. David L. Ratner, *Securities Regulation in a Nutshell*, cit., 2ª ed., p. 60.

17. Diz o "Preâmbulo" do *Investment Company Act*: "To provide for the registration and regulation of investment companies and investment advisers, and for other purposes".

18. Kevin A. Jones, "The National Securities Markets Improvement Act of 1996: a new model for efficient capital formation", cit., *Arkansas Law Review* 53/157.

19. "(51)(A) 'Qualified purchaser' means:

"(i) any natural person (including any person who holds a joint, community property, or other similar shared ownership interest in an issuer that is excepted under Section 3(c)(7) with that person's qualified purchaser spouse) who owns not less than $5,000,000 in investments, as defined by the commission;

"(ii) any company that owns not less than $5,000,000 in investments and that is owned directly or indirectly by or for 2 or more natural persons who are related as siblings or spouse (including former spouses), or direct lineal descendants by birth or adoption, spouses of such persons, the estates of such persons, or foundations, charitable organizations, or trusts established by or for the benefits of such persons;

"(iii) any trust that is not covered by clause (ii) and that was not formed for the specific purpose of acquiring the securities offered, as to which the trustee or other person authorized to make decisions with respect to the trust, and each settlor or other person who has contributed assets to the trust, is a person described in clause (i), (ii), or (iv); or

"(iv) any person, acting for its own account or the accounts of other qualified purchasers, who in the aggregate owns and invests on a discretionary basis, not less than $25,000,000 in investments."

20. Securities and Exchange Commission, "Defining the term 'qualified purchaser' under the Securities Act 1933", *Release* 33-8041, *File* S7-23-01, in *www.sec.gov*.

– *Qualified Clients* – conceito previsto na *Rule* 205-3, que regulamenta o *Investment Advisers Act* de 1940; abrange pessoas físicas ou jurídicas que tenham patrimônios substanciais[21] e se aplica aos casos em que há exceções à proibição de cobrança de taxa de *performance*.[22]

– *Qualified Investors* – prevista no *Exchange Act* de 1934, art. 3(a)(54), esta categoria abrange diversas pessoas[23] e tem por objetivo excetuar as situações em que bancos não são considerados corretores (*brokers*) ou distribuidores (*dealers*) de valores mobiliários, não se sujeitando, portanto, às regras incidentes sobre tais entidades.[24]

21. "Rule 205.

"(...).

"d) **Definitions.** For the purposes of this Section:

"(1) The term 'qualified client' means:

"(i) A natural person who or a company that immediately after entering into the contract has at least $750,000 under the management of the investment adviser;

"(ii) A natural person who or a company that the investment adviser entering into the contract (and any person acting on his behalf) reasonably believes, immediately prior to entering into the contract, either:

"(A) has a net worth (together, in the case of a natural person, with assets held jointly with a spouse) of more than $1,500,000 at the time the contract is entered into; or

"(B) is a qualified purchaser as defined in Section 2(a)(51)(A) of the Investment Company Act of 1940 [15 U.S.C. 80a-2(a)(51)(A)] at the time the contract is entered into; or

"(iii) A natural person who immediately prior to entering into the contract is:

"(A) an executive officer, director, trustee, general partner, or person serving in a similar capacity, of the investment adviser; or

"(B) an employee of the investment adviser (other than an employee performing solely clerical, secretarial or administrative functions with regard to the investment adviser) who, in connection with his or her regular functions or duties, participates in the investment activities of such investment adviser, provided that such employee has been performing such functions and duties for or on behalf of the investment adviser, or substantially similar functions or duties for or on behalf of another company for at least 12 months."

22. Securities and Exchange Commission, "Defining the term 'qualified purchaser' under the Securities Act 1933", *Release* 33-8041, *File* S7-23-01, in *www.sec.gov*.

23. "54. *Qualified Investor*

"A. **Definition.** Except as provided in subparagraph (B), for purpose of this title, the term 'qualified investor' means:

"(i) Any investment company registered with the Commission under Section 8 of the Investment Company Act of 1940;

"(ii) Any issuer eligible for an exclusion from the definition of investment company pursuant to Section 3(c)(7) of the Investment Company Act of 1940;

"(iii) Any bank (as defined in paragraph (6) of this Subsection), savings association (as defined in Section 3(b) of the Federal Deposit Insurance Act), broker, dealer, insurance company (as defined in Section 2(A)(13) of the Securities Act of 1933), or business development company (as defined in Section 2(a)(48) of the Investment Company Act of 1940);

"(iv) Any small business investment company licensed by the United States Small Business Administration under Section 301(c) or (d) of the Small Business Investment Act of 1958;

"(v) Any State sponsored employee benefit plan, or any other employee benefit plan, within the meaning of the Employee Retirement Income Security Act of 1974, other than an individual retirement account, if the investment decisions are made by a plan fiduciary, as defined in Section 3(21) of that Act, which is either a bank, savings and loan association, insurance company, or registered investment adviser;

"(vi) Any trust whose purchase of securities are directed by a person described in clauses (i) through (v) of this subparagraph;

"(vii) Any market intermediary exempt under Section 3(c)(2) of the Investment Company Act of 1940;

"(viii) Any associated person of a broker or dealer other than a natural person;

"(ix) Any foreign bank (as defined in Section 1(b)(7) of the International Banking Act of 1978);

"(x) The government of any foreign country;

"(xi) Any corporation, company, or partnership that owns and invests on a discretionary basis, not less than $25,000,000 in investments;

"(xii) Any natural person who owns and invests on a discretionary basis, not less than $25,000,000;

"(xiii) Any government or political subdivision, agency, or instrumentality of a government who owns and invests on a discretionary basis not less than $50,000,000 in investments; or

"(xiv) Any multinational or supranational entity or any agency or instrumentality thereof."

24. Securities and Exchange Commission, "Defining the term 'qualified purchaser' under the Securities Act 1933", *Release* 33-8041, *File* S7-23-01, in *www.sec.gov*.

d) Comentários

23. Diferentemente do sistema brasileiro, no qual encontramos apenas uma definição legal para "investidor qualificado", nos Estados Unidos são adotadas várias definições, que variam conforme a operação da qual a pessoa (física ou jurídica) pretende participar e a necessidade de proteção. As principais definições são, como vimos, as contidas no *Securities Act* de 1933 e no *Investment Company Act* de 1940.

24. Além destas, podem haver definições pelas leis estaduais, sendo que há intenção da lei de unificar, no plano nacional, o conceito de "comprador qualificado" (*qualified purchaser*), para aprimorar o mercado financeiro e de capitais norte-americano.

25. Vários critérios são fixados para caracterizar o *investidor qualificado*. Quanto à pessoa jurídica, o principal critério é a atividade por ela exercida (geralmente, atividades financeiras ou de investimento), critério também aplicado pela legislação brasileira. Quanto à pessoa física, verificamos que são relevantes tanto a função exercida como o patrimônio, a renda e o montante investido em valores mobiliários, distinguindo-se dos critérios adotados pela legislação brasileira, que apenas considera o montante investido.

26. Constatamos, ainda, que a legislação norte-americana destaca a informação que deve ser disponibilizada ao investidor (mais informação para o investidor comum e menos para o investidor sofisticado) e dispensa de registro na SEC ofertas dirigidas a alguns tipos de investidor sofisticado.

III – Direito comunitário. Regras gerais para os membros da União Européia

27. Em 4.11.2003 o Parlamento Europeu e o Conselho editaram a Diretiva 2003/71/EC, também conhecida como *Prospectus Directive*, ou simplesmente PD, que trata da publicação do prospecto em caso de oferta pública e em transações envolvendo valores mobiliários. Esta Diretiva tem por objetivo diminuir os custos de obtenção de capital na Comunidade Européia, proporcionar acesso fácil ao capital e proteger os investidores, sem tirar de cada país-membro, entidade financeira ou bolsa a competência para baixar as normas que entenderem necessárias para regular o assunto.[25]

28. Com a implementação desta Diretiva, o emissor poderá captar recursos em quaisquer dos 25 países-membros apresentando apenas um prospecto e seu registro junto a um único Estado-membro.[26]

29. Já na "Exposição de Motivos" a Diretiva menciona que um dos seus objetivos é proteger os investidores, sempre de acordo com suas categorias e níveis de conhecimento sobre o assunto. O *disclosure* proporcionado pelo prospecto não é exigido para as ofertas destinadas exclusivamente a investidores qualificados;[27] sendo que, caso tais papéis sejam oferecidos ao público posteriormente, será necessário publicar o prospecto.[28] Neste sentido dispõe o

25. Item 15 da "Exposição de Motivos" da Diretiva, que dispõe: "(15) The disclosure requirements of the present Directive do not prevent a Member State or a competent authority or an exchange through its rule book to impose other particular requirements in the context of admission to trading of securities on a regulated market (notably regarding corporate governance). Such requirements may not directly or indirectly restrict the drawing up, the content and the dissemination of a prospectus approved by a competent authority".

26. HM Treasury, "UK implementation of the Prospectus Directive 2003/71/EC", Consultation Paper, October/2004, in *www.hm-treasury.gov.uk*.

27. "Art. 3: 1. Member States shall not allow any offer of securities to be made to the public within their territories without prior publication of a prospectus.

"2. The obligation to publish a prospectus shall not apply to the following types of offer:

"(a) an offer of securities addressed solely to qualified investors; and/or (...)."

28. "Art. 3. (...).

"However, any subsequent resale of securities which were previously the subject of one or more of the types of offer mentioned in this paragraph shall be regarded as a separate offer and the definition set out in art. 2(1)(d) shall apply for the purpose of art. 3, ao excetuar algumas operações – dentre as quais as ofertas destinadas exclusivamente a investidores qualificados – da obrigatoriedade de se publicar o prospecto.[29]

30. No art. 2(1)(e) da Diretiva encontramos a definição de "investidor qualificado", abrangendo entidades autorizadas a atuar no mercado financeiro; governos nacionais e regionais; algumas pequenas e médias empresas que não se encaixem na descrição do parágrafo (f) do art. 2(1); pessoas físicas que cumpram os requisitos do parágrafo (2) do art. 2 e que expressamente optem por ser consideradas como investidores qualificados; algumas pequenas e médias empresas reconhecidas como investidores qualificados no país onde estão sediadas e que tenham expressamente declarado que querem ser consideradas como tais.

31. Verifica-se, assim, que a Diretiva objetivou proteger os investidores de acordo com suas categorias e níveis de conhecimento sobre o mercado, esclarecendo que o grau de informação e detalhamento exigido de cada prospecto depende da categoria de investidor à qual o instrumento financeiro é destinado.

32. Como isso, buscou-se diminuir os custos de obtenção de capital na UE, proporcionar acesso fácil ao capital e proteger os investidores, sem tirar a competência de cada Estado-membro, entidade financeira ou bolsa para baixar as normas que entenderem necessárias para regular o assunto.

33. A Diretiva ainda faculta aos países-membros autorizar que pessoas físicas e pequenas e médias empresas, atendidas determinadas condições, sejam consideradas "investidores qualificados" quando expressamente manifestarem seu desejo de assim serem consideradas.[30] Se o país optar por esta regra, deverá manter um sistema de registro para tais indivíduos e empresas.[31]

IV – França

34. Na França, antes mesmo da edição da Diretiva 2003/71/EC, já se entendia haver desigualdade de condições entre os investidores comuns[32] e os investidores sofisticados.[33] Para alcançar a eqüidade, o Direito Francês vale-se da noção da *igualdade*, segundo a qual os iguais devem ser tratados igualmente; e os desiguais, desigualmente. É a razão pela qual, apesar das críticas, já se dava, naquele país, pouca proteção ao investidor sofisticado, que, em tese, está protegido pelos seus próprios conhecimentos e experiência (*expertise*),[34] e mais proteção ao investidor comum, denominado *investisseur profane*.

35. Assim, o investidor considerado "sofisticado" vem sendo excluído do regime de apelo público à poupança.[35] Em ou-

deciding whether that resale is an offer of securities to the public. The placement of securities through financial intermediaries shall be subject to the publication of a prospectus if none of the conditions (a) to (c) are met for the final placement."

29. Thierry Bonneau e France Drummond, *Droit des Marchés Financiers*, 2ª ed., Paris, Economica, 2005, p. 429.

30. PD, art. 2(1)(e)(iv) e (v).

31. PD, art. 2(3).

32. O investidor comum é chamado no Direito Francês de *investisseur profane* – ou seja, leigo – e é definido por Thierry Bonneau e France Drummond (*Droit des Marchés Financiers*, cit., 2ª ed., p. 431) da seguinte forma: "L'investisseur profane est étudié en dernier lieu car il se définit en creux: c'est celui qui n'est ni averti, ni qualifié, ni institutionnel; c'est l'investisseur 'de droit commun', soumis à l'ensemble des dispositions du droit financier, et bénéficiant de la protection instaurée progressivement par le renforcement des obligations d'information mises à la charge des prestataires ou des émetteurs et l'avènement d'un certain formalisme".

33. Encontramos três categorias de *investidor sofisticado* na França: *investisseur averti*, *investisseur qualifié* e *investisseur institutionnel*.

34. Éric Bernard e Frédéric Peltier, "Investisseur qualifié – La frontière de l'ordre public de protection en droit des marchés financiers, *Revue du Droit Bancaire e de la Bourse* 69/156, setembro-outubro/1998.

35. Éric Bernard e Frédéric Peltier, "Investisseur qualifié – La frontière de l'ordre public de protection en droit des marchés financiers, cit., *Revue du Droit Bancaire e de la Bourse* 69/158.

tras palavras, o emissor de títulos e valores mobiliários dirigidos aos investidores sofisticados pode deixar de realizar oferta pública e de prestar informações de forma detalhada.

36. Como o posicionamento do Parlamento Europeu era bem mais amplo que o do legislador francês, foi necessário adaptar a legislação nacional às regras da Comunidade Européia.[36]

37. Vejamos, então, o tratamento dado internamente pela França aos investidores qualificados.

*a) A noção de "investidor informado" (*investisseur averti*)*

38. A noção de "investidor informado" (*investisseur averti*) nasceu de uma decisão da Corte de Cassação Francesa de 1991, quando foi julgado o "caso Buon", que tratava do dever do intermediário de informar seu cliente a respeito dos riscos envolvidos nas operações a termo.[37] A Corte de Cassação decidiu que, "independente da relação contratual existente entre o cliente e o banco, este tem o dever de informar àquele acerca dos riscos incorridos nas operações especulativas dos mercados a termo, exceto nos casos em que o cliente os conheça".[38]

39. Desde a mencionada decisão, a idéia de "investidor informado" (*investisseur averti*) vem sendo desenvolvida, sempre tendo como base o "caso Buon",[39] abrangendo todos os prestadores de serviços de investimento, mas restringindo-se às operações do mercado a termo.[40]

40. A doutrina posiciona-se no sentido de que o investidor informado é aquele que tem plena consciência dos riscos inerentes às operações nas quais é ou pretende ser parte, seja por sua experiência profissional relacionada ao assunto, ou em decorrência de sua condição de investidor do mercado a termo.[41] Tal investidor não poderia, portanto, reclamar de falhas na informação recebida do intermediário.[42]

41. O conceito de "investidor informado" (*investisseur averti*) ainda não foi acolhido pela legislação francesa. O Código Monetário e Financeiro, em especial seu art. L.533-4, dispõe sobre as regras de conduta dos intermediários sem mencionar, entretanto, o investidor informado. Apesar disso, o conceito pretoriano de "investidor informado" vem sendo aplicado.

42. Por outro lado, verifica-se que esta noção de "investidor informado" se assemelha à noção de "investidor profissional"[43] prevista na Diretiva 2004/39/CE do Parlamento Europeu e do Conselho de 21.4.2004 a respeito dos mercados financeiros.[44]

43. Referida definição compreende os "clientes que tenham a experiência, o conhecimento e a competência necessários para tomar suas próprias decisões de inves-

36. Thierry Bonneau e France Drummond, *Droit des Marchés Financiers*, cit., 2ª ed., p. 429.

37. Idem, p. 424.

38. Cass. Com., 5.11.1991, in Jean-Jacques Daigre, "L'information de l'investisseur sur les marchés spéculatifs", *Revue du Droit Bancaire et Financier* 6/352, novembro-dezembro/2002: "quelles que soient les relations contractuelles entre un client et sa banque, celle-ci a le devoir de l'informer des risques encourus dans les opérations spéculatives sur les marchés à terme, hors les cas où il en a connaissance".

39. Conhecido na França como *l'arrêt Buon* (Jean-Jacques Daigre, "L'information de l'investisseur sur les marchés spéculatifs", cit., *Revue du Droit Bancaire et Financier* 6/352-354).

40. Jean-Jacques Daigre, "L'information de l'investisseur sur les marchés spéculatifs", cit., *Revue du Droit Bancaire et Financier* 6/353.

41. Jean-Jacques Daigre, "L'information de l'investisseur sur les marchés spéculatifs", cit., *Revue du Droit Bancaire et Financier* 6/354, e Thierry Bonneau e France Drummond, *Droit des Marchés Financiers*, cit., 2ª ed., p. 424.

42. Jean-Jacques Daigre, "L'information de l'investisseur sur les marchés spéculatifs", cit., *Revue du Droit Bancaire et Financier* 6/354.

43. Conhecido como *investisseur professionnel* ou *professional investor*.

44. Thierry Bonneau e France Drummond, *Droit des Marchés Financiers*, cit., 2ª ed., p. 425.

timento e avaliar corretamente os riscos incorridos".[45] Além disso, a Diretiva enumera critérios que devem ser obedecidos para que a pessoa seja considerada "investidor profissional". Esta Diretiva entrou em vigor em 30.4.2004.

*b) A noção de "investidor qualificado" (*investisseur qualifié*)*

44. Segundo a doutrina, existem algumas categorias de investidor qualificado no Direito Francês. François Guy Trébulle[46] entende que são os seguintes os investidores qualificados: os *qualificados por natureza*, os *qualificados por opção* e os *qualificados por função*. Os primeiros são aqueles que lidam diretamente com investimentos, como as empresas de investimento, as instituições de crédito e afins. Os *investidores qualificados por função* são as sociedades de gestão de sociedade de investimento em renda variável (*société d'investissement à capital variable* – SICAV) e os fundos de investimento (*fonds communs de placement*), bem como os investidores qualificados por natureza que não agem por conta própria. Enfim, os *investidores qualificados por opção* são aqueles cujo conselho de administração tenha decidido pela qualificação e que tenham atendido aos demais requisitos (como sociedades comerciais que possuam determinado patrimônio, que na época da edição do decreto era de mais de 1 milhão de Francos).

45. Para Thierry Bonneau e France Drummond há somente duas categorias de investidores qualificados: os *investidores qualificados por natureza* (*par nature*) e os *qualificados por declaração* (*par déclaration*). Para eles, os primeiros são, em geral, os investidores institucionais, ou seja, os estabelecimentos profissionais de investimento. Na segunda categoria estão abrangidas as pessoas que são autorizadas a se colocar na condição de investidores qualificados por meio de declaração. Os autores entendem que a classificação do investidor como sendo qualificado se presta tão-somente a "aliviar" o peso da obrigação do emissor de prestar informações àqueles para quem serão oferecidos seus valores mobiliários. Em outras palavras, nas ofertas destinadas somente a investidores qualificados os emissores podem apresentar informações simplificadas, já que tais investidores podem obter as demais informações necessárias à decisão de investimento de outras formas e são assessorados por profissionais da área.[47]

46. A legislação, por sua vez, seguiu a tendência norte-americana de fazer com que as ofertas destinadas a investidores sofisticados (bem-informados) escapem às regras aplicáveis às ofertas públicas dirigidas ao público em geral (investidores anônimos, sem grande conhecimento financeiro e patrimônio reduzido), o que alivia o peso da obrigação de prestar muitas informações e, conseqüentemente, diminui os custos envolvidos.[48]

47. Neste contexto foi editada a Lei de 2.7.1998 (*Loi 98-546, du 2.7.1998*), que modificou o art. 6º da *Ordonnance 67-833, du 28.7.1967*, para definir "investidor qualificado" (*investisseur qualifié*) como sendo "uma pessoa jurídica que disponha da capacidade e dos meios necessários para entender os riscos inerentes às operações envolvendo instrumentos financeiros". Também determinou que o rol de categorias abrangidas por tal dispositivo deveria ser objeto de decreto.[49]

48. Basicamente, o rol de instituições que eram consideradas *investidores quali-*

45. Diretiva 2004/39/EC, Anexo II: "Professional client is a client who possesses the experience, knowledge and expertise to make its own investment decisions and properly assess the risks that it incurs. In order to be considered a professional client, the client must comply with the following criteria: (...)".

46. François Guy Trébulle, *L'Émission de Valeurs Mobilières*, Paris, Economica, 2002, p. 85.

47. Thierry Bonneau e France Drummond, *Droit des Marchés Financiers*, cit., 2ª ed., p. 427.

48. Idem, ibidem.

49. Decreto 98-880, de 1.10.1998.

ficados abrangia as sociedades prestadores de serviços de investimento (empresas de investimento, estabelecimentos de crédito), seguradoras, investidores institucionais (entidades de previdência etc.) e empresas com patrimônio superior a 1 milhão de Francos (art. 1º, II, 3º) cujo conselho de administração ou diretoria tivesse decidido pela qualificação (da empresa) como investidor qualificado e que tal decisão tivesse sido publicada no *BALO*.[50]

49. O legislador havia deixado de incluir as pessoas físicas na definição de "investidor qualificado".

50. Em 2000 houve modificação regulatória, tendo sido o art. 6º da *Ordonnance* 67-833 revogado pela *Ordonnance* 2000-1.223, de 14.12.2000, e substituído pelo art. L411-2 do *Code Monétaire et Financier*.[51] Tal artigo definia os "investidores qualificados" como sendo aquelas pessoas jurídicas que dispõem da capacidade e dos meios necessários para entender os riscos inerentes às operações envolvendo instrumentos financeiros. E ainda acrescentava que a lista de investidores qualificados seria fixada por decreto. Assim, continuou em vigor o rol de investidores qualificados fixado pelo Decreto 98-880.

51. As pessoas físicas continuaram excluídas da classificação, não podendo ser classificadas como investidores qualificados.[52] Elas podiam, entretanto, fazer parte do "círculo restrito de investidores" (*cercle restreint d'investisseurs*), os quais podiam adquirir valores mobiliários em ofertas privadas. Estas pessoas eram consideradas aquelas que possuíam ligações pessoais, profissionais ou familiares com algum dos administradores do emissor (art. L411-2 do *Code Monétaire et Financier*).[53]

52. No entanto, em julho/2005 o artigo do *Code Monétaire et Financier* que cuidava do assunto (art. 411-2) foi modificado, substituída a expressão "pessoa jurídica" por "pessoa ou entidade",[54] sendo possível, portanto, a admissão de pessoas físicas dentre os investidores qualificados. No entanto, essa admissão depende de decreto que enumere, dentre os investidores qualificados, as pessoas físicas.

c) A noção de "investidor institucional" (investisseur institutionnel)

53. Os investidores institucionais, no Direito Francês, são aqueles que são obri-

50. François Guy Trébulle, *L'Émission de Valeurs Mobilières*, cit., p. 85. *BALO* (*Bulletin des Annonces Légales Obligatoires*) é um documento que deve ser publicado periodicamente por todas as companhias que efetuam captação pública de recursos, no qual estão contidas diversas informações a respeito da companhia, como as assembléias convocadas, aumentos de capital, informações contábeis etc.

51. *Code Monétaire et Financier*, art. L 411-2:

"(...). Un investisseur qualifié est une personne morale disposant des compétences et des moyens nécessaires pour appréhender les risques inhérents aux opérations sur instruments financiers.

"(...)."

52. François Guy Trébulle, *L'Émission de Valeurs Mobilières*, cit., p. 85.

53. François Guy Trébulle, *L'Émission de Valeurs Mobilières*, cit., p. 86. Dispõe o art. 411-2 do *Code Monétaire et Financier*: "(...). Un cercle restreint d'investisseurs est composé de personnes, autres que les investisseurs qualifiés, liées aux dirigeants de l'émetteur par des relations personnelles, à caractère professionnel ou familial. Sont réputés constituer de tels cercles ceux composés d'un nombre de personnes inférieur à un seuil fixé par décret".

54. Dispõe o art. 411-2, II, 4º, b, do *Code Monétaire et Financier*, com a nova redação dada pela *Loi 2005-842, du 2.7.2005*:

"II – Ne constitue pas une opération par appel public à l'épargne l'émission ou la cession d'instruments financiers lorsque:

"(...).

"4º. Nonobstant le recours au démarchage, à la publicité ou à un prestataire de services d'investissement, l'offre s'adresse exclusivement:

"(...).

"b) A des investisseurs qualifiés ou à un cercle restreint d'investisseurs, sous réserve que ces investisseurs agissent pour compte propre.

"Un investisseur qualifié est une personne ou une entité disposant des compétences et des moyens nécessaires pour appréhender les risques inhérents aux opérations sur instruments financiers. La liste des catégories d'investisseurs reconnus comme qualifiés est fixée par décret."

gados a aplicar uma parte ou a totalidade de seus recursos em valores mobiliários.[55]

54. O conceito é uma construção doutrinária que abrange parte dos investidores qualificados.[56] Dentre eles estão o Tesouro Nacional (*Trèsor Public*), o Banco Central Francês (*Banque de France*), companhias seguradoras, fundos de investimento. Esta classificação se presta a atenuar os deveres de informação e formalidades relacionadas a serviços de investimento a eles prestados.[57]

d) Comentários

55. No sistema francês são adotados critérios objetivos e subjetivos para a distinção de investidor qualificado.

56. Em relação aos critérios subjetivos, o mais importante é o grau de sofisticação do investidor nas relações com intermediários em operações do mercado a termo. Quanto aos critérios objetivos, verificamos que se consideram tanto a natureza e/ou função exercida pela pessoa (sempre jurídica) como a declaração de investidor qualificado cumulada com o valor do patrimônio. A definição, portanto, assemelha-se à encontrada no Direito Brasileiro, já que neste também se passou a utilizar a declaração de investidor qualificado.

57. Outro detalhe em relação à legislação francesa é que, ao contrário da brasileira, não permitia, até meados de 2005, que as pessoas físicas fossem consideradas investidores qualificados. Apesar da permissão atual, ainda não há regulamentação sobre o assunto, e, por isso, ainda não pode ser posta em prática.

58. Por fim, observamos que a legislação francesa não dá ênfase ao tratamento do investidor de fundos de investimento, como a legislação brasileira, ou de qualquer outra espécie de investidor. As regras, em geral, tratam das informações que devem ser fornecidas aos investidores a fim de que possam tomar decisões de investimento adequadas aos seus interesses, sempre cientes dos riscos envolvidos nas operações.

V – Reino Unido

59. O Reino Unido é membro da União Européia e se sujeita às regras estabelecidas pelo Parlamento Europeu, incluindo a Diretiva 2003/71/EC sobre publicação de prospectos (*Prospectus Directive*, ou apenas PD), implementada a partir de 1.7.2005, e a Diretiva 2004/39/EC, que trata dos mercados financeiros, às quais já nos referimos.

60. A legislação britânica não enfatiza o tratamento dado aos investidores de fundos de investimento, como faz o Direito Brasileiro. Isso porque, como ocorre nos países já estudados, os mercados de bolsa e de balcão são bastante desenvolvidos e, predominantemente, há aplicação direta dos investidores nos valores mobiliários.

61. Como já mencionado no estudo sobre a França, os países-membros da Comunidade Européia estão passando por um momento de transição também no que toca ao mercado financeiro e de capitais. Assim, muitas regras foram recentemente alteradas, principalmente as normas que se referem à publicação do prospecto, em razão da entrada em vigor da Diretiva 2003/71/EC, que ocorreu em 1.7.2005.

62. Atualmente são aplicadas no Reino Unido várias regras, conforme as atividades financeiras e do mercado de capitais envolvidas. O principal conceito é aplicado em relação à captação de clientes e ao convite ao investimento feito por profissionais da área.

55. Nos documentos originais as expressões utilizadas são *instruments financiers* ou *financial instruments*. Pela definição dada pela Seção C do Anexo I da Diretiva 2004/39/EC, decidimos traduzi-las como "valores mobiliários".

56. Thierry Bonneau e France Drummond, *Droit des Marchés Financiers*, cit., 2ª ed., p. 430.

57. Thierry Bonneau e France Drummond, *Droit des Marchés Financiers*, cit., 2ª ed., pp. 430-431.

a) O conceito de "investidor qualificado" na captação de clientes e convite ao investimento

63. O art. 21 do *Financial Services and Markets Act* de 2000, que trata, dentre outras atividades, das operações relacionadas a serviços financeiros e mercado financeiro e de capitais, prevê que um profissional de investimento não pode convidar ou incentivar um indivíduo a aderir a qualquer produto de investimento[58] a menos que o profissional seja autorizado a fazê-lo ou que o conteúdo do convite ou incentivo transmitido tenha sido previamente aprovado pela autoridade competente[59] ou, ainda, que haja alguma exceção à aplicação desta regra.[60]

64. Esta regulamentação tem como objetivo proteger o indivíduo comum, que não seja *expert* no assunto, das empresas e profissionais não-autorizados que promovem produtos de investimento,[61] bem como permitir que o investidor tenha conhecimento dos riscos do investimento antes de optar por ele.[62] Há, inclusive, sanções penais para os que desrespeitarem esta regra[63] e fizerem ofertas a quem não seja considerado pessoa certificadamente detentora de grande patrimônio (*certified high net worth individuals*) ou investidor sofisticado (*sophisticated investors*).[64]

65. O *Financial Services and Markets Act* 2000 (*Financial Promotion*) *Order* 2001, em seus arts. 48 e 50, define estas categorias, ressaltando que a elas não se aplicam as restrições do art. 21 do *Financial Services and Markets Act*.

66. Estabelece o art. 48:[65]

"Art. 48. (1) Se os requisitos dos parágrafos (4) e (7) forem cumpridos, a restrição de divulgação de produtos financeiros não se aplica aos comunicados que:

58. A restrição abrange diversos meios de comunicação, como propagandas escritas, telefonemas, visitas, *e-mails* e páginas na Internet (HM Treasury, "Informal capital raising and high net worth and sophisticated investors", p. 9, *www.hm-treasury.-gov.uk*).

59. *The Financial Services and Markets Act 2000 (Financial Promotion)* (FSMA 2000):

"21. (1) A person ('A') must not, in the course of business, communicate an invitation or inducement to engage in investment activity.

"(2) But Subsection (1) does not apply if:

"(a) A is an authorised person; or

"(b) The content of the communication is approved for the purposes of this Section by an authorised person.

"(...).

"(5) The Treasury may by order specify circumstances (which may include compliance with financial promotion rules) in which Subsection (1) does not apply.

"(...)."

60. *The Financial Services and Markets Act 2000 (Financial Promotion) Order* 2001, *Section* 48 (comentada a seguir).

61. Bishop Fleming Chartered Accountants, "Financial Services and Markets Act common pitfalls when approaching investors", *www.bishopfleming.co.uk*.

62. HM Treasury, "Informal capital raising and high net worth and sophisticated investors", cit., p. 9, *www.hm-treasury.gov.uk*.

63. *Section* 25 do FSMA:

"(1) A person who contravenes Section 21(1) is guilty of an offence and liable:

"(a) On summary conviction, to imprisonment for a term not exceeding six months or a fine not exceeding the statutory maximum, or both;

"(b) On conviction on indictment, to imprisonment for a term not exceeding two years or a fine, or both.

"(...)."

64. Sem prejuízo do direito do investidor de ser indenizado (HM Treasury, "Informal capital raising and high net worth and sophisticated investors", cit., p. 9, *www.hm-treasury.gov.uk*).

65. Tradução livre. O teor da norma no idioma original, com redação dada pelo *Statutory Instrument* 2005 n. 270, é o seguinte:

"48 (1) If the requirements of paragraph (4) and (7) are met, the financial promotion restriction does not apply to any communication which:

"(...);

"(b) Is made to an individual whom the person making the communication believes on reasonable grounds to be a certified high net worth individual; and

"(...).

"(2) 'Certified high net worth individual' means any individual who has signed, within the period of 12 months ending with the day on which the communication is made, a statement complying with Part I of Schedule 5."

"(...);

"b) Forem dirigidos a pessoas as quais a pessoa que faz a comunicação tenha motivos razoáveis para acreditar que sejam certificadamente detentoras de grande patrimônio;

"(...).

"(2) 'Pessoa certificadamente detentora de grande patrimônio' é aquela que tiver assinado, no período de até 12 meses antes do dia em que o comunicado for recebido, declaração nos termos da Parte I da Tabela 5."[66]

67. A mesma exceção aplica-se ao chamado *sophisticated investor*,[67] ou "investidor sofisticado" (certificado), cujo conceito se encontra no art. 50, que dispõe:

"Art. 50. O investidor sofisticado (certificado), em relação a qualquer descrição de investimento, é a pessoa que:

"(a) Possuir certificado atualizado por escrito ou qualquer outra forma legível assinado por pessoa autorizada atestando que ele possui conhecimentos suficientes para compreender os riscos associados a tal descrição de investimento; e

"(b) Tiver assinado, no período de até 12 meses antes do dia em que a comunicação é feita, declaração afirmando o seguinte:

"'Declaro que estou apto a receber promoções de investimento dispensadas das restrições de promoções financeiras do art. 21 do *Financial Services and Markets Act* 2000. Esta dispensa está relacionada ao certificado de investidor sofisticado e eu declaro que sou qualificado como tal em relação aos seguintes investimentos: *[enumerá-los]*. Estou ciente de que o conteúdo de propaganda e outros materiais que receberei poderá não ter sido aprovado por pessoa autorizada e que, portanto, seu conteúdo pode não estar sujeito ao controle a que estaria no caso de ter sido feito ou aprovado por pessoa autorizada. Estou ciente de que me cabe procurar aconselhamento de pessoa autorizada pela lei e que seja especialista em aconselhamento referente àquelas espécies de investimento'."[68]

68. Foi criada, recentemente, uma nova figura, o *investidor sofisticado certificado por si mesmo*,[69] que, como ocorre com os demais tipos de investidores aqui

66. Na Parte I da Tabela 5 (*Schedule* 5) estão previstos os termos da declaração que deverá ser assinada pelo indivíduo para que possa ser considerado "pessoa certificadamente detentora de grande patrimônio".

67. Art. 50, parágrafo (2), do FSMA (*Financial Promotion*) *Order* 2001:

"(...).

"(2) If the requirements of paragraph (3) are met, the financial promotion restriction does not apply to any communication which:

"(a) Is made to a certified sophisticated investor;

"(b) Does not invite or induce the recipient to engage in investment activity with the person who has signed the certificate referred to in paragraph (1)(a); and

"(c) Relates only to a description of investment in respect of which that investor is certified."

68. Tradução livre. O teor da norma no idioma original é o seguinte:

"51. (1) 'Certified sophisticated investor', in relation to any description of investment, means a person:

"(a) Who has a current certificate in writing or other legible form signed by an authorised person to the effect that he is sufficiently knowledgeable to understand the risks associated with that description of investment; and

"(b) Who has signed, within the period of 12 months ending with the day on which the communication is made, a statement in the following terms:

"'I make this statement so that I am able to receive promotions which are exempt from the restrictions on financial promotion in the Financial Services and Markets Act 2000. The exemption relates to certified sophisticated investors and I declare that I qualify as such in relation to investments of the following kind: *[list them]*. I accept that the contents of promotions and other material that I receive may not have been approved by an authorised person and that their content may not therefore be subject to controls which would apply if the promotion were made or approved by an authorised person. I am aware that it is open to me to seek advice from someone who specialises in advising on this kind of investment'."

69. *Self-certified sophisticated investor* – art. 50-A do FSMA (*Financial Promotion*) *Order* 2001, inserido pelo *Statutory Instrument* 270, de 2005.

descritos, será considerado como tal se tiver assinado declaração, na forma da lei,[70] no período de 12 meses que antecede o dia em que o comunicado foi recebido.

69. Além de proteger o investidor comum, estas regras destinadas à publicidade de produtos de investimento permitem às companhias cujos papéis não sejam registrados em bolsa o acesso ao mercado de capitais para se financiar.[71] O que pretende a regulação é que os investidores sofisticados apliquem seus recursos nos papéis emitidos por tais companhias sem que estas tenham que suportar os relevantes custos inerentes ao apelo ao público em geral.

70. As regras para ofertas de papéis registrados em bolsa (*listed securities*) que se aplicam a investidores qualificados são idênticas a estas.[72]

b) Comentários

71. Para a caracterização do *investidor qualificado* a legislação britânica valia-se de certificações e declarações (como no caso do *certified high net worth individual* e do *sophisticated investor*), bem como das funções exercidas pela pessoa (*qualifying person*), critério também utilizado no Direito Brasileiro (art. 109, IV, da Instrução CVM-409/2004).

72. O tratamento britânico ao investidor qualificado diferia do tratamento dado pela Comunidade Européia, expresso na Diretiva 2003/71/EC para a publicação de prospecto.[73] Por isso, o Reino Unido teve que se adaptar às novas regras até 1.7.2005, data da implementação da Diretiva por todos os países-membros.

73. O país preparou-se para tanto, tendo, inclusive, realizado audiências públicas.[74] Uma das consultas públicas teve por objeto a possibilidade de ser instituído um regime especial para os investidores qualificados, permitindo, assim, que houvesse regras especiais para ofertas públicas direcionadas a pessoas que até então estavam abrangidas pela regra geral britânica de proteção do investidor.

74. O novo sistema beneficia o pequeno emissor que busca capital[75] e que não pode arcar com os custos de registro de emissão e elaboração de prospecto.

VI – Itália

75. No sistema italiano a distinção entre investidores não-qualificados (*operatori non-qualificati*) e investidores qualificados (*operatori qualificati*) é dada visando a garantir aos primeiros proteção especial. Entende-se que os investidores não-qualificados devem efetuar negociações tão-somente no mercado regulamentado (*mercato regolamentato*), enquanto os investidores qualificados podem também negociar fora do mercado regulamentado (*fuori del mercato regolamentato*).[76]

76. Isto não quer dizer, no entanto, que os investidores qualificados estejam totalmente desprotegidos, mas somente que estão sujeitos a maiores riscos, já que podem envolver-se em operações cujas regras são mais flexíveis, uma vez que são estabelecidas com maior liberdade pelo próprio fundo ou pela entidade emissora, conforme o caso, e não impostas pelo órgão regulador.

70. Os termos da declaração estão previstos na Parte II da Tabela 5 do mesmo diploma legal.

71. HM Treasury, "Informal capital raising and high net worth and sophisticated investors", cit., p. 9, *www.hm-treasury.gov.uk*.

72. *Schedule* 11A das *POS Regulations*.

73. V., acima, sobre as pessoas consideradas "investidores qualificados" para fins da Diretiva 2003/71/EC.

74. HM Treasury, "UK implementation of the Prospectus Directive 2003/71/EC", cit., *www.hm-treasury.gov.uk*, e Financial Services Authority, "The listing review and implementation of the Prospectus Directive", outubro/2004, *www.fsa.gov.uk*.

75. HM Treasury, "UK implementation of the Prospectus Directive 2003/71/EC", cit., p. 25, *www.hm-treasury.gov.uk*.

76. *www.microsoft.com/Italy/pmi/finanza/speciali/intermediar/articolo2.mspr*.

77. À semelhança do que ocorre na França, em Portugal e em outros países da UE, na Itália a proteção é conferida de acordo com o grau de conhecimento técnico do investidor. Aqueles que possuem menor conhecimento técnico merecem maior proteção. Aqueles que atuam empresarial ou profissionalmente têm direito a proteção menor.

78. A Itália conta, desde 1974, com um órgão especializado, cuja atividade é voltada à tutela dos investidores, à eficiência, transparência e desenvolvimento do mercado mobiliário interno. Este órgão é a *Commissione Nazionale per le Società e la Borsa* (CONSOB), constituída pela Lei 216, de 7.6.1974, com autoridade administrativa independente, dotada de personalidade jurídica e plena autonomia,[77] e que corresponde à nossa CVM.

79. À CONSOB cabe, entre outras atribuições, regulamentar a prestação de serviços na área de investimentos e a oferta de valores mobiliários ao público, sendo que uma das definições de "investidor qualificado" no sistema italiano é dada por ela.

80. A regulamentação do assunto decorre da Deliberação CONSOB-11.522, de 1.7.1998 (Regulamento CONSOB),[78] que trata dos intermediários, e do Decreto 228, assinado pelo Ministério do Tesouro e da Fazenda e da Programação Econômica em 24.5.1999 (conhecido como "Regulamento MT"), que trata dos fundos comuns de investimento.[79] Ambas as normas regulamentam o Decreto Legislativo 58, de 24.2.1998, que trata da intermediação financeira,[80] mas em âmbitos diversos.

*a) A noção de "operador qualificado" (*operatore qualificato*)*

81. O primeiro tipo de investidor a ser estudado é o "operador qualificado" (*operatore qualificato*), regido pelo Regulamento CONSOB, que estabelece, na primeira parte do art. 31, que determinadas exigências não se aplicam à relação entre os intermediários e o operador qualificado (*operatore qualificato*). Não se aplicam, por exemplo, as obrigações de o intermediário (i) abster-se de operar em conflito de interesses, (ii) prestar uma série de informações, (iii) celebrar contrato escrito com o investidor, (iv) buscar as melhores condições de mercado e (v) fornecer relatórios periódicos. Daí, verifica-se que o operador qualificado (*operatore qualificato*) não tem a mesma proteção legal conferida aos investidores comuns, como se vê do disposto no art. 31:

"Art. 31. (**Relação entre intermediários e especiais categorias de investidores**)

"1. (...).

"2. Por operadores qualificados *[operatori qualificati]* se entendem os intermediários autorizados, as sociedades gestoras de investimentos, as sociedades de investimento a capital variável (SICAV), os fundos de pensão, as companhias seguradoras, os estrangeiros que desenvolvem – de acordo com a normativa vigente no Estado de origem – atividades desenvolvidas pelos sujeitos acima mencionados, as sociedades e as entidades emissoras de valores negociados no mercado regulamentado, as sociedades referidas nos arts. 106, 107 e 113 do Decreto Legislativo n. 385, de 1º setem-

77. *http://www.consob.it/main/consob/cosa_fa/index.html.*

78. A Deliberação CONSOB-11.522, de 1.7.1998, pode ser encontrada em *www.consob.it/main/documenti/regolamentazione/normativa/reg11522.htm#31.*

79. A definição de "fundo comum de investimento" é trazida pelo Decreto Legislativo 58, de 24.2.1998 (Texto Único), em seu art. 1º, item 1, letra "j", como segue: "j) 'fondo comune di investimento': il patrimonio autonomo, suddiviso in quote, di pertinenza di una pluralità di partecipanti, gestito in monte" (traduzindo livremente o dispositivo: "j) 'fundo comum de investimento': o patrimônio autônomo, dividido em cotas, que pertence a uma comunidade de participantes, gerido como uma unidade").

80. O Decreto Legislativo 58, de 24.2.1998, é definido como "Texto Único".

bro de 1993,[81] os promotores de negócios financeiros, as pessoas físicas que comprovem a posse dos requisitos profissionais estabelecidos no Texto Único[82] para os sujeitos que desenvolvem funções de administração, direção e controle em sociedades de intermediação mobiliária, as fundações bancárias e, ainda, cada sociedade ou pessoa jurídica que possua uma específica competência e experiência em matéria de operação financeira expressamente declarada por escrito pelo seu representante legal".[83]

*b) A noção de "investidor qualificado" (*investitore qualificato*)*

82. O segundo tipo de investidor que nos interessa é o "investidor qualificado" (*investitore qualificato*), cuja definição é dada pelo art. 1º do Regulamento MT,[84]

81. O Decreto Legislativo 385, de 1.9.1993, pode ser encontrado em *www.teocollector.com/titolo5.htm.*

82. Decreto Legislativo 58, de 24.2.1998.

83. Tradução livre. O teor da norma no idioma original é o seguinte:

"Art. 31. **(Rapporti tra intermediari e speciali categorie di investitori)**

"1. (...).

"2. Per operatori qualificati si intendono intermediari autorizzati, le società di gestione di risparmio, le SICAV, i fondi pensione, le compagnie di assicurazione, i soggetti esteri che svelgono in forza della normativa in vigore nel proprio Stato d'origine le attività svolte dai soggetti cui sopra, le società e gli enti emittenti strumenti finanziari negoziati in mercati regolamentati, le società iscritte negli elenchi di cui agli art. 106, 107 e 113 del Decreto Legislativo 1º settembre 1993, n. 385, i promotori finanziari, le persone fisiche che documentino il possesso dei requisiti di professionalità stabiliti dal Testo Unico per i soggetti che svolgono funzioni i amministrazione, direzione e controllo presso società di intermediazione mobiliar, le fondazione bancarie, nonché ogni società o persona giuridica in possesso di una specifica competenza e esperienza in materia di operazione in strumenti finanziari spressamente dichiarata per iscritto dal legale rappresentante."

84. O Decreto 228, editado pelo Ministério do Tesouro e da Fazenda e da Programação Econômica em 24.5.1999, pode ser encontrado em *www.dt.tesoro.it/aree-docum/regolament/intermedia/compendio-/z/11—DM228.pdf.*

que, por sua vez, regulamenta o art. 37 do Decreto Legislativo 58, de 24.2.1998 (Texto Único), dispositivo, esse, relacionado aos critérios gerais aplicáveis aos fundos comuns de investimento, conforme já mencionado.

83. Dispõe o art. 1º do Regulamento MT sobre a definição de "investidor qualificado":

"Art. 1. **(Definições)**

"No presente Regulamento se entendem por:

"a) (...);

"(...);

"h) Investidores qualificados, *[investitori qualificati]* as seguintes categorias de pessoas:

"h-*bis*) 'Grupo relevante' – o grupo como definido pelo art. 11, parágrafo 1, letra a) do Texto Único;[85]

"– as empresas de investimento, os bancos, os agentes de câmbio, as sociedades gestoras de investimentos (SGR), as sociedades de investimento a capital variável (SICAV), os fundos de pensão, as em-

85. "Art. 11. **(Composizione del gruppo)** 1. La Banca d'Italia, sentita la CONSOB: a) determina la nozione di 'gruppo rilevante' ai fini della verifica dei requisiti previsti dagli art. 19, comma 1, lettera h), e 34, comma 1, lettera f); (...)"; "Art. 19. **(Autorizzazione)** 1. La CONSOB, sentita la Banca d'Italia, autorizza l'esercizio dei servizi di investimento da parte delle SIM quando ricorrono le seguenti condizioni: (...) h) la struttura del gruppo di cui è parte la società non sia tale da pregiudicare l'effettivo esercizio della vigilanza sulla società stessa e siano fornite almeno le informazioni richieste ai sensi dell'art. 15, comma 5. (...); "Art. 34. **(Autorizzazione della società di gestione del risparmio)** 1. La Banca d'Italia, sentita la CONSOB, autorizza l'esercizio del servizio di gestione collettiva del risparmio e del servizio di gestione su base individuale di portafogli di investimento da parte delle società di gestione del risparmio quando ricorrono le seguenti condizioni: (...) f) la struttura del gruppo di cui è parte la società non sia tale da pregiudicare l'effettivo esercizio della vigilanza sulla società stessa e siano fornite almeno le informazioni richieste ai sensi dell'articolo 15, comma 5; (...)" (*www.filodiritto.com/diritto/privato/commercialeindustriale/testounicointermediari2.htm#1*).

presas seguradoras, as sociedades financeiras líderes de grupos bancários e os sujeitos referidos nos arts. 106, 107 e 113 do Texto Único Bancário; *[Decreto Legislativo 385, de 1.9.1993]*[86]

"– pessoas estrangeiras que desenvolvem – de acordo com a normativa vigente no país de origem – as mesmas atividades desenvolvidas pelas pessoas referidos na alínea anterior;

"– as fundações bancárias;

"– as pessoas físicas ou jurídicas e outras entidades que possuam específica competência e experiência em operações financeiras expressamente declarada por escrito pela própria pessoa ou pelo representante legal da pessoa jurídica ou da entidade."[87]

84. Apenas os investidores qualificados, conforme acima definido, podem participar dos fundos reservados de que trata o art. 15 do Regulamento MT. Referido dispositivo estabelece que as sociedades gestoras de investimento podem constituir fundos abertos e fechados cuja participação seja reservada aos investidores qualificados. Esses fundos podem fixar, em seu regulamento, limites de investimento diversos dos estabelecidos pelas regras emanadas pela *Banca d'Italia*, que funciona como Banco Central.

85. Há de se observar, ainda, que, enquanto o Regulamento CONSOB fixa tratamento especial (com menor proteção) para a relação entre o investidor qualificado e o intermediário, o Regulamento MT estabelece que os fundos de investimento destinados ao investidor qualificado têm prerrogativas (que outorgam menor proteção ao investidor) que os fundos destinados ao investidor comum não possuem.

c) Comentários

86. Verificamos que o sistema italiano, como os demais sistemas estudados e conforme orientação da UE, busca conferir ao investidor comum maior proteção, e proteção menor ao investidor com competência, experiência e conhecimento para negociar no mercado (ou seja, maior risco).

87. O termo "investidor qualificado" é usado, no sistema italiano, no âmbito dos fundos de investimento e do mercado financeiro em geral (para estabelecer um relacionamento diferenciado com os intermediários).

88. Importante ressaltar, por fim, que a regulamentação italiana, da mesma forma que a brasileira, fixa listas de pessoas que são consideradas investidores qualificados (tanto para os *operatori qualificati* como para os *investitori qualificati*), dentre as quais estão as pessoas físicas ou jurídicas que declaram expressamente e por escrito sua especial competência e experiência na matéria.

VII – Conclusões

89. A partir do estudo da regulação que fizemos de quatro países estrangeiros, além

86. Artigos transcritos anteriormente.

87. Tradução livre. O teor da norma no idioma original é o seguinte:

"Art. 1. **(Definizioni)**

"1. Nel presente Regolamento s'intendono per:

"a) (...);

"h) 'investitori qualificati', le seguenti categorie de soggetti:

"h-*bis*) 'gruppo rilevante' – il gruppo come definito ai sensi del'art. 11, comma 1, lettera a), del Testo Unico;

"– le imprese di investimento, le banche, gli agenti di cambio, le società di gestione di risparmio, le società di investimento a capitale variabile (SICAV), i fondi pensione, le imprese di assicurazione, le società finanziarie capogruppo di gruppi bancari e i soggetti iscritti negli elenchi previsti dagli art. 106, 107 e 113 del Testo Unico Bancario;

"– i soggetti esteri autorizzati a svolgere, n forza della normativa in vigore nel proprio paese di origine, le medesime attività svolte dai oggetti di cui al precedente alinea;

"– le fondazioni bancarie;

"– le persone fisiche e giuridiche e gli altri enti in possesso di specifica competenza ed esperienza in operazioni in strumenti finanziari espressamente dichiarata per iscritto dalla persona o dell' ente" (fonte: *www.dt.tesoro.it/aree-docum/regolament/intermedia/compendio-/z/11—DM228.pdf*).

da União Européia, concluímos que o objetivo da diferenciação entre *investidores qualificados* e *investidores comuns* visa a garantir maior proteção aos últimos.

90. Em todos os sistemas analisados observamos que o investidor qualificado, em razão de sua capacidade técnica e econômica real ou presumida para melhor avaliar os riscos das operações das quais participa ou pretende participar, não necessita de maior proteção regulatória. Em tais países há sempre regras mais rígidas dirigidas às companhias emissoras de valores mobiliários e aos intermediários quando lidam com o investidor comum, considerado carente de maior proteção a ser dada pelo Estado, em razão da sua vulnerabilidade (em geral, ele tem menos condições técnicas e econômicas de avaliar os riscos a que está sujeito).

91. Verificamos, também, que há critérios diversos de tratamento da matéria, dependendo, em alguns casos, das atividades em questão e do nível de desenvolvimento do mercado de capitais nos diversos países.

92. Nos Estados Unidos, por exemplo, há várias definições para o "investidor qualificado", dependendo da operação em que ele está envolvido ou pretende se envolver. Outros países adotam critérios subjetivos, como a experiência do investidor no mercado financeiro e de capitais – é o caso do *investisseur averti* na França. Algumas legislações adotam critérios objetivos, como a renda ou o montante de investimentos financeiros que o investidor possui – como ocorre com o *accredited investor* no âmbito do *Securities Act* de 1933, nos Estados Unidos. Há, ainda, sistemas que adotam a declaração de que o investidor é qualificado como requisito para tanto, como é, por exemplo, o caso do Reino Unido para o *certified high net worth individual*, para o *sophisticated investor* e o *self-certified sophisticated investor*.

93. Assim como no Brasil, nos países estudados os investidores comuns são mais protegidos, havendo determinadas operações que, em razão dos riscos envolvidos, não podem ter a participação de investidores comuns. Por exemplo, em alguns países os investidores comuns não podem adquirir valores mobiliários em ofertas privadas, mas apenas em ofertas registradas perante as autoridades reguladoras, por ser, nestas últimas, maior o nível de informação exigido, havendo obrigatoriedade de apresentação de prospecto para a distribuição a investidores que não sejam considerados qualificados.

94. As semelhanças entre os países e também com o Brasil no que toca à distinção entre *investidores qualificados* e *investidores comuns* também se relacionam aos emissores. Quando envolvem investidores qualificados, alguns procedimentos podem ser simplificados, como é o caso de dispensa de registro de oferta de valores mobiliários ou de possibilidade de se fazer oferta privada, implicando a redução dos custos de oferta e distribuição e estimulando, principalmente, pequenas e médias empresas a buscarem capital no mercado de capitais.

95. Verifica-se, aliás, que em certos países as pequenas e médias empresas, que não conseguiriam acessar o mercado de capitais em razão do pequeno volume e dos custos de captação, vêm se beneficiando substancialmente da flexibilização do tratamento dispensado aos investidores qualificados. Como, em alguns casos, há dispensa de elaboração de prospecto ou da exigência de oferta pública, o acesso ao mercado de capitais pelas pequenas e médias empresas fica mais fácil e menos oneroso.

96. Os grandes emissores, por outro lado, também se beneficiam de tais prerrogativas, desenvolvendo cada vez mais o mercado de capitais.

97. As diferenças que encontramos no Direito Comparado explicam-se em grande parte por razões econômicas e, em particular, pelo grau de desenvolvimento dos respectivos mercados de capitais, e têm como conseqüência a atuação mais efetiva dos investidores e o maior conhecimento das operações por eles.

98. O conceito de "investidor qualificado" varia, pois, no tempo e no espaço. Não é o mesmo em países nos quais o mercado de capitais atingiu sua plena maturidade e naqueles em que ainda está em fase de desenvolvimento. A própria sofisticação crescente das operações, ligada, em parte, à globalização, tem repercussões na proteção que deve ser dada ao investidor. O estudo do Direito Comparado revela que outros sistemas jurídicos chegam a reconhecer diversas classes de investidores qualificados, dependendo a sua caracterização do tipo de operação da qual participam e do seu grau de complexidade.

99. Tal estudo também nos permite concluir que os critérios estabelecidos pela legislação brasileira se identificam com alguns dos parâmetros das legislações estrangeiras, não havendo grandes divergências entre elas. Todas têm suas particularidades, mas sempre há algum ponto comum, algum critério que pode ser partilhado entre as diversas legislações.

Doutrina

FUNÇÃO SOCIAL DO CONTRATO E DIREITO DE EMPRESA

RACHEL SZTAJN

1. Introdução. 2. Função social. Considerações gerais. 3. Contrato e autonomia privada. 4. Contrato e direito constitucional econômico. 5. Função social do contrato. A opinião dos juristas. 6. Função social. Opinião de economista. 7. À guisa de conclusão.

1. Introdução

"Contratos" – diz Eve Truillé-Marengo[1] – são, ao lado da moeda, a outra força que impulsiona as economias; instrumento fundamental para dar segurança nas trocas econômicas e, no que tange ao comércio, indispensáveis. Vincenzo Roppo explica que: "L'area del contratto è, in parole più empiriche, l'area degli impegni economici concordati e legalmente vincolanti (cioè coercibili coi mezzi della legge): area strategica di ogni organizzazione sociale, e segnatamente nelle società evolute".[2]

Portanto, além de jurídico, o contrato é uma instituição social cuja função serve para dar segurança aos agentes econômicos nas relações patrimoniais que entre si venham a ajustar. Essa função não encontra paralelo em qualquer outro instituto jurídico, nem pode ser absorvida por qualquer deles. Seria possível, sem contratos, promover a regular e segura circulação de bens em uma dada sociedade? Sem contratos, a liberdade para dispor, livremente, dos próprios interesses ficaria prejudicada.

Não estranha, pois, que os ordenamentos jurídicos contenham regras – o suporte normativo – imprescindíveis para que a troca econômica, em qualquer das suas modalidades – seja o *do ut des*, o *do ut facias* ou o *facio ut des* –, apareça; regras, essas, que servem à organização social quando bens são atribuídos a um sujeito.

Só isso bastaria para afirmar-se ter o instituto "contrato" relevante e insubstituível função social. Contudo, dada a norma predisposta no art. 421 do CC Brasileiro (Lei 10.406/2002) – cujo teor é: "A liberdade de contratar será exercida em razão e nos limites da função social do contrato" –, surge dúvida quanto ao sentido ou conteúdo da expressão "função social do contrato". Em que medida poderá servir como limitante da autonomia privada, já que a liberdade de contratar será parametrizada por tal função?

Se a lei não deve conter palavras inúteis, interessa desenhar como esse novel parâmetro, agora ligado à esfera das decisões individuais, aparecerá quando o contrato decorrer do exercício de atividades econômicas, precipuamente da empresa. É que, nesse campo, a previsibilidade e a se-

1. Eve Truillé-Marengo, "Towards a european law of contracts", *European Law Journal* 10-4/463-478.

2. Vincenzo Roppo, "Il contratto", in *Trattato di Diritto Privato (a Cura di Giovanni Indica e Paolo Zatti)*, Milão, Giuffrè Editore, 2001, p. 3.

gurança dos efeitos das operações, que nem sempre são repetidas ou tendencialmente uniformes, são fatores que pesam na aferição do risco.

Mas, como no exercício da empresa a inovação na modelagem de contratos está associada às necessidades do tráfico mercantil, que, ademais, tem na especulação – compra-se determinado bem na crença de que ao revendê-lo se obterá preço maior –, estimulando-se, com isso, a alocação mais eficiente dos recursos escassos, não resta dúvida de que risco e incerteza estão intrinsecamente ligados ao exercício da empresa. De outro lado, a empresa é forma de organização destinada a reduzir custos de transação; portanto, também ela tem função social.

Segundo Ronald H. Coase, as empresas são feixes de contratos. Logo, a organização empresarial, ausentes os contratos, tampouco existiria. Dessa forma, ao prescrever a função social como limite para a liberdade de contratar, estará o legislador desdenhando o fato de que fazer a riqueza circular, de forma estável e previsível, pode ser causa de perda de bem-estar social? Ou que, se a limitação à liberdade de contratar impuser que se afastem as alocações de bens pelo critério paretiano, pode-se inclusive não atingir o modelo de distribuição de Kaldor-Hicks?

Será que a função social do contrato, como parâmetro para a liberdade de contratar, resultará em elevar custos de transação no exercício da empresa, por favorecer comportamentos oportunistas? A mera suspeita de que tal hipótese se concretize leva à formulação de complexas estratégias defensivas – com o quê, novamente o resultado será o aumento dos custos de transação, evidenciando-se que o legislador deixou escapar alguns fatores ou instituições sociais ao condicionar a liberdade de contratar à observância de uma função social.

Em resumo, escopo desta breve indagação é levantar as opiniões de pensadores sobre "função social", associá-las à empresa e a contratos celebrados no exercício da empresa e pensar que efeitos e em que direção – oportunismo, tomada de reféns, ou indiferentes – aparecerão. Trata-se de tentativa de encontrar inteligência prestável para a *função social do contrato*, que pode até ser considerada, afinal, figura de retórica, vazia de conteúdo, neutra no que concerne ao exercício da empresa, ou, inversamente, criação cujos efeitos perniciosos reduzem ou restringem o exercício da autonomia privada e, conseqüentemente, impactam negativamente a organização da empresa, com redução do bem-estar geral.

2. Função social. Considerações gerais

A idéia de "função" como "utilidade", "serventia", "valor", "proveito", implica seja tomado um conjunto de medidas cuja execução se destina a atingir um fim de interesse de alguém. "Função" é o papel de um elemento lingüístico na construção da frase; gramaticalmente, o papel que a palavra desempenha na frase em relação às demais; conceitualmente, indica a existência de uma relação biunívoca entre dois elementos – por exemplo, no caso presente, vinculação e liberdade.

Em Matemática se diz que uma variável é função de outra quando se associa a cada valor da segunda um e um só valor da primeira; ou seja, há uma associação entre duas variáveis, uma delas independente, enquanto a outra fica a esta vinculada.

"Social" é o concernente à sociedade, ao conjunto de cidadãos de um país, assim como é, também, o conveniente para a sociedade ou o que dela é próprio, que é público; ou, ainda, o que se refere ao bem-estar das pessoas menos favorecidas em uma dada sociedade.

A associação dos termos "função" e "social", a *função social*, ao menos no campo das Ciências Sociais, em especial em Sociologia, é concepção que se à idéia de funcionalismo, de análise funcional; função social serve para dizer que se pretende explicar instituições sociais como formas coletivas de atender a necessidades biológicas individuais; ou, mais recentemente, alterando-se o foco, indica o pensar a maneira pela qual as instituições sociais garantiriam a estabilidade social. Essa teoria é associada a Émile Durkheim, que analisou a forma pela qual a organização social se manifestava nos vários tipos de sociedade, sobretudo aquilo que distinguia as organizações tradicionais das modernas. Nas primeiras, dizia, a consciência coletiva subsume a individual, as normas sociais são fortes e o comportamento social é bem regrado. Já, nas sociedades modernas a complexidade geraria solidariedade, uma vez que os diversos e distintos atores sociais dependeriam uns dos outros para satisfazerem suas necessidades. Durkheim associava essa solidariedade a um dado sistema jurídico explicando que nas sociedades primitivas o sistema jurídico tendia a ser repressivo, enquanto nas sociedades em que a solidariedade é orgânica o sistema seria restitutivo, não visaria a punir, mas sim a disciplinar a atividade normal de uma sociedade complexa.

Para Niklas Luhman os sistemas sociais são meios de comunicação, de relação entre o individual e o social – relação, essa, que se dá por intermédio do sentido, do *Sinn*. Supondo o sistema como uma relação entre diferentes ambientes separados de um exterior caótico, entende que reduzem a complexidade, em especial na sociedade atual, que é mundial.

Alguns pensadores, críticos dessa visão, dizem que se poderia considerar a noção de "função social" limitando-a descrever as instituições em face dos efeitos constatados, sem aprofundar as causas. Outros consideram que as explicações funcionalistas são condicionadas pela história das ações humanas e suas conseqüências.

Nota-se que no plano sociológico não há consenso quanto ao sentido próprio da expressão "função social"; apenas indícios de que se visa a desenhar fatos, modelos, características do ambiente social subjacentes a determinadas instituições.

Talvez a expressão mais forte do funcionalismo, ao menos no plano político, tenha aparecido na Rússia-czarista quando os artistas, a *intelligentsia*, buscando apoio nos estratos mais baixos da sociedade da época, propunham uma utilidade social para a arte que serviria de eixo de desenvolvimento social.

Não se pretende, aqui, descartar a importâncias das discussões filosófico-sócio-antropológicas que estejam subjacentes e representem valores ou instituições sociais. Mas, quando o legislador, em norma de direito positivo, emprega a expressão "função social", os fundamentos acima não bastam – até porque variam – para que se definam o alcance e o objetivo na indução ou na criação de incentivos para que agentes econômicos racionais atuem de modo a satisfazer interesses alheios aos seus. A noção de "função social" no plano jurídico não pode ser a mesma que se lhe dá nos planos filosófico ou sociológico.

Será que um código de direito privado – mesmo que seja visto como a constituição do homem comum, na dicção de Miguel Reale – deve conter dispositivos que induzam as pessoas a agirem tendo em vista interesses de terceiros, a distribuir benesses ou agir de conformidade com interesses do Poder Público? Esse o sentido que se dava à expressão "função social" no ordenamento italiano à época do fascismo. Prever função social para a empresa, assim como para a propriedade, nada mais era que meio para facilitar a intervenção ou controle do Estado sobre a atividade econômica ou a propriedade fundiária, de vez que a titularidade sobre esses bens era reconhecida na medida em que satisfizessem o interesse nacional. Contudo, os italianos, assim como os alemães, não se atreveram a impor função social aos contratos! Foram contidos por algum sentido de prudência.

Retrospecto histórico permite constatar que recorrer à "função social" é característica de regimes não-democráticos, fazendo com que os interesses nacionais (do governo) se sobrepusessem aos individuais.

Outro argumento recorrente para justificar a função social é a perseguição de equilíbrio entre classes sociais, entre o dito poder econômico e os trabalhadores, por exemplo, ou entre aquele e os menos favorecidos. Há ainda quem considere a função social como instrumento para promover a solidariedade entre membros da comunidade, visando ao maior bem-estar geral.

Associada à liberdade de contratar, a função social poderia ser entendida como exigência para que os contratos, a par de harmonizarem os interesses das partes, perseguissem interesses externos, numa espécie de distribuição de benefícios sem os correspectivos riscos.

O legislador de 2002 tenta compatibilizar, nas ações individuais, interesses coletivos – o que, no limite, implica desenhar novo modelo de responsabilidade individual, em que será dever de cada um cuidar para que suas ações gerem efeitos favoráveis a terceiros. Abandonou-se o princípio de que o contrato produz efeitos entre contratantes, facilitando-se o controle social externo sobre os negócios entre particulares.

Não se trata da questão estudada pelos economistas e relacionada à produção de externalidades, isto é, efeitos que afetam terceiros estranhos à relação, derivados de ações ou contratos. Quando se trata de externalidades negativas, mister sejam internalizadas, isto é, os efeitos negativos externos devem ser suportados (impedidos ou indenizados) por quem lhes dê causa. As positivas, que trazem benefícios aos terceiros, de seu lado, não geram direito a qualquer pretensão dos produtores em face de quaisquer terceiros que delas aufiram benefícios.

Atenção a esse tipo de discussão serve para compreender que, se fora esse o caso, o comando legal referente à função social seria desnecessário, pois outras formas de defesa existem para vincular as externalidades negativas aos seus causadores, exigindo que suportem os custos produzidos. Quanto aos beneficiários de externalidades positivas, ficam isentos de pretensão por parte de quem as tenha produzido.

3. Contrato e autonomia privada

Comum aos ensinamentos de Vincenzo Roppo, Eve Truillé-Marengo, Iudica e Zatti,[3] quanto ao contrato, é sua indispensabilidade para o exercício da atividade econômica. Iudica e Zatti destacam, também, o fato de o pacto preceder à moderna distinção entre esfera pessoal e econômica, que o transforma no instrumento das relações de troca e que, em processo de adaptação às necessidades humanas, facilita a organização do mercado de bens. A ligação entre contrato e mercados é direta: sem contratos não há mercados, estes construto jurídico em que as relações entre agentes são uniformes e despersonalizadas. Liberdade de mercado e liberdade de contratar são as duas faces da moeda. Contratos– diz-se – são a mais bem-arrematada expressão da liberdade individual, representando a faculdade que cada um tem para, voluntariamente, se vincular.

No que tange à função dos contratos, Iudica e Zatti explicam que são o instrumento mediante o qual se perfaz a auto-regulação de interesses patrimoniais, e que a fórmula pela qual essa função é desempenhada depende da variedade de emprego dos instrumentos negociais, de como se organiza a produção de bens, da forma pela qual circulam, de como são formatadas as relações empresariais, de trabalho, de fornecimento ou de consumo, por exemplo.[4]

Consideram que a função do contrato, no plano do Direito, se extrai de duas normas: as dos arts. 1.321 e 1.272 do *codice*

3. Giovanni Iudica e Paolo Zatti, *Linguaggio e Regole del Diritto Privato*, Pádua, CEDAM, 2002 – os quais afirmam que: "Il contratto, prima che un concetto giuridico, è un'antica esperienza umana ed uno strumento ineliminabile dell'attività economica" (p. 267).

4. Giovanni Iudica e Paolo Zatti, *Linguaggio e Regole del Diritto Privato*, cit. p. 269.

civile: a primeira definidora do contrato cuja função é criar, modificar ou extinguir relações jurídicas patrimoniais; e a outra que atribui ao contrato força vinculativa (força de lei) entre partes contratantes;[5] daí dizer-se que liberdade de contratar é ato de autonomia, faculdade que o ordenamento dá aos particulares para dar-se regras, dispor sobre seus interesses.

Para Roppo, a redação do art. 1.321 do *codice civile* destaca o "acordo" como o elemento mais característico do contrato, elemento que precisa ser associado aos demais presentes na definição – o que passa pelo escopo, intencionalidade, vontade. "Acordo" é vontade comum das partes, diz o autor, para quem o princípio do acordo exprime dois valores primários. Inicialmente indica a existência de uma esfera de liberdade dos particulares diante do Poder Público e da lei, o segundo valor do acordo especifica o primeiro, pois que o princípio do acordo protege a autonomia e a liberdade dos sujeitos contra ataques provindos de outros sujeitos.[6]

Referindo-se a "promessas", Roppo explica serem atos voluntários pelos quais o autor assume uma obrigação em face do sujeito ao qual são endereçadas. Dois são os tipos de promessas: as unilaterais e as contratuais – sendo estas a maioria, explica. As unilaterais, porque excepcionam a regra geral, sendo, via de regra, taxativamente previstas no ordenamento, até como forma de tutela do promitente, mas sobretudo, entende Roppo, para "salvaguardare l'applicazione della disciplina del contratto, come disciplina equa e razionale delle operazioni economiche e delle corrispondente relazioni fra i protagonisti di queste".[7]

Em suma, trata-se de determinar os limites de exercício da autonomia privada admitidos pelo sistema jurídico. Para Luca Nivarra, Vincenzo Ricciuto e Claudio Scognamiglio,[8] "autonomia privada" compreende uma série de prerrogativas conferidas aos particulares; Roppo a vê, a autonomia, como o poder de dar-se regras;[9] e Iudica e Zatti, no ser "senhor", ter poder sobre os próprios interesses, dentro dos limites fixados em lei.

Para Iudica e Zatti o princípio da autonomia implica que, se cada um tem poder para decidir sobre seus interesses, ninguém pode dispor dos interesses de outra pessoa; há na noção um aspecto negativo, que é a defesa individual quanto a imposições de terceiros, que é visão especular (empregado o termo no sentido de espelhar) do disposto no art. 1.372 do *codice civile*, aquele que limita os efeitos do contrato às partes.[10]

No que concerne à liberdade de contratar, Roppo aponta tendência na evolução do direito dos contratos que se manifesta nas restrições à liberdade de contratar, que, segundo o autor, espelham a passagem do Estado Liberal para o Social. Naquele, o princípio da plena liberdade econômica tinha como corolário o princípio da liberdade contratual; neste, a idéia é que o Poder Público atue para assegurar aos cidadãos liberdade e igualdade, tanto formal quanto material, no contratar, do que resulta aumento de normas especiais, dirigidas para setores do mercado e das relações econômico-sociais que se caracterizam

5. Idem, ibidem.

6. Vincenzo Roppo, "Il contratto", cit., in *Trattato di Diritto Privato (a Cura di Giovanni Indica e Paolo Zatti)*, pp. 23-25.

7. Idem, pp. 30-31.

8. Luca Nivarra, Vincenzo Ricciuto e Claudio Sconamiglio, *Istituzioni di Diritto Privato*, Turim, G. Giapichelli Editore, 2004 , p.140: "L'autonomia privata si estrinseca in una serie di *prerrogative* (libertà di concludere o non concludere il contratto, libertà di determinare il contenuto del contratto, libertà di contrarre, di stipulare contratti atipici) ciascuna delle quali va incontro a taluni *limiti*, funzionali alla tutela di interessi superiori e che rappresentano la cornice all'interno della quale essa può effettivamente esplicarsi" (grifos do orginal).

9. Vincenzo Roppo, "Il contratto", cit., in *Trattato di Diritto Privato (a Cura di Giovanni Indica e Paolo Zatti)*, p. 24.

10. Iudica e Zatti, *Linguaggio e Regole del Diritto Privato*, cit. p. 275.

por serem essencialmente restritivas da liberdade contratual. Neste contexto ganha relevância a inclusão das pessoas em determinadas categorias ou classes sócio-econômicas, como é o caso, por exemplo, dos consumidores.[11]

Também caberia aqui a questão de preservação do meio ambiente e o exercício da empresa, que pode estar subjacente à noção de "função social da empresa", mas que melhor enquadramento receberia se concebida como forma de "responsabilidade social".

Analisando o art. 1.321 do *codice civile*, Roppo afirma que, embora o acordo seja o primeiro dos elementos constitutivos do contrato, ele exprime dois valores primários: reconhece uma esfera de liberdade dos sujeitos perante o Poder Público e a lei, pelo quê as posições jurídicas patrimoniais das pessoas dependem da sua escolha voluntária e livre, e não de fatores externos que se sobreponham à sua liberdade e vontade – ou seja, representa expressão de autonomia, poder de dar-se regras.[12] Que esse princípio pode ser um limite, porque a liberdade de conformar, como quiser, sua esfera jurídica tem limite no fato de não o poder fazer sem a concordância do outro sujeito, a outra parte contratante. Isso garante que ninguém terá a própria esfera jurídica invadida sem sua concordância ou consentimento – este o segundo valor do acordo, que é especificação do primeiro: é o princípio que protege a autonomia e a liberdade dos sujeitos contra ataques provindos de outros, ou contra a intromissão de estranhos em sua esfera jurídica.[13]

Quanto aos efeitos do contrato, comentando a regra de que este não produz efeitos em relação a terceiros, Roppo entende que a noção decorre da projeção do princípio do acordo, que, de sua parte, deriva do valor da autonomia.[14] A vinculação entre partes não pode ser estendida a terceiros estranhos ao negócio, que, entretanto, podem ser alcançados por efeitos fáticos os quais, por vezes, são relevantes. Exemplo de efeito prejudicial, danoso, que oferece é o de uma sociedade que adote política de vendas agressiva tendo como efeito a redução de vendas e, por via de conseqüência, dos lucros de seus concorrentes, sem que isso viole o princípio da relatividade dos contratos.

Referindo-se à tutela da confiança, Roppo dá às relações econômicas maior expressão no quadro da disciplina dos contratos que adotam a teoria da declaração, abandonando a da vontade, a qual, por força da concepção subjetiva, gerava incertezas que inibiam iniciativas econômicas em razão da insegurança sobre a validade e eficácia dos contratos.[15] Não quer dizer que a vontade não interesse embora fique em segundo plano porque, a objetivação das relações contratuais pela teoria da declaração, realça a projeção social externa, a forma pela qual a vontade é percebida pela parte dela destinatária em relação à interna.

As pessoas contratam se e quando o desejarem fazer, exercendo sua autonomia;

11. Vincenzo Roppo, "Il contratto", cit., in *Trattato di Diritto Privato (a Cura di Giovanni Indica e Paolo Zatti)*, pp. 46-48.

12. Vincenzo Roppo, "Il contratto", cit., in *Trattato di Diritto Privato (a Cura di Giovanni Indica e Paolo Zatti)*, pp. 23-24: "Il principio dell'accordo esprime due valori primary. In primo luogo, indica l'esistenza di una sfere di libertà dei soggetti di fronte al Potere Pubblico e alla legge: significa che c'è un ambitto entro cui la sorte delle posizioni giuridiche patrimoniali dei soggetti dipende dale scelte volontarie e libere degli stessei soggetti interessati, e non da fattori esterni che si sovrappongano alla loro volontà e libertá".

13. Idem, p. 24: "Il secondo valore dell'accordo è una specificazione del primo: il principio dell'accordo protege l'autonomia e la libertà dei soggetti contro gli attacchi proveniente da altri soggetti; ovvero contro le intrusioni di estranei nella loro sfere giuridica".

14. "Autonomia" (*auto* + *nomos*), expressão da liberdade individual, é a possibilidade de dar-se regras.

15. Vincenzo Roppo, "Il contratto", cit., in *Trattato di Diritto Privato (a Cura di Giovanni Indica e Paolo Zatti)*, p. 30.

dizer "autonomia contratual" equivale a dizer "exercer liberdade contratual". Elemento positivo da autonomia privada – e este é o que ora interessa – é a *liberdade de contratar*, que se manifesta nas liberdades para contratar, ou não, para dispor sobre o conteúdo do contrato e, finalmente, para celebrar contratos atípicos. A faculdade ou poder de livre vinculação entre pessoas e a legitimidade de circulação de bens na economia formam a base do direito dos contratos, e por isso sua importância quando se agrega à liberdade de contratar outro fator de validade: a função social.

Para Guido Alpa[16] a evolução da elaboração teórica da disciplina normativa dos contratos e da sua prática não aparece apenas na criação de novos modelos relacionados à circulação de bens, à prestação de serviços ou a propostas de investimentos, nem mesmo nas novas técnicas de formação dos contratos; mas se manifesta, sobretudo, na uniformidade, nas tendências comuns, que se explicam pela organização e funcionamento de mercados, em particular em face do processo de globalização da economia. Essa tendência assemelha-se, parece-me, ao processo que deu origem ao direito comercial, no que diz respeito à uniformidade de regras para dar maior segurança aos mercadores.

16. Guido Alpa, "Lineamenti di diritto contrattuale", in *Diritto Privato Comparato – Istituti e Problemi*, Editori Laterza, 2004, p. 147: "Per contro, in materia di contratti, ciò che connota l'evoluzione dell'elaborazione teorica, della disciplina normativa e delle prasso non è solo la creazione di nuove figure contrattuali relative alla circolazione di beni, all'offerta di servizi, alla proposta di investimenti, e neppure soltanto la regolamentazione di nuove tecniche di contratto negoziale e di formazione del contratto, con riguardo specialmente all'impiego di *mass media*, di visite domiciliari, di tecnologie informatiche e telematiche. Ciò che più stupisce è la sostanziale uniformità dei *trends* evolutive nelle esperienze straniere di maggior riferimento, nei progetti di codificazione uniforme e nelle regole del commercio internazionale: una uniformità che si risolve nel ripensamento della stessa categoria logica e pratica di 'contratto', e nel dissolvimento del modello tradizonale di contratto".

Em relação ao modelo italiano (e, creio, este é o que interessa, dada a similitude – embora não identidade – das normas), Alpa[17] explica que a doutrina peninsular partia da disciplina geral (arts. 1.321-1.469) do *codice civile*, afirmando que as regras especiais seriam aplicáveis apenas de forma supletiva ou residual. Recentemente – diz o doutrinador –, o raciocínio foi invertido: aplicam-se primeiro as normas especiais aos contratos especiais, e apenas no caso de lacunas se recorre às regras gerais, o que, salvo quanto aos contratos atípicos, parece-me, afasta a subsunção a modelos adrede predispostos.

Sobre o Direito Inglês, Alpa explica que a noção de "contrato" corresponde, de forma marginal, à do direito continental europeu, como o acordo que cria direitos e obrigações para as partes, sendo a declaração instrumento de autonomia.[18] Mas, dada a pluralidade de posições doutrinárias, atendo-se a Treitel, o qual diz que, no sistema inglês, o contrato é "agreement giving rise to obligations which are enforced or recognized by law", com o quê fica mais fácil estremar o contrato de outros institutos que produzem efeitos similares naquele sistema.[19] De se reconhecer, porém, que outros autores, ingleses e norte-americanos, assentam a definição de "contrato" nas promessas, havendo quem entenda que o cerne do contrato é a *bargain*, a negociação, a troca, a operação econômica subjacente à roupagem jurídica.

Quanto à função de um direito dos contratos e da promessa, pode-se considerar que o contrato resulta de uma troca de promessas que criam direitos e obrigações, e, portanto – diz Alpa –, a função imediata do direito dos contratos no sistema da *common law* é dar legitimidade às expec-

17. Guido Alpa, "Lineamenti di diritto contrattuale", cit., in *Diritto Privato Comparato – Istituti e Problemi*, pp. 162 e ss.

18. Idem, p. 171.

19. Guido Alpa, "Lineamenti di diritto contrattuale", cit., in *Diritto Privato Comparato – Istituti e Problemi*, p. 173.

tativas das partes geradas pelas promessas.[20]

Em seguida, o autor avança no que diz respeito a princípios gerais para discutir-lhes a noção, função e efeitos quando aplicados aos contratos; Alpa se refere especialmente aos arts. 1.321,1.322, 1.372, 1 e 2, 1.366 e 1.375 do *codice civile* – no que não se distancia de Roppo e Iudica e Zatti.O primeiro define o instituto jurídico "contrato", o segundo permite contratos atípicos, o seguinte dispõe sobre a eficácia do contrato, o último sobre a boa-fé na sua execução, enquanto o art. 1.366 determina que a interpretação do negócio atenda ao requisito da boa-fé.

Tomando o contrato como operação econômica, há, para Alpa, valor comum, que é o consenso, a vontade de contratar, a liberdade para contratar, a que se soma a exigência de preservar a operação econômica. Mesmo quando se ressalta o valor da pessoa incidindo na apreciação da validade do contrato, o reconhecimento dos possíveis objetos ou conteúdo do contrato revela valores e limites de cada ordenamento.[21]

Parece claro que, nada obstante peculiaridades de cada ordenamento jurídico, a tendência uniformizadora em matéria de contratos vem ligada às necessidades do tráfico econômico, e é esse substrato econômico que Guido Alpa designa "il tessuto connettivo di questi processi; è la concezione del contratto come 'veste giuridica' dell'operazione economica quella che accomuna i testi predisposti per il raggiungimento di una lengua comune, una autentica *koiné* terminologica, concetuale e normativa".[22]

Em face de um quadro que extrapola os limites das fronteiras do Estado Nacional, da tendência à uniformização das estruturas e normas disciplinadoras de operações negociais, a função social do contrato padece de todas as dificuldades de se lidar com um conceito vago, ambíguo, que dá margem a variadas e nem sempre homogêneas interpretações e que, em certa medida, constitui entrave à liberdade econômica das pessoas.

Que o contrato tem função social, e que ela é importante para a coordenação de interesses, aparece no fato de ser a roupagem jurídica de uma operação econômica livremente acordada entre pessoas. Sem tutelar a confiança entre agentes, sem estimular a boa-fé, o que se faz mediante a imputação de responsabilidade a quem atue de forma desviante do padrão ético escolhido pela comunidade, perde-se eficiência e bem-estar.

Cabe aqui o problema da relação das normas sociais, do reconhecimento de sua importância, na harmonização das relações humanas em cada comunidade. Convenções sociais são produto de necessidades sociais, das quais a coordenação entre pessoas é apenas uma; outra é o interesse em criar práticas socialmente desejáveis ou penalizar as indesejáveis, explicando-se seu surgimento para a resolução de problemas complexos envolvendo relevantes interesses sociais. Há quem as considere normas primárias, sendo as dotadas de força obrigatória, com a previsão de sanções aplicáveis por autoridade reconhecida, normas jurídicas.

Que problema de coordenação, insolúvel mediante convenção social, explica, justifica, o legislador brasileiro de 2002 a positivar um conceito impreciso? Possível intenção de conformar as relações privadas de forma a garantir que as ações, individuais ou coletivas, sejam balizadas por interesses de governo, o denominado "interesse nacional"?

Fato é que as regras convencionais são, na maioria, arbitrárias, em geral há alternativa(s) para atingir o mesmo resultado ou efeito mediante outra convenção. Portanto, trata-se, no caso, de opção de política

20. Idem, p. 183.

21. Guido Alpa, "Lineamenti di diritto contratuale", cit., in *Diritto Privato Comparato – Istituti e Problemi*, p. 150.

22. Idem, p. 151.

legislativa, uma vez que, por serem arbitrárias, as normas convencionais, quando não seguidas, não respeitadas, tendem a desaparecer. Quando se limita a autonomia privada, no que parece um viés intervencionista ou controlador do legislador, será que as instituições sociais estão adequadamente refletidas na norma, ou esta será mais uma daquelas regras que "não pegam", não são respeitadas? Que interesses socialmente relevantes estão contemplados nessa formulação? Que instituições sociais consolidadas dependem da função social (no sentido de mecanismo de intervenção) do contrato para balizar interesses individuais?

Quando se modifica norma vigente que atende aos interesses das pessoas mediante outra que não é a que a maioria deseja, a escolha do legislador estará socialmente legitimada? Há razões para valorizar as normas jurídicas, normas de direito positivo, dentre as quais ressalta-se resolver conflitos sociais, criar bens públicos (o Direito é um bem público), equacionar problemas de ação coletiva, entre outros.

Talvez o legislador brasileiro, em 2002, não tenha dado atenção maior ao fato de que a mudança de paradigma do individualismo para a socialidade não era prioridade para a sociedade, que a globalização era fato absorvido pela sociedade brasileira, que muitas normas constitucionais haviam, já, alterado a aplicação de dispositivos do Código Civil de 1916, de forma a privilegiar certos comportamentos e tutelar os mais vulneráveis na sociedade, atendendo, com isso, a eventuais reclamos sociais.

Contudo, por conta de uma função social da propriedade (basicamente, da propriedade fundiária) prevista na Constituição do Brasil de 1988, o Código Civil de 2002 reproduz texto ideado na Itália, à época do fascismo, e que visava a direcionar a liberdade de contratar, uma das liberdades individuais, para que o Estado interviesse nas relações patrimoniais intersubjetivas de forma a estimular (ou impor) a realização de seus interesses.

Um dos argumentos para justificar a regra do art. 421 do CC de 2002 baseia-se no princípio da socialidade, segundo o qual a ênfase da disciplina jurídica recai sobre o social, deixando o individual em segundo plano, abandonando o personalismo que caracterizara o Código Civil de 1916. Porém, sendo o sistema jurídico do tipo aberto, influi sobre e é influenciado pela sociedade sobre a qual incide; se o princípio da socialidade existir, reconhecido e prezado pela comunidade, não se faz mister norma de direito positivo. A norma positivada serve – entende Ronald H. Coase – quando inexistem normas sociais e o custo imposto para harmonizar interesses conflitantes é elevado. Se a pretensão do legislador de 2002 se destina a alterar paradigmas sociais, avaliar o custo imposto às pessoas é relevante.

Mais ainda, a dinâmica do mundo globalizado, a par de induzir a uma uniformização dos modelos negociais, é também profícua na criação de novos esquemas ou estruturas, seja mediante a inserção de cláusulas atípicas em contratos típicos, seja mediante a combinação de tipos, seja na produção de novos tipos socialmente desejáveis. Importa é que com isso se atenda a necessidades do tráfico. Ora, no que diz respeito à teoria dos contratos – afirma Alpa –, a doutrina abalizada vai no sentido de que a aplicação das regras especiais precede a das gerais quando disciplinam o modelo ou tipo negocial. Resultado é que a função social do contrato atingiria diretamente as inovações e os negócios indiretos em que se parte de um modelo típico visando a resultado diferente, mas que interessa às partes.

Assim, a função social, balizadora da autonomia privada, não incidirá sobre os contratos típicos, mas atingirá diretamente os atípicos. Ora, se o negócio é atípico, novo, como avaliar a medida de sua função na e para a sociedade? A busca de soluções inovadoras, talvez até mais eficientes que as conhecidas, poderá ser tolhida.

No que diz respeito ao exercício de atividades econômicas, parece-me pouco convincente o argumento invocado, a socialidade ao invés do individualismo, para justificar a função social do contrato; embora o contrato seja produto da liberdade individual, da autonomia dos agentes, escapar da dinâmica econômica numa dada sociedade, para estimular as manifestações de autonomia coletiva, pode desestimular agentes a investir e especular, temerosos de serem acoimados de anti-sociais. Se há contratos que operam em dimensão coletiva e despersonalizada, sobretudo como forma de reação ao poder contratual de uma das partes, as regras especiais destinam-se a reforçar a posição daquela vulnerável[23] ou débil em face da outra, nunca a coibir operações negociais. De reconhecer, porém, que nem todos os contratos devem satisfazer essa autonomia coletiva; que alguns, destinados a reger interesses individuais, devem ficar contidos nessa esfera, desde que não produzam externalidades negativas.

"Contratos" – e não há divergência entre os estudiosos –, antes de instituto jurídico, são instituição social que se destina a resolver problemas de coordenação na circulação de bens e na distribuição de riscos entre contratantes. A percepção vai ainda no sentido de que, sem contratos, a alocação eficiente dos recursos econômicos escassos encontraria dificuldades, os custos de transação aumentariam, e talvez os mercados concorrenciais não produzissem os desejados excedentes de consumo, isto é, bem-estar social.

Retomando o discurso de Guido Alpa, reproduzido de forma sumária atrás, entende-se que a disciplina jurídica do contrato deve tutelar uma forma de liberdade individual, a econômica, o poder de dispor sobre os próprios interesses para satisfazer necessidades pessoais. A economicidade do negócio "contrato" estrutura sua utilidade social e preenche sua função nas sociedades modernas. Liberdade de contratar, com todos os seus consectários, pode bem ser considerada instrumento de valorização da pessoa, por lhe permitir alcançar objetivos econômicos e sociais, de forma livre.

Limites para a liberdade de contratar existem e aparecem na medida das necessidades de promover a convivência entre agentes em sociedade. A ilicitude do contrato, quando invocável, funda-se no fato de que as partes perseguem objetivos contrários aos valores essenciais do ordenamento – valores, esses, determinados pelos princípios, pelas normas imperativas ou cogentes, pela ordem pública e também por valores sociais que se ajustam aos anseios da comunidade a cada momento.

A nulidade ou anulabilidade de contratos celebrados para prejudicar terceiros deriva de violação de outros princípios, como a ordem pública ou bons costumes; a inobservância do princípio da relatividade dos efeitos dos contratos nada tem que ver com a ilicitude dos fins visados.

4. Contrato e direito constitucional econômico

A produção e circulação da riqueza são um dos eixos da disciplina constitucional econômica conformados pelos bons costumes e o respeito à dignidade da pessoa humana, tanto que não apenas no art. 1º, IV, toma-se a livre iniciativa como fundamento, e no art. 170, Título VII, da Lei Fundamental a livre iniciativa está no *caput*, antecedendo o respeito à dignidade das pessoas e a justiça social.

A opção política dos constituintes em 1988 pelo modelo capitalista de organização do sistema econômico é clara, sendo este o parâmetro primeiro a ser observado pelo legislador infraconstitucional para legitimar as normas de direito positivo.

Lembrando ensinamento de Kelsen – para quem o sistema de direito positivo é erigido a partir de uma norma fundamen-

23. Guido Alpa, "Lineamenti di diritto contratuale", cit., in *Diritto Privato Comparato – Istituti e Problemi*, p. 45.

tal, embora esta não deva ser, necessariamente, a Constituição nacional; deve ser, ao revés, a norma que legitima o *poder*, a que impõe a obediência ao sistema – ou, ainda, a posição de H. Hart – que vê na aceitação da regra por convenção social a fonte de força ao comando, ao *dever* que a norma impõe –, permite-se entrever, nas duas posições, suporte para o argumento que aqui se desenvolve – a importância das normas, ainda quando não positivadas, que estimulam comportamentos ou práticas sociais respeitadas, fruto de decisões que visam à cooperação entre as pessoas.

Sendo a aceitação pela comunidade o que dá força a um dado comando normativo, porque solve um problema de coordenação de interesses, crê-se que, recorrendo à terminologia contida no ensinamento de Ronald Coase, a escolha recairá sobre a norma mais eficiente, a que produz menores custos de transação; assim não fora, e sua aceitação seria rapidamente questionada, e outra alternativa buscada, porque, sabe-se, em geral os problemas de coordenação podem ser equacionados mediante outras opções socialmente viáveis.

Contudo, se coordenar interesses é problema relativamente fácil quando se trata de grupos pequenos, porque o acordo interno é mais simples, quando se está diante de interesses de grupos grandes e dispersos a solução tende a aparecer em torno de uma convenção social, uma alternativa que permite desenhar um acordo necessário para solver recorrentes problemas de coordenação. Nesses casos, de grupos grandes e dispersos, as consultas individuais são difíceis até para indicar a direção de algum consenso majoritário. A opção do legislador, ainda que objeto de aprovação congressual e posterior sanção, nem sempre basta para legitimar uma norma jurídica, particularmente quando seja pouco aderente às instituições sociais existentes à época.

Assim é que o regime capitalista, de mercado, mesmo com as restrições – dignidade da pessoa humana e justiça social –, não implica abandono da livre iniciativa no plano econômico, da assunção de riscos e da apropriação privada dos benefícios produzidos.

O funcionamento dos mercados requer regras que estimulem a disputa (concorrência), ao mesmo tempo em que se precisa de segurança e previsibilidade para tomar decisões cujos efeitos se manifestam no médio ou longo prazo. Dizer "liberdade de iniciativa" significa que deve existir a possibilidade para entrar, permanecer ou sair do mercado, de participar da disputa se e quando interessar. Para isso, a segurança e a certeza de que compromissos serão honrados; entrar e sair é simples, mas permanecer no mercado fica difícil. Uma questão tem que ver com o retorno de investimentos, que se esgarça quando o risco aumenta; outra tem que ver com a estabilidade da oferta sem o que o consumidor possa ser prejudicado.

A função social do contrato tem de conviver com a dinâmica dos mercados; objetivo das normas de direito positivo, e também das sociais, seria diminuir riscos e estimular o cumprimento das promessas como forma de facilitar a continuidade da atividade econômica. Por isso é que se pensa em regramento flexível, que estimule a confiança na acordada distribuição dos riscos inerentes às operações de longo prazo e de execução continuada que aparecem no lado da oferta, sem o quê a probabilidade de elevação dos custos de transação e, no limite, de desestímulo a operações é não-desprezível.

A plasticidade do sistema de normas implica serem poucas as imperativas em relação com as facultativas ou supletivas, com o quê se facilitam releituras e acomodações entre agentes desde que haja entre eles confiança, que se contrói ao longo do tempo. Não basta boa-fé: é preciso mais, é preciso que o diálogo seja permanente, em ambiente de respeito às idiossincrasias de certos investimentos.

Nos contratos de longo prazo, de execução continuada ou diferida, outro problema se apresenta, e tem que ver com a análise, por terceiro estranho à operação, do contrato. É que a assimetria de informações existente na maior parte dos casos, quando de eventual revisão do conteúdo contratual por terceiro, mesmo que, no mais das vezes, feita em via judicial, tende a produzir efeitos de segunda ordem que vão além dos limites do caso concreto. E, pior, muitas vezes a intervenção judicial acaba por facilitar ou favorecer comportamentos oportunistas. Exemplo é a discussão dos contratos de *leasing*, nos quais a correção por variação cambial foi questionada em face da mudança abrupta, mas não inesperada, da paridade da moeda nacional em relação ao Dólar norte-americano, no início de 1999.

Sem atentar para o fato de que o risco de eventual variação extraordinária do câmbio fora aceito pelos consumidores em troca de uma taxa de juros menor que as praticadas no mercado quando os contratos era ajustados em moeda corrente, as decisões judiciais favoráveis aos demandantes consumidores foram causa do desaparecimento do *leasing* no país, com o quê, no médio prazo, a sociedade perdeu bem-estar.

Outros exemplos de decisões judiciais há que revelam efeitos de segunda ordem que se abatem sobre certos mercados, sem que o Judiciário se dê conta do fato. Um dos mais recentes, provocado pelo art. 421 do CC, prende-se a contratos de venda de soja por agricultores à indústria. A variação para mais no preço da soja e derivados, que não foi dividida com os produtores, e a invocação da "função social do contrato" deram causa a sentenças que resolveram operações contratadas antes do evento variação de preço. E, como efeito de segunda ordem, o fato de que a quebra da relação de confiança entre produtores e indústria fez cessar práticas como a antecipação, por conta do preço a ser pago ao final, de fornecimento pela indústria, aos agricultores, de sementes, adubo, defensivos ou outros insumos. Resultado foi o endividamento frente ao sistema financeiro, com o quê o risco, que antes era dividido entre industrial e produtor, recaiu inteiramente sobre o último.

O legislador não pretendia tal efeito. Mas, como não há normas que possam afastar a incidência desse art. 421 das operações interempresariais, assumiu o risco dos efeitos de uma regra mal-projetada e pior aplicada.

Pensando uma linguagem comum que facilite operações celebradas por agentes sujeitos a diferentes ordenamentos nacionais, a discussão da teoria dos contratos, dada a tendência de uniformização de modelos – até porque o contrato é a roupagem de uma operação econômica –, a norma que limita o exercício da autonomia privada, exigindo a observância de uma função social desconhecida em outros ordenamentos, parece ser a "jabuticaba" do sistema, aquela fruta que existe no Brasil, que é exótica, mas sem a qual as pessoas vivem bem. Há que coordenar, na redação da norma, interesses da população ou grupo sobre o qual incide, mas também as relações externas das pessoas que integram o grupo e das que não o integram.

A livre iniciativa, faculdade para entrar, permanecer ou sair de mercados, para organizar a empresa, que, segundo Ronald Coase, é um feixe de contratos que, ao organizarem a atividade econômica, reduzem custos de transação, bastaria para explicar uma função social do instituto "contrato", sem que a liberdade de contratar fosse atrofiada pelo vezo controlador de terceiros. A organização e o exercício da empresa situam o contrato como um daqueles institutos que têm inerente função social.

Em face da discussão acima, será que caberia ao legislador de 2002, dentro dos limites de sua competência, pensar uma nova dimensão à função social do contrato além daquela que as comunidades a ele reservaram, servir de roupagem para operações econômicas, garantir que o espírito inovador encontre espaço para se manifestar no dispor e disciplinar os próprios interesses, coordenar suas ações, criar bens e serviços para oferecer em mercados? O Direito deve oferecer instrumentos que favoreçam a previsibilidade dos efeitos das decisões das pessoas, gerem segurança de que as "promessas" serão cumpridas voluntariamente e, se não no forem, que instrumentos legais imporão o adimplemento, pois a segurança de cumprimento das promessas é que estimula operações cuja execução se dará em momento futuro.

Economistas que se debruçaram sobre estruturas contratuais de execução continuada e de longa duração entendem que os contratos são, em geral, incompletos – uma vez que é usual a falta de previsão para todos e quaisquer eventos futuros, tanto os certos quanto os incertos ou imprevisíveis – e que mecanismos para recompor a relação negocial, que efeitos derivados de tal incompletude que venham a alterar a distribuição de riscos entre as partes, demandam fórmulas consistentes de estímulo à confiança, sem o quê comportamentos oportunistas aparecerão. Entendem ser importante pensar mecanismos que desestimulem comportamentos favorecedores de inadimplemento; e, nesse sentido, a função social pode ser insuficiente. No que diz respeito à alocação de riscos entre os contratantes, regras que disponham sobre a repartição dos benefícios e dos ônus deveriam ser consideradas, e também aqui não há segurança de que o art. 421 do CC servirá para suprir eventuais lacunas (econômicas ou jurídicas) que se apresentem nos contratos de longo prazo ou, mesmo, naqueles empresariais.

Em comentário a trabalho de Stephen Waddams, denominado *Dimensions of Private Law: Categories and Concepts in Legal Reasoning*, Robert A. Hillman afirma que a combinação de princípios e teorias a respeito do contrato o leva a concluir que "as várias normas de direito dos contratos refletem a maioria das instituições, das forças sociais e econômicas de uma sociedade pluralista".[24] Essa a visão que se esperaria de um diploma legal para o século XXI.

Ao discutir a *procedural unconscionability*, o agir alguém sem escrúpulos, fora de padrão de razoabilidade, Hillman diz que se trata de um ilícito que aparece sob diferentes formas ou maneiras, uma das quais seria a redação de um documento em que se ocultam termos ou com o emprego de palavras que a outra parte não entende; outras envolvem o que denomina a "qualidade do consentimento" de parte. Se o contrato serve a um propósito razoável no contexto em que foi pactuado – diz –, os tribunais de *common law* aceitam o que as partes decidiram, em virtude do reconhecimento da liberdade de contratar pelos juízes daquele sistema, levando em conta, ainda, em que medida a decisão inibirá novos comportamentos semelhantes ou apenas eliminará o infrator do mercado às expensas daqueles que desejam contratar.

Mas, sobretudo, Hillman afirma que a lei deve ser clara, definida e previsível, para que as pessoas possam planejar seus negócios. Que a lei deve ser objetiva e resistir a manipulações que favoreçam um ou outro grupo, ou que criem vias para que os juízes usurpem a função legislativa.

Portanto, se o direito dos contratos pode facilitar a coordenação de interesses individuais pelos particulares, vital é que haja meios para garantir o cumprimento das obrigações assumidas. Ora, o exercício da empresa implica aceitar riscos, um dos quais é a não-manutenção da atividade se não atender a padrões de eficiência e economicidade. Não se faz necessário amplificar esse risco mediante a redação de normas de direito positivo vagas, vazias de conteúdo. Cláusulas abertas, imprecisas, típicas normas em branco, tal como arcas vazias, podem ser preenchidas segundo critérios individuais de cada intérprete ou apli-

24. Robert A. Hillman, "The many dimensions of private law", Cornell Law School, *Research Paper* n. 04-013.

cador da lei, e, no caso concreto, podem até fazer sentido, mas, por força de efeitos de segunda ordem, se ou quando reproduzidas, geram insegurança social, com a conseqüente adoção de medidas defensivas que aumentam custos de transação, portanto reduzem o bem-estar. É que, no exercício da empresa, a tendência de repetir experiências bem-sucedidas, reproduzir modelos contratuais que deram certo, é regra, porque são estratégias eficazes e testadas.

Admite-se, e é desejável, a aproximação do Direito codificado a esquemas típicos da *common law*, mas cláusulas abertas, que esgarçam a certeza e segurança da norma de direito positivo, nem sempre atenderão ao bom funcionamento dos mercados. Daí o temor dos efeitos de uma norma que associa "liberdade de contratar" a "função social do contrato". Note-se que a opinião de dois juristas, Miguel Reale e Calixto Salomão Filho, é oposta, entendem que há que louvar a norma do art. 421 do CC.

5. Função social do contrato. A opinião dos juristas

5.1 Miguel Reale[25] argumenta que o art. 421 do CC é um de seus pontos altos, porque: (a) "na elaboração do ordenamento jurídico das relações privadas, o legislador se encontra perante três opções possíveis: ou dá maior relevância aos interesses individuais, como ocorria no Código Civil de 1916; ou dá preferência aos valores coletivos, promovendo a 'socialização dos contratos'; ou, então, assume uma posição intermédia, combinando o individual com o social de maneira complementar, segundo regras ou cláusulas abertas propícias a soluções eqüitativas e concretas". Conclui afirmando ter sido a última a opção do legislador de 2002. Portanto, o art. 421 do CC deve ser interpretado sob tal enfoque, o da combinação do público com o particular, restando saber qual deles há de predominar em cada caso concreto.

A justificativa que se segue tem fundamento na Constituição da República no concernente à função social da propriedade, e essa função social requer, para sua realização, a extensão do princípio ao direito dos contratos, "cuja conclusão e exercício não interessam somente às partes contratantes, mas a toda a coletividade". A afirmativa – de que contratos interessam a toda a coletividade, como extensão do princípio da função social da propriedade – indica tendência a fazer prevalecer o interesse coletivo sobre o individual, como se as pessoas, ao contratar, tivessem, sempre, que deixar seus interesses em segundo plano.

Referido argumento está assentado sobre os incisos XXII e XXIII do art. 5º da Constituição da República de 1988, que tratam do direito de propriedade e sua função social, transpondo de forma ampliada – como faz o Código Civil – a função social da propriedade para o plano dos contratos, a pretexto de que, se estes garantem a regular circulação daquela, nada mais adequado do que ambos ficarem sujeitos às mesmas regras.

Se a função social da propriedade é gerar riqueza, bem-estar, e por isso pode ser desapropriada se e quando seu titular deixar de lhe dar tal destinação ou permitir que fique ociosa, ou quando não produza riqueza, bem-estar, no que diz respeito aos contratos a função social assemelha-se mais a mecanismo que permite interferir sobre atos de autonomia individual, determinando-se devam ser produtivos de efeitos que beneficiem terceiros (que outro entendimento haverá para associar "função social" a "contratos"?). Resultado possível, quase previsível, será impor, determinar, contratações que nem sempre resultarão em alocação eficiente dos bens em mercados, causando perda ou dissipação de bem-estar, fugindo, talvez, ao modelo Kaldor-Hicks de compensação. O estímulo derivado de tal procedimento é socialmente desejável?

25. Miguel Reale, in *O Estado de S. Paulo* ed. 22.11.2003, p. A2.

Por que – indaga-se – decisões individuais visando a disciplinar os próprios interesses deveriam ser fonte (compulsoriamente) de bem-estar de terceiros estranhos à relação? Quando são produzidas externalidades negativas, deve-se, sim, promover sua internalização, acompanhada, se possível, de indenizações aos que sofreram os efeitos do negócio. Entretanto, imagine-se a seguinte hipótese: "A" é proprietário de um imóvel residencial que pretende locar. Dentre vários interessados, um deles tem maior interesse no local, e, portanto, está disposto a pagar mais pelo direito de uso do imóvel. Outro tem família mais numerosa e trabalha nas cercanias do imóvel, além do fato de que seus filhos freqüentam estabelecimento de ensino igualmente próximo. Aplicado o princípio da função social como modelo distributivo, o imóvel deveria ser locado ao segundo interessado, ainda que por valor inferior. Que estímulo será criado para edificar unidades habitacionais para locação?

Aos que temem que o comando legal reduza a garantia (segurança, pergunta-se) dos contratos, Reale afirma que tal receio não procede, vez que não há conflito entre o adimplemento dos contratos e a nova regra. A idéia do *pacta sunt servanda* não desaparece; ao revés, o art. 422 vem reforçá-la, ao positivar e ampliar o alcance do princípio da boa-fé, que deve ser observado não apenas antes e na conclusão do contrato, mas ao depois, na sua execução. O acréscimo do princípio da boa-fé à função social do contrato denotaria o temor de que esta, cláusula aberta, é vazia e que precisa ser preenchida? Comportamento ético, o princípio da boa-fé, sequer deveria ser positivado, uma vez que, instituição social, sua observância deveria ser regra geral de interpretação de qualquer conduta negocial.

Insiste em que não há razão para sustentar que o contrato deve atender apenas aos interesses das partes, uma vez que, inerente ao poder negocial, exerce ele função social, correspondendo à livre iniciativa constitucionalmente garantida. Portanto, é "natural que se atribua ao contrato uma função social, a fim de que ele seja concluído em benefício dos contratantes sem conflito com o interesse público".

O raciocínio parece tortuoso, porque, conforme explica Natalini Irti, mercado, *locus artificialis*, é configurado pela lei que o constitui, governa, orienta e controla.[26] De sua lado, "livre iniciativa", tal como prevista no art. 170 da Constituição da República, é poder conferido a cada qual para entrar, permanecer ou se retirar do mercado, estrutura normativa que torna a troca econômica eficiente, impessoal, sendo as relações nele encontradas massivas e idênticas.

Ora, quando se afirma haver contratos cuja conclusão interessa não apenas às partes é porque seus efeitos se espraiam sobre terceiros que suportam ônus ou danos deles decorrentes e cujos direitos e interesses devem ser respeitados. Está-se no campo das externalidades derivadas da contratação, ou seja, efeitos que recaem sobre terceiros, seja de forma negativa, seja de forma positiva. De supor que as externalidades positivas, desejáveis, satisfariam a "função social" atribuída ao contrato, enquanto as negativas deixariam de cumpri-la. É que, segundo Reale: "Não há razão alguma para se sustentar que o contrato deva atender tão-somente aos interesses das partes que o estipulam, porque ele, por sua própria finalidade, exerce uma função social inerente ao *poder negocial*, que é uma das fontes do Direito, ao lado da legal, da jurisprudência e da consuetudinária".

A função social inerente ao poder negocial das partes não será produto da liberdade, da autonomia individual? Afinal, se as pessoas não tiverem poder negocial, faculdade de, livremente, dispor sobre seus interesses, que liberdade de ação lhes está assegurada? Claro que quem causa dano a outrem deve responder, e para tanto há no sistema norma expressa; diferente da situa-

26. Natalini Irti, *L'Ordine Giuridico del Mercato*, Editori Laterza, 2003, p. 112.

ção em que alguém, ao contratar, beneficiando outrem que não a contraparte, possa ser ressarcido de parte das despesas em que incorreu. Por isso as externalidades positivas são admitidas, e quanto às negativas buscam-se meios de internalizá-las. Nada a ver com função social limitativa da liberdade de contratar, mas simples alocação ou realocação de ônus.

Conclui-se, ante as explicações acima resumidas, que a afirmativa sobre atribuir-se ao contrato uma função social em nada "colide com os livres acordos exigidos pela sociedade contemporânea, mas antes lhes assegura efetiva validade e eficácia" – o que, entendo, ainda deixa obscuras várias questões.

Retomando o discurso baseado na Constituição de 1988, Reale reporta-se, agora, ao art. 173, que trata de abuso de poder econômico visando à dominação de mercados, à eliminação da concorrência e ao aumento arbitrário de lucros. Como essas seriam hipóteses extremas, aduz que, dada a criatividade dos agentes, a possibilidade de serem desenhados negócios que privilegiem os contratantes, ou um só deles, é grande, e por isso é que se deve socializar sua função. Os argumentos orientam-se no sentido de explicar a restrição ao poder negocial, sendo – creio – disso que se trata, pois, com base em hipotéticas ilicitudes que violam valores sociais quando o contrato puder causar danos à coletividade, se insiste em "função social". Afirma Reale que, em face do princípio da socialidade, combinado com o da eticidade, não referir o "valor social do contrato implicaria esquecimento do papel da boa-fé na origem e execução dos negócios jurídicos, impedindo-se que o juiz, ao analisá-los, indague se neles não houve o propósito de contornar ou fraudar a aplicação das obrigações previstas na Constituição e na lei civil".

A associação da função social à boa-fé, instrumentos para análise de eventual fraude à lei, é necessária? Não havia no sistema de direito privado formas outras de avaliação da prática de fraudes? A busca de soluções eqüitativas e concretas mediante o recurso a normas ou cláusulas abertas escolhida pelo legislador, frente às várias alternativas possíveis, combinando interesses individuais e coletivos, pode colidir com a liberdade de iniciativa econômica requerida pela sociedade contemporânea?

Para Reale a interpretação do art. 421 do CC assegura-lhe, ao revés, efetiva validade e eficácia. A conclusão, se baseada no ditado de que "a liberdade de cada um vai até onde começa a liberdade do outro", está correta; porém, no plano da liberdade de mercado, de iniciativa econômica, a conformação de mercados não pode ser argumento para tolher a criatividade dos agentes.

E como tratar a idéia de incompletude contratual a que fazem referência estudos de economistas quando tratam da imprevisibilidade relativamente a eventos futuros que possam afetar contratos de execução continuada ou diferida (imprevisibilidade voluntária, ou não) e que torna mais aflitiva a existência desse tipo de norma aberta, que defere ao magistrado a integração dos interesses das partes? Será que o magistrado pode, sempre, substituir-se à parte no interpretar o que queria e como se dispunha a obter o desejado?

Em face de externalidades negativas como emissão de poluentes, exercício de poder em mercado, exercício de poder contratual em relações de massa, coibir tais práticas é salutar, dado seu poder de propagação. Fora dessas situações, casos quase patológicos nas relações interindividuais, será que privilegiar a intromissão do Judiciário no seio da operação negocial não favorecerá comportamentos oportunistas? E, se isso ocorrer, quais os efeitos sobre a sociedade?

5.2 Calixto Salomão Filho[27] (cujos argumentos não divergem dos de Miguel

27. Calixto Salomão Filho, "Função social do contrato: primeiras anotações", *RDM* 132/7-24, Ano XLII (Nova Série), São Paulo, Malheiros Editores, outubro-dezembro/2002.

Reale) parte do art. 153 da Constituição de Weimar, para dele extrair a regra de que a propriedade obriga. A propriedade, naquele período, era a fundiária, sinal de riqueza e poder, o que veio a ser posto em dúvida com a Revolução Industrial.

A partir daí, Salomão Filho amplia o quadro geral, para abranger coisas móveis, segundo um critério que parte da valoração da riqueza abrangendo bens destinados ao exercício da empresa. A Revolução Industrial promove o deslocamento da valoração dos bens, antes centrada na propriedade fundiária, para as máquinas e equipamentos, insere a indústria e o comércio no espaço de interesse do Estado, dando-lhes papel de atores principais, e não mais coadjuvantes.

A ligação, tal como faz Miguel Reale, que tem base na noção de função social da propriedade, estende-se ao contrato com fundamento, agora, no art. 170, III, da CF de 1988. Esse artigo, que inicia o capítulo da ordem econômica, em que o legislador dispõe sobre a livre iniciativa – portanto, o exercício da empresa –, não se restringe a esta.

Para Salomão Filho a função social da empresa norteia a regulamentação externa dos interesses envolvidos pela grande empresa, notadamente nos direitos concorrencial, ambiental e do consumidor. Ao destacar a grande empresa e a produção de externalidades, reconhece o poder que pode ser exercido por esses agentes econômicos.

Reconhece que a concepção social é intervencionista, mas que, por estar voltada para o reequilíbrio das relações sociais, e tendo presente o interesse do Estado em matéria de exercício de atividades econômicas, considera que é possível alargar o âmbito de aplicação da função social da empresa, tornando-a "função social de toda e qualquer relação da vida civil".

Qualquer relação da vida civil implica a extensão de função social a outras relações, como, por exemplo, de amizade, que são, por natureza, personalíssimas. Quão distante estaremos da aplicação da função social aos proprietários de obras de arte, bens de fruição, produtivos de prazer, para que se determine devam ser expostos em locais aos quais a população tenha fácil acesso?

Nota-se a trilha seguida por certos teóricos para os quais a falência do Estado no garantir igualdade material a todos, independentemente de qualquer critério de mérito, transfere aos particulares deveres que, da ótica protestante, não se justificam. Por que esforçar-se para ter acesso a bens e serviços, se alguém os fornecerá por determinação de normas cogentes? Perigoso o caminho apontado por tal leitura da função social do contrato, mesmo porque o argumento é construído sobre a noção de grande empresa, portanto tendo como elemento subjacente possível exercício de poder, faltando, pois, motivo para que se o aplique a todas e quaisquer atividades econômicas, empresárias ou não.

Afasta-se do argumento de Reale, o qual, ao transpor a idéia de função social da propriedade para o plano dos contratos, parte do art. 5º da CF de 1988, fincando as raízes do seu raciocínio no art. 170 da Carta Magna. Assenta o argumento sobre os incisos II e III do referido artigo, que, respectivamente, dispõem sobre a propriedade privada e sua função social.

Explica "função social" dizendo que "sua essência decorre da evolução de sua utilização na realidade histórica". Discorre sobre o alargamento da noção de "função social", transportada da propriedade imobiliária para a empresa (conquanto veja nesta uma forma de propriedade, a dos bens de produção) e daí para o contrato, quando afirma que "à grande liberdade organizadora e estruturadora das relações jurídicas por ela envolvidas corresponde uma obrigação muito mais abrangente em relação à sociedade, que envolve a responsabilidade por todos os efeitos sociais dessas relações livremente organizadas". Ou seja, que a função social da empresa, na verdade, se traduz na idéia de responsabilidade social. "Responsabilidade social" significa agir de conformidade com a *mores* social, com a ética exigida pela sociedade.[28]

Continua, e afirma que a definição de "função social" tem a ver com interesses de terceiros e a tutela institucional que merecem – idéia, essa, desenvolvida no Direito Alemão no que diz respeito às *Schutzgesetze* que fundamentariam a tutela de interesses individuais ou individuais homogêneos, gerando a *Verbandsklage*, que se refere a interesses difusos, imbricados com interesses institucionais.

Fundado em Mario Cappelletti, busca conciliar interesses público e privado, aquilo que interessa à coletividade e a cada um dos membros; para tanto se alicerça sobre o direito do consumo (arts. 81 e 103), que é logo abandonado, para enveredar por matéria concorrencial. Sua hipótese de trabalho é a formação de cartel, pelo quê conclui ser preciso considerar não o interesse individual, mas sim o objeto do acordo, entendido como interesse institucional. Em realidade, o cartel é uma espécie de acordo que distorce a concorrência, altera a estrutura de mercado, produz externalidades negativas.

Após tratar da legitimidade para a propositura de demandas, afirma Calixto Salomão Filho haver relação entre as garantias institucionais e a função social do contrato, o que permite que o Judiciário faça a tutela das garantias institucionais. Assim, vê com bons olhos a limitação da liberdade de contratar, e entende que apenas a ligação aos interesses institucionais dará concretude à expressão "função social do contrato", que não se identifica com os interesses individuais das partes ou os de grupos específicos, porque isso dificultaria as operações comerciais e a vida econômica.

Que, por ser cláusula geral, à função social do contrato deve-se atribuir flexibilidade, de forma a adaptar o contrato às novas realidades sociais; que o equilíbrio entre segurança jurídica e flexibilidade depende de serem respeitados interesses institucionais externos aos das partes, o que levaria a recorrer à aplicação de outra cláusula geral, a da boa-fé e a *rebus sic stantibus*. A conclusão é que há um novo contrato, instrumentalizado para os interesses da sociedade, cujos limites são as garantias institucionais, tornando-se "poderoso canal de proteção da sociedade civil e controle social da atividade empresarial e civil".

Para Calixto Salomão Filho, ainda que a expressão seja vazia de conteúdo, seu preenchimento deverá ter no interesse público o vetor determinante. E, nesse caso, o interesse público, o do Estado, predominará no desenho do conteúdo contratual – o que, em última análise, restringe a inovação.

Veja-se aí reconhecimento expresso de que se trata de permitir intervenções nas relações entre particulares de forma mais ampla que as existentes até a vigência do Código Civil de 1916.

6. Função social. Opinião de economista

Sergio Werlang, economista, em matéria de função social do contrato, manifesta-se, em artigo publicado no jornal *Valor Econômico* de 17.4.2004, questionando a prestabilidade da regra do art. 421 do CC. Afirma que os contratos existem porque "acordos podem permitir que as pessoas envolvidas estejam numa situação mais vantajosa do que no caso de não poderem fazê-los"; que, quando duas partes optam por, voluntariamente, contratar, ambas preferem essa alternativa à outra que é não contratar, porque, contratando, ambas ficarão melhor do que estavam antes de se vincularem, ou o contrato não será celebrado.

28. Natalini Irti (*L'Ordine Giuridico del Mercato*, cit., pp. 111 e ss.) entende que liberdade de mercado deve ser mensurada tendo como padrão a solidariedade, que no Direito Italiano tem no art. 41 da Constituição seu núcleo. Mas, explica, se a solidariedade se tornar ato devido, então, a liberdade perde sua função, até porque a solidariedade é situação pessoal.

Conclusão: a liberdade de contratar é fundamental para aumentar o bem-estar de todos. Essa a função social do contrato, criar bem-estar.

Embora admita que o contrato poderá restringir liberdades de escolha futuras, o economista entende que interferência externa que venha a modificar os termos negociados geraria dois efeitos: uma das partes recusar-se a contratar ou integrar ao "preço" o custo do risco da interferência, o que introduz ineficiências no sistema, em virtude do temor de alteração forçada no pactuado, ineficiências que destroem valor – o que deve ser evitado.

Assim, segundo Werlang, o art. 421 do CC é redundante, uma vez que "função social do contrato é justamente dar mais alternativas aos cidadãos, permitindo que haja maior nível de bem-estar na coletividade", sendo este papel mais eficiente quanto menos interferência houver. Aduz, ainda: "Se a interpretação jurídica deste artigo for de acordo com os conceitos aqui vistos, ou seja, que o contrato cumpre sua função social quanto menos alteração forçada dos termos originais houver, então, é autoevidente".

Por outro lado, uma interpretação errônea pode levar ao entendimento de que os contratos devem submeter-se a algum outro desígnio extracontratual, que seja denominado "social". Neste caso, o artigo é extremamente danoso, e poderá causar uma generalizada desconfiança nos procedimentos contratuais, com os conseqüentes problemas daí decorrentes. Dessa forma, a interpretação deste artigo pode dar margem a um grave problema de eficiência econômica, podendo levar até mesmo a um questionamento da propriedade privada.

Segue-se, dessa visão, que o art. 421 do CC deve ser revogado, pois – na melhor das hipóteses – é redundante.

7. *À guisa de conclusão*

A pergunta que permanece sem resposta é: o que será a tal "função social do contrato", que aparece como fundamento e limite para o exercício da liberdade de contratar?

A tentativa de resposta parte da relação entre Direito e Economia, seja porque é opção de quem escreve, seja porque o instituto "contrato" está exatamente numa das interfaces entre as duas áreas. Sem privilegiar uma delas em detrimento da outra, o que se procura é a natural sinergia entre ambas, e que começa com o reconhecimento de que o contrato é uma instituição social, tal como o percebem os economistas, antes de ser instituto jurídico. Que o instituto jurídico "contrato" – como, demais disso, outros que extraídos de instituições sociais – resulta da apreensão de certos elementos comuns a várias operações negociais escolhidos pelo legislador (e não se trata meramente de opção de política legislativa, mas de abstração do alguns elementos), de sorte a espelhar aquilo que é comum e fundamental para estremar esse instituto de outros. Por isso que os argumentos que se estribam na Dogmática, dissociados, embora, da realidade social, infundem temor.

Miguel Reale, coordenador do grupo de juristas que elaborou o Projeto do Código Civil, e Calixto Salomão Filho estão acordes no sentido de que a atribuição de uma função social aos contratos representa avanço do sistema jurídico pátrio e que não há motivo para temer os efeitos que possam daí derivar. Ambos consideram que o Código facilita o controle judicial das relações intersubjetivas, mas nenhum deles avança nos efeitos sobre o plano econômico que a norma pode gerar; como também não se manifestam sobre os efeitos que a função social do contrato terá em face do exercício da empresa (salvo para questionar operações de concentração em mercados), nem sobre como a função social se projetará nas discussões de contratos de execução continuada. Mais ainda, em que medida o dinamismo dos mercados será afetado, ou não, se a função social deixar de estimular a confiança entre agentes.

As declarações de ambos não cuidam do crescimento potencial da insegurança, típica de relações contratuais de longo prazo, se a função social do contrato for entendida como dever de contratar para produzir bem-estar para terceiros. O que fazer da regra de que o contrato só deve afetar a esfera jurídica das partes, e que estas não deverão ser atingidas por decisões de terceiros?

Será que a função social do contrato, derivada de uma função social da propriedade, encontra amparo na Constituição de República ou, ao revés, faz letra morta da liberdade de iniciativa econômica, esta uma utilidade social? Em que medida a dignidade do ser humano, um dos parâmetros previstos em 1988, admite exista dever de solidariedade econômica absoluto entre as pessoas? Se esse dever inibir o funcionamento dos mercados, todos ficarão pior que antes.

Associar "função social de propriedade", que é um instituto jurídico e que tem que ver com o poder de apropriação de bens, para dar uma "função social do contrato", outro instituto – aquele, estático; este, dinâmico –, poderá, ao restringir a liberdade do proprietário de se desfazer de seus bens na forma que lhe convenha, ser expressivo fator de insegurança, que, no limite, pode se aproximar da tragédia dos comuns, do esgotamento dos recursos econômicos em face da inexistência de estímulos para preservá-los.

Quanto ao exercício da empresa, que não se faz sem contratos, a função social que se pretende venha ela a exercer implica liberdade de contratar com responsabilidade social. Mas não se supõe sirva para comprometer a continuação e a estabilidade que a atividade requer e que devem dominar sua preservação. Aqui, a função social do contrato, sobreposta à da empresa, pode ser extremamente perversa, pois sem respeito a regras de economicidade e eficiência, que a organização da empresa terá, os efeitos externos que recairão sobre a coletividade são imprevisíveis.

Se a liberdade de contratar for limitada por uma função social, que não se sabe qual seja efetivamente, competindo com as instituições sociais, será que um dos efeitos da norma não é o de estimular oportunismos, como se viu com os agricultores? Onde a segurança jurídica desejada? O art. 421 do CC de 2002 não preenche os requisitos propostos por Hillman, porque é a previsibilidade que se demanda no planejamento dos negócios empresariais, como, demais disso, de qualquer operação de longo prazo.

As declarações de ambos, Reale e Salomão Filho, permitem entrever que a insegurança, típica de relações contratuais de longo prazo, poderá ser amplificada pela função social do contrato, e isso independentemente de vício do consentimento ou de intenção de causar danos a terceiros.

No que concerne ao exercício da empresa, os valores são internos e externos, e estes recaem sobre a comunidade, visto que a empresa atua em e para mercados, tem como alvo ou destinatário de sua ação o consumidor ou o adquirente intermediário, se pensada em termos de sociedades, daquilo que seja produzido. Fundamento e princípio constitucional, a livre iniciativa é a base para a especulação, porque estimula a circulação da riqueza, com o quê se cria nova riqueza e, principalmente, bem-estar.

O art. 421 do CC pode, conforme a interpretação que se lhe dê, ser entendido como inconstitucional. Lembrem-se a recente experiência no setor do agronegócio, a que se fez referência, e o caso do *leasing* de veículos automotores, em que, com fundamento em normas positivadas tutelares – a exacerbação de uma pretensa vulnerabilidade no segundo caso e da nova regra no primeiro –, chegou-se a situações socialmente indesejáveis, que trouxeram mais danos que benefícios, em virtude dos efeitos de segunda ordem. No caso do *leasing* de veículos automotores o contrato desapareceu do mercado; os produtores de soja, de seu lado, perderam o financiamento da indústria, tendo que recorrer ao sistema financeiro, o que deve representar maior desembolso.

Indubitável que o art. 421 do CC de 2002 inova no direito dos contratos. Mas o faz na direção correta, desejável? E a uniformização a que se refere Alpa, as novas técnicas de interpretação e aplicação das normas, serão aceitas pela doutrina brasileira rapidamente? Se forem, o art. 421 do CC poderá ter o destino preconizado por Werlang. Se não forem, como serão tratados os contratos atípicos? E as cláusulas atípicas presentes em contratos tipificados? E a criação de novos instrumentos que disciplinem interesses patrimoniais, como será afetada se a aplicação das regras gerais for prioritária? Restringirá a criatividade dos empresários, ou aumentará custos de transação, ou ambos os efeitos estarão presentes? A sociedade pagará o preço dessa novidade.

Por isso, quem escreve, entendendo que a empresa é organização econômica que serve ao desenvolvimento nacional, teme que a aplicação da regra do art. 421 do CC aos contratos empresariais – na maior parte dos casos representados por operações de longa duração e execução continuada, contratos incompletos dos economistas, e cujas lacunas deveriam ser preenchidas para que a distribuição de riscos *ex post* seja adequada – venha, por força de intervenção de magistrados, os quais, de regra, não têm informação completa sobre a operação, dar origem a efeitos de segunda ordem. Essa preocupação é real, concreta, e tem fundamento empírico suficiente para tirar a tranqüilidade.

Normas jurídicas de expresso viés ideológico ou político-ideológico e regimes democráticos capitalistas combinam mal; elas atendem melhor aos interesses do Poder nos regimes ditatoriais, em que o governo, confundido com o Estado, crê saber melhor que qualquer cidadão o que convém a todos e a cada um.

Atualidades

OS PRINCÍPIOS DO CÓDIGO CIVIL E O DIREITO DE EMPRESA

WILGES BRUSCATO

1. Introdução. 2. Princípios norteadores do Código Civil: 2.1 Princípio da socialidade – 2.2 Princípio da eticidade – 2.3 Princípio da operabilidade. 3. O novo direito de empresa: 3.1 Um pouco de história – 3.2 Características do direito empresarial – 3.3 Considerações necessárias sobre a atividade econômica e sua disciplina jurídica – 3.4 A empresa e sua função social. 4. Aplicação dos princípios do Código Civil de 2002 no direito de empresa. 5. Conclusão.

"Não é, em verdade, a rigidez ou a suposta invulnerabilidade dos princípios que devem sufocar os fatos da vida social, porque, ao invés, são estes que fundamentam aqueles." (Antônio Martins Filho)

1. Introdução

Com a nova ordem instalada a partir da vigência do Código Civil de 2002 (Lei 10.406/2002), algumas mudanças foram introduzidas no cenário jurídico nacional.

Interessam-nos, neste breve estudo, o suporte valorativo orientador do novo diploma e as alterações no direito comercial – ambos atrelados entre si, desde então.

A justificativa para a elaboração de um Código novo, ao invés da modificação do Código de 1916, está – segundo o Coordenador da sua Comissão Organizadora – justamente na orientação filosófica e ideológica que se quis dar à nova lei. A reforma do Código antigo não acomodaria, a contento, a nova *principiologia* concebida pela Comissão Organizadora,[1] "à luz de outros paradigmas de ordem ética e política".[2]

Assim, os princípios norteadores do Código Civil de 2002 são a *socialidade*, a *eticidade* e a *operabilidade*.

A par disto, uma porção significativa da legislação comercial foi levada para o bojo do Código Civil, sob o título "Direito de Empresa", revogando-se a Parte I do Código Comercial.

Tal inovação desdobra-se em várias outras, subseqüentes: a limitação parcial da autonomia legislativa do direito comercial, a unificação de obrigações civis e empresariais, a adoção da teoria da empresa, a aplicação da diretriz filosófica do novo Códi-

1. "O sentido social é uma das características mais marcantes do Projeto, em contraste com o sentido individualista que condiciona o Código Civil de 1916" (Miguel Reale, "Visão geral do Projeto do Código Civil", *Revista Literária de Direito*, 23.5.1998, *apud* Jacy de Souza Mendonça, "Princípios e diretrizes do novo Código Civil", *Inovações do Novo Código Civil*, p. 26.

2. Miguel Reale, "O novo Código Civil e seus críticos", *http://www.miguelreale.com.br/artigos/ncc/nccc.htm* (10.10.2004, p. 3).

go a questões de direito comercial – entre outras.

A preocupação central desta reflexão refere-se, de modo exato, ao tratamento jurídico-judicial que se dará às obrigações tipicamente comerciais a partir de agora.

Sem qualquer ponderação, poderia parecer que as obrigações assumidas pelos empresários devem, pelo comando axiológico do Código de 2002, ser tratadas da mesma forma que as obrigações civis. Esta é a conclusão a que se chega, sem o amadurecimento necessário, pela simples interpretação jurídica, que é o supedâneo para se chegar à *norma de decisão*[3] no caso concreto.

Porém, na aplicação da norma há que se levar em consideração, obviamente, como premissa menor, o fato e sua conseqüência jurídica.[4]

O que se mostra alarmante, então, é tratar igualmente fatos de natureza civil e fatos de natureza empresarial.

Há peculiaridades nos fatos empresariais que determinam um tratamento diferenciado. Frise-se: "diferenciado", não "licencioso".

Esta afirmação, à primeira vista, pode parecer sectária e prepotente, em favor da classe empresária do país. Ainda mais se nos lembrarmos do posicionamento ideológico que se procurou imprimir ao Código Civil.[5]

Todavia, nossa inquietação não se origina no desejo de criar privilégios descabidos a indivíduos determinados, para desigualá-los dos demais naquilo em que sejam iguais.

É exatamente por reconhecer a imperatividade da diretiva da *socialidade* – princípio que justifica a adoção dos outros dois, *eticidade* e *operabilidade* – que se entende necessário delinear como, em matéria de obrigações empresariais, se dará atendimento a tal comando, para que a lei cumpra sua função de harmonizadora das relações sociais e não se causem prejuízos indeléveis à economia; ou seja, que a aplicação se faça de modo a atender, realmente, aos interesses da sociedade, e não em detrimento do desenvolvimento nacional, anseio de todos, inserido na Constituição Federal como um dos objetivos fundamentais da República Federativa do Brasil (art. 3º, II).

As relações econômicas são muito suscetíveis à falta de segurança e certeza jurídica. Daí, num país que vem lutando arduamente para vencer os desafios da pobreza, nossa preocupação.

Para a análise a que se propõe este breve estudo, será importante conhecer o tripé axiológico do Código de 2002 e discorrer sobre a natureza do direito de empresa, antes de se passar à apreciação do tema, propriamente dito.

2. Princípios norteadores do Código Civil

Conforme se disse, a justificativa para a elaboração de um Código completamente novo centrou-se na necessidade de se atualizar a orientação filosófica e ideológica da lei civil, já que a simples reforma do Código antigo não atenderia a esse desiderato – ou seja, foi necessária a "alteração geral do Código atual *[de 1916]* no que se refere a certos valores considerados essenciais, tais como o de eticidade, de socialidade e de operabilidade".[6]

3. Eros Roberto Grau, "Eqüidade, razoabilidade e proporcionalidade", *Revista do Advogado* 78/29.

4. Idem, ibidem.

5. "*Se não houve a vitória do Socialismo*, houve o triunfo da socialidade, fazendo prevalecer os valores coletivos sobre os individuais" (sem grifos no original – Miguel Reale, "Visão geral do Projeto do Código Civil", cit., *Revista Literária de Direito*, 23.5.1998, *apud* Jacy de Souza Mendonça, "Princípios e diretrizes do novo Código Civil", *Inovações do Novo Código Civil*, p. 26).

6. Miguel Reale, "Visão geral do Projeto do Código Civil", cit., *Revista Literária de Direito*, 23.5.1998, *apud* Jacy de Souza Mendonça, "Princípios e diretrizes do novo Código Civil", *Inovações do Novo Código Civil*, p. 17.

Ora, num certo sentido, o impacto psicológico da existência de um *novo* Código Civil legitima tal iniciativa legislativa, vez que há uma distância enorme entre aprovar leis que *modificam o Código* e aprovar *um novo Código*. Basta constatar quanto se tem escrito e discutido a respeito da nova codificação, o que não se daria com a mesma intensidade e relevância se se tratasse apenas de sua alteração. Não só a comunidade jurídica se volta a apreciar e comentar o Código novo, mas toda a população se movimenta, cada qual dentro de suas possibilidades e limitações, no sentido de se inteirar da ocorrência.

Então, se se pretende introduzir uma nova ordem valorativa, é preciso que todos atentem para isso; e a melhor estratégia é o anúncio da inovação completa.

No entanto, ao que se pode constatar, a novidade foi relativa, e não total. Jacy de Souza Mendonça chama a atenção para o fato de que "magníficos trabalhos *[foram]* publicados, comparando o Código novo com o anterior, *[e]* mostram que não houve alteração geral. Talvez uma grande quantidade de alterações, mas não uma alteração geral. Nem se substituiu um Código pelo outro, nem 90% do Código anterior pelo novo".[7]

Assim, o que se tem, de concreto, é a alteração do Código anterior, agora em roupagem mais glamourosa, tingida pelos novos princípios.

2.1 Princípio da socialidade

A nosso ver, a *socialidade* é o carro-chefe axiológico do Código de 2002, trazendo a reboque os outros dois princípios.

A *socialidade* revela-se como a *prevalência dos valores coletivos sobre o individual.*

Não é nossa intenção, aqui, aprofundar a discussão a respeito da sobreposição dos valores coletivos – geralmente indicados por expressões como "bem comum", "interesse coletivo", "justiça social", "interesse público" e outras correlatas, e perigosamente amplas –, centralizados na figura do Estado, sobre o valor do cidadão. É útil lembrar, todavia, que a opressão da coletividade sobre o indivíduo não deixa de ser opressão...

"Nossa época se preocupa especialmente com o cidadão e a cidadania, e, quando nos preocupamos com a cidadania, estamos nos preocupando em conscientizar o cidadão de que ele tem deveres, mas tem também direitos intocáveis pelo Estado. Vivemos uma época que fez uma Declaração Universal dos Direitos do Cidadão, em sentido diametralmente oposto à idéia de dar ao social a prevalência sobre o individual. Não se está (...) pretendendo ignorar sua dimensão social *[do indivíduo]*. Todo direito, ao traçar o caminho da realização da pessoa, não a vê como isolada. Não existe problema de direito para um indivíduo isolado; só existe problema jurídico no relacionamento (...), dentro de uma comunidade, de uma sociedade. *O social está sempre presente no Direito*, é o parâmetro que indica o rumo do procedimento justo. (...). O ilícito, que queremos reprimir no Direito, corresponde à perturbação da dimensão social da pessoa humana. Não somos pessoas senão num contexto, num todo, dentro de uma comunidade. Mas isso não significa predomínio do social; o predomínio é sempre da realização do cidadão; o Direito existe para possibilitar ao cidadão a realização de sua plenitude como pessoa. Embora o homem só possa se realizar dentro de uma comunidade, em harmonia com a sociedade em que vive, não há predomínio da sociedade, o predomínio é sempre da pessoa."[8]

Ademais, a própria Lei de Introdução ao Código Civil, datada de 1942, é clara em determinar que, na aplicação da lei, o

7. Jacy de Souza Mendonça, "Princípios e diretrizes do novo Código Civil", cit., *Inovações do Novo Código Civil*, p. 17.

8. Jacy de Souza Mendonça, "Princípios e diretrizes do novo Código Civil", cit., *Inovações do Novo Código Civil*, pp. 28-29 (sem grifos no original).

juiz atenderá aos *fins sociais* a que ela se dirige e às exigências do *bem comum*. Desse modo, a orientação para a *socialidade* já estava presente entre nós. Tanto que, em linhas toscas, é aí que se baseia o movimento conhecido como "Direito alternativo", no Brasil.

A Constituição Federal conduz também a uma conclusão semelhante: todos os atores sociais devem dar sua contribuição para o atingimento dos objetivos da República. Mas não há que se confundir a busca da construção de uma sociedade mais justa com os superados valores do Socialismo ortodoxo, alimentando ódios entre classes. "Socialidade" não significa "igualdade".

A igualdade está além da utopia. A igualdade é impossível, a não ser de modo transitório, pela simples razão de que as pessoas não são iguais. Então, se se concebe o atendimento ao *social* como um ideal de *igualdade*, a história recente demonstra a impossibilidade de sua manutenção perene.

A *socialidade*, então, é a atenção que todos os membros de uma determinada sociedade devem dar às exigências de sua existência como coletiva, por ser esta – a convivência – uma necessidade humana. Porém, isso não pode pressupor a desconsideração aos direitos e interesses individuais.[9]

Para reforçar a introdução da *socialidade*, aponta-se o caráter individualista do Código de 1916.[10] O reconhecimento e o respeito aos valores individualistas são tidos como um dos fundamentos do Capitalismo e, por isto, reprovados por orientações socialistas.

Ambas as ideologias têm seus males e suas perversidades.

Tudo parece indicar que a sociedade atual optou pelo modelo capitalista, talvez por oferecer maior liberdade ao cidadão, ainda que isso implique desfavor de parte dos membros da sociedade, excluídos da grande maioria de suas ações.

Não vai aqui qualquer juízo a favor do Capitalismo ou do Socialismo. O presente estudo apenas parte do fato de que a realidade social brasileira contemporânea é capitalista.

Em nossa opinião, no entanto, o Capitalismo atual já não pode ser visto e praticado do mesmo modo que foi originalmente concebido, posto que o Socialismo foi evento de grande relevância no século XX e, de um modo ou de outro, suas idéias acabam por permear o posicionamento ideológico dominante, tanto que se fala em "Neoliberalismo" – sistema que merece, ainda, muito aperfeiçoamento.

2.2 Princípio da eticidade

A *eticidade* traduz-se na preocupação com a boa-fé, a eqüidade e outros critérios éticos.[11]

Não é propósito deste texto discutir o que seja a *Ética*, o que a diferencia da *Moral*, o que a aproxima do *justo* e do *direito* – mesmo porque esta questão está longe de ser vista de modo unânime.[12] "Quando os autores do Projeto se referem à eticidade, à boa-fé, aos bons costumes, não estão falando, pois, em Ética ou Moral, mas empregando uma qualificação do elemento sub-

9. "Toda disposição, ainda que ampare um direito individual, atende também, embora indiretamente, ao interesse público; hoje até se entende que se protege aquele por amor a este" (Carlos Maximiliano, *Hermenêutica e Aplicação do Direito*, p. 269).

10. Lembre-se que o Código Civil de 1916 influenciou a elaboração de legislações estrangeiras, como a portuguesa e a chinesa (Ecio Perin Jr., "A teoria da vontade na formação dos contratos e a autonomia do direito comercial em relação ao direito civil face ao projeto do novo Código Civil", *Jus Navigandi*, *http://www1.jus.com.br/doutrina/texto.asp?id=518*, 21.10.2004, p. 7).

11. Jacy de Souza Mendonça, "Princípios e diretrizes do novo Código Civil", cit., *Inovações do Novo Código Civil*, p. 18.

12. Para alguns, ou em determinados contextos, a Ética é tida como sinônimo de Moral. Em outros casos pode ter significado mais restrito que a Moral: seria a ciência dos juízos de valor que permite diferenciar os atos bons de atos maus.

jetivo, variável, mutável, que deve presidir a conduta humana. Esta parece ser a melhor forma de recortar a idéia que está por baixo do termo 'eticidade', por eles utilizado."[13]

Os valores éticos, por se prestarem à apreciação da conduta humana estabelecendo o que é bom, reforçam-se na *boa-fé*.[14] Este o veio da *eticidade* no Código de 2002: "(...) o negócio jurídico só se aperfeiçoa e só é legalmente protegido se resultar não apenas de uma vontade isenta dos vícios do consentimento, que já conhecíamos do Código anterior, mas se, além disso, estiver motivada, movida, impulsionada, pela boa-fé. Caso contrário haverá sempre uma sanção, uma punição para quem procedeu de má-fé".[15]

Assim, o que se faz, agora, é reforçar, realçar, uma orientação já existente na lei anterior.

2.3 Princípio da operabilidade

A operabilidade é o princípio que tem por missão possibilitar o largo exercício de ambos os outros princípios, porque, para atingir o comando da *socialidade* e da *eticidade*, o juiz poderá lançar mão de maior discricionariedade, na intenção de conferir efetividade ou concretude à decisão.

Há, reconhecidamente, dois sistemas utilizados para decidir um conflito de interesse. Num, a decisão judicial condiciona-se à prévia dicção do dispositivo legal – ou seja, o texto legal condiciona a resolução judicial. No outro permite-se a livre edição do direito pelo juiz – ou seja, o juiz pode livremente declarar qual é o direito.

Ambos os sistemas apresentam pontos positivos e negativos.

O risco que existe nesse posicionamento do Código Civil é o fato de se importar para um sistema – o da *civil law* – tradicional, usual, aceito e dominado por nós, técnica utilizada no outro sistema – o da *common law*, estranho ao cotidiano de nossos operadores do Direito. "Não temos a cultura da *common law*. Os magistrados ingleses e americanos foram treinados para esse processo decisório, trazem isso em sua cultura (...) é preparado *[o juiz norte-americano ou inglês]* para dizer o direito livremente e assume essa responsabilidade."[16]

3. O novo direito de empresa

Para abordar *direito de empresa* é preciso, antes de tudo, definir o que seja "empresa".

A definição de "empresa" tem sido tarefa tormentosa para a doutrina,[17] já que se busca um conceito unitário, que alie os aspectos econômico e jurídico. A maioria dos conceitos jurídicos, aliás, parte do conceito econômico de "empresa".[18]

13. Jacy de Souza Mendonça, "Princípios e diretrizes do novo Código Civil", cit., *Inovações do Novo Código Civil*, p. 19.

14. Esta ilação é comprovada pelo texto da maioria dos artigos em que se aponta a aplicação da *eticidade*, posto que a expressão "boa-fé" é insistentemente repetida ao longo de todo o Código (cf. arts. 113, 167, § 2º, 422, 891, 896, 1.222, 1.243, 1.255, 1.258, 1.259, 1.260, 1.268, 1.561, § 2º, 1.817, 1.827, parágrafo único, 1.828).

15. Jacy de Souza Mendonça, "Princípios e diretrizes do novo Código Civil", cit., *Inovações do Novo Código Civil*, p. 23. "A conclusão a que se chega, com relação ao princípio da *eticidade*, em primeiro lugar, é que não se trata, como foi dito de início, de alteração relativa a *valores morais*, porque não se mexeu no bem e no mal; as alterações foram relativas apenas à qualificação das manifestações de vontade dos agentes, dos sujeitos dos negócios jurídicos, como comportamento ético e antiético" (grifos no original – idem, p. 25).

16. Jacy de Souza Mendonça, "Princípios e diretrizes do novo Código Civil", cit., *Inovações do Novo Código Civil*, p. 37.

17. Evaristo de Moraes Filho dá notícia de vários estudiosos que se debateram na busca de superar a questão, cada um considerando as dificuldades enfrentadas: "Para L. Barassi, o conceito jurídico de empresa é um 'tormento da doutrina'; para Carnelutti, 'escabrosíssimo problema'; para Rocco, 'serve mais para confundir do que para esclarecer as idéias'; para Rotondi, enseja 'tantas definições quantos são os pontos de vista diferentes nos quais podemos nos colocar a estudá-lo'" (*Sucessão nas Obrigações e a Teoria da Empresa*, pp. 327-328).

18. Lorenzo Mossa, *Derecho Mercantil*, vol. I, p. 20. Contra esse critério: Waldemar Arecha, *La Empresa Comercial*, p. 369.

Ocorre que o próprio uso – cotidiano, legislativo, jurisprudencial e doutrinário – acaba por utilizar o mesmo termo, ainda que de modo impreciso, algumas vezes, para designar coisas diferentes, o que consagra a utilização do vocábulo "empresa" com sentidos variados. "A idéia-*mater* de empresa não é nova; há muito o vocábulo foi tomando acepção vária, basicamente com substrato econômico, transplantado para o Direito."[19]

Como bem registra Jorge Lobo, "por isso, qualquer estudo, por mais despretensioso que seja, da teoria, da noção, do conceito jurídico de empresa obriga a uma torrente de citações, que se repetem, às vezes; anulam-se com freqüência; pouco acrescentam, ao final".[20]

Sob o ponto de vista econômico, a empresa é considerada como uma combinação de fatores produtivos, elementos pessoais e reais, voltados para um resultado econômico, encadeada por uma ação organizadora – ou seja, toda organização econômica destinada à produção ou venda de mercadorias ou serviços, tendo como objetivo o lucro.

Entre nós, apenas uma única manifestação legal enfrentou a questão.

A Lei 4.137/1962 – que tratava do abuso do poder econômico, hoje substituída na íntegra pela Lei 8.884/1994 – ocupou-se de definir "empresa", para que se caracterizassem as ações abusivas que deveriam ser coibidas. Assim, o texto de seu art. 6º trazia que *empresa* era "toda organização de natureza civil ou mercantil destinada à exploração por pessoa física ou jurídica de qualquer atividade com fins lucrativos".

Como visto, com o advento do novo Código Civil, cuja intenção foi unificar o direito das obrigações, muitas das questões relativas ao direito comercial foram reguladas neste novo diploma legal, revogando-se a Parte I do Código Comercial Brasileiro, para abranger todo tipo de atividade negocial, e não apenas a mercantil. Tanto que o Livro II, originalmente intitulado "Da Atividade Negocial" no Projeto do Código, trata do "Direito de Empresa".

O Código Civil regula, agora, parte das matérias abrangidas pelo direito empresarial, mas não inseriu um conceito de "empresa". Baseia-se na definição do "empresário"[21] para a aplicação da tutela jurídica apropriada. Adotando o Código, formalmente, a teoria da empresa, pelo conceito de "empresário", chega-se ao que a lei considera "empresa": a atividade[22] econômica organizada para a produção ou a circulação de bens ou serviços. A lei, considerando a empresa como atividade, harmoniza-se com a visão do atual estágio da doutrina em relação ao assunto.[23]

19. Joaquim Antônio Penalva Santos, *Direito Comercial: Estudos*, p. 109.

20. Jorge Lobo, "A empresa: novo instituto jurídico", *http://www.femperj.org.br/artigos/comerc/com05.htm* (31.10.2003, p. 1).

21. CC, art. 966:

"Considera-se empresário quem exerce profissionalmente atividade econômica organizada para a produção ou a circulação de bens ou serviços.

"Parágrafo único. Não se considera empresário quem exerce profissão intelectual, de natureza científica, literária ou artística, ainda com o concurso de auxiliares ou colaboradores, salvo se o exercício da profissão constituir elemento de empresa."

22. "Atividade" no sentido de sucessão de atos *organizados*, *dirigidos*, *ordenados*, para uma finalidade específica.

23. "Conceitua-se empresa como sendo atividade, cuja marca essencial é a obtenção de lucros com o oferecimento ao mercado de bens ou serviços, gerados estes mediante a organização dos fatores de produção (...)"; "Em termos técnicos, contudo, empresa é a atividade (...)" (Fábio Ulhôa Coelho, *Curso de Direito Comercial*, 7ª ed., vol. 1, pp. 18 e 63). Antônio Martins Filho, apontado como o primeiro estudioso brasileiro a se confessar adepto da teoria da empresa, já a entendia, em 1950, como "*atividade* plurilateral organizada e dirigida a um determinado fim (...) uma organização de caráter autônomo", que nos conduz à idéia de "complexo de bens e pluralidade de pessoas, sistematicamente dispostos e proporcionalmente coordenados, para obtenção de um fim preestabelecido" (Antônio Martins Filho, "Limitação da responsabilidade do comerciante individual", *Revista da Faculdade de Direito de Porto Alegre* 1/298).

Em conseqüência dessa alteração legislativa – causa deste estudo –, todos aqueles que se proponham a escrever sobre qualquer assunto do direito de empresa *nesse momento* não devem se furtar ao enfrentamento da polêmica que se instaura – ou reinstaura – sobre a existência autônoma do direito empresarial, como um ramo do Direito. Desse modo, ainda que brevemente, é importante pontuar a maneira como enxergamos a questão.

É que com o advento do Código Civil Brasileiro de 2002 cresce o debate acerca da autonomia do direito comercial em relação ao direito civil, que encampou muito da matéria mercantil, quase extinguindo o Código Comercial. A autonomia do direito de empresa, no presente estudo, tem ainda implicações no enfrentamento da questão central aqui tratada.

O fato é que muitos institutos originários do direito comercial se disseminaram entre os não-comerciantes,[24] o que pode levar a crer que este fosse, paradoxalmente, apenas um apêndice do direito civil.

Embora muito do direito empresarial esteja regulado pelo Código Civil, ele não esgota a matéria. Ficam de fora, por exemplo, falências e recuperação de empresas, sociedades anônimas, marcas e patentes, concorrência, títulos de crédito, comércio marítimo, entre outros assuntos – o que dá espaço a uma autonomia legislativa, ainda que não-absoluta.

Se se elabora um Código inteiramente novo e nele não se esgotam os assuntos relativos a uma disciplina, percebe-se, logo, que não é a intenção do legislador retirar sua autonomia. No nosso sistema atual, veja-se, ainda, a situação dos títulos de crédito: o Código de 2002 ocupou-se do assunto, sem esgotá-lo e, mais, *ressalvando a aplicação da legislação especial* quando em conflito com o Código (art. 903).

Além disso, a legislação independente é somente um dos critérios para se avaliar a autonomia de um ramo do Direito. Como bem lembra Fábio Ulhôa Coelho, "direito civil não é Código Civil – nem para o mais empedernido dos formalistas kelsenianos –, assim como direito comercial não é Código Comercial".[25]

Deve-se examinar, ainda, o critério didático, ou seja, se a disciplina é lecionada de maneira autônoma nas Faculdades de Direito. Nesse quesito, o direito comercial se vê plenamente emancipado.[26]

Contudo, a nosso ver, o critério determinante da autonomia de uma especialidade do saber, que enseja a autonomia didática, conforme exposta acima, é o fato de se poder delimitar campo próprio, peculiar daquela área, isolando seu conteúdo de maneira singular, mesmo que não possua uma legislação independente, uma sistematização legal exclusiva.

É de se indagar qual é a extensão da matéria examinada pelo direito empresarial, e se essa matéria possui institutos, características, método, princípios e fontes próprias. Tal critério obedece ao rigor científico da fixação de sua autonomia. A resposta é positiva: o direito empresarial possui campo próprio e vasto de estudo, havendo *princípios* e *institutos* que lhe são característicos. Assim, sua autonomia científica, jurídica ou substancial, é o que de mais importante há em relação ao assunto. *Daí as peculiaridades que devem envolver a apreciação judicial de suas questões.*

24. Waldírio Bulgarelli nos dá notícia da perda de vários institutos do direito comercial "para o uso comum – no processo conhecido como *generalização* do direito comercial (...)" (*Tratado de Direito Empresarial*, 3ª ed., p. 13).

25. Fábio Ulhôa Coelho, "A lei e o ensino do Direito: há futuro para o direito comercial?", *Contribuições*, *http://www.wilges.com.br* (30.6.2002, p. 3).

26. Fábio Ulhôa Coelho ressalta, ainda, que, "desde que a lei de 11.8.1827 instituiu os cursos jurídicos no Brasil e até que se altere a portaria ministerial que define as disciplinas obrigatórias do curso de graduação em Direito, *direito comercial* gozará de autonomia didática. Nenhuma Faculdade poderá outorgar aos seus alunos o grau de bacharel em Direito sem lhes ter oferecido a disciplina com esta denominação em unidades curriculares autônomas" ("A lei e o ensino do Direito: há futuro para o direito comercial? Contribuições", cit., *http://www.wilges.com.br*, 30.6.2002, p. 3).

Indo além, é facilmente verificável o grande número de renomados estudiosos e jurisconsultos que dedicam toda sua obra, especificamente, aos temas de direito comercial ou empresarial, caracterizando sua autonomia doutrinária.

Chega-se, então, à conclusão de que o que ocorreu entre o direito civil e o empresarial foi a união do direito das obrigações num mesmo diploma legal. Formalmente, esta justaposição está sacramentada.[27] Fato que nos leva a questionar sobre sua conveniência, do ponto de vista prático, e nos obriga a meditar a respeito, como nos propomos agora.

Há características bem marcantes do direito empresarial que o diferenciam do civil – o que se comentará mais adiante –, pois aquele é mais dinâmico, tem cunho instrumental e menos formal e, como persegue lucro, tem feição onerosa, regulando atos que atingem toda a coletividade.

Tais características têm por desiderato atender às necessidades de sua *matéria-prima*, ou seja, a prestação da atividade econômica pela iniciativa privada.

O direito empresarial pode ser definido como o ramo do direito privado que regula as relações provenientes da atividade de produção e circulação de bens e serviços, exercida com habitualidade e com intuito de lucro, bem como as relações que lhes sejam conexas e derivadas.

Este campo do Direito, como não pode deixar de ser, relaciona-se com vários outros ramos.

Com o próprio direito civil mantém íntimas relações no campo obrigacional, como as mantém, igualmente, com outras áreas do Direito. Mas tomar "obrigações empresariais" por "civis", sem atentar para suas particularidades, determinará um retrocesso social.

Com a adoção da teoria da empresa, o direito comercial amplia-se para tratar de toda atividade empresarial, abrangendo também a indústria, os transportes, os seguros, os bancos, as bolsas de valores, os serviços.

A atividade empresarial caracteriza-se pela reunião de três fatores: a habitualidade no exercício de negócio dedicado à produção ou circulação de bens ou serviços, o objetivo do lucro e a organização ou estrutura organizacional da atividade.

Podem ficar de fora as atividades rurais, do setor extrativo (mineral, vegetal ou animal), a agricultura e a pecuária, desde que não exploradas na forma de empresas, o que é facultativo.

As atividades de natureza intelectual, sejam de cunho científico, literário ou artístico, não são abrangidas, porque, embora possam produzir bens ou serviços, faltalhes o elemento de organização dos fatores de produção, que, se existe, é circunstancial, pois a atividade criadora nasce das habilidades intelectuais pessoais daqueles que exercem tais atividades. Nada impede, no entanto, que tais ocupações sejam prestadas organizando-se em empresas, como seu elemento. Nesse caso, seus titulares tornamse empresários.

Enfim, como bem coloca Waldírio Bulgarelli, "parece ter ficado claro e suficientemente demonstrado, durante todas as discussões que há tantos anos se travam, em relação à *autonomia* do direito comercial, que a unificação das obrigações não abalou (...)"[28] a existência independente deste ramo do Direito. De outro modo, com similar modificação legislativa ocorrida na Italia de 1942, já não mais subsistiria o

27. "Ratifica-se que se constitui em simples unificação formal. Isso, na verdade, nada diz de científico e lógico" (Ecio Perin Jr., "A teoria da vontade na formação dos contratos e a autonomia do direito comercial em relação ao direito civil face ao projeto do novo Código Civil", cit., *Jus Navigandi*, *http://www1.jus.com.br/doutrina/texto.asp?id=518*, 21.10.2004, p. 13). Rubens Requião também mencionava "o artificialismo do critério de unificação formal" (*Aspectos Modernos de Direito Comercial*, p. 207).

28. Waldírio Bulgarelli, *Tratado de Direito Empresarial* cit., 3ª ed., p. 47.

diritto commercialle.[29] E isso não se deu em razão do respeito à *natureza* das obrigações comerciais.

3.1 Um pouco de história

Para falar de empresa, é necessário lançar um olhar, ainda que superficial, sobre a história do próprio direito comercial, para que se delineie o contexto em que aquela passou a ter um sentido jurídico.

As primeiras manifestações de regras de cunho comercial datam de 1850 e 1750 a.C., com o Código de Manu, na Índia, e o Código de Hamurabi, na Babilônia. Nos séculos XVI e XV a.C., os fenícios eram os responsáveis pela intermediação de produtos entre a Ásia e o Mediterrâneo, onde estavam os gregos, denominados "empório do comércio europeu ocidental" por Waldemar Ferreira,[30] pela intensidade de sua atividade comercial. Em razão desse comércio, surgem as normas costumeiras marítimas de índole internacional.

Os romanos, embora não possuíssem uma legislação comercial específica, contribuíram com o direito comercial, através do costume da escrituração doméstica difundido em todas as casas, o que deu origem aos livros comerciais; as regras sobre contratos e obrigações, que deram alicerce às transações mercantis; os institutos da falência e da ação pauliana; o comércio sendo realizado pelos escravos em nome de seus senhores, o que deu origem à representação comercial.

No século IX, já Idade Média, com o domínio muçulmano nos mares, a Europa se vê isolada e o comércio passa a ser feito internamente, em terra, para garantir sua segurança. Surgem as grandes feiras. Pode-se dizer que é a partir desse momento que o direito comercial *começa* a se formar. Na Idade Média surgem as corporações de ofício, entre elas as de mercadores. Esses profissionais criaram um Direito ágil, vivo e sagaz em suas corporações, que foi o contraponto do Direito Romano-Canônico, formal e solene, absoluto, até então.[31]

As pendências entre eles eram solucionadas internamente, por cônsules eleitos, que utilizavam nas suas decisões os usos e costumes, a eqüidade e o contido em seus estatutos, sem grandes formalidades. Foram os ancestrais dos Tribunais do Comércio.

Os cônsules acabavam por atuar, também, legislativamente, criando normas com seus julgados. Como estas normas eram mais favoráveis aos mercadores, por atentarem para a *natureza específica de sua profissão*, necessário foi estabelecer e determinar quem realmente seria profissional do comércio. O critério utilizado era a matrícula na corporação. Se o indivíduo estava nela matriculado, poderia ter suas questões apreciadas conforme as regras especiais. É o chamado período subjetivo do direito comercial (séculos XII a XVIII).

Com o enfraquecimento das corporações de ofício em França, no século XVI, que foram perdendo espaço de decisão para os tribunais do Estado, os usos e costumes ainda continuaram a ser aplicados na solução de conflitos atinentes aos comerciantes.

Quando as corporações se extinguiram, o direito comercial já estava, portan-

29. "A demonstração inequívoca de que não se confundem, senão por desinformação ou má-fé, as autonomias legislativa e didática do direito comercial encontra-se numa breve pesquisa à questão na Itália e Suíça. Como sabido, são estes os dois países de tradição jurídica romana cujo direito privado, antes do Brasil, foi legislativamente unificado. Em nenhum deles o direito comercial deixou de existir como disciplina universitária independente (...). Pois bem, transcorridos já cerca de 60 anos, o direito comercial continua a ser ministrado, nas Universidades da Itália, por docentes especializados e de forma autônoma. A ninguém ocorre a descabida idéia de que os civilistas poderiam ou deveriam ampliar seus estudos, tão-só em razão da alternativa adotada pela lei em 1942" (Fábio Ulhôa Coelho, "A lei e o ensino do Direito: há futuro para o direito comercial?", cit., *Contribuições, http://www.wilges.com.br*, 30.6.2002, pp. 4-5).

30. Waldemar Martins Ferreira, *Tratado de Direito Comercial*, vol. 1, p. 33.

31. Waldírio Bulgarelli, *Direito Comercial*, 13ª ed., p. 29.

to, sedimentado. Sendo, contudo, um *direito especial*, deveria continuar a ter seu alcance limitado aos profissionais da área. Nesta fase era perceptível que nem toda a atividade comercial era praticada por profissionais do comércio, já que alguns institutos, originalmente comerciais, tiveram seu uso generalizado – como a letra de câmbio, por exemplo. Como o critério subjetivo já não mais poderia ser utilizado, surgiu a teoria dos atos de comércio, mais objetiva, atendendo ao princípio da igualdade, um dos característicos da Revolução Francesa, como critério de caracterização dos destinatários das normas reguladoras da atividade mercantil.

Pela teoria dos atos de comércio, surgida em 1807, com o Código Napoleônico, "o direito comercial deixou de ser apenas o direito de uma certa categoria de profissionais, organizados em corporações próprias, para se tornar a disciplina de um *conjunto de atos* que, em princípio, poderiam ser praticados por qualquer cidadão".[32]

É o período objetivo dos atos de comércio, no qual floresceram legislações importantes, como o já citado Código Comercial da França (1807) e suas derivações na Espanha (1829), Portugal (1833), Brasil (1850) e Itália (1865).[33] A Alemanha e os países da *common law* não se perfilharam a ela.

O Código Comercial Brasileiro, como derivação do Código Comercial Francês, centrou sua regulamentação nos atos de comércio – embora não mencionasse esta expressão – para delimitar a matéria de sua competência, a ser conhecida pelos Tribunais do Comércio.

Mesmo com a extinção da jurisdição especial no Brasil, em 1875, a caracterização do comerciante continuou sendo importante para a aplicação de *dispositivos específicos*, em razão da especialidade da atividade, como as falências e concordatas, a locação comercial, a validade probatória da escrituração comercial regular.

Todavia, como evidente, a atividade econômica é dinâmica e inovadora. A classificação de um ato como de comércio decorre da lei, ou seja, tem um caráter positivista; e a lei, como visto, não conseguiu acompanhar as inovações surgidas ao longo do tempo.

Assim sendo, a teoria dos atos de comércio foi se tornando obsoleta para determinar a qualidade de comerciante, já que não houve uma conceituação genérica de *ato de comércio*.

O comércio tem sido uma das atividades humanas mais dinâmicas de que se tem notícia. Seus modos, costumes e legislação vão se modificando, para acompanhar as inovações tecnológicas e as *necessidades da sociedade*.

O comércio, no sentido jurídico, então, deixou de ser considerado de modo estrito, ou seja, apenas como o ato de intermediar a compra e venda, entre produtor e consumidor – atacado e varejo.

A teoria dos atos de comércio não se mostrando capaz de atender ao dinamismo social, outro critério de qualificação do comerciante teve que ser introduzido.

Este novo critério foi denominado "teoria da empresa" e surgiu na Itália, em 1942, com seu novo Código Civil, que unificou a regulamentação da atividade privada.

Modernamente, então, a tendência é que as regras do direito comercial tenham por base o exercício profissional e organizado de uma atividade econômica – exceto a intelectual e as rurais –, o que ocorre sempre através de uma empresa; por isso esse período se denomina "período subjetivo da empresa".

"Subjetivo" porque é impossível separar a atividade de seu agente. Tanto assim que o Código Civil Italiano, como salientado, bem como o atual Código Civil pátrio

32. Fábio Ulhôa Coelho, *Curso de Direito Comercial*, cit., 7ª ed., vol. 1, p. 12.
33. Dylson Dória, *Curso de Direito Comercial*, 13ª ed., vol. 1, p. 21.

não conceituam a empresa, mas o empresário. As regras serão aplicadas ao *sujeito* de direito; esse sujeito é o empresário ou a sociedade empresária.

Mesmo antes da aprovação do Código Civil, o Direito Brasileiro, através da doutrina e da jurisprudência, vinha atualizando o direito comercial, para aproximá-lo da teoria da empresa.[34] Este pensamento chegou a influenciar, mais recentemente, também alguns diplomas legais, como o Código de Defesa do Consumidor, art. 3º, que igualou, na figura de fornecedor, qualquer *empresa*, mesmo que a atividade fosse civil. Bem assim, a Lei de Locação (Lei 8.245/1992) estendeu às indústrias e às sociedades civis com fins lucrativos o benefício da renovação compulsória que era reconhecido aos comerciantes (art. 51, § 4º).

3.2 Características do direito empresarial

As *particularidades que envolvem a atividade empresarial* demonstram os inconvenientes da regulação do direito de empresa pelo Código Civil, ainda que seja uma técnica possível, devido à unificação do sistema das obrigações, já que muitas vezes não atenta para as características que revestem as obrigações mercantis[35] e pode, com isso, trazer desvantagens econômicas que terão *reflexos negativos para a sociedade*.

O direito empresarial vem sendo construído ao longo do tempo de acordo com os ditames *dos fatos* que se propõe a regular,[36] como qualquer outro ramo do Direito. Embora o Direito seja uno, acaba se subdividindo em vários ramos autônomos, como ressaltado, em especial, *pelas especificidades de cada campo da vida humana e social*. Daí a importância do critério científico de autonomia de uma área do Direito.

Regular fatos sociais sem tal discernimento gera normas legais incompatíveis com a necessidade humana. O resultado é sempre deletério, porque, ou ocorre o conhecido fenômeno da lei que "não pega", ou a prática de atos se torna proibitiva, em razão das dificuldades e distorções que traz, significando desestímulo à ação. Como bem lembra José Ignácio Botelho de Mesquita: "Quando se expulsa pela porta a natureza das coisas, ela retorna pela janela. É uma advertência que merece não ser descurada".[37]

A começar pelo método utilizado pelo direito de empresa, percebe-se sua distância do direito civil.

O método utilizado pelo direito empresarial é o indutivo, ou seja, aquele que observa as partes para construir o todo; aquele que se constrói *observando-se objetos* de uma mesma classe. Isso se explica pela necessidade de regular atos que sofrem constante e rápida evolução, como bem precisa Waldírio Bulgarelli, um dos autores que mais se aprofundaram no estudo deste assunto, entre nós: "Destinado a reger relações econômicas decorrentes do mercado, tendo um substrato econômico acentuado, o direito comercial se apresenta com características que o distanciam do direito

34. Apenas a citada Lei 4.137/1962 havia se ocupado de precisar o que se consideraria "empresa", para os seus fins. A Lei 8.934/1994, do Registro Público de Empresas Mercantis e Atividades Afins, já utilizou a expressão "empresa" em sua denominação.

35. Tanto não podem ser tratadas de maneira única as obrigações civis e as empresariais, que o regime de insolvência é distinto dependendo da natureza da atividade ou ato do devedor. No caso do empresário, aplica-se-lhe o regime de falências.

36. "As normas do direito comercial sempre foram criadas (em quase sua totalidade) a partir dos costumes, razão pela qual observamos um desenvolvimento célere e bem mais próximo da realidade no direito empresarial. A *Lex Mercatoria* é exemplo típico da influência decisiva dos usos e costumes oriundos dos mais diversos setores do comércio e que se tornam uma prática geral e constante na grande maioria dos mercados" (Paulo Sá Elias, *Novas Vertentes do Direito do Comércio Internacional*, pp. 131-143).

37. José Ignácio Botelho de Mesquita, "A nova execução da sentença civil. Mais alterações", *Revista do Advogado* 81/61.

civil, que é o ramo que com ele comparte o âmbito das relações do direito privado. (...) apresenta-se o direito comercial com um *método* próprio e característico, ou seja, o método *indutivo*, que parte da observação da realidade (fatos econômicos), chegando por via dela aos princípios gerais. Portanto, acompanha a vida econômica, surpreendendo-lhe a dinâmica, e daí configurando as categorias jurídicas correspondentes".[38]

Por isso, o direito empresarial *tem características bem marcantes*,[39] que não podem ser desconsideradas pelos agentes do Direito.

Veja-se: o *dinamismo* e a *agilidade*, para acompanhar o movimento das relações econômicas, já que os atos empresariais não podem ficar à mercê de avanços jurídicos para se concretizar; o *internacionalismo* e a *inovação*, pois sofre influências dos mercados e se realiza entre povos, adota institutos e convenções internacionais para não ver a economia nacional suplantada por outras e para uniformizar seus padrões de realização, acompanhando os progressos tecnológicos que estimulam sua continuada renovação; a *onerosidade*, pois o objeto do direito empresarial é a atividade que sempre busca lucro; a *massificação*, pois seus atos se realizam, potencialmente, em larga e ampla escala, em nível de mercado, e não dirigidos a indivíduos determinados; a *instrumentalidade*, pois o direito empresarial se presta a dar forma jurídica à realização de negócios e relações comerciais, o que deve se concretizar, *por sua natureza*, sem excesso de formalismos.

Os elementos identificadores expostos são suficientes para justificar a *prudência criteriosa* da aplicação dos princípios da lei civil às obrigações mercantis, posto que o direito de empresa tem, ele mesmo, princípios a serem observados e que, ao lado das características já elencadas, reforçam sua autonomia. A *propriedade* no direito empresaria, tem sentido diverso do consagrado pelo direito civil. Aqui, a propriedade é vista de modo dinâmico, com caráter empresarial, já que controla instrumentos de produção e geração de riquezas. Para o direito empresarial *a propriedade é um meio, um instrumento, de geração de riquezas*, e não uma finalidade em si mesma, para os seus detentores.

Existe também, no direito empresarial, uma preocupação em proteger a *aparência*, com a finalidade de se garantir e assegurar a atividade mercantil e a higidez do mercado, abrigando a *boa-fé*. Por conta do princípio da aparência, a solidariedade passiva entre os sócios é regra, desenvolvendo-se teorias como a desconsideração da personalidade jurídica, *ultra vires societatis* e *insider trading*. Percebe-se que tal princípio tenciona dar segurança às relações comerciais.

Reforçando a segurança jurídica e procurando simplificar o relacionamento econômico, surge a *uniformização* das normas comerciais, devido ao seu caráter internacionalista.

Também as fontes que alimentam o direito empresarial lhe são peculiares, dividindo-se em históricas, materiais e formais.

As históricas referem-se a textos e documentos encontrados desde a Antigüidade. Como exemplos podemos apontar o Código de Hamurabi, o *Digesto* do Direito Romano, o *Consulado del Mare*, os estatutos das corporações de mercadores, o Código Napoleônico, as partes revogadas do Código Comercial – enfim, escritos que, de alguma forma, contribuíram para a formação do direito comercial atual.

As fontes materiais são os elementos que concorrem para a criação das leis de cunho empresarial, que *determinam as especificidades deste ramo jurídico*. Pode-

38. Waldírio Bulgarelli, *Direito Comercial*, cit., 13ª ed., p. 16.

39. As características podem apresentar relativa variação, de acordo com o autor que as expõe. V., por todos, Rubens Requião, em seu *Curso de Direito Comercial*, 25ª ed., vol. 1, pp. 31-32.

mos citar os usos e a prática da atividade empresarial, que são a matéria a ser regulada por esse ramo do Direito, em todas as suas nuanças. Em suma: o fato econômico.

As fontes formais são a manifestação positiva da norma jurídica empresarial. São as leis e as convenções entre as partes. Assim, hierarquicamente, vem, em primeiro lugar, a Constituição, seguida pelos Códigos Civil e Comercial e de toda a legislação esparsa que regula a matéria (Lei das S/A, Lei de Falências, Lei do Cheque, Lei Uniforme de Genebra, a lei civil em relação aos contratos e obrigações, os contratos mercantis, marcas e patentes etc.). São as chamadas *fontes primárias*.

Integram as fontes secundárias os usos e costumes, as leis civis, penais, administrativas etc., aplicadas subsidiariamente, a jurisprudência, a doutrina, a analogia, a eqüidade, os princípios gerais de Direito. Ressalve-se que há entendimentos que não consideram a jurisprudência e a doutrina como fontes de Direito nos sistemas de *civil law*.[40] Sobre os usos e costumes comerciais é bom frisar que são práticas de uso público reiterado em matéria comercial, que acabam sendo acatadas como lei entre os participantes dos negócios. Caracterizamse pela prática repetida e contínua e pela compreensão uniforme entre os comerciantes, não contrariando a lei, podendo ser assentados pelo Registro Público de Empresas Mercantis e Atividades Afins.[41] Não se pode olvidar, ainda, a *Lex Mercatoria*[42] e as diretrizes que lança no comércio internacional, e com as quais o Brasil deve estar em sintonia, se desejar participar deste tipo de relação econômica.

Pelas *exigências dos fatos econômicos*, que *deram ao direito de empresa suas características próprias*, erigindo princípios e elegendo o método indutivo, é que o direito comercial pôde evoluir para o que hoje se pode chamar de "direito empresarial". Essa evolução natural reflete, claramente, suas características de dinamismo, flexibilidade e instrumentalidade.[43] Sua autonomia não resulta, portanto, à evidência, de simples razões históricas, e sim da *necessária adequação do fato social*.

40. "A enumeração legal exclui assim outras fontes apontadas pelos autores, como a doutrina e a jurisprudência. Em relação à *doutrina*, que serve como elemento valioso para o estudo, portanto, para a própria evolução do Direito, não constitui, evidentemente, uma fonte formal do Direito. Já em relação à *jurisprudência*, tendo J. X. Carvalho de Mendonça sustentado que ela constitui fonte subsidiária do Direito, tem-se criticado essa posição, pela demonstração de que, sendo a jurisprudência mera reiteração dos julgados num sentido determinado, a função do juiz não é criar, mas, sim, aplicar a norma jurídica nos casos concretos" (Waldírio Bulgarelli, *Direito Comercial*, cit., 13ª ed., pp. 80-81). Ricardo Negrão, em sua obra *Manual de Direito Comercial e de Empresa* (3ª ed., vol. 1, pp. 11-20), sequer menciona doutrina e jurisprudência quando trata das fontes do direito comercial.

41. O registro se dá nas Juntas Comerciais de acordo com o contido no art. 8º, VI, da Lei 8.934/1994, embora, na prática, venha sendo de pouco uso.

42. "O comércio internacional tem uma série de regras jurídicas próprias, que são comumente chamadas de *Lex Mercatoria*. Essas regras não são regras oriundas do Direito interno dos vários países (...). A *Lex Mercatoria* não tem sido considerada como um ordenamento supranacional, a derrogar o Direito interno dos países. (...) A *Lex Mercatoria*, assim, nada mais é que um conjunto de regras específicas a regular os contratos comerciais. Essas regras estão baseadas em certa medida nas próprias cláusulas dos contratos, ou seja, no princípio da autonomia da vontade como fonte criadora de direitos e obrigações. Portanto, (...) pode ser considerada uma aglomeração coerente de normas, dotadas de juridicidade para resolver questões jurídicas decorrentes de casos concretos no âmbito do comércio internacional, com eficácia e coercitividade" (Bruno Mattos e Silva, "Conflito entre leis e tratados internacionais no direito privado e no direito tributário", *http://www.brunosilva.adv.br/dir-int32.html*, 10.10.2004).

43. Waldírio Bulgarelli trata do direito empresarial e "sua íntima conexão com a economia, que é sua sina e seu fanal, pois dela extrai heuristicamente a seiva mais suculenta com que se alimenta, faz com que, *pari passu* às transformações econômicas, espelhe, em abalos e avanços, seus efeitos. A evolução da economia moderna (...) produziu (...) traumas marcantes na estrutura íntima do direito comercial (...) ganhou, em contrapartida, outra vitalidade e amplitude com os novos institutos surgidos na prática econômica" (*Tratado de Direito Empresarial*, cit., 3ª ed., p. 13).

Percebe-se que o favorecimento[44] da exploração empresarial se justifica nos mesmos motivos que legitimam o princípio da preservação da empresa, posto que do contrário os riscos da atividade empresarial[45] seriam insuportáveis para todos quantos se *aventurassem* em empresariar.

3.3 Considerações necessárias sobre a atividade econômica e sua disciplina jurídica

É forçoso reconhecer que as questões econômicas ocupam lugar de destaque no cotidiano e chegam a dominar o mundo na atualidade.[46] Basta verificar que a economia acaba por traçar diretrizes para os destinos políticos, militares, diplomáticos, sociais e culturais, acarretando conseqüências profundas na vida de todos, desde o mais humilde trabalhador asiático até os grandes conglomerados industriais americanos ou europeus. Não se trata de um posicionamento ideológico. É, apenas e tão-somente, a *constatação de um fato*.

Todos, de uma forma ou de outra, somos atingidos por decisões no campo econômico, e agora de modo mais intenso, já que acontecimentos em um distante país podem provocar resultados positivos e negativos em diversas partes do mundo, devido à globalização,[47] de modo quase instantâneo.

Não é mais possível pensar, planejar, desenvolver estratégias, em nível apenas interno.

Historicamente, sabe-se que o comércio nunca conheceu fronteiras, ideologias, preconceitos, dogmas religiosos ou qualquer barreira. Sempre foi, ao contrário, motivo de aproximação dos povos. E ainda o é. A própria *globalização* é produto de interesses econômicos.

Assim, a atividade econômica, de modo geral, é o que promove a circulação da riqueza e determina, em regra, o destino de bilhões de pessoas, na busca de atenderem às suas necessidades. Ela envolve operações das mais variadas, desde o extrativismo e agropecuária, até atividades mais complexas, como a produção de bens, abrangendo, normalmente, mais de um setor; indo da captação da matéria-prima até a venda a varejo ao consumidor, implicando o uso da moeda, a troca entre indivíduos, empresas e órgãos públicos, na busca do lucro. E a atividade econômica é desenvolvida, basicamente, através da empresa mercantil.

Como bem coloca Daniel Carneiro Machado: "No atual cenário econômico tomado pelo processo de globalização e pelos avanços tecnológicos, é importante destacar a crescente influência e participação da empresa como *coração da sociedade contemporânea*, estando ela, sem dúvida, no centro da economia moderna, cons-

44. Como exemplos significativos deste favorecimento que a sociedade reconhece aos empresários, podemos citar a possibilidade de limitação da responsabilidade e a recuperação de empresas.

45. Os riscos da atividade empresarial podem ser divididos em dois tipos: os decorrentes do exercício da atividade e os relativos ao comprometimento do patrimônio de seus titulares. Toda atividade empresarial é uma atividade de risco. Tanto isso é verdade, que todos os sistemas jurídicos do mundo têm algum tipo de regulação falimentar. Quando alguém pretende iniciar uma empresa, necessita de meios materiais mais ou menos vultosos, dependendo do ramo de atividade a ser desenvolvido e do porte do empreendimento. O risco está no insucesso da empresa e na perda do investimento, de toda ordem, feito.

46. Guiomar T. Estrella de Faria cita as quatro liberdades fundamentais, tidas como *pilares das comunidades econômicas*: livre iniciativa, liberdade de estabelecimento, livre circulação de fatores produtivos e livre concorrência ("Considerações sobre o direito comercial e o novo Código Civil Brasileiro", *Revista do Advogado* 71/44 e 49).

47. De modo sintético, a "globalização" pode ser entendida como o processo típico da segunda metade do século XX que conduz à crescente integração das economias e das sociedades dos vários países, especialmente no que toca à produção de mercadorias e serviços, aos mercados financeiros e à difusão de informações (segundo Aurélio Buarque de Holanda Ferreira, *Novo Aurélio Dicionário da Língua Portuguesa – Século XXI*, versão 3.0, Rio de Janeiro, Nova Fronteira, s.d.).

tituindo a *célula fundamental* de todo o desenvolvimento industrial".[48]

Não apenas do desenvolvimento industrial, mas de *todo o desenvolvimento econômico* – podemos acrescentar –, abrangendo todo tipo de atividade econômica, já que "empresa", no melhor vernáculo, significa organização destinada à produção ou venda de mercadorias ou serviços, tendo, em geral, como objetivo, o *lucro*.

No mesmo sentido a contundência e lucidez das palavras de Fábio Konder Comparato: "Se se quiser indicar uma instituição social que, pela sua influência, dinamismo e poder de transformação, sirva como elemento explicativo e definidor da civilização contemporânea, a escolha é indubitável: essa instituição é a empresa. É dela que depende, diretamente, a subsistência da maior parte da população ativa deste país, pela organização do trabalho assalariado. É das empresas que provém a grande maioria dos bens e serviços consumidos pelo povo, e é delas que o Estado retira a parcela maior de sua receitas fiscais. É em torno da empresa, ademais, que gravitam vários agentes econômicos não-assalariados, como os investidores de capital, os fornecedores, os prestadores de serviço".[49]

Apura-se que a busca do lucro é legítima, pois, além dos riscos que envolve, devido a ela, as empresas acabam agregando valores à sua atividade, trazendo benefícios diretos e indiretos à população, promovendo o giro de recursos.[50]

O rol dos valores sociais agregados à empresa – que motivam o princípio da sua preservação, tendência mundialmente reconhecida – inicia-se na ocupação de mão-de-obra, na abertura e manutenção de postos de trabalho, o que obedece ao comando constitucional da busca do pleno emprego (art. 170, VIII). O Estado não tem meios de absorver sozinho, como empregador, todo o potencial da população economicamente ativa do país. É à iniciativa privada que cabe a tarefa de exaurir a capacidade laborativa da maior parte da população.

Também relevantíssima a participação da iniciativa privada nas receitas do Estado. O fato tributário ocorre, preponderantemente, nas empresas. Assim, a parte mais significativa de entradas tributárias para o Estado se origina nas transações econômicas efetuadas pela iniciativa privada. Não há como o Estado fazer seu papel de coordenador da vida social sem recursos de ordem material, e estes são oriundos das receitas fiscais, em sua maioria recolhidas em razão de negócios realizados pelas empresas.

Indo além, não se pode esquecer que o avanço tecnológico tem tido suas origens também na iniciativa privada, que investe em pesquisas para cumprir seu próprio objetivo: a busca do lucro. O Estado não destina verbas substanciais à pesquisa.

Não se pode desconsiderar, ainda, o desenvolvimento que as iniciativas empresariais trazem para a microrregião onde se instalam, causando um efeito multiplicador em seu entorno.

Some-se a tais fatos a facilidade de acesso a bens e serviços que a difusão da empresa privada traz para a população de um determinado lugar.

Assim é que, de modo muito rápido, esses valores sociais (empregos, impostos, avanço tecnológico, desenvolvimento, facilitação de acesso da população a bens e serviços) justificam a inclinação à preservação da empresa.

Certo é que o interesse econômico na busca do lucro *nem sempre* trilha os caminhos da ética e do bem comum, por ser desmesurado e distorcido, sobrepujando-se, de modo equivocado, a vidas humanas, à dignidade e à preservação ambiental – o que, em última análise, é extremamente condenável.

48. Daniel Carneiro Machado, "O novo Código Civil Brasileiro e a teoria da empresa", *Revista Jurídica Consulex* 128/31 (sem grifos no original).

49. Fábio Konder Comparato, "A reforma da empresa", *RDM* 50/57.

50. Sobre o modo como o lucro é encarado no Brasil, cf. Hélio Gurovitz e Nelson Blecher, "O estigma do lucro", revista *Exame* n. 6, ed. 839/20-30.

Porém, é impensável, nos dias de hoje, viver sem considerar questões econômicas. O modelo social que se propaga, cada vez mais, no mundo incentiva ou, antes, se baseia no modelo econômico do consumo. São as necessidades do indivíduo que motivam toda e qualquer atividade econômica.

Embora o panorama mundial possa levar a crer que o poder econômico tem efeitos devastadores, porque não impõe limites à ambição – portanto, *não é o poder econômico*[51] *em si um fator deletério, mas o modo como ele é utilizado* –, é inegável que uma incipiente consciência ética vem impulsionar os rumos da atividade econômica neste milênio.[52] Cremos que ela será cada vez mais empregada para resgatar a dignidade das pessoas e dos povos, permeada por cuidados ambientais, mesmo que com a preocupação egoísta de ser a única forma de preservar os consumidores e os recursos naturais, fontes de matéria-prima. O que, no jargão popular, equivale a dizer que o interesse econômico começa a considerar a necessidade de "não matar a galinha-dos-ovos-de ouro", atentando para os limites da Natureza e os interesses da justiça social.

Disso a importância do direito empresarial, já que trata da regulação jurídica da atividade econômica exercida pela iniciativa privada.

O próprio termo "comercial" já não é mais visto como aquilo que se refere apenas e tão-somente à atividade de mera intermediação. Hoje, fala-se em "comércio em sentido estrito" e "comércio em sentido amplo", quando "comercial" é utilizado como sucedâneo de "empresarial".[53]

Assim, *a natureza especial da atividade empresarial é o que justifica seu tratamento específico*, levando em consideração, além das necessidades sociais, as necessidades dos agentes econômicos. Não é possível, de um momento para o outro, fechar-se os olhos a essa realidade, pois "o perigo para o desenvolvimento econômico do país é gigantesco, pois o investidor desprotegido opta por não investir. A economia do Brasil sofrerá as duras conseqüências (...)".[54]

3.4 A empresa e sua função social

Nossa Constituição Federal reconhece o direito de propriedade (art. 5º, XXII). Estabelece, contudo, que a propriedade deve atender a uma função social (art. 5º, XXIII). O mesmo se repete na regulação do poder econômico, nos arts. 170 e ss.

A empresa, ainda em nossos dias, pode e deve ser vista considerando-se os vários aspectos que a compõem, como prega a teoria poliédrica. Desse modo, quando se considera que a atividade, para ser exercida, necessita de meios materiais e imateriais, depara-se com os bens que compõem o estabelecimento empresarial e que constituem o perfil objetivo da empresa.

Então, o empresário, singular ou coletivo, para desenvolver sua atividade, titulariza bens, é *proprietário*. Deve, portanto, na visão ideológica neoliberalista da atualidade, atender à função social de sua propriedade.

A propriedade empresarial observa sua função social quando, em primeiro lugar, é utilizada segundo a visão do direito empresarial – como meio, como instrumento que frutifica. Deve, então, produzir.

51. "Poder econômico" pode ser compreendido como o controle exercido por empresas, sejam do setor primário, secundário ou terciário, sobre a sociedade, impondo-lhe padrões de comportamento, manipulando o mercado.

52. Serve como ilustração a respeito da preocupação ética nos negócios a empresária inglesa Anita Roddick, que expõe sua experiência na obra *Meu Jeito de Fazer Negócios*, 2002.

53. Neste estudo, o termo "comércio" e seus derivados poderão ser utilizados em ambos os sentidos, devendo-se considerar o contexto em que aparecerem para se definir sua significação.

54. Jacy de Souza Mendonça, "O risco empresarial", *Usina de Letras*, *http://www.usinadeletras.com.br/exibelotexto.phtml?cod=4228&cat=Ensaios* (5.1.2004).

Ora, se se prega que a empresa, nos dias atuais, merece ser preservada, porque a ela se agregam valores sociais, o empresário deve utilizar seus bens empresariais de modo *ativo e positivo*, efetivamente, *exercendo a atividade*. Bens de produção ou circulação econômica inativos não cumprem sua função social.

Partindo-se, então, do pressuposto de que cabe ao titular dos bens empresariais dar-lhes destino ativo, há, ainda, outro fator, que a isso se adiciona, para o cumprimento da função social da propriedade empresarial: os limites da lei.

Não basta, então, que o empresário desenvolva sua atividade: é preciso que a prática empresarial se dê de forma a respeitar os direitos dos trabalhadores a seu serviço, dos consumidores, dos concorrentes, sem agredir o meio ambiente e recolhendo os impostos e taxas que lhe couberem.[55]

Embora a função social da propriedade empresarial esteja plenamente atendida quando a atividade é prestada nos moldes expostos, alguns empresários vão além de tal exigência, e se propõem a cumprir tarefas que seriam essencialmente dever do Estado, adotando práticas denominadas "responsabilidade social".

Passam, então, a uma atuação paralela à busca do lucro, que *é a razão de ser da empresa privada*. Vão à comunidade e oferecem serviços, amparo, formação profissionalizante, cultura e arte, entre outras coisas.

Porém, não se pode ter essa participação como *exigência*.

É certo que a *empresa* que demonstra ter compromisso social tem sua imagem cada vez mais valorizada pelos que com ela contratam, seja nas relações entre empresários ou com consumidores. Mas no Brasil atual isso é, ainda, um diferencial competitivo, que se soma aos demais elementos do aviamento do estabelecimento. À medida que a população for recebendo educação e informação de qualidade, talvez essa participação seja requisitada com mais intensidade.

Mas *não se pode transferir ao empresariado a tarefa de promover a justiça social* através de ações de responsabilidade social. O fomento da justiça social é tarefa do Estado, *com a colaboração de todos*. "A empresa não pode ser corolário de filantropia e nem de selvageria, mas apenas deve ser a contribuição privatista para o desenvolvimento social, mediante a reunião dos fatores produtivos."[56]

4. Aplicação dos princípios do Código Civil de 2002 no direito de empresa

Não é produtivo lidar com o direito empresarial do mesmo modo como se aplica o direito civil.[57] Fernando Passos faz co-

55. A Lei 6.404/1976 foi pioneira, entre nós, em reconhecer vocação social à empresa, no formato de sociedade anônima. Assim, está no parágrafo único de seu art. 116 que, no exercício da atividade empresarial, deve-se respeitar seu objeto e fazer cumprir sua função social, atendendo, lealmente, aos interesses dos acionistas, dos trabalhadores e da comunidade onde atua.

56. Marcos Paulo de Almeida Salles, "A visão jurídica da empresa na realidade brasileira atual", *RDM* 119/107.

57. "Qualquer que seja o nome adotado (direito comercial, mercantil, empresarial, dos negócios etc.), o estudo e ensino dos meios socialmente instituídos para a superação de conflito de interesses entre empresários, incluindo os das leis, comportam especialização e convém sejam especializados. O estudioso dessa área do saber jurídico, assim como o profissional que nela atua, além de dominar alguns conceitos básicos de Economia, Finanças e Contabilidade, deve também *compreender* as necessidades da empresa e do empresário, aceitando que o Direito é, muitas vezes, *elemento de custo* para a atividade econômica. (...). As áreas do conhecimento jurídico podem ser classificadas em duas espécies: endógenas e exógenas. As áreas endógenas alimentam-se exclusivamente pela literatura jurídica; as exógenas se mediocrizam caso deixem de se alimentar de outras fontes. Direito processual civil é exemplo de área endógena. Excelentes processualistas podem ler apenas livros de processo civil. Direito do meio ambiente é exemplo de área exógena. Não há nenhum grande jusambientalista que possa dispen-

mentário que ilustra a questão: "Em 1929, na mesma conferência, *[de inauguração da Universidade de Bolonha]* Vivante reformulou seu pensamento, afirmando que o direito comercial não pode se unir ao direito civil, porque são diferentes, porque há impossibilidade de convivência harmônica sem prejuízos para o direito comercial. Ele aprendeu isso, formulando as leis italianas sobre comércio, porque ele era designado pelo Governo Italiano para fazê-las e verificava que *as questões eram específicas do comerciante, tendo em vista o risco da atividade mercantil*, que aprendemos desde a Idade Média. (...). Se aplicarmos o direito de empresa com esses princípios, *[que instruem o novo Código Civil] sem levar em conta a especificidade desse direito e peculiaridades*, teremos uma legislação de desestímulo à atividade empresarial, e as sociedades que usaram o Direito para desestimular os investimentos e a atividade empresarial assistiram, no mundo moderno, a fortes retrações na sua economia, na geração de empregos e na riqueza do país. Poesia tem limites".[58]

sar a leitura de livros de Biologia ou Ecologia. Direito civil é disciplina endógena. Os civilistas podem alcançar a excelência, em suas pesquisas e no exercício profissional, concentrando-se apenas nos tratados e monografias de direito civil. Direito comercial é disciplina exógena. Os comercialistas não se diferenciam, como professores ou profissionais, se não dominarem noções básicas de Economia (macro e micro), Finanças e Contabilidade. A licitude ou ilicitude de barreiras ao ingresso de *player* num mercado relevante não se pode definir sem uso de conceitos macroeconômicos. Não é possível entender a estrutura jurídica do contrato de *vendor* ignorando a lógica dos *spreads* bancários: financiar pequenas empresas com taxas de riscos de grandes empreendimentos. Não há como definir se o direito aos dividendos de um acionista minoritário foi respeitado, sem conhecer conceitos rudimentares de Contabilidade. Esta diferença é suficiente para justificar a especialização" (Fábio Ulhôa Coelho, "A lei e o ensino do Direito: há futuro para o direito comercial?", cit., *Contribuições*, *http://www.wilges.com.br*, 30.6.2002, pp. 1 e 14-15).

58. Fernando Passos, "O direito empresarial no novo Código Civil Brasileiro", *Arquivos Jurídicos do Centro Universitário Capital*, 2003, pp. 70-71 (sem grifos no original).

Se a preocupação primordial do Código Civil de 2002 foi imprimir a *socialidade* a todas as relações reguladas por ele, a grande questão que se coloca com referência ao direito de empresa e às obrigações de natureza empresarial[59] não é o desatendimento desse comando. Mas, sim, como a *socialidade* se materializará nestes assuntos, ou seja, o que deve ter em mente o julgador – agora, com maior arbítrio para agir, segundo o princípio da operabilidade – para fazer atender à instrução do Código.

O juiz, podendo-se valer dos princípios do Código Civil, em um dado caso concreto, ao decidir contra a parte *mais forte* da relação contratual – embora a interpretação *in abstracto* da lei levasse ao entendimento contrário –, pode estar *fazendo justiça* de modo imediato, considerando os interesses do mais fraco ou de uma coletividade.

Todavia, decisões dirigidas dessa forma, embora possam parecer justas para o caso considerado, terão, através de posicionamentos reiterados, um impacto negativo na economia do país.

Um exemplo, dentre muitos outros, pode ajudar a compreender essa inquietação.

Os Governos reconhecem que é preciso providenciar evolução tecnológica para seus países, a fim de não se tornarem reféns da tecnologia estrangeira. No entanto, eles não são auto-suficientes em fazê-lo. Surge, então, a iniciativa privada como alternativa eficiente. Por isso, são elaboradas leis de propriedade industrial, que têm por finalidade o incentivo à pesquisa, garantindo exclusividade na exploração econômica da invenção.

59. Embora se possa dizer que, com a unificação das obrigações em um único diploma, não há mais que se distinguir em obrigações civis e obrigações empresariais, é forçoso reconhecer que a lei não tem o poder de igualar o que é distinto. A *natureza* das obrigações diferencia-se, segunda seu objetivo. Não há que se falar em igualdade entre obrigações civis e comerciais.

Em alguns casos as patentes podem referir-se a bens de grande interesse para a sociedade como um todo – como no caso dos medicamentos, por exemplo. Ora, havendo necessidade de consumo de dado remédio por uma grande parcela da população, parece justo que se *quebrem* os direitos de patente sobre ele, para que todos os que se interessem passem a produzi-lo – o que, certamente, devido à "lei da oferta e procura", baixará o preço do produto, podendo, até mesmo, o próprio Governo passar a fabricá-lo. A justificativa social, o *bem comum*, autorizaria tal ação, já que estão opostos, de um lado, os interesses sociais – representados, em última análise, pelo direito à saúde e à vida de uma coletividade – e, de outro, o interesse particular do detentor da patente. Nada parece mais razoável.

Contudo, voltemos ao fato do avanço técnico-científico. O objetivo da Ciência, seja ela qual for, é fazer progredir os índices de qualidade de vida – no caso citado, a produção de medicamentos que venham a garantir maior higidez ao ser humano. Ciência requer recursos econômico-financeiros para se realizar, tanto que se transfere, muitas vezes, a produção científica à iniciativa privada, porque os Governos não destinam verbas e não têm estruturas suficientes para a pesquisa científica.

Ora, se a solução da *quebra de patentes* for utilizada sem critérios, os empresários não mais investirão milhões de Dólares em pesquisas de medicamentos, e ninguém poderá dizer que se trata de atitude condenável, porque, a longo prazo, não dispondo de receitas arrecadadas na exploração de suas patentes, não haverá mais o que investir. Isso consumado, não podendo os Governos suprir tal lacuna, os avanços cessarão. Tal situação, de mais difícil reparação, certamente que não atende aos interesses sociais, à *socialidade*.

O mesmo, *mutatis mutandis*, pode-se considerar para a aplicação indiscriminada da desconsideração da personalidade jurídica, para a exigência do comparecimento do cônjuge no aval etc.

O alerta que se faz é que nem tudo que, de imediato, atende a interesse coletivo servirá à sociedade. É preciso amadurecimento, reflexão e visão de longo prazo para se avaliar questões que envolvem as obrigações e os direitos empresariais, porque, antes das leis de cunho jurídico, existem as leis que *regulam a própria natureza humana*, e que palavras inseridas em textos legais não têm o condão de alterar.

Com relação à *eticidade*, lembre-se que a boa-fé tem sido instrumento do aviamento empresarial mesmo quando nem se havia precisado tal idéia. De outra forma, é considerar a má-fé como princípio de ação do ser humano. O correto, no entanto, é se ter a boa-fé como ponto de partida para se estabelecer as relações negociais.

É que – como, em boa hora, relembra Guiomar T. Estrella de Faria[60] – a boa-fé figura entre os princípios basilares, tradicionalmente consagrados pelo direito comercial, ao lado da liberdade contratual, do respeito ao pactuado, da abertura aos usos comerciais e da *sanção do comportamento desleal*.

A boa-fé, por certo, não pode ser tida como única manifestação da Ética, mas é, sem dúvida, seu ponto de partida, como mencionado.

Por outro lado, seria pueril crer que somente pelo fato de o Código de 2002 vir à luz todas as relações humanas passassem, automaticamente, a se pautar pela Ética. Se a ação não estiver impulsionada pela boa-fé, sempre haverá sanção à má conduta. "É a proteção que se dá ao homem de bem em relação aos demais!"[61]

A aplicação do princípio da operabilidade deve também ser fruto de prudência em relação às questões empresariais, por dois motivos principais.

60. Guiomar T. Estrella de Faria, "Considerações sobre o direito comercial e o novo Código Civil Brasileiro", cit., *Revista do Advogado* 71/45 e 49.

61. Jacy de Souza Mendonça, "Princípios e diretrizes do novo Código Civil", cit., *Inovações do Novo Código Civil*, p. 23.

A uma, porque essa dose extra de arbítrio que se confere ao juiz é mais própria de um sistema inusual entre nós: o da *common law*, como visto. Não estamos afeitos – nem os agentes do Direito, nem os destinatários da prestação jurisdicional – a operar com tais parâmetros.

A duas, porque às relações econômicas são imprescindíveis *a certeza, a segurança e a credibilidade*. Investimentos devem ser feitos para que a empresa possa se implementar. Investir requer planejar. É preciso que o empresário possa calcular seus custos.[62] Os riscos da atividade devem ser, o mais possível, minimizados.

5. *Conclusão*

Os receios da aplicação indistinta dos princípios do Código Civil de 2002 às questões atinentes ao direito empresarial não têm por fundamento uma preocupação puramente econômica. Até porque a preservação da economia *só tem sentido em razão do fato social* que representa.

Nossa CF traz, em seu art. 1º, como fundamentos da República – e do Estado Democrático de Direito –, a dignidade da pessoa humana e os valores sociais do trabalho e da livre iniciativa, e como objetivos fundamentais (art. 3º) a construção de uma sociedade livre, justa e solidária, o desenvolvimento nacional, a erradicação da pobreza e da marginalização, bem como a redução das desigualdades sociais. *A economia deve ser vista e tratada como o instrumento de se atingir os objetivos da República*. Daí seu grau de importância.

Ora, no modelo social em que se vive na atualidade, baseado no consumo, é impensável atingir quaisquer dos objetivos traçados pela sociedade sem meios econômicos. Sendo o Brasil um país em busca do desenvolvimento econômico – como *instrumento de redução de desigualdades e construção de uma sociedade justa* –, luta contra dificuldades internas e externas.

O capital estrangeiro é cortejado por todos os países, mesmo os mais ricos. Mas o investimento estrangeiro que nos interessa é aquele feito em *produção*, a fim de se perenizar em nosso território.

Ora, não se investem quantias maciças antes de se averiguar as condições em que as atividades de investimento se desenvolverão. Desse modo, as regras devem ser *prévias, certas e seguras*, para captar os investimentos tão necessários ao nosso povo. A realidade do mundo atual, com análises como o *risco-país*, impõe tais considerações.

A liberdade de iniciativa deve ser de tal ordem que não cause entraves inúteis à atividade empresarial. Além disso, a liberdade[63] é o princípio que, pelas exigências ônticas do ser humano, se sobrepõe aos demais.[64]

"O princípio da igualdade se subordina, sem dúvida, ao princípio da liberdade, pois é concebido como igualdade eqüitativa *de oportunidades*. E, como tal, só pode aflorar num sistema que permita a plena liberdade para o usufruto das oportunidades oferecidas pela sociedade (...). Só é possível conceber a igualdade, no plano da igual porção de liberdade que ela aquinhoa aos indivíduos; o que cada um faz dessa liberdade, desde que não cause dano aos demais, gera as desigualdades naturais de uma sociedade livre."[65]

62. A esse respeito, fundamental a noção de *direito-custo*, explicitada por Fábio Ulhôa Coelho, *Curso de Direito Comercial*, cit., 7ª ed., vol. 1, p. 38.

63. A liberdade traduz-se no "conjunto de todas as liberdades: liberdade de consciência, de ensino, de associação, de imprensa, de locomoção, de trabalho, de iniciativa" (Frédéric Bastiat, *A Lei*, p. 51).

64. A solidariedade e a fraternidade não podem ser impostas por lei. São sentimentos que nascem no âmago de cada homem. Por isso, "muitos dos valores éticos hoje aceitos como direitos humanos estão mais no campo da voluntariedade do que do Direito" (Marcelo Batuíra da C. Losso Pedroso, "O princípio fundamental da liberdade, sua importância e hierarquia sobre os demais direitos humanos", *Revista do Advogado* 78/55).

65. Marcelo Batuíra da C. Losso Pedroso, "O princípio fundamental da liberdade, sua importân-

Não é aceitável que o Direito trate os cidadãos como entes que precisam ser tutelados, entendendo que cabe ao Estado substituir a vontade individual porque as pessoas, em geral, não sabem se colocar e se defender.[66] Ao Estado cabe implementar políticas públicas que venham *garantir a igualdade de oportunidades aos cidadãos*, a começar de uma política educacional *honesta e eficiente*.

Nessa esteira, chama a atenção o teor do art. 421 do Código, que reza que "a liberdade de contratar será exercida *em razão* e nos limites da função social do contrato". Ora, que existam alguns limites à livre iniciativa é de comezinha aceitação, ainda mais numa política neoliberalista. Assim, como mencionado, a iniciativa privada encontra *limites* que procuram manter a concorrência saudável, o respeito aos direitos do consumidor, o exercício do poder econômico sem abusos, o meio ambiente equilibrado, entre outras coisas, e atendem aos interesses sociais. Mas, quando se diz que a liberdade de contratar deve ser exercida *em razão* de sua função social, existe aí uma incongruência, pois se parte do pressuposto de que *todo contrato* deve ser elaborado tendo em vista, antes de qualquer outra coisa, sua função social – e isso não corresponde à realidade que vivemos.

"É um desconfiar profundo da liberdade, da razão humana; é um profundo desprezo pelo indivíduo, interditando-o (de si mesmo) na sua condição de homem, no que o caracteriza. É uma tentativa contínua, variada, incessante, para mutilar, encurtar, violentar de todas as formas, a liberdade humana, a idéia de que o Estado não deve ser apenas o condutor da sociedade; mas que deve ser, por assim dizer, o senhor de todos os homens (...). É o confisco (...) num alto grau, da liberdade humana, (...) eu diria ser uma nova versão da servidão humana."[67]

Os particulares fazem ajustes de vontade em razão de vantagens recíprocas que tencionam obter, e não em razão de sua função social.

O modelo de Estado assistencialista não permite o desenvolvimento pleno das capacidades humanas, e reforça as desigualdades sociais.

Sendo a Constituição Federal a Lei Maior, os princípios do Código Civil devem a ela se harmonizar. E a opção constitucional foi assegurar "a liberdade dos particulares, empresários e investidores. Em suma, a atividade econômica é livre aos particulares. Tal pressupõe o regime capitalista, ou seja, a liberdade econômica como condição do funcionamento do mercado".[68]

cia e hierarquia sobre os demais direitos humanos", cit., *Revista do Advogado* 78/59.

66. A autonomia da vontade é um aspecto da liberdade individual. "Segundo a doutrina clássica, o contrato é sempre justo, porque, se foi querido pelas partes, resultou da livre apreciação dos respectivos interesses pelos próprios contratantes, o que, teoricamente, presumir-se-á como o equilíbrio das prestações. Sendo justo o contrato, segue-se que aos contratantes deve ser reconhecida ampla liberdade de contratar (...)" (Ecio Perin Jr., "A teoria da vontade na formação dos contratos e a autonomia do direito comercial em relação ao direito civil face ao projeto do novo Código Civil", cit., *Jus Navigandi, http://www1.jus.com.br/doutrina/texto.asp?id=518*, 21.10.2004, p. 3). A própria lei delineia os limites à liberdade de contratar, quando estipula regras a respeito do abuso do poder econômico, da concorrência desleal, dos direitos dos consumidores etc. Exceto os limites legais, *o que não é proibido é permitido*.

67. "C'est une défiance profonde de la liberté, da la raison humaine; c'est un profond mépris pour l'individu pris en lui-même, à l'état d'homme; ce que les caractérise tous, c'est une tentative continue, veriée, incesante, pour mutiler, pour écourter, pour gêner la liberte humaine de toutes lês manières, c'est l'idée que l'État ne doit pás seulement être lê directeur de la société; mais doit être, pour ainsi dire, le maître de chaque homme (...) c'est la confiscation (...) dans um degré plus ou moins grand, de la liberté humaine, (...) je dirais que c'est une nouvelle formule de la servitude" (Aléxis Tocqueville, *Discours Prononcé à l'Assemblée Constituante dans la Discussion du Projet de Constitution, 12 septembre 1848, Oeuvres*, Paris, Gallimard, 1991, pp. 1.142-1.143, *apud* Marcelo Batuíra da C. Losso Pedroso, "O princípio fundamental da liberdade, sua importância e hierarquia sobre os demais direitos humanos", cit., *Revista do Advogado* 78/60).

68. Régis Fernandes de Oliveira, "Empresa – Ordem econômica – Constituição", *RT* 758/17.

Assim, "o papel fundamental do Estado é o de ser *indutor* da economia".[69]

Fica patente que incutir uma orientação socialista ao Código Civil contraria a diretiva constitucional e, mesmo, os motivos do diploma de 2002, que veio para ajustar os dispositivos da lei civil "aos imperativos de nossa época", de acordo com as "reais aspirações da sociedade brasileira", compreendendo diretamente nossos "problemas sócio-econômicos", conciliando "os interesses dos particulares com as exigências do bem comum".[70]

É imperioso, então, harmonizar tais princípios à natureza dos fatos regulados, posto que são intuitivos os "prejuízos causados ao país por um sistema (...) não adequado a uma sociedade",[71] entendendo-se a expressão "direito social", empregada pela Comissão Organizadora do Código, em consonância com os ideais políticos eleitos na Constituição Federal. A Exposição de Motivos do Código traz, a todo instante, a preocupação com a "inadequação de seu conteúdo à realidade social" – o que multiplicaria os conflitos de interesse. "O que importa é ter olhos para o futuro."[72]

É com estes olhos que enxergamos a obrigatoriedade de se atender à *principiologia* do diploma de 2002, assegurando, contudo, que tal não se constituirá em desestímulo ao desenvolvimento de atividades empresariais, de qualquer porte. Ninguém pensa em tratar questões penais do mesmo modo que questões civis, *v.g.*, embora em ambos os ramos se deva sempre procurar imprimir um sentido social às soluções.

69. Idem, p. 18.

70. Armando Falcão, "Mensagem n. 160, de 10 de junho de 1975", *Exposição de Motivos do Código Civil*, Subsecretaria de Edições Técnicas do Senado Federal, vol. 5, t. 2, *passim*.

71. Miguel Reale (superv.), *Exposição de Motivos do Projeto do Código Civil*, Subsecretaria de Edições Técnicas do Senado Federal, vol. 5, t. 2, p. 24.

72. Idem, p. 26.

Não se trata de negar um sentido social ao direito de empresa. É preciso, no entanto, reconhecer de que maneira cada ramo do Direito pode melhor cumprir seu papel social. O próprio histórico do direito de empresa recomenda tal cautela.

Se uma das pretensões do Código de 2002 é – nas palavras de Miguel Reale – a "preservação das forças criadoras do trabalho",[73] pela indiscutível necessidade social da busca do pleno emprego, a harmonização da aplicação dos princípios do diploma com os interesses empresariais está em sintonia com o comando da *socialidade* do Código, porque representa a otimização da aplicação de recursos na produção e, via de conseqüência, agregação de valores sociais: empregos, impostos, desenvolvimento, avanço tecnológico, facilitação de acesso a bens e serviços à população – funcionando como um incremento à circulação de riquezas.

Referências bibliográficas

ABREU, Florêncio de. "Esboço de Anteprojeto de Código Comercial". *Arquivos do Ministério da Justiça* 29/3-38. Brasília, março/1949.

ABREU, Jorge Manuel Coutinho de. *Curso de Direito Comercial*. 2ª ed., vol. 1, Coimbra, Livraria Almedina, 2000.

ARECHA, Waldemar. *La Empresa Comercial*. Buenos Aires, Depalma, 1948.

ASCARELLI, Tullio. *Corso di Diritto Commerciale*. 3ª ed. Milão, Giuffrè Editore, 1962.

ASQUINI, Alberto. "Perfis da empresa" (trad. de Fábio Konder Comparato). *RDM* (*Revista de Direito Mercantil, Industrial, Econômico e Financeiro*) 35-104/109-126. São Paulo, Ed. RT, outubro-dezembro/1996.

73. Cit. por Fernando Passos, "O direito empresarial no novo Código Civil Brasileiro", cit., *Arquivos Jurídicos do Centro Universitário Capital*, 2003, p. 70.

BASTIAT, Frédéric. *A Lei*. Trad. de Ronaldo da Silva Legey. Rio de Janeiro, Instituto Liberal, 1991.

BELMONTE, Alexandre Agra. *O Novo Código Civil*. Rio de Janeiro, Renovar, 2002.

BEVILÁQUA, Clóvis. *Código Civil Comentado*. 3ª ed., vol. 1. Rio de Janeiro, Forense, 1927.

BLECHER, Nelson, e GUROVITZ, Hélio. "O estigma do lucro". Revista *Exame* n. 6, ed. 839/20-30. Ano XXXIX. São Paulo, Abril, 30.3.2005.

BORGES, João Eunápio. *Curso de Direito Comercial Terrestre*. vol. 2. Rio de Janeiro, Forense, 1959.

BRASIL. *Código Civil – Lei n. 10.406, de 10.1.2002*. 54ª ed. São Paulo, Saraiva, 2003.

——————. *Código Comercial – Lei n. 556, de 25.6.1850*. 48ª ed. São Paulo, Saraiva, 2003.

——————. *Constituição da República Federativa. Coleção Saraiva de Legislação*. São Paulo, Saraiva, 1998.

BRUSCATO, Wilges. *A Atividade Econômica e o Direito Societário*. Doutorado em Direito/PUC/SP.São Paulo, setembro/2003 (316 pp.).

BULGARELLI, Waldírio. *Direito Comercial*. 13ª ed. São Paulo, Atlas, 1998.

——————. *Tratado de Direito Empresarial*. 3ª ed. São Paulo, Atlas, 1997.

CARVALHO DE MENDONÇA, José Xavier. *Tratado de Direito Comercial Brasileiro*. 5ª ed., vol. 3. Rio de Janeiro, Freitas Bastos, 1958.

COELHO, Fábio Ulhôa. "A lei e o ensino do Direito: há futuro para o direito comercial?". *Contribuições. http://www.wilges.com.br*. (30.6.2002).

——————. *Curso de Direito Comercial*. 7ª ed., 3 vols. São Paulo, Saraiva, 2003.

COMPARATO, Fábio Konder. "A reforma da empresa". *RDM* 50/57-74. Ano XXII (Nova Série). São Paulo, Ed. RT, abril-junho/1983.

——————. *Direito Empresarial – Estudos e Pareceres*. São Paulo, Saraiva, 1995.

CORDEIRO, António Menezes. *Manual de Direito Comercial*. vol. 1. Coimbra, Livraria Almedina, 2001.

CORREIA, Antônio de Arruda Ferrer. *Estudos de Direito Civil, Comercial e Criminal*. 2ª ed. Coimbra, Livraria Almedina, 1985.

CORREIA, Miguel J. A. Pupo. *Direito Comercial*. 7ª ed. Lisboa, Ediforum, 2001.

COSTA, Philomeno José da. "Comentário de jurisprudência". *RDM* 53/88-101. Ano XXIII (Nova Série). São Paulo, Ed. RT, janeiro-março/1984.

DÓRIA, Dylson. *Curso de Direito Comercial*. 13ª ed., vol. 1. São Paulo, Saraiva, 1998.

DWORKIN, Ronald. *Uma Questão de Princípio*. São Paulo, Martins Fontes, 2001.

ELIAS, Paulo Sá. *Novas Vertentes do Direito do Comércio Internacional*. São Paulo, Manole, 2003 (pp. 131-143).

FALCÃO, Armando. "Mensagem n. 160, de 10 de junho de 1975". *Exposição de Motivos do Código Civil*. vol. 5, t. 2. Brasília, Subsecretaria de Edições Técnicas do Senado Federal, 1989.

FARIA, Guiomar T. Estrella de. "Considerações sobre o direito comercial e o novo Código Civil Brasileiro". *Revista do Advogado* 71/44-52. Ano XXIII. São Paulo, AASP, agosto/2003.

FARIA, Werter R. *Constituição Econômica – Liberdade de Iniciativa e de Concorrência*. Porto Alegre, Sérgio Antônio Fabris Editor, 1990.

FERREIRA, Geraldo Sobral (coord.). *Código Comercial de Moçambique: Proposta para um Anteprojeto*. Lauro de Freitas/BA, FABAC, 2002.

FERREIRA, Waldemar Martins. *Instituições de Direito Comercial*. 3ª ed., vol. 2. São Paulo, Saraiva, 1952.

——————. *Tratado de Direito Comercial*. vols. 1 e 7. São Paulo, Saraiva, 1960 e 1963.

FERREIRA FILHO, Manoel Gonçalves. *Curso de Direito Constitucional*. 23ª ed. São Paulo, Saraiva, 1996.

FERRI, Giuseppe. *Manuale di Diritto Commerciale*. Turim, UTET, 1950.

FIALE, Aldo. *Diritto Commerciale*. 10ª ed. Nápoles, Simone (Série Manual Jurídico), 1996.

FRANÇA, Erasmo Valladão Azevedo e Novaes. "Empresa, empresário e estabelecimento. A disciplina das sociedades". *Revista do Advogado* 71/15-25. Ano XXIII. São Paulo, AASP, agosto/2003.

GOMES, Orlando. *Introdução do Direito Civil*. 17ª ed. Rio de Janeiro, Forense, 2000.

GONÇALVES, Carlos Roberto. *Responsabilidade Civil*. 8ª ed. São Paulo, Saraiva, 2003.

GRAU, Eros Roberto. *A Ordem Econômica na Constituição de 1988*. 4ª ed. São Paulo, Malheiros Editores, 1998.

————. "Eqüidade, razoabilidade e proporcionalidade". *Revista do Advogado* 78/27-30. Ano XXIV. São Paulo, AASP, setembro/2004.

GUROVITZ, Hélio, e BLECHER, Nelson. "O estigma do lucro". Revista *Exame* n. 6, ed. 839/20-30. Ano XXXIX. São Paulo, Abril, 30.3.2005.

HENTZ, Luiz Antônio Soares. "A teoria da empresa no novo direito de empresa". *Jus Navigandi*. *http://www1.jus.com.br/doutrina/texto.asp?id=3085* (23.6.2003).

————(coord.). *Obrigações Empresariais*. Franca, UNESP, 1998.

HUBERMAN, Leo. *História da Riqueza do Homem*. 21ª ed., trad. de Waltensir Dutra. Rio de Janeiro, Guanabara Koogan, 1986.

LANGE, Dílson França. "O direito de empresas no novo Código Civil". *Jus Navigandi*. *http://www1.jus.com.br/doutrina/texto.asp?id=3105* (23.6.2003).

LOBO, Jorge. "A empresa: novo instituto jurídico". *http://www.femperj.org.br/artigos/comerc/com05.htm* (31.10.2003).

LOBO, Roberto Haddock. *História Econômica Geral e do Brasil*. 4ª ed. São Paulo, Atlas, 1973.

MACHADO, Daniel Carneiro. "O novo Código Civil Brasileiro e a teoria da empresa". *Revista Jurídica Consulex* 128/31-33. Brasília, 15.5.2002.

MACHADO, Sylvio Marcondes. *Problemas de Direito Comercial*. São Paulo, Max Limonad, 1970.

MARTINS, Fran. *Curso de Direito Comercial*. 22ª ed., 2 vols. Rio de Janeiro, Forense, 1998.

MARTINS FILHO, Antônio. "Limitação da responsabilidade do comerciante individual". Anais do Congresso Jurídico Nacional Comemorativo do Cinqüentenário da Faculdade de Direito de Porto Alegre. *Revista da Faculdade de Direito de Porto Alegre* 1/284-338. Porto Alegre, URGS, 1951.

MATIAS, João Luís Nogueira. "*Lex Mercatoria* e contratos comerciais internacionais". *Revista PGM* 8. Ano 7. 2000. Fortaleza, Procuradoria-Geral do Município de Fortaleza (*http://www.pgmfortaleza.ce.gov.br/artigos/vol8/art07.htm*, 10.10.2004).

MATTOS NETO, Antônio José de. "O empresário à luz do novo Código Civil". *Revista do Advogado* 71/7-14. Ano XXIII. São Paulo, AASP, agosto/2003.

MAXIMILIANO, Carlos. *Hermenêutica e Aplicação do Direito*. Rio de Janeiro, Freitas Bastos, 1957.

MENDONÇA, Jacy de Souza. *Estudos de Filosofia do Direito*. São Paulo, LEUD, 1983.

————. "O risco empresarial". *Usina de Letras*. *http://www.usinadeletras.com.br/exibelotexto.phtml?cod=4228&cat=Ensaios* (5.1.2004).

————. "Princípios e diretrizes do novo Código Civil". *Inovações do Novo Código Civil*. São Paulo, Quartier Latin, 2004 (Arquivos Jurídicos do Centro Universitário Capital) (pp. 17-40).

MESQUITA, José Ignácio Botelho de. "A Nova Execução da sentença civil. Mais Alterações". *Revista do Advogado* 81/60-63. Ano XXV. São Paulo, AASP, abril/2005.

MORAES, Alexandre de. *Direito Constitucional*. 4ª ed. São Paulo, Atlas, 1998.

MORAES FILHO, Evaristo de. *Sucessão nas Obrigações e a Teoria da Empresa*. Rio de Janeiro, Forense, 1960.

MOSSA, Lorenzo. *Derecho Mercantil*. vol. 1, trad. de Felipe J. Tena. Buenos Aires, Uteha, 1948.

NEGRÃO, Ricardo. *Manual de Direito Comercial e de Empresa*. 3ª ed., vol. 1. São Paulo, Saraiva, 2003.

NEGRÃO, Theotônio. *Código de Processo Civil e Legislação Processual em Vigor*. 35ª ed. São Paulo, Saraiva, 2003.

NUSDEO, Fábio. *Curso de Economia – Introdução ao Direito Econômico*. São Paulo, Ed. RT, 1997.

OLIVEIRA, Régis Fernandes de. "Empresa – Ordem econômica – Constituição". *RT* 758/16-22. São Paulo, Ed. RT, dezembro/1998.

PAES, Paulo Roberto Tavares. *Direito Empresarial – Estudos e Pareceres*. 2ª ed. São Paulo, Atlas, 2001.

PALERMO, Carlos Eduardo de Castro. "A função social da empresa e o novo Código Civil". *Jus Navigandi*. *http://www1.jus.com.br/doutrina/texto.asp?id=3763* (23.6.2003).

PASSOS, Fernando. "Direito empresarial no novo Código Civil". São Paulo, Quartier Latin, 2003 (Arquivos Jurídicos do Centro Universitário Capital). (pp. 67-97).

PEDROSO, Marcelo Batuíra da C. Losso. "O princípio fundamental da liberdade, sua importância e hierarquia sobre os demais direitos humanos". *Revista do Advogado* 78/53-60. Ano XXIV. São Paulo, AASP, setembro/2004.

PENALVA SANTOS, Joaquim Antônio. *Direito Comercial: Estudos*. Rio de Janeiro, Forense, 1991.

PERIN JR., Ecio. "A teoria da vontade na formação dos contratos e a autonomia do direito comercial em relação ao direito civil face ao Projeto do novo Código Civil". *Jus Navigandi*. *http://www1.jus.com.br/doutrina/texto.asp?id=518* (21.10.2004).

PONTES DE MIRANDA, Francisco Cavalcanti. *Tratado de Direito Privado*. ts. I e V. Campinas/SP, Bookseller, 1999.

REALE, Miguel, *Filosofia do Direito*. vol. 1. São Paulo, Saraiva, 1978.

————. "O novo Código Civil e seus críticos". *http://www.miguelreale.com.br/artigos/ncc/nccc.htm* (10.10.2004).

———— (superv.). *Exposição de Motivos do Projeto do Código Civil*. vol. 5, t. 2. Brasília, Subsecretaria de Edições Técnicas do Senado Federal, 1989.

REQUIÃO, Rubens. *Aspectos Modernos de Direito Comercial*. São Paulo, Saraiva, 1977.

————. *Curso de Direito Comercial*. 25ª ed., 2 vols. São Paulo, Saraiva, 2003.

RIPERT, Georges. *Les Forces Créatrices du Droit*. Paris, LGDJ, 1955.

ROCCO, Alfredo. *Princípios de Direito Comercial*. São Paulo, Saraiva, 1931.

RODDICK, Anita. *Meu Jeito de Fazer Negócios*. Trad. de Sérgio Gonçalves. Rio de Janeiro, Campus, 2002.

SALLES, Marcos Paulo de Almeida. "A visão jurídica da empresa na realidade brasileira atual". *RDM* 119/94-108. Ano XXXIX. São Paulo, Malheiros Editores, julho-setembro/2000.

SALOMÃO FILHO, Calixto. "Direito empresarial público". *RDM* 43-112/9-23. São Paulo, Ed. RT, outubro-dezembro/1998.

————. *Regulação e Desenvolvimento*. São Paulo, Malheiros Editores, 2002.

SEMINÁRIOS DE ESTUDOS SOBRE O NOVO CÓDIGO CIVIL. *I Seminário*. São Lourenço/MG, 26.4.2002. *Informativo Especial*. Belo Horizonte, TJMG/Escola Judicial Desembargador Edésio Fernandes, dezembro/2002 (pp. 11-29).

SILVA, Bruno Mattos e. "Conflito entre leis e tratados internacionais no direito privado e no direito tributário". *http://www.bruno-silva.adv.br/dir-int32.html* (10.10.2004).

———. *Curso Elementar de Direito Comercial*. São Paulo, Juarez de Oliveira Editor, 2001.

SOUZA, Nali de Jesus. *Desenvolvimento Econômico*. 4ª ed. São Paulo, Atlas, 1999.

STRENGER, Irineu. *Direito do Comércio Internacional e "Lex Mercatoria"*. São Paulo, LTr, 1996.

SZTAJN, Rachel. "Notas em matéria de empresa e sociedades empresárias no Código Civil". *Revista do Advogado* 71/93-98. Ano XXIII, São Paulo, AASP, agosto/2003.

TADDEI, Marcelo Gazzi. "O direito comercial e o novo Código Civil Brasileiro". *Jus Navigandi*. *http://www1.jus.com.br/doutrina/texto.asp?id=3004* (23.6.2003).

TOMAZETTE, Marlon. "A teoria da empresa: o novo direito comercial". *Jus Navigandi*. *http://www1.jus.com.br/doutrina/texto.asp?id=2899* (23.6.2003).

VIVANTE, Cesare. *Instituições de Direito Comercial*. 10ª ed. Lisboa, Livraria Clássica, 1910.

WALD, Arnoldo. "A introdução da *Lex Mercatoria* no Brasil e a criação de uma nova Dogmática". *RDM* 34-100/20-23. São Paulo, Ed. RT, outubro-dezembro/1995.

O DIREITO, O MERCADO, O CONTRATO, OS RISCOS LEGAIS E A CERTEZA JURÍDICA

ALMIR ROGÉRIO GONÇALVES[1]

Capítulo I – Introdução e Plano do Trabalho. Capítulo II – A Ciência do Direito e a Teoria da Interpretação: 1. O realismo teórico. 2. O realístico e o realista. 3. O real e seu duplo. 4. Os simulacros. 5. O realismo dos pressupostos. 6. A verdade com "v" minúsculo. 7. Os mundos críveis. 8. A Ciência do Direito e a norma. 9. A interpretação da norma jurídica. Capítulo III – A Multiplicação das Fontes do Direito: 10. A auto-regulação. 11. Regulação normativa. 12. Ausência de regulação. 13. Vantagens da regulação. 14. Regular ou não regular. 15. Regulação estatal. 16. Vantagens da auto-regulação. 17. A opção entre regulação e auto-regulação. Capítulo IV – A Influência da Engenharia Financeira sobre o Direito: 18. Direito e Economia. 19. Direito e Finanças. 20. Noções evolutivas sob a perspectiva econômica. 21. Riscos: 21.1 O risco operacional – 21.2 O risco legal: 21.2.1 Tipos de riscos legais – 21.3 Risco de conformidade – 21.4 Risco de imagem – 21.5 Risco concorrencial – 21.6 Risco contratual – 21.7 Risco do Terceiro Setor – 21.8 Risco normativo – 21.9 Risco internacional – 21.10 Risco societário – 21.11 Fases de implantação: 21.11.1 Ambiente empresarial – 21.11.2 Banco de dados – 21.11.3 Mensuração – 21.12 Gerenciamento de riscos – 21.13 Redução dos riscos. 22. Reflexos sobre o ambiente normativo e judiciário. Capítulo V – Reflexos Práticos da Metodologia Adotada: 23. A questão das decisões singulares. 24. A distribuição de direitos. 25. O problema da regulação. 26. Soluções práticas. Capítulo VI – A Certeza do Direito e a Defesa do Hipossuficiente. Capítulo VII – Conclusões.

Capítulo I – Introdução e Plano do Trabalho

O objetivo deste trabalho é compreender a abordagem jurídica dos riscos e as formas que o Direito possui para lidar com a abordagem financeira da atividade jurídica. Requisito essencial para o estudo do risco, o estudo da volatilidade pode se manifestar das mais diversas formas e influi diretamente no nível de previsibilidade de cada fato jurídico.

O estudo, pleno conhecimento e manuseio de tal volatilidade permitem ao agente econômico racional prever com grande chance de acerto o tamanho e a probabilidade dos riscos a que está exposto, fornecendo uma relativa segurança para operar, mesmo em mercados inseguros.

Com efeito, somente um estudo desta natureza pode permitir que o empresário, tendo em vista o ambiente jurídico em que pretende atuar, calcule o tamanho dos riscos que corre e, por conseguinte, qual o nível de retorno necessário para tal decisão de investimento.

1 . E-mail do autor: *almir.r.goncalves@bol.com.br*

Assim, buscaremos, em primeiro plano, delimitar a margem de volatilidade do universo jurídico, para posteriormente comentar sobre os riscos legais e, por fim, demonstrar como a combinação de volatilidade e atividade empresária prudencial pode gerar distorções sociais em sociedade com menor grau de organização.

Portanto, o plano de trabalho distribui-se da seguinte maneira:

(1) Inicialmente discutiremos o campo de abrangência das Ciências em geral, e mais propriamente a Ciência do Direito, e como uma Ciência Social, de caráter jurídico, pode contribuir para a multiplicidade de resultados fáticos, sobretudo via métodos de interpretação das normas.

(2) Em seqüência procuraremos entender como a atividade econômica vê e gerencia o processo de produção normativa na sociedade moderna e quais os fatores predominantes para a escolha entre os diversos sistemas de regulamentação e regulação existentes.

(3) Tendo entendido a natureza da volatilidade jurídica, podemos passar ao estudo dos riscos jurídicos propriamente ditos, bem como as formas de mensurá-lo e gerenciá-lo.

(4) A seguir devemos estudar as principais conseqüências resultantes da aplicação do pensamento financeiro à realidade jurídica e, assim, identificar a problemática envolvida neste tipo de contraponto.

(5) Por fim, propomos a busca da segurança jurídica e da certeza do direito como forma não de reduzir os riscos e aumentar a segurança dos agentes econômicos, mas como forma de integrar o cidadão ao sistema jurídico de forma mais igualitária, justa e democrática.

Capítulo II – A Ciência do Direito e a Teoria da Interpretação

Com a mudança do prisma empresarial verificado no último século, a especialização da produção deixou de ser a resposta mais eficiente e lucrativa para a organização empresarial. Assim, diversos ramos do conhecimento têm procurado dar sua contribuição à disciplina da sobrevivência e do sucesso das empresas. São clássicas as contribuições da Administração, Economia, Finanças e Contabilidade a tal desenvolvimento. Mais recentemente pudemos verificar a contribuição da Matemática, Sociologia, *Marketing*, Psicologia etc.

Neste cenário, a Ciência do Direito vem de um histórico de subutilização. Tal subutilização pode ser explicada por alguns fatores: (i) pequeno reconhecimento da cientificidade do Direito; (ii) formação dogmática dos advogados, em detrimento de sua formação científica e filosófica; (iii) visão de Direito como predominantemente estatal; (iv) extrema valorização da burocracia dos procedimentos jurídicos; e (v) falta de integração entre o exercício da Advocacia e a atividade produtiva.

O termo "ciência" é comumente utilizado para designar um tipo específico de conhecimento, não obstante sua ligação com a metodologia de aquisição e aplicação deste conhecimento. Assim, a Ciência do Direto se distingue pelo seu método e pelo seu objeto.

A Ciência do Direito, sob o ponto de vista de seu objeto, estuda o determinante lógico, *e.g.*, a norma, *vis-à-vis* sua realização concreta. Cabe, portanto, à Ciência do Direito estudar a realidade desejada e o mandamento que irá impor, acompanhar e determinar a consecução prática de tal comportamento.

Se uma norma específica determina que uma empresa deve pagar determinado imposto, não cabe apenas ao cientista do Direito verificar a existência da norma, mas também analisar quais conseqüências ocorrerão do seu não-pagamento e as formas de consecução prática deste pagamento ou de sua sanção.

Não obstante o papel do advogado muitas vezes estar relacionado à defesa de seu interesse em evitar que seu cliente não pague determinado imposto, este não é o papel do cientista. Cabe ao cientista, antes, verificar as hipóteses e os motivos de sucesso desse advogado, bem como a adequação de seu sucesso ao ambiente normativo. Da mesma forma, não cabe ao físico mudar a lei da gravidade, e sim observá-la, e a partir dela desenvolver seu conhecimento sobre o assunto.

Sob o ponto de vista da metodologia da Ciência do Direito, podemos destacar a *norma*, a *interpretação* e a *decisão*. A Ciência do Direito, na sua metodologia normativa, estuda a organização e as formas da norma, enquanto conectivo lógico diretivo ou descritivo. Sob o aspecto interpretativo, cabe à Ciência do Direito interpretar esses mandamentos lógicos e as situações fáticas a eles referidas. Já, a característica decisória do Direito está relacionada à consecução fática da norma interpretada.

Saindo do pensamento monista dogmático do Direito e partindo para sua concepção científica, podemos perceber que não são poucas as contribuições que o jurista pode prestar à atividade empresarial. No entanto, o ensino jurídico pragmático comumente difundido procura antes formar bons operadores do Direito que cientistas propriamente ditos. Daí a visão da prescindibilidade do jurista, sob o ponto de vista estratégico, que vige no pensamento empresarial. No entanto, como veremos adiante, a organização social, estatal ou empresarial, busca constantemente a figura de tal jurista.

Por fim, vale lembrar que a Ciência do Direito é uma Ciência Social – e, portanto, só faz sentido quando se estuda o relacionamento em dois ou mais indivíduos. Os mandamentos que geram consecuções fáticas de natureza pessoal são mais apropriadamente estudados pela Filosofia e têm antes um aspecto moral que jurídico.

Tendo discursado um pouco sobre a natureza da Ciência do Direito, deveremos falar, ainda, sobre a influência que a interpretação tem sobre o ambiente científico e prático jurídico. Para tanto, devemos discursar um pouco sobre o realismo nas teorias científicas, e posteriormente e propriamente a teoria da interpretação.

1. O realismo teórico

Recentemente, dentro do debate metodológico, ganhou força a corrente de estudiosos que procuraram de alguma forma estudar a questão do realismo das teorias econômicas e suas conseqüências. Dentre esses estudiosos, iremos analisar, neste trabalho, o posicionamento de Maki (1994)[2] sobre o assunto. Posteriormente, iremos discutir um pouco mais profundamente a idéia de *realidade*, para, finalmente, analisar a contribuição de alguns estudos metodológicos sob o ponto de vista do realismo.

2. O realístico e o realista

Segundo Maki, a adoção de teorias mais ou menos realistas não faz com que um teórico seja realista ou irrealista, pois ambos os pesquisadores deverão utilizar, em sua teoria, assunções não-realistas.

Com efeito, mesmo na Física as teorias como a da aceleração gravitacional são formuladas com base em parâmetros não-realísticos, visto que sua formulação depende de assunções para que possam ser universalmente aplicáveis. Com isso, a força da gravidade, por exemplo, depende de outros fatores, como a resistência do ar, a influência gravitacional de outros corpos etc., para que possa ser observada na realidade. No entanto, não podemos recorrer a todos estes fatores para formular cientificamente tal teoria. A efetivação de um conhecimento, ainda que vinculado a um fato real determinado, mas que não possa ser generalizado, torna inútil a teoria.

Em razão do exposto, a teoria da aceleração gravitacional, exemplificativamente, foi formulada com base em assunções

2. Uskali Maki, "Reorienting the assumptions issue", in R. E. Backhouse (ed.), *New Directions in Economic Methodology*, pp. 1-26.

não-realísticas, como qualquer outra teoria científica ou econômica. Como conseqüência de tais assunções, podemos inferir que tal lei nunca será 100% válida para um fenômeno apurado na prática, senão por aproximação. Uma relação teórica que se aplique somente a um evento real não é teorização, e sim observação. O princípio embutido na teoria deve ser real. *[Existe uma força gravitacional.]* No entanto, sua formulação não é realista, e sim realística.

Maki ainda aponta alguns tipos que reforçam os aspectos realísticos ou irrealísticos que podem ser encontrados em uma teoria, os quais são: sua relação com o real, possibilidade de sua observação prática, verossimilhança ou não-falseabilidade da teoria, testabilidade prática de suas conclusões, plausibilidade de suas formulações, incompletude dos elementos que utiliza, a abstração a que se propõe e a utilidade que produz.

Aponta, ainda, os tipos de assunções que podem ser tomados por um teórico, os quais são: as fundamentais para seu desenvolvimento, as periféricas para suas conclusões, aquelas que são negligenciadas pelos teóricos, as que são circunscritas em sua aplicabilidade e as que são predefinidas pelo pesquisador.

Com isso, Maki procura mostrar que a maior questão em torno do tema não está na existência de teorias irrealísticas, pois essas são necessárias ao desenvolvimento teórico e científico. A grande questão está em delimitar os pressupostos e assunções que deverão ser utilizados em determinada teoria, para que esta produza os resultados esperados. Procura demonstrar, assim, que a desconsideração inapropriada de uma assunção pode invalidar uma teoria, de maneira generalizada ou circunscrita a determinada situação, tornando-se, assim, inerte para o uso real.

Proclama, desse modo, o estudo em torno de princípios que permitam definir quais assunções são essenciais ou irrelevantes para determinada teoria. Ora, uma assunção deverá, ou não, ser utilizada conforme ela melhore os resultados práticos de sua aplicação.

Da mesma forma que a exclusão de uma assunção essencial pode tornar a teoria errada, a inclusão desenfreada de assunções não-essenciais pode tornar uma teoria inerte ou inefetiva. No entanto, devemos analisar, ainda, quais dentre essas assunções devem ser realísticas e quais podem ser descompromissadas com o real. Para melhor desvendar o tema, trazemos, aqui, alguns estudos filosóficos sobre o tema do *real.*

3. O real e seu duplo

O tema *O Real e do seu Duplo* foi brilhantemente tratado por Clement Rosset em seu livro de mesmo nome, cujos princípios básicos procuramos trazer, adiante.

O *duplo* é, ao mesmo tempo, real e ilusório, na medida em que é composto por uma imagem fisicamente percebida e por uma ilusão que habita o imaginário. Assim, também as teorias procuram muitas vezes ser uma representação do real.

Dessa forma, o processo de duplicação do real é irretratável, pois não há como ocorrer uma volta do real, pois ele jamais voltará a existir enquanto manifestação do seu duplo. O que ocorre é a percepção duplicada do real: o perceptivo e o teorizado, ou duplicado. Criou-se a cisão de um acontecimento em dois: o que poderia ser percebido e o que foi percebido de forma alterada.

Rosset propõe que a estrutura fundamental do real é a da unicidade das coisas, o fato de que cada coisa é apenas uma e insubstituível. Já, o duplo é auto-referente e, portanto, é maleável e substituível, não obstante ainda dever ser uma representação ou percepção do real.

4. Os simulacros

Além da duplicação, devemos analisar aqui, ainda, o conceito de *simulacro.*

Para tanto, estudaremos, adiante, os princípios de simulacros expostos por Jean Baudrillard em seu livro *Simulacros e Simulação*.

O primeiro desdobramento da idéia de simulacro é o desaparecimento do referencial, o desaparecimento do princípio de realidade.

Segundo Baudrillard, a representação (ou duplicação) parte do princípio de que existe uma equivalência entre o signo e o real, ao passo que a simulação parte, de maneira diversa da utopia e do "princípio da equivalência", da impossibilidade da ilusão e do real, uma vez que o mundo não mais se repete em conformidade com o esquema de simples reprodução, mas este está intrinsecamente ligado à representação do que não pode mais existir.

O simulacro leva a confusão entre o meio de comunicação e a mensagem que este tenta passar. Instaura-se plena confusão entre o destinador e o destinatário, de forma que o discurso não mais segue o caminho rígido de se dirigir do primeiro para o segundo.

Com o desaparecimento da realidade, todo o sistema de valores conectado ao princípio da realidade é deslocado. O simulacro passou a ser a geração de modelos e matrizes a partir de pontos desreferencializados. Assim, uma teoria é simulada se trabalha não com uma realidade percebida, mas com um ambiente modelado, criado pelo teórico para embasar suas conclusões.

A simulação diferencia-se da representação na medida em que a representação é uma ilusão da realidade e a simulação é sua própria suposição. Se uma pessoa representa estar doente, ela tem consciência de sua sanidade, mas exterioriza uma situação de saúde diferente daquela que efetivamente tem. Já, o simulador, se simular estar doente, efetivamente acreditará que está doente. Apesar de no espectro referencializado do real o simulador ser plenamente são, ele não só acredita estar doente, como pode, ainda, manifestar sintomas equivalentes aos da doença.

Se uma teoria científica ou uma norma, por exemplo, representa dados reais e procura, a partir deles, tirar suas conclusões, está será uma duplicação. Já, a teoria busca explicar um cenário por ela criado, seja um cenário realístico ou não. Trata-se, dessa forma, de uma hipótese de simulação.

Conforme podemos notar do texto de Maki, as teorias, para que tenham valor científico, de universalidade e comunicabilidade, devem de alguma forma ser irrealísticas. Não devemos, portanto, crer que uma teoria possa de alguma forma significar uma forma de duplicação, ou percepção da realidade. Tal percepção não é mais que uma conclusão apoiada em uma observação particular. Quando tratamos de metodologia econômica, ou validade de suas teorias, não falamos de duplicação, mas sim de simulação.

Os simulacros podem ser de três categorias: os simulacros naturais, os produtivos e os de simulação. Para diferenciá-los, Baudrillard fundamenta-se na distância que há entre o real e o imaginário.

Assim, os *simulacros naturais* seriam os baseados na imagem, na imitação e no fingimento, pois pressupõem um referencial real e, portanto, remetem à ilusão metafísica. Este tipo de simulacro aproxima-se, mas de forma alguma se confunde, com a idéia de *duplo*.

Seguindo a ordem, os *simulacros produtivos* seriam os que têm como apoio o sistema produtivo. O desenvolvimento desmedido desse sistema de produção daria ensejo a uma expansão contínua, a uma liberação ininterrupta de energia, que caracterizaria o simulacro de produção.

Por fim, temos os *simulacros de simulação*, que surgem com a eliminação do real e do imaginário. Como não há mais realidade que sirva de referencial, eles se criam sobre a informação, o modelo, o jogo cibernético. Os modelos não são mais apenas uma projeção, não somente um imaginário projetado com referencial no real, mas são a antecipação desse real, possibilitando a manipulação em todos os sentidos.

Com a eliminação da distância entre o real e o imaginário nos simulacros de terceira ordem, chega-se a um ponto em que não mais há diferença entre eles. Dessa forma, a busca pelo real é o que se torna a verdadeira utopia. Nesse tipo de simulacro não é possível partir do real e fabricar o irreal. O processo será, antes, o de criar situações descentradas, modelos de simulação, e de arranjar maneira de lhes dar as cores do real.

Uma teorização considerada realística seria aquela na qual o simulacro gerado é o simulacro de primeira ordem. Assim, busca-se simplificar a realidade de forma a inferir proposições acerca dos fenômenos em torno dela observados. Podemos, aqui, citar a teoria de que longos períodos de inflação levam a uma inflação inercial.

No entanto, também o simulacro produtivo pode ser admitido como método de teorização, pois, não obstante sua desvinculação direta com o real, existe um vínculo indireto com este. Para a melhor definição deste tipo de simulacro nas teorias econômicas, lembramos a definição de Early Steps, fornecida por Maki em seu trabalho aqui citado. Na maior parte das vezes os simulacros de segunda ordem devem ser utilizados para incrementar a realidade, ou seja, produzir um estado observável mais evoluído. Uma teoria de tal tipo seria aquela em que se acredita que a criação de um novo índice representativo de um valor pode dar fim ao movimento de inflação inercial.

Já, os simulacros de terceira ordem não devem ser aceitáveis nas teorias jurídicas ou científicas. Com efeito, nesse tipo de simulação a referência não é propriamente a obtenção de um resultado palpável, e sim a obtenção de conclusões baseadas nos seus próprios pressupostos. É o equivalente a acreditar ainda hoje que o Sol gira em torno da Terra, pois essa teoria é fundada não em observações diretas ou indiretas do real, e sim em dogmas religiosos. Como teoria, pode até ser válida, útil e não-falseável; no entanto, não representa o real e, assim, não permite o desenvolvimento de conhecimento em torno de si, uma vez que é uma teoria auto-referente, imposta pela autoridade. Um exemplo de teoria desse tipo seria aquele em que se acredita que a simples imposição legal pode pôr fim aos movimentos inflacionários inerciais.

Por fim, e com base no quanto demonstramos, gostaríamos de observar que reputamos inconsistente a solução apresentada por Maki para a questão dos limites das assunções a serem utilizadas em determinada teoria. Pois o método da capacidade de predição, em simulacros de terceira ordem, é perfeito, visto que o modelo é auto-referente e se molda em torno de uma simulação previamente criada. No entanto, sua validade é circunstanciada a um ambiente também simulado, não permitindo avanços práticos ou realisticamente observáveis.

Propomos, por outro lado, que tal limite seja circunscrito à sua acuidade como representação do real, ou mesmo sua capacidade de diálogo, entendimento e até modificação da realidade, excluindo do campo de validade científica as teorias auto-referentes, ou aquelas exclusivamente baseadas em cenários e fatos irrealistas.

Dessa forma, propomos que as assunções essenciais para a formulação de determinada teoria devem ser sempre realísticas. Já, as demais assunções podem ser desconsideradas ou até irrealísticas, visto que o cerne do resultado que se busca alcançar tem sua relação com a realidade preservada. Observado este critério, o método da predição seria apropriado e utilizável.

5. O realismo dos pressupostos

Segundo Friedman,[3] a elaboração de uma teoria deve passar pela elaboração de suas hipóteses e pelo teste de sua validade. No entanto, nas Ciências Sociais o teste das teorias é mais complexo, visto que não exis-

3. Milton Friedman, *A Metodologia da Economia Positiva*, vol. 1, n. 3.

tem ambientes disponíveis e maleáveis para o teste. Assim, o teórico se vê tentado a se apoiar em outras evidências, com o fito de provar suas hipóteses. As evidências são obtidas a partir de pressupostos que devem se adequar à realidade.

No entanto, Friedman procurou relativizar a importância deste realismo, na medida em que propôs que o principal critério para a validade de uma teoria seria sua funcionalidade e simplicidade. Assim, pressupostos não-realistas que incidem sobre uma teoria e geram resultados eficientes e mantêm a simplicidade da teoria seriam os mais aceitáveis.

O problema consiste em se acreditar que a utilização de pressupostos não-realistas permite a formulação de hipóteses não-realistas. Se utilizamos um pressuposto que sabemos não ser verdadeiro para explicar determinado fenômeno, e com isso atingimos uma teoria mais funcional, estamos progredindo neste campo de estudo. Porem, se também a teoria for irreal, ou ao menos suas hipóteses, não haverá mais espaço para o desenvolvimento científico, pois tal teoria é auto-referente e não pode ser objeto de ampliação ou contestação.

Teorias podem ser e efetivamente são não-realistas, na medida em que o teórico não pode atingir estágio completo de conhecimento sobre o tema. É provável que novas hipóteses surjam e substituam a inicialmente formulada. Não se deve admitir, no entanto, que uma teoria menos realista possa substituir uma mais realista apenas porque é mais simples, lógica e funcional. O cientista deve se ater a buscar a realidade, o que não o impede de utilizar pressupostos não-essenciais não-realísticos.

Por outro lado, teorias irreais e com forte capacidade de previsibilidade, funcionalidade, generalização e simplicidade podem fazer com que o observador tenda a negar fatos reais de forma a favorecer a acuidade das teorias. Assim, se decidimos que a hipótese mais acurada é a de que folhas de árvores migram para onde tem mais luz, e esta teoria se torna amplamente dominante, a observação de árvores que inexplicavelmente não atendam à teoria pode levar o pesquisador a crer que aquilo que observa não é uma árvore, visto que a teoria foi dogmatizada. No campo das Ciências Naturais isso seria absurdo. No campo das Ciências Sociais é corriqueiro.

6. A verdade com "v" minúsculo

Comentamos anteriormente que nenhum teórico pode afirmar ter atingido a realidade em determinado aspecto, pois uma teoria sempre pode ser substituída por outra mais realista, por um lado, e mais acurada, por outro. No entanto, a própria percepção de realidade é variável entre pessoas, lugares e situações. Principalmente no que tange aos fenômenos sociais.

Devemos observar que as conclusões são tomadas com base em elementos percebidos pelo teórico. Como vimos no estudo do duplo. Essa observação leva a uma duplicação do real. Tal duplicação servirá de base para a construção da teoria. No entanto, tal duplicação carrega em si um elemento pessoal indissociável da realidade percebida pelo agente.

Tal dificuldade de pleno conhecimento da Verdade com "V" maiúsculo não pode ser desconsiderada pelos metodólogos econômicos. Assim, defende McCloskey que o método retórico é o método apropriado para produção de conhecimento científico. Com efeito, o método retórico permite a troca de sensações e percepções entre os debatentes, o que pretende equalizar seu entendimento acerca da utilidade e verdade em torno de determinada teoria e em torno de determinada observação.

A produção desenfreada de teorias matemáticas ou positivas tende a tornar as teorias demasiado particulares e voltadas para a percepção do grupo que as elabora. Tal particularização tende a prejudicar o avanço teórico. No entanto, também o discurso retórico pode ser particularizado, na medida em que se limite a uma classe ou conjunto uniforme de discursantes. Exemplificativamente, um debate retórico, ainda que travado de forma bastante competente, em um mosteiro na Idade Média concluiria sem sombra de dúvida que o Sol gira em torno da Terra.

Da forma como entendido aqui, vemos que o método retórico, não obstante sua extrema utilidade e importância, somente é eficaz se utilizado como método plural. Por outro lado, esta retórica somente será realmente produtiva se contiver em seu método o maior número de opiniões e pontos de vista possíveis, pois retórica em torno de um mesmo assunto e ponto de vista torna o debate repetitivo e estagnado.

Portanto, concluímos que o método retórico realmente útil à metodologia científica é o método dialético, voltado à incorporação de contribuições. Nesse sentido, a formulação teórica deverá atingir o maior contingente de pessoas possível, o que é prejudicado no método unitário modernista, por exemplo, pela matematização.

7. Os mundos críveis

Também em razão do quanto estudamos aqui, Sugden procurou analisar algumas teorias econômicas em que os teóricos não se basearam em fatos reais para produzirem suas conclusões. No entanto, tais conclusões foram bem aceitas pela comunidade acadêmica. Para Sugden tal aceitação não foi casuística, e sim vinculada a uma percepção de acuidade das teorias.

Sugden concluiu que a aceitabilidade de tais teorias se deve à elaboração de hipóteses críveis para embasar suas conclusões. Portanto, não viu em seu estudo um completo descasamento da realidade, mas uma relação de pertinência entre o mundo criado e o mundo real. A isso chamou de "mundos críveis".

Observemos que a elaboração de modelos que comprovem hipóteses teóricas, conforme vimos anteriormente, corresponde à criação de simulacros naturais. Assim, ainda que sabidamente falsos, tais modelos são verossímeis, visto que se apóiam na e simulam a realidade para serem formulados.

Nesse sentido, o conceito de *mundos críveis* reafirma os limites realísticos das teorias. E o afirma, conforme concluímos acima, no que tange às suas assunções essenciais. Assim, não obstante a possibilidade de dialogar com pressupostos e hipóteses não-reais, as teorias, para que sejam aceitas, devem ter em seu cerne assunções realísticas.

Por outro lado, devem as teorias econômicas buscar conclusões que também sejam realísticas. Para que isso aconteça, o cerne de seu desenvolvimento deve ser realístico, vez que dificilmente poderão ser realistas as teorias se a estrutura principal de sua formulação não é crível. Tampouco deve uma teoria assim formulada atingir e sensibilizar a classe científica.

8. A Ciência do Direito e a norma

Acreditamos, assim, que, tendo Friedman chamado atenção para a questão da possibilidade de utilização de pressupostos não-realistas para a obtenção de resultados teóricos, tal conclusão levou a uma série de estudos e questionamentos por parte dos teóricos metodológicos.

Tal preocupação originou-se, sobretudo, da preocupação de impor limites a essa assertiva irrealista. Assim, McCloskey acreditou que tais limites poderiam ser oferecidos pela utilização do método retórico na metodologia e a substituição da Verdade com "V" maiúsculo por uma nova forma de obtenção de avanços científicos vinculados com a percepção e convencimento das pessoas, representada e atingida através do método retórico.

Posteriormente, Maki trabalhou sobre os principais conceitos apresentados por Friedman e definiu melhor a questão do realismo, contrapondo conceitos *realistas* e *realísticos*, bem como definindo quais os pressupostos e elementos que compõem uma teoria.

Finalmente, ainda que não se apoiando nos estudos de Maki, Sugden propôs um método de aferição de mundos críveis que pudesse justificar o irrealismo de assunções. Tais mundos críveis podem ser entendidos como aqueles em que as assunções essenciais são realísticas, sendo as demais livres para assumir formas não-realísticas.

Buscamos, aqui, reler tais teorias sob o prisma da percepção de realidade apresentada pelos filósofos Baudrillard e Rosset. Com efeito, a realidade não é diretamente e igualmente percebida por todos os seres humanos. Dentro do processo de assimilação da realidade, processos de duplicação e simulação ocorrem.

A forma como se usam ou se impõem esses processos pode dar origens a progressos notáveis ou conclusões catastróficas. Assim, acreditamos que, dentro das assunções muitas vezes irrealísticas presentes nas teorias, seus aspectos centrais devem sempre estar vinculados a elementos realísticos, para que as teorias, por sua vez, possam ser sempre realísticas.

A não-observação dessa regra pode levar à ocorrência de simulacros de terceira ordem, que, como visto, destroem a noção de realidade, tornando tudo vago, irrelevante e contingente. Esse tipo de simulacro não apenas desconsidera o real, como também o apaga e busca tomar sua posição. Esse deserto do real pode dar margem aos mais diversos comportamentos oportunistas, ditatoriais e dogmatizantes, que prejudicam não somente o desenvolvimento científico e social, como podem causar conseqüências sociais funestas, principalmente se aplicado a uma Ciência Social tão relevante quanto o Direito.

Também a norma, via de regra, surge ou deveria ter seu surgimento baseado na aferição de uma realidade social. Também a norma é um instrumento intelectualmente imaginado para a consecução de uma finalidade social.

O desenvolvimento do Direito, enquanto Ciência, e a imposição de normas, pela autoridade estatal, guardam entre si diversas semelhanças, na medida em que se tratam de processos de criação intelectual e abstrata. No entanto, diferenciam-se os processos, na medida em que o cientista parte do estudo de um dado realístico e, eventualmente, de um dado imposto como norma, para chegar a conclusões que podem ou não ter aplicabilidade ou eficiência prática. Já, o legislador, ao criar a norma, deve sempre visar à consecução de uma finalidade prática, via de regra indireta, pois do contrário estará atuando como uma autoridade imposta, e não como autoridade legitimada.

No caso da norma, no entanto, torna-se quase impossível legislar para situações fáticas específicas. Assim, o encontro entre o dispositivo intelectualmente elaborado e a situação da realidade que demanda a aplicação normativa exige o trabalho não do cientista jurídico, mas sim do operador do Direito, que vincula o dispositivo ideal ao dado real com o intuito de gerar o direito no espectro material. A tal atividade denominamos "interpretação".

9. A interpretação da norma jurídica

Sendo a *norma* exação meramente intelectual, o trabalho do jurista é requerido de forma que a interprete e transforme em Direito no caso concreto. Esse tipo de interpretação pode se manifestar de várias formas: (i) interpretação como mera explicação das palavras do legislador; (ii) interpretação da vontade do legislador; (iii) interpretação como forma de integração de normas; e (iv) interpretação como forma de preenchimento de lacunas.

Tratamos, aqui, de volatilidade dos componentes jurídicos perante os agentes econômicos. Leis são uniformemente aplicáveis a todos, o que exclui o conceito de volatilidade de seu contexto. No entanto, muitas vezes as leis são imprecisas, obscuras, genéricas, hipertróficas, contestáveis e lacunosas. Assim, o elemento de volatilidade da lei está na sua interpretação, e não na sua criação.

Interpretações podem se dar na aplicação da lei ao caso concreto, como também podem ocorrer através da produção de trabalhos doutrinários e científicos, ou mesmo na manifestação jurisprudencial. Quanto mais particularizada a hipótese de interpretação, maior a volatilidade a que o agente está exposto.

Assim, o descaso com relação ao movimento de interpretação das leis, em um sistema jurídico, aumenta a volatilidade com que esta lei chega ao seu destinatário final, reduzindo a segurança jurídica dos atores sociais.

Capítulo III – A Multiplicação das Fontes do Direito

Aspecto importante para nossa análise é a observação de que o aumento da complexidade e diversificação social e econômica verificado recentemente também gera uma correspondente diversificação das fontes do Direito. Com isso temos o fenômeno da multiplicação das fontes do Direito, que se dividem em fontes públicas, mistas e privadas. Outro fenômeno importante observado é a perda do monopólio dos poderes públicos na produção de normas jurídicas, substituído pela emergência de uma ordem negociada entre poderes públicos e privados.

Exemplificativamente, podemos elencar as seguintes fontes: (i) *fontes internas públicas* – Constituição, leis, decretos, leis regionais, regulamentos, resoluções, portarias, despachos normativos; (ii) *fontes internacionais* – convenções de Direito Internacional, direito comunitário derivado: regulamentos, diretivas, recomendações, decisões; (iii)*fontes de origem mista ou privada* – acordos ou pareceres emanados dos organismos, contratos entre entes públicos e privados, regulamentação das atividades econômicas pelas associações profissionais ou de atividade (códigos de conduta, de boas práticas ou éticos), contratos-tipo ou contratos de adesão, decisões jurisprudenciais e administrativas, decisões de certos órgãos da Administração decorrentes da violação de regras de direito econômico.

Do quanto observamos acima, podemos concluir que as principais características do fenômeno da multiplicação das fontes do Direito são: (i) dispersão e heterogeneidade das suas fontes; (ii) diversidade e mobilidade de meios, de poderes, de jurisdições; (iii) ampliação do âmbito das fontes tradicionais e relativo declínio da sua importância; (iv) uma certa privatização do sistema normativo; e (v) declínio da coercibilidade estatal.

Para melhor delimitar o tema, estudaremos, adiante, as interações e conflitos entre os agentes econômicos racionais e os movimentos de regulação e auto-regulação.

10. A auto-regulação

O processo de auto-regulação costuma ocorrer em mercados não-regulamentados – como o mercado publicitário – ou naqueles em que a autoridade reguladora e os agentes privados estabelecem, através de algum tipo de negociação, níveis de responsabilidade diferentes quanto à definição das normas e dos procedimentos que devem ser observados na realização de seus negócios.

Trata-se, na realidade, de substituir, a partir de certo nível mínimo de regulamentação, a ação do poder governamental pela iniciativa de auto-regulação dos mercados. Dito de outra forma, o avanço dos processos de auto-regulação significa a troca da ação exclusiva do Poder Estatal pelo fortalecimento do Poder Público – ou seja, há o reconhecimento de que o Governo não consegue, sozinho, regulamentar e fiscalizar o conjunto de atividades desenvolvidas pela sociedade.

Um exemplo desse movimento seria o da Associação Nacional dos Bancos de Investimento (ANBID), que decidiu propor ao conjunto das instituições participantes do mercado de capitais a implantação de

Códigos de Auto-Regulação para as atividades de Operações de Colocação e Distribuição de Títulos e Valores Mobiliários no Brasil e para a Indústria de Fundos de Investimento.

11. Regulação normativa

Iniciamos este capítulo com a análise das hipóteses de não-regulação, regulação e auto-regulação e como elas serão percebidas pelo poder econômico. Segundo Vital Moreira, *regulação econômica* é "o estabelecimento e a implementação de regras para a atividade econômica destinadas a garantir o seu funcionamento equilibrado, de acordo com determinados objetivos públicos". A atividade de regulação pode ou não assumir forma normativa. Graficamente, poderíamos representar da seguinte forma:

RELAÇÃO ESTADO/ECONOMIA

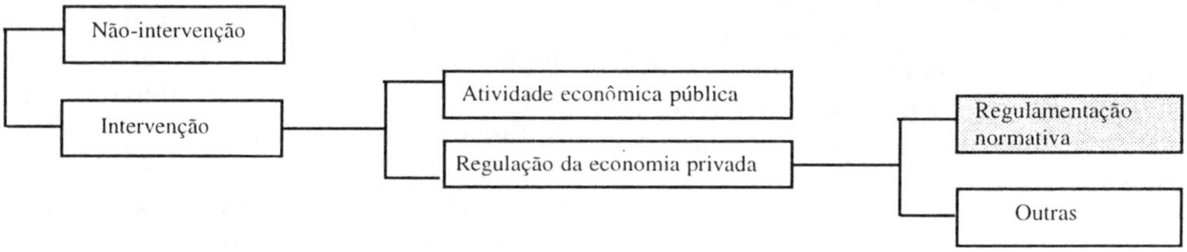

Trataremos, aqui, da regulação normativa da economia privada, em acordo com o setor e forma de atividade. Alem da não-intervenção e das regulamentações acima citadas, devemos ainda elencar a auto-regulação, que é a atividade de regulação na qual os reguladores são também regulados, através da organização em sistemas adequados, como associações.

O processo de regulação pode ser justificado pelo interesse na defesa de outros grupos, como os consumidores, ou da própria atividade regulada. No caso da auto-regulação somente a última hipótese é aplicável. Dentro desse ambiente, o agente econômico pode se organizar, de forma a requerer que a organização estatal regule ou se abstenha de regular sua atividade, ou pode ainda se organizar de forma a obter a auto-regulação.

12. Ausência de regulação

A ausência de regulação apresenta as seguintes vantagens:

(A) A existência de regulação leva necessariamente a incorrer em custos que são indesejáveis para qualquer agente econômico. Tais custos podem ser representados por taxas, necessidade de prestação periódica de informações ou pagamento de profissionais especializados na atividade de regulação. Representaremos esses custos por (C).

(B) A eliminação da plena liberdade de atuação pelo agente econômico, através dos imperativos normativos, também não é desejável. Tal eliminação representa-se tanto pela imposição de normas que cerceiam sua atividade como pela necessidade de pedido de autorização prévia para o agente econômico implantar suas iniciativas.

(C) O processo de regulação pode adiar a eliminação dos agentes econômicos ineficientes, causando prejuízos concorrenciais aos agentes eficientes.

(D) Flexibilidade para implantação de mudanças no setor econômico. Com efeito, a dinâmica da atividade econômica e suas mudanças são dificilmente acompanhadas pela autoridade estatal, o que causa transtornos eventuais aos agentes envolvidos.

13. Vantagens da regulação

Com relação à opção pela regulação, esta poderá se justificar pelos seguintes fatores:

(A) *Atendimento de equilíbrio cooperativo entre os agentes presentes no mercado.* Podemos representar a interação entre concorrentes econômicos por um jogo semelhante ao dilema do prisioneiro, de forma a observarmos um equilíbrio cooperativo e outro não-cooperativo:

	COOPERAR	NÃO COOPERAR
COOPERAR	X,X	Z,W
NÃO COOPERAR	W,Z	Y,Y

Onde: W>X>Y>Z

Dessa forma, os agentes podem optar por cooperar – e, assim, obter melhores resultados para todos os participantes – ou optar por agir individualmente e serem obrigados a optar pelo equilíbrio não-cooperativo. A atividade reguladora normativa deve forçar os agentes a cooperarem entre si, conseguindo melhores resultados para todos.

(B) *Eliminação de comportamentos oportunistas.* Em muitas atividades econômicas o comportamento oportunista pode levar alguns agentes a obter resultados extremamente favoráveis, em detrimento dos seus concorrente ou dos consumidores. O estabelecimento de um poder regulatório visa a eliminar esses agentes.

(C) *Difusão de informações sobre o mercado, que de outra forma só poderiam ser adquiridas de maneira muito custosa.* O agente regulador, para a consecução de sua atividade, deve obter informações dos regulados. Em muitos ramos essas informações podem ser difundidas para todos os usuários, representando ganhos para todos os participantes.

(D) *Possibilidade de planejamento de longo prazo, em razão da existência de instituições mais estáveis que garantam o planejamento.*

(E) *Possibilidade de influência dos setores mais organizados sobre a atividade de regulação.* Se os setores mais organizados são os que demandam a regulação, também estes setores influem na sua formulação.

14. Regular ou não regular

Em razão do que expusemos, podemos isolar os dois principais fatores de forma a modelar o comportamento dos agentes econômicos. Dessa forma, teremos o equilíbrio sempre que

$$Y + C = X.$$

Nessa situação o agente é indiferente a regular ou não regular. Qualquer aumento em "C" ou "Y" ou redução em "X" desincentiva o processo regulatório. Movimentos contrários produzem o efeito contrário. Esse modelo pode ser aperfeiçoado para inserir os demais fatores; no entanto, acreditamos que esses fatores são suficientes para a modelagem.

No setor de bancos de investimento, conforme citamos acima, coexistem tanto a atividade regulatória como a auto-regulatória. Assim, podemos dizer que nesse mercado a opção pela regulação é clara. Já, a decisão pelo procedimento de regulação estatal ou auto-regulação seguirá outros fatores motivacionais.

15. Regulação estatal

A regulação estatal tem as seguintes vantagens:

(A) Efetividade da atividade estatal sobre os atores econômicos, institucionalizada através do poder normativo estatal. Robert Axelrod modelou tal efetividade pelo modelo abaixo.

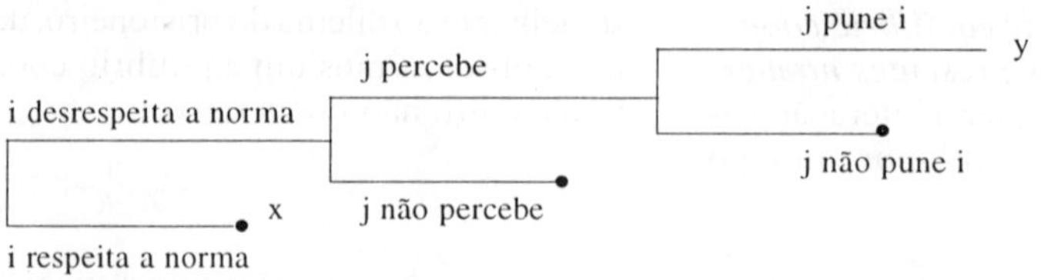

De forma geral, podemos dizer que, caso os incentivos para a obediência da norma sejam menores que as perdas decorrentes de sua desobediência, a norma será afetiva. Caso $x<y$, a norma será desrespeitada.

(B) Completude da atividade reguladora, pois todos os participantes do mercado são obrigados a participar do processo regulatório. As entidades de auto-regulação não possuem esse poder, em princípio – o que dá margem à existência de atores oportunistas em tais mercados.

(C) Institucionalização do processo regulatório, com a necessidade de respeito por suas regras inclusive por outros setores econômicos e pelos consumidores. Mais uma vez, vale lembrar que no processo auto-regulatório somente os associados, enquanto associados, se obrigam a cumprir suas regras.

16. Vantagens da auto-regulação

Com relação à auto-regulação vemos a seguintes vantagens:

(A) *Menores custos regulatórios.* A atividade de auto-regulação prevê taxas menores e procedimentos menos complexos de prestação de informações. Também as penalidades pecuniárias são menores. Representaremos esses custos por (c).

(B) *Maior participação dos agentes regulados no processo de regulação.* Sendo parte integrante da entidade de auto-regulação, todos associados podem influir na sua formalização.

17. A opção entre regulação e auto-regulação

Mais uma vez, para simplificar o modelo, podemos considerar apenas os dois primeiros fatores, da seguinte maneira:

Se $x(r) - y(r) + c(r) = x(a) - y(a) + c(a)$,

onde (r) é regulação e (a) auto-regulação.

Nessa hipótese, temos o ponto de equilíbrio. Caso o sinal "=" se altere para "<", a opção será pela regulação estatal; caso contrário teremos a auto-regulação.

Os agentes racionais podem ainda procurar selecionar e trazer para sua competência as atividades em que $x(r) - y(r) + c(r) > x(a) - y(a) + c(a)$, deixando as demais atividades para o setor estatal. Isto só é possível em razão do alto poder de influência destas instituições sobre o órgão estatal regulador.

Neste capítulo partimos do princípio de que a opção regulatória é toda dos agentes econômicos, que capturam as estruturas regulatórias de forma a atingir seus interesses. Assim, concluímos que a atividade auto-regulatória acessória é uma forma que os agente econômicos encontram para, na regulação de suas atividades, atingir os melhores resultados para cada uma das atividades que possam ser melhor aproveitadas na forma de regulação ou auto-regulação.

Toda essa demonstração visa a evidenciar a forma como o agente econômico vê e procura a interação com o ambiente regulatório e como os agentes jurídicos, muitas vezes, se tornam personagem acessórios naquilo em que deveriam ser principais. Mais adiante procuraremos exemplificar mais detalhadamente como se dá esse processo.

Capítulo IV – A Influência da Engenharia Financeira sobre o Direito

A progressiva desregulamentação dos mercados de capitais observada com a globalização da economia na década de 90 do século passado levou à alteração dos paradigmas de produção. Segundo Faria: "Esse processo de destravamento jurídico e desbloqueio burocrático levou economias de crédito a se transformarem em economias de títulos negociáveis, tornou possível o acesso de capitais privados a importantes espaços de acumulação real, ensejou o desenvolvimento de mecanismos destinados a assegurar maior proteção, flexibilidade e liquidez dos ativos financeiros, elevou a qualidade do fluxo de informação e aumentou a eficiência da gestão de portfólios (...)".[4]

Assim, sob o ponto de vista dos fluxos de capitais, a passagem do modelo fordista para o pós-fordista enseja alguns dilemas, que resumimos a seguir:

Fato	**Problema**	**Solução**
Flexibilidade dos ativos financeiros	Volatilidade dos resultados	Procura de investimentos de *hedge*
Descentralização das decisões empresariais	Difusão das fontes de potenciais inadimplências	Ampliação do conceito de "retorno"
Internacionalização do capital	Custos de oportunidade	Liquidez
Acesso a novos espaços de produção	Assimetria de informações	Aumento da eficiência empresarial
Destravamento jurídico	Redução de segurança dos investimentos	Uniformização dos procedimentos

Alguns exemplos emblemáticos dos problemas originados desse processo são os casos "Barings", "Condado de Orange", "Daiwa" etc.[5]

Sob o aspecto estritamente financeiro, todos esses problemas foram traduzidos como riscos/custos de negociação, originando a preocupação com a contraposição do risco pelo retorno. Em seus aspectos práticos, cada uma das soluções acima se traduziu nas principais vertentes de estudos de riscos: mercado, crédito, liquidez, operacional e legal.

Segundo Jorion, "riscos podem ser definidos como a volatilidade de resultados inesperados".[6] Mencionada volatilidade fez com que a Engenharia Financeira criasse métodos de proteção contra e de administração de tais riscos. Tais métodos foram consagrados na área bancária, principalmente, pela adoção das normas do *Bank for International Settlements* ("BIS").

Desta forma, *gerenciar riscos* é detectar, medir e controlar as incertezas, trazendo-as para uma perspectiva atual, atribuindo valor para estas incertezas e, por fim, encontrando modos de otimizar os controles e diminuir suas possibilidades de incidência. Os diversos riscos existentes podem ter as seguintes definições:

Risco de mercado é o risco de variação de valor de uma carteira de ativos e passivos em função de oscilações nas taxas e preços de mercado, como as taxas de juros, de câmbio e os preços de ações e de *commodities*.

Risco de crédito é o risco de perdas financeiras em razão de compromissos não recebidos.

Risco de liquidez é o risco envolvido no descasamento do fluxo de pagamentos e recebimentos.

Risco operacional é o risco de perdas inesperadas surgidas de deficiências no gerenciamento de informações e nos sistemas e procedimentos de suporte e controle.

4. José Eduardo Faria, *O Direito na Economia Globalizada*, 1ª ed.

5. Almir Rogério Gonçalves, "Uma análise jurídica do estudo e gerenciamento dos riscos envolvidos na atividade financeira e seu tratamento atual no Brasil", *RDM* 128.

6. Philippe Jorion, *Value at Risk*, 1998.

Risco legal é o risco de não-exercício de um direito que implique perda de seu valor patrimonial ou gere nova obrigação com valor patrimonial negativo, em razão de deficiência de informações ou de procedimento.

O objetivo deste trabalho é contrastar a Ciência Jurídica e o desenvolvimento da Engenharia Financeira, sobretudo sob a forma de controle de riscos. Portanto, não trabalharemos com conceitos vinculados ao papel do Estado, do cidadão ou de organismos não-governamentais e internacionais em face das volatilidades que explicitamos acima, e sim apenas sua convivência com o ambiente empresarial.

18. Direito e Economia

Na análise econômica do Direito, vista sob o aspecto da sua dimensão e da dimensão jurídica da Economia, considera-se que as economias de mercado não são mero produto do funcionamento automático de leis econômicas, pois o mercado regulador e a regulação pública da economia assumem papel relevante em seu funcionamento.

Por outro lado, a produção de normas por entidades privadas, a auto-regulação, retira deste fenômeno o caráter meramente coercitivo e propõe outra lógica, vinculada também à necessidade de cooperação e de *fair-play*.

Neste contexto, assistimos à crescente complexidade das relações entre o sistema econômico e o sistema político e jurídico, o que é complementado pela internacionalização das economias e capitais e os processos regionais de integração econômica, ocasionando novo ímpeto à regulação e tornando os mercados objeto da multiplicação das fontes de Direito que mencionamos acima.

Em seu trabalho *Economia e Direito*, Pérsio Arida procurou especificar como a Ciência Econômica vê a norma jurídica. Nesse intuito, elencou as seguintes visões: (i) norma distorciva – procura impor valores, distorcendo a racionalidade econômica; (ii) norma corretiva – busca corrigir anomalias verificadas na realidade econômica; (iii) norma histórica – procura dar forma institucional a uma realidade historicamente verificada, podendo representar retrocessos e aprendizado.

As hipóteses acima exemplificam as formas pelas quais a teoria econômica procura resgatar as funções do Direito no desenvolvimento de seus enunciados, bem como as formas negativas de sua manifestação.

19. Direito e Finanças

Também o estudo de Finanças se volta à observação do Direito e seus efeitos sobre seus enunciados. Recentemente, pesquisadores passaram a examinar os custos e benefícios de cada sistema legal, principalmente sob o prisma de proteção dos investidores, inclusive sob o enfoque da governança corporativa e da facilidade de recuperação de créditos.

Os estudos em Finanças vêem a infra-estrutura legal como recursos e instrumentos relacionados à preparação, interpretação e execução dos contratos, bem como à regulação e supervisão das instituições e dos mercados que são levados em consideração.

Em razão de tal método de análise, nos últimos anos muitos países têm procurado aperfeiçoar suas leis nas áreas de falências, de regulação do mercado de capitais e do direito comercial, com o objetivo de alcançar os padrões internacionais de atração de capitais.

A preocupação financeira com as questões legais deve-se à dramática mudança ocorrida no perfil de financiamento para os países emergentes. Até o início da década de 90 do século passado o financiamento internacional destinava-se aos governos e às empresas ligadas ao setor público, só cabendo falar de risco soberano.

Com o incremento do volume de financiamento externo para empresas do setor privado nos países emergentes, bem como o volume de recursos destinados a investimentos diretos nesses países, aumentou significativamente a preocupação com a infra-estrutura legal.

Por esse novo enfoque, o aprimoramento do sistema legal e das instituições jurídicas nos países emergentes é a alternativa para atrair, a menores custos, capitais estrangeiros, o que incentiva reformas do arcabouço legal que representem redução no custo do capital. Também as agências de *rating* avaliam, monitoram e classificam a infra-estrutura legal de todos os países, disponibilizando essas informações para o mercado.

Os componentes da infra-estrutura legal dos países que mais interessam aos investidores estrangeiros são as leis comerciais, os advogados, os tribunais, os reguladores de mercado.

Nesse aspecto, os advogados desempenham importantes funções, como alertar seus clientes sobre os efeitos que as leis mais relevantes terão sobre seus negócios e escrever de forma clara e com embasamento legal os contratos. Sem um corpo de advogados éticos e com um amplo conhecimento técnico das leis de direito privado, as transações comerciais têm seu custo incrementado.

Nesse mesmo sentido, a presença de um Poder Judiciário competente, eficiente, não-tendencioso e que não seja corrupto é outro elemento essencial para promover a redução dos entraves à obtenção do capital internacional. Podemos dizer o mesmo com relação à solidez das instituições públicas.

Tal processo tende a produzir a convergência para os padrões internacionais de proteção aos investidores, com o intuito de aumentar os investimentos nos países emergentes e reduzir seu prêmio de risco, tanto quanto os custos de captação.

20. Noções evolutivas sob a perspectiva econômica

Empresas são feitas para durar. Atividades de controle de riscos visam sobretudo à perpetuação da empresa. Assim, sempre que falamos em controle de riscos, antes de pensarmos em aumento de rentabilidade, estamos pensando em perpetuação.

Fato é que, no longo prazo, empresas morrem e empresas são criadas. Se alongarmos nosso campo de visão, iremos encontrar somente as empresas que praticam algum tipo de atividade prudencial. O grande volume dessas empresas no mercado torna suas práticas as próprias praticas mercadológicas e contratuais de seu segmento. Daí a visão evolutiva da questão do risco.

Se concordamos que as melhores práticas de controle de riscos são, ou virão a ser no futuro, as práticas consagradas pelos mercados, em seus mais diversos segmentos, devemos estudar este fenômeno com atenção, de forma a inserir o pensamento jurídico neste contexto.

21. Riscos

Sob o ponto de vista da empresa, o aumento dos custos de captação significa maiores perdas financeiras. No exame das causas dessas perdas, parece que os principais fatores contribuintes têm sido um inadequado controle gerencial, uma demasiada dependência de métodos analíticos imperfeitos e a ausência de uma consciência de risco e governança nos níveis gerenciais mais elevados.

Para redução de tais perdas, recomenda-se o fortalecimento do ambiente organizacional por meio da segregação de tarefas, instituição de controles operacionais, implementação de metodologias estatísticas para medida do risco, análise do risco no nível de carteiras e outros.

Exemplificativamente, a orientação dos órgãos reguladores bancários sobre as práticas de gerenciamento de risco também tem seguido a mesma linha. Esses órgãos reguladores têm publicado completas recomendações a respeito do que eles esperam das instituições sob sua supervisão. O ponto de vista dos órgãos reguladores tem sido moldado em sua maior parte pela doutrina da segurança e da integridade – garantir que se evitem a falência de bancos e o conseqüente risco sistêmico potencial causado ao sistema financeiro global. Sendo assim, o foco regulador tem sido primariamente nos controles requeridos na prevenção de perdas grandes e inesperadas.

Embora as empresas procurem adotar muitas das recomendações a respeito das práticas de gerenciamento de riscos disponíveis, elas podem não estar tendo sucesso em suas intenções nem estar se beneficiando disso, pois, para terem sucesso nessa área, as instituições devem não apenas medir e controlar muito bem seus riscos: elas devem também incorporar de uma maneira pró-ativa todos os outros aspectos necessários para uma estrutura de gerenciamento de riscos.

21.1 O risco operacional

Nesse aspecto, o *risco operacional* é o conceito desenvolvido para aumentar a eficiência empresarial ou controlar suas ineficiências, de forma a permitir que os retornos possam ser maximizados em razão do controle de mencionadas deficiências. A eficiência buscada com o gerenciamento dos riscos operacionais pode ser vista sob duas vertentes: a primeira diz respeito à maximização interna dos procedimentos operacionais e a segunda diz respeito à eficiência operacional da interação da empresa com as demais pessoas relacionadas à sua atividade.

Sendo a Ciência do Direito Ciência Social, a ela só cabe estudar os riscos operacionais envolvidos nos relacionamentos, com relevância descritiva ou diretiva, da organização com seus *stakeholders*.

21.2 O risco legal

Em decorrência do quanto mencionamos anteriormente, o *risco legal* poderá ser definido como o risco de perdas inesperadas surgidas de deficiências no gerenciamento de informações e procedimentos vinculados à necessidade de a empresa obter uma situação fática, relacionada a terceiros, vinculada a seu planejamento diretivo.

A ausência de tal eficiência implica o não-exercício de um direito e a perda de valor patrimonial. Tais perdas devem ser devidamente conhecidas, controladas e contrapostas a um resultado futuro.

21.2.1 Tipos de riscos legais

A pequena literatura disponível acerca do *risco legal* subdivide-o nos riscos *contratual*, *contencioso*, *de regulamentação*, *tributário* e *de conformidade*. Em outra oportunidade realizamos a seguinte classificação de riscos legais:

(A) *Risco contratual* – risco de perdas decorrentes de contratos não-operacionais omissos, mal-redigidos ou sem o devido amparo legal. Diz respeito também à ausência de técnica jurídica na elaboração de contratos, expondo a organização excessivamente a uma contra parte ou levando ao fechamento de contratos sem garantias suficientes de execução de eventuais prejuízos causados. Pode estar relacionado, ainda, à inexistência de verificação sobre a legitimidade de contrapartes ou autenticidade de documentos apresentados.

(B) *Risco contencioso* – diz respeito a perdas decorrentes de insucesso em processos judiciais ou, mesmo, ausência de defesa jurídica de interesses legitimamente adquiridos pela instituição. A implantação de sistemas confiáveis de mensuração do risco contencioso é tarefa relativamente simples, dados os controles existentes nos departamentos jurídicos, e pode representar economia significativa de perdas para a empresa.

(C) *Risco de regulamentação* – este pode ser definido como o risco de perdas decorrentes de sanções por reguladores e indenizações por danos a terceiros por violação da legislação vigente. O risco de regulamentação diz respeito, ainda, à possibilidade de surgimento de novas leis ou regulamentos que afetem profundamente o funcionamento, lucratividade ou organização das instituições financeiras.

(D) *Risco tributário* – pode ser definido como o risco de perdas devido à criação ou nova interpretação da incidência de tributos. Pode, portanto, em alguns aspectos, confundir-se com o risco de regulamentação. O gerenciamento da incidência de tributos sobre as atividades operacionais e comerciais da empresa pode ser útil como forma de gerar economias à empresa e pode se vincular, ainda, ao planejamento tributário da instituição.

Não obstante o apelo inicial dessa classificação, devemos observar que tal divisão não guarda vínculo com a sistematização que o gerenciamento de riscos deve respeitar.

Se não, vejamos que as manifestações contratuais, legais e regulamentares vinculadas à atividade da empresa são somente as maneiras como as perdas legais são manifestadas, e somente indiretamente dizem respeito à causa de tais perdas. Se uma relação com um fornecedor causou uma perda à empresa, não existe grande relevância se esta perda foi sob o ponto de vista contratual ou se ocorreu em um processo judicial: o que importa é o montante e a causa da perda.

Assim, tal diferenciação tem sentido quando formos adotar critérios para mensuração das perdas relacionadas aos riscos legais, mas não serve à sua sistematização. Para que possamos especificar os tipos de riscos legais, é necessário antes examinarmos quais os inter-relacionamentos que as organizações mantêm com seus *stakeholders*, para num segundo momento poder avaliar as perdas advindas da falta de eficiência nestes relacionamentos.

O quadro a seguir poderá justificar a metodologia utilizada na subdivisão de riscos legais que mencionaremos adiante.

ESPAÇO DA PRODUÇÃO DO PONTO DE VISTA DA EMPRESA

Componentes/ *Stakeholders*	**Grupo social**	**Forma institucional**	**Mecanismo de poder**	**Leis e regras**	**Racionalidade**
Fatores de produção	Dirigentes e trabalhadores	Fábrica e ambiente de produção	Emprego/Salário	Normas internas	Maximização da acumulação
Consumidores	Consumidores	Mercado consumidor	*Marketing*	Direito do consumidor	Maximização das vendas
Concorrentes	Diretos e indiretos	Associações de classe	Liderança	Auto-regulação	Maximização da eficiência
Fornecedores	Diretos e indiretos	Mercado de insumo e matérias-primas	Capacidade aquisitiva e de negociação	Direito dos contratos e trocas	Maximização utilitária
Comunidade	Grupos locais, nacionais, étnicos e meio ambiente	Organizações não-governamentais nacionais e supranacionais	Diferenciação e integração social	Direito comunitário e direitos difusos	Maximização de identidade
Autoridades governamentais	Nacionais e locais	Estado	*Lobby* e atuação política	Direito estatal	Maximização da "regra do jogo"
Atores internacionais	Organismos políticos e comerciais	Organizações internacionais e Estados estrangeiros	Trocas, negociação e política internacional	Direito internacional privado	Maximização do acesso
Investidores	Acionistas, contrapartes e credores	Organização societária e mercado de capitais	Risco *x* retorno	Direitos dos mercados e direito societário	Maximização do resultado

Fonte: Inspirado em Boaventura Santos, "On modes of production of law and social power".

21.3 Risco de conformidade

Está relacionado ao gerenciamento das rotinas da organização, com vistas à consecução de suas atividades e diretrizes para com o exterior. Assim, cabe ao risco de conformidade verificar se a manifestação fática da empresa é condizente com as determinações de seus órgãos estratégicos. Seu gerenciamento deve levar a um sistema eficiente de normas internas que propicie a eficiência na execução de suas atividades operacionais voltadas a agentes externos.

Se a prática da empresa é pagar todos os seus impostos, sem economia com planejamento, os normativos internos da empresa devem não só deixar claro este objetivo, como diligenciar para que ele seja alcançado. Caso algum funcionário cause o não-pagamento deste imposto, teremos uma inconformidade. Caso esse pagamento gere uma multa do agente fiscalizador, teremos os valores envolvidos na perda. O controle do risco de conformidade deve fazer com que o histórico de perdas por inconformidade se reduza ou aumente, desde que sempre sob o aspecto de controle de riscos da instituição.

21.4 Risco de imagem

O risco de imagem pode ser auferido pela perda do valor da marca ou a redução de acesso a mercados. Aqui, verifica-se a interação ineficiente entre a organização e seus consumidores, levando à redução do consumo de seus produtos e a prejuízos relacionados a disputas na seara consumerista. Assim, se o excesso de reclamações de consumidores – seja em órgãos administrativos, seja em SAC, seja no Poder Judiciário – faz com que uma marca perca seu valor e, portanto, sua penetração no mercado consumidor. O controle de risco de imagem deve levar não somente à manutenção do valor da marca, como à redução de perdas em processos judiciais e administrativos com consumidores.

21.5 Risco concorrencial

No seu relacionamento com os concorrentes, a empresa pode obter prejuízos em razão de ausência de procedimentos concorrenciais adequados ou de auto-regulação apropriada à sua atividade. A falta de eficiência jurídica, aqui, leva não só a perdas, como ao risco de descontinuidade da atividade da empresa. A perda contumaz de parcelas de participação no mercado, quando relacionadas a conduta antiética ou anticoncorencial dos outros competidores, pode ser controlada através de entidades de auto-regulação devidamente organizadas ou de procedimentos junto às instâncias concorrenciais.

21.6 Risco contratual

Todos os agentes que forneçam, de alguma forma, algum valor ou utilidade à empresa o fazem sob o julgamento de que tal fornecimento será objeto de uma remuneração específica. Os riscos legais vinculados à negociação ineficiente com esses agentes podem maximizar o valor recebido pelos fornecedores, em detrimento do resultado da organização. Toda vez que o custo de uma contratação com um fornecedor é maior que o que foi estrategicamente estipulado, a perda deve ser avaliada e, não estando dentro dos riscos contratuais aceitos pela empresa, os métodos e princípios de contratação devem ser reavaliados.

21.7 Risco do Terceiro Setor

A ausência de interação com a comunidade pode ocasionar problemas à continuidade da empresa, bem como à sua capacidade de produção em determinado ambiente. Em razão dessas questões, as empresas preocupam-se cada vez mais com o Terceiro Setor. No entanto, a atividade ineficiente, do ponto de vista jurídico, com a comunidade pode esterilizar ou até inverter tais iniciativas. O adequado gerenciamento desses riscos contribui para a continuidade da empresa e, eventualmente, para o aumento de sua produção.

21.8 Risco normativo

Como representante de uma sociedade, a empresa está sujeita a suas leis e regras. No entanto, não sendo cidadã, a forma de influência e controle dos riscos sobre essas leis e regras não está relacionada ao voto, e sim ao acompanhamento de mencionadas normas, à influência em sua elaboração e à preparação interna para seu advento. Toda norma contrária ao interesse da empresa pode ser traduzida em uma perda financeira conseqüente. Por outro lado, o dinheiro gasto com o acompanhamento e influência na elaboração da norma pode facilmente ser remunerado pela redução do risco normativo.

Se no processo de elaboração da norma este raciocínio é válido, o mesmo não se pode dizer no que diz respeito à sua interpretação pelos tribunais. Muitas vezes as empresas, através das associações de classe, exercem o correto acompanhamento e influência legislativa. No entanto, este esforço é inútil em razão da interpretação e aplicação divergente da norma. Iniciativas de aproximação do setor econômico ao Poder Judiciário, instituído ou em formação, isto é, faculdades, são tão ou mais aptas a prestar relevantes retornos à atividade empresarial que a atividade de *lobby*.

21.9 Risco internacional

O não-pensamento da empresa sob o ponto de vista internacional pode levar à perda de oportunidades externas, bem como à sua inviabilização em um ambiente globalizado. A avaliação correta dos riscos ocorridos nos relacionamentos da empresa com agentes exteriores, públicos e privados, pode ser fator essencial de sucesso empresarial. Por outro lado, tal inter-relacionamento deve não só ser efetivo como eficiente, razão pela qual o farto conhecimento de Direito Internacional e de comércio exterior é essencial para o resultado.

21.10 Risco societário

Por fim, a capitalização da empresa está diretamente relacionada à remuneração de seus acionistas. Nesse sentido, práticas corretas de governança corporativa são a única solução para o correto relacionamento da empresa com seus capitalistas e a manutenção do financiamento de suas atividades. Baixo acesso a capitais pode ser diretamente mensurado pelo alto custo de remuneração de acionistas e de capital de terceiros. O gerenciamento de risco societário deve atuar no sentido de reduzir, dentro das possibilidades do direito societário, o *spread* de risco das captações da empresa.

21.11 Fases de implantação

A implantação de um projeto de risco legal adequado deveria transitar pelas seguintes atividades: criação de um ambiente empresarial adequado; elaboração de métodos de formação de bancos de dados de perdas legais; mensuração das perdas legais; avaliação dos retornos esperados; elaboração de plano estratégico de controle de riscos.

21.11.1 Ambiente empresarial

Tendo em vista formação científica insuficiente de grande parte dos operadores do Direito, a primeira atividade recomendada é o incremento da formação do corpo jurídico empresarial apto à análise e o pensamento financeiro e a formação de um ambiente interno culturalmente preparado para as mudanças que o gerenciamento de riscos legais ocasiona.

21.11.2 Banco de dados

Tendo superado esta fase, será necessária a formação de um banco de dados que permita um espaço amostral seguro para a aferição das perdas jurídicas.

Para que se possa falar em *risco legal* deve-se, antes, saber quais os montantes e a intermitência com que perdas jurídicas ocorrem. Nenhuma atividade de administração dessas perdas é efetiva se não existem dados gerencias que suportem as conclusões.

Assim, é fundamental a inserção de instrumentos de coleta de eventos relacionados a perdas para que a amostra possa ser formada. Tal prática só pode ser obtida através do conhecimento profundo das atividades empresariais e os pontos adequados de captura. Podemos, de qualquer forma, observar que a prática de *due diligences* periódicas na empresa, voltada à captura de riscos, seria um passo importante nesse sentido. Sabemos que nenhum comprador faz investimento relevante em uma empresa sem antes fazer uma diligência de todos os seus passivos legais. O investidor considera que somente com o montante desse passivo em mente pode avaliar se o valor que está investindo dará o retorno que espera. Ora, se esse raciocínio vale para o novo investidor, por que não é válido para o investidor que já está na empresa?

Os riscos legais são facilmente capturáveis, pois sempre se manifestam em relações com *stakeholders* e, portanto, são sempre exteriorizados e documentados. A elaboração de bancos de dados efetivos para cada tipo de risco legal permitirá que se passe para a fase de sua redução e controle.

Por fim, é válido observar que a realização de uma correlação entre as perdas em relações jurídicas que chegam ao Judiciário e as que são contratualmente resolvidas também terá importante função quando da avaliação de formas de reduzir riscos.

21.11.3 Mensuração

Após a aferição do volume e valor de perdas legais ocasionadas em cada período de tempo, é preciso calcular a volatilidade destas perdas. Observemos que, com o levantamento do banco de dados de perdas legais de determinados períodos e com o pressuposto de que as condições que causaram tais perdas não se alteraram, teríamos a probabilidade de perdas futuras para períodos de tempo similares. Isto possibilitaria o provisionamento para perdas futuras, de acordo com a verificação de tais perdas.

No entanto, as perdas apuradas nos bancos de dados, em cada período, dificilmente serão constantes. Quando se analisam bancos de dados desse tipo, podemos perceber que os resultados têm alta volatilidade. Portanto, para que se possa trabalhar com um valor de provisão mais preciso, é necessário calcular o valor em risco ou a volatilidade destas perdas. Não pretendemos trabalhar, aqui, os métodos matemáticos aplicáveis a esta mensuração. No entanto, acreditamos que a utilização do *Var operacional* é suficiente para o cálculo de tal volatilidade.

Muitas empresas podem, no entanto, optar por não possuir um sistema de monitoramento das medidas de desempenho operacional tais como volume, *turnover*, falhas, atrasos e erros, mas realizar o monitoramento de perdas legais diretamente, através da análise de cada ocorrência e da elaboração de uma descrição da natureza das causas da perda.

Nesse sentido, duas ferramentas podem ser muito úteis para a mensuração do risco legal. São estas o teste de *stress* e a auto-avaliação.

Os testes de *stress* são quantitativos. Checam o sistema para descobrir os impactos destes estresses. Fatores de risco-chaves são "estressados" ou dados valores além dos níveis normais de operação para revelar deficiências nos processos e sistemas que poderiam conduzir a erros não-esperados. Estes testes apontam o caminho para reprojetar sistemas internamente, ou atualizar os controles inseridos.

Checklists ou outros instrumentos de controles de auto-avaliação (CSA) são técnicas qualitativas para transferir boas práticas operacionais de um lugar para outro. Eles também podem ser utilizados para avaliar o estado atual de práticas legais e sugerir ações corretivas.

Checklists fornecem aos gerentes uma série de questões dirigidas para descobrir o que pode estar errado, onde pode ter ocorrido o erro, sua importância, e o que pode ser feito sobre isto. A mensuração de riscos usando *checklists* é puramente uma avaliação subjetiva feita por entrevistadores. Muitos destes *checklists* operacionais focam as limitações das disponibilidades de sistemas de controles.

Em particular, os *checklists* direcionam a atenção para quatro aspectos: existência de controles, magnitude da exposição ao risco, potencial de controle para prevenir a ocorrência do evento e grau de aceitação do controle.

21.12 Gerenciamento de riscos

Se sabemos o valor e a volatilidade das perdas ocasionadas por causas legais, já temos suficientes informações sobre o risco legal a que a empresa está exposta. Tendo em vista que o extermínio dos riscos é impraticável para qualquer organização, a direção deve estabelecer o nível de exposição adequado para a empresa, bem como os níveis de provisionamento necessários para esses riscos. Assim, se os custos de captação estão muito altos, o planejamento estratégico da empresa deve determinar que o risco societário seja reduzido, ou que as reservas de provisão que garantem estes riscos sejam aportadas. Da mesma forma para outros riscos.

Portanto, de posse dos valores de perdas legais a que provavelmente estará exposta nos próximos períodos, a empresa pode optar por realizar a provisão de reservas matemáticas para essas perdas ou apenas se preparar estrategicamente para realizar essas perdas no futuro. Com isso, poderíamos trazer as perdas a valor presente e, conseqüentemente, traçar a correlação investimento retorno nas atividades jurídicas da empresa sob o ponto de vista de risco legal, com a conseqüente avaliação sobre se os investimentos na área jurídica devem ser aumentados ou reduzidos.

21.13 Redução dos riscos

Por fim, verificada a necessidade de redução de riscos legais, será necessário desenvolver rotinas empresariais adequadas à redução das volatilidades e amplitude de riscos detectados. Para cada tipo de risco legal, diversas atividades podem ser realizadas. No entanto, se temos bancos de dados das maiores causas de perdas legais na empresa, as atividades devem ser focadas nessas perdas.

Não obstante, apontamos abaixo algumas iniciativas para cada tipo de risco:

Risco	**Atividades**
Conformidade	Reavaliação dos normativos internos
Imagem	Reforço no relacionamento com o consumidor
Concorrencial	Maior participação nas atividades de auto-regulação e acompanhamento das demandas do setor nos órgãos concorrenciais
Contratual	Revisão dos procedimentos de negociação de contratos
Terceiro Setor	Modificação na política do Terceiro Setor
Normativo	Ampliação das atividades de *lobby* legislativo e judiciário
Internacional	Revisão da amplitude e forma de atuação internacional da empresa
Societário	Implementação de novas práticas de governança corporativa e revisão de regras societárias

Para assegurar que medidas apropriadas de gestão de risco sejam difundidas em todas as unidades de negócios, é necessário que se tenham claramente definidos os seguintes princípios de gestão: objetividade, consistência, relevância, transparência, abrangência e plenitude.

22. *Reflexos sobre o ambiente normativo e judiciário*

O presente trabalho restringe-se a analisar o efeito das volatilidades jurídicas sob o prisma empresarial. De maior relevância seria ampliar tal estudo para uma organização maior, como o estudo das relações em entidades de classes, Estado, organismos não-governamentais ou internacionais. No entanto, não é o escopo do presente trabalho.

Na sociedade de concorrência de mercados e capitais internacionais, qualquer incremento no resultado empresarial pode ser decisivo ao sucesso de uma organização. O controle das volatilidades jurídicas e a maximização dos retornos sobre tais atividades, se feitos corretamente, podem ser fatores relevantes deste incremento.

No entanto, o correto entendimento dos riscos legais e a possibilidade de contribuição do operador do Direito ao desenvolvimento das organizações de produção estão intrinsecamente vinculados à sua capacidade de agregar valor à atividade produtiva.

Por outro lado, o processo de formação de contratos em um mercado, no longo prazo, tende a preservar aqueles que são mais eficientes e adaptados e excluir aqueles que não fornecem as melhores respostas esperadas pelo mercado. A manutenção destes contratos leva à conseqüente manutenção das empresas a eles relacionadas.

Tendo em vista a grande volatilidade jurídica a que nos referimos nos capítulos anteriores, podemos concluir com alguma segurança que empresas que tenham maior capacidade de conviver e gerenciar tal volatilidade têm maior tendência a prosperar.

Sob o prisma evolutivo, a constante manutenção deste tipo de empresa faz com que suas práticas prudenciais se tornem práticas de mercado, dificultando a manutenção de empresas que não adotem alguma forma de gerenciamento desses ricos, alem de premiar aquelas que são mais eficientes nesse gerenciamento, não necessariamente com maiores lucros, mas sempre com maior longevidade.

Capítulo V – Reflexos Práticos da Metodologia Adotada

Neste ponto, devemos nos inquirir sob os pontos de convergência do quanto estudamos até o presente. Inicialmente identificamos que o ambiente jurídico e normativo está sujeito a um amplo espectro de volatilidade, causado sobretudo pela reprodução desordenada das hipóteses de interpretação e pela influência das empresas no processo legislativo e regulamentar.

Por outro lado, empresas de sucesso – ou seja, empresas que sobrevivem através dos tempos e que, assim, se tornam massa de estudo – são aquelas que conseguem dialogar e lidar de maneira mais eficiente com estas volatilidades. Mais recentemente o movimento de estudo dos riscos legais procurou identificar os meios de convivência com tais volatilidades.

Assim, o mercado, no longo prazo, passa a ser determinado pelo padrão mais eficiente de convivência com os riscos. Procuramos, abaixo, fornecer alguns exemplos de como este padrão de comportamento consagrado pelo mercado, através do processo seletivo, interfere na vida social e na organização jurídica.

23. *A questão das decisões singulares*

O primeiro exemplo que pretendemos estudar é o que se refere à precificação de crédito no Brasil. O setor de crédito, via de regra, pratica juros extremamente elevados quando comparados a outros países. Em razão do alto custo do crédito, o devedor constantemente se vê às voltas com a necessidade de inadimplir seus compromissos.

O resultado de tal realidade surte dois tipos de efeitos: o débito não é quitado e o devedor passa a sofrer problemas cadastrais, ou o devedor se vê executado nos poucos bens que possui. Dentre os devedores que aqui supomos, devemos imaginar que existem aqueles mais esclarecidos e com maior acesso ao aparato judiciário, que em nosso país representam uma minoria.

Os demais devedores são aqueles que não têm capacidade financeira ou informação suficiente para acessar o sistema judiciário.

Sempre que o primeiro grupo de devedores acessa o Judiciário, os juízes, considerando a situação econômica do país, a grande capacidade econômica do setor bancário e a desproporção nos juros cobrados, tendem a utilizar seu espectro de possibilidades de interpretação para decidir em favor dos devedores. Com isso, entendem os juízes estarem praticando a justiça formal, já que, dentro de seu espectro de interpretação, visam acessoriamente a atingir a justiça social, na medida em que decidem favoravelmente ao hipossuficiente.

Como se conclui do quanto falamos anteriormente, o setor econômico digere este espectro de possibilidades de decisão do Judiciário como *volatilidade* – e, portanto, risco. A diferença de visão contextual entre o Judiciário e o setor econômico, via de regra, gera um conflito, que, reduzido em danos financeiros, é suportado por aquele que tem menor poder econômico e, portanto, menor capacidade para transferi-lo.

Esse é o contra-senso de que pretendemos, aqui, tratar. O setor econômico, tendo em vista as múltiplas oportunidades de investimento que tem, somente investirá em crédito se o retorno for suficiente para cobrir os riscos que assume com tais operações. Na medida que uma minoria melhor instruída ou com melhor capacidade financeira acessa o Judiciário na busca de alívio financeiro dos seus débitos e tem seus pedidos atendidos, essas decisões são contabilizadas como prejuízo pelas instituições financeiras, que, em razão de seu poderio econômico, repassam tais prejuízos ao custo de crédito no Brasil.

O que devemos observar é que o aumento do custo de crédito é suportado não apenas pelos que têm acesso ao Judiciário, mas por todos os devedores que precisam de alguma forma acessar o sistema brasileiro de crédito. Não devemos esquecer que esse conjunto de devedores é formado não só pelos que têm melhor condição social, como também por uma grande maioria da população excluída dos serviços estatais básicos.

Cruel, nessa análise, é constatar que o Judiciário, no bom intuito de aliviar os devedores do sistema brasileiro de crédito e, assim, praticar a justiça social, acaba por produzir o efeito exatamente inverso, pois os custos financeiros de suas decisões não são suportados pelas instituições financeiras, mas sim por aqueles devedores mais hipossuficientes entre os hipossuficientes – o que, por si só, representa transferência socialmente injusta de renda.

24. A distribuição de direitos

Outro problema que identificamos no contraponto entre interpretação financeira e interpretação jurídica da realidade diz respeito à quantificação do direito. Do ponto de vista jurídico, os direitos são bens ilimitados a que todos devem ter acesso na mesma proporção. Assim, direitos podem ser conferidos em grandes quantidades a todos os cidadãos, pois a lei assim garante.

Já, o observador financeiro entende que direitos, como quaisquer outros bens, são bens escassos, cujo exercício inibe que todos os demais cidadãos deles usufruam.

Podemos melhor exemplificar tal pensamento através da análise da complexidade da legislação trabalhista no Brasil. O trabalhador, no Brasil, possui um grande número de direitos, como a todos parece justo que seja. No entanto, se considerarmos que direitos são escassos, devemos concluir que, quanto mais direitos são concedidos, menor o número de trabalhadores que a eles têm acesso.

Melhor explicando, podemos observar os movimentos de discussão de alterações da legislação trabalhista bem como a negociação de acordos coletivos de categoria. Em ambos os casos, os trabalhadores, organizados através de sindicatos e confederações, buscam fazer todo tipo de pressão política para que os direitos não sejam reduzidos, mas sim ampliados.

Quanto mais estes direitos são ampliados, os empresários ou buscam terceirizar suas atividades, ou reduzir sua necessidade de mão-de-obra. Assim, o número de trabalhadores beneficiados pelos direitos então concedidos cada vez mais se torna reduzido.

Este processo paulatinamente torna a grande massa de trabalhadores em pequenos grupos de ofício que se organizam na defesa de direitos que exercem com exclusividade.

Assim, aquilo que, em teoria, não resta dúvida de que é justo, quando transpassado para a realidade apresenta algumas incongruências, que acreditamos dever ser melhor exploradas.

Não significa que os direitos sociais devem ser negligenciados. Sobre o tema, o gráfico abaixo é exemplar:

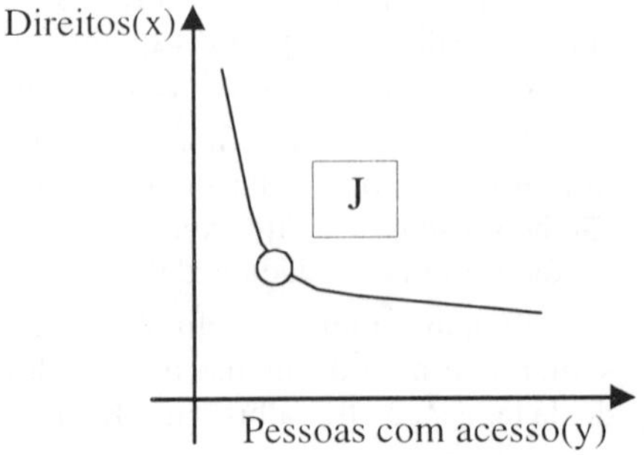

O gráfico acima denota que o resultado de $x * y$ possui um ponto J de maiores resultados globais, o que faz com que o interesse econômico busque se distanciar dele. Já, do ponto de vista estritamente jurídico, o ponto J deveria ser sempre o ideal, pois gera melhores resultados sociais.

Já, do ponto de vista financeiro, entende-se que o melhor resultado é aquele em que $x * y$ atinge o menor resultado quantitativo. A alteração de tal binômio somente será possível com o redesenho da curva para uma função em que a reta se torne uma curva voltada para os eixos:

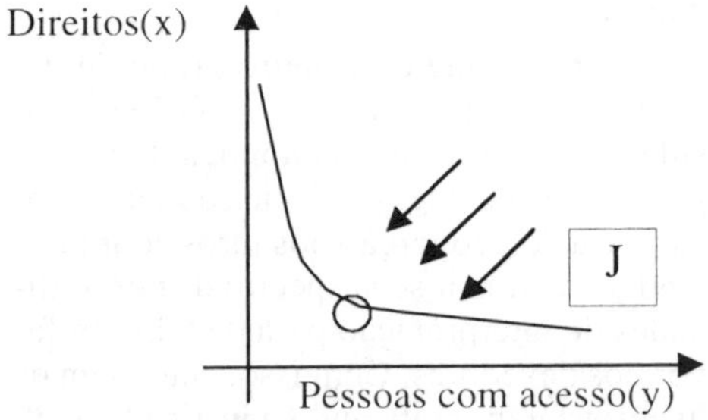

A tal alteração somente se procede com a incorporação de novos elementos ao contexto, tais como a influência da oferta e demanda de trabalho sobre o volume salarial. Nesse sentido, o esforço jurídico de fazer o equilíbrio avançar na reta (y) contribui para o esforço empresarial de reduzir seus gastos, visto que a união de ambas as tendências produz o menor resultado quantitativo possível.

Uma atuação juridicamente eficaz seria aquela que procurasse redesenhar o gráfico da seguinte maneira:

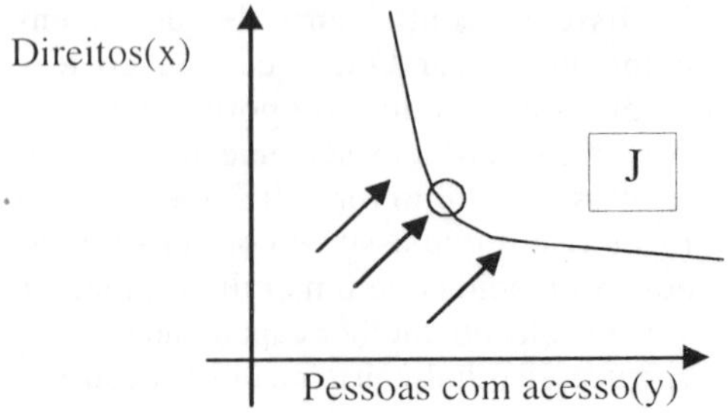

Tal resultado somente se obtém com a mudança do paradigma de direitos trabalhistas para uma situação de concessão mais inclusiva de direitos, de forma a trabalhar indiretamente com a curva de oferta e demanda.

Com base nisso, o operador do Direito volta a se questionar sobre o conceito tradicional de *justiça*. Questionamento, esse, sobre o qual a análise estritamente jurídica não fornece elementos para o desenvolvimento de cenários ideais. Aqui, a análise jurídica descontada da realidade produz aquilo que mencionamos acima como *simulacros de terceira ordem*, danosos à vida social.

25. O problema da regulação

O processo de regulação ou regulamentação não é um processo 100% científico ou de inspiração. Com efeito, no processo político legislativo, múltiplos atores influem sobre os textos legais definitivos. Tal processo de influência é amplamente estudado pela Ciência Política.

Na década de 70 do século passado, com Stigler, iniciou-se o estudo dos processos de captura, através do estudo da captura dos agentes econômicos sobre os agentes de regulação. Posteriormente, percebeu-se que o processo de regulação, como delegação do Poder Legislativo, era capturado não na sua estrutura, mas sim a partir de sua produção legal. Isso significa que os agentes econômicos buscam capturar a opinião dos Poderes Legislativos, para que assim influam na construção de um ambiente regulatório mais favorável.

Não obstante as conclusões anteriormente observadas não serem falsas, na década de 90 do século passado os pesquisadores ampliaram seus pontos de vista e passaram o centro do debate político dos estudos dos sistemas de captura para a figura do Poder Executivo, visto o poder de propositura e de veto que este Poder tem. Assim, mesmo nos sistemas democráticos se observa que cabe sempre ao Executivo iniciar os processos legislativos e também os concluir. Assim, tornou-se esse o Poder central a ser influenciado pelos atores econômicos desejosos de fazer valer seus valores no processo regulatório de suas atividades.

Somente recentemente os teóricos passam a considerar também a influência do Judiciário sobre todo este processo. Com efeito, conforme mencionamos aqui, cabe ao Judiciário interpretar as normas e aplicá-las aos casos da realidade. Assim, o que interessa ao agente econômico, em última instância, não é a norma que regulamenta sua atividade, mas sim os reflexos dessa norma sobre a realidade.

Nesse sentido, devemos observar o seguinte diagrama:

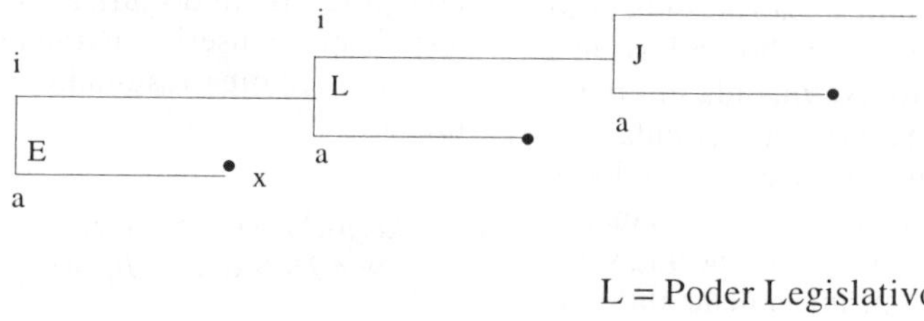

Onde:

i = Poderes ignoram os interesses econômicos do agente

a = Poderes atendem aos interesses econômicos do agente

E = Poder Executivo

L = Poder Legislativo

J = Poder Judiciário.

Assim, partimos do princípio de que os agentes querem fazer valer seus interesses econômicos da melhor forma possível. Se considerarmos que esses agentes têm três oportunidade diversas de influir no processo, seu interesse convergirá sempre para a maleabilidade do processo, de forma a que ele possa ter a participação de todos.

Assim, leis muito claras e diretas podem não ser interessantes, na medida em que restringem o campo de sua interpretação pelo Judiciário. Com efeito, quanto mais vaga, confusa e contestável a lei, mais clara é a oportunidade que o agente econômico tem de fazer valer seus interesses junto ao Poder Judiciário.

Desse gráfico observamos que, ao influenciar os Poderes no processo de produção de normas, os agentes econômicos estão expostos aos "caronas", que não se empenharam no processo de influência, mas serão beneficiados pela sua atuação. É o princípio de que *normas que me beneficiam, também beneficiam meu concorrente*.

Se considerarmos que para o agente com maior poderio econômico e maior poder de influência o cenário ideal seria aquele em que as normas o pudessem beneficiar, mas não pudessem ser obtidas pelos concorrentes, tal objetivo se atinge com normas vagas, imprecisas e contestáveis. Pois é possível fazer com que, na prática, tais normas só valham para aqueles que têm poder econômico para transformá-las em realidade.

Este é o processo de captura via Judiciário. Tal processo baseia-se no fato de que a interpretação dessas normas é feita não somente com a manifestação do Judiciário, mas também com o trabalho de juristas e teóricos do Direito. Na medida em que o poder econômico tem maior capacidade de capturar tais profissionais, contratando-os, esses automaticamente passam a chancelar a captura da manifestação da norma sobre a realidade e, assim, influenciar indiretamente o Poder Judiciário.

Tal prática tem o condão de excluir a volatilidade sobre os interesses do poder econômico e transferir aos concorrentes de menor capacidade econômica todo o ônus do aparato regulatório. Dessa forma, o processo regulatório, que inicialmente deveria incentivar a concorrência, torna-se um processo de exclusão de pequenos concorrentes.

26. Soluções práticas

Entendemos que, para evitar a proliferação do tipo de incongruências apontadas anteriormente, a solução principal é a ampliação do volume de pesquisa científica em Direito, pois somente assim a produção doutrinária séria e desinteressada pode uniformizar entendimentos e reduzir o espectro de interpretação das normas.

Por outro lado, melhores juristas podem adquirir maior poder para influenciar no processo de elaboração de normas, influenciando na sua elaboração mais clara, concisa, e reduzindo os campos para sua contestação.

Por fim, entendemos que súmulas vinculantes também podem ser úteis nesse processo, visto evitarem manifestações divergentes em situações semelhantes e ampararem aqueles com menor acesso ao Judiciário e aos Tribunais Superiores.

De qualquer forma, a "caixa-preta" da produção legislativa tem de ser aberta. Recentemente, observamos que os juristas vêm perdendo campo na influência sobre os textos normativos. Tal fato se deve à multiplicação das fontes e do número de normas, mas também está vinculado à descrença na figura do jurista como cientista social, apto a inserir seu trabalho na produção de melhores resultados na vida cotidiana.

Capítulo VI – A Certeza do Direito e a Defesa do Hipossuficiente

Do quanto apuramos no capítulo anterior, podemos atingir as seguintes conclusões:

(1) Decisões singulares não têm efetividade na produção de justiça social. Boas leis sim.

(2) Ao tentar consolidar seus direitos, entidades organizadas invariavelmente excluem do acesso aos direitos que perseguem aqueles que a elas não estão filiados. Cabe ao legislador apenas defender o interesse geral.

(3) Agentes com maior poderio econômico preferem atuar em ambientes jurídicos de maior volatilidade, pois assim enfrentam menor concorrência.

De todas essas conclusões, o fator predominante, que sobressai da simples análise, é o fato inegável de que somente a certeza do direito tem o poder e a independência suficientes para dialogar com interesses e gerar realidades sociais mais próximas daquela desejada pela vontade do legislador.

Entre as ameaças à certeza do direito destacamos: ausência ou lacuna da norma, ambigüidade e obscuridade de seu texto, instabilidade de sua validade e aplicabilidade, vagueza, incentivo à discricionariedade na sua interpretação, ausência de simplicidade e hipertrofia do sistema normativo.

Não obstante tal posicionamento ser alvo de algumas críticas, em razão de sua instrumentalidade – o que exigiria um legislador onipotente para sua boa consecução –, acreditamos que tal instrumentalidade, não obstante ser um problema a ser combatido, não é obstáculo às possibilidades de externalidades positivas de tal sistema.

O legislador não deve fazer aquilo que determina seu arbítrio, mas sim aquilo que verificar dar melhor resultados aos anseios sociais, assim verificados pelo debate de interesses próprios das relações sociais. No entanto, deve observar o legislador, ainda, quais reflexos práticos secundários geram suas decisões, pois a visão simplista e unidimensional da norma é o maior obstáculo atual à sua certeza.

As relações jurídicas devem ser objetivas, claras e seguras, introduzindo a certeza nas relações sociais. No entanto, não basta a certeza formal do texto normativo: é necessário, ainda, avaliar a capacidade que o texto legal tem de influir nas relações sociais de forma a implantar tal certeza.

Ao fim do processo de aplicação da norma, não é correto que seus resultados se voltem para seres isolados, através de decisões e aplicações singulares, mas, sim, que sua aplicabilidade gere efeitos sociais positivos, distributivos, e que procure unir os interesses dos atores sociais.

Isso somente é possível pelo afastamento da possibilidade de arbitrariedades, soluções singulares e divergentes e resultados imprevisíveis. Um ambiente como este é um ambiente de caos social, onde a sociedade se vincula por dogmas e se mantém apenas por um frágil sistema de simulacros.

Se para a atividade econômica e financeira a certeza do direito é fator de segurança nas suas relações com os mercados, para o cientista jurídico ela surge como forma de melhor distribuir os direitos entre os cidadãos e salvaguardar dos direitos dos hipossuficientes.

Capítulo VII – Conclusões

Concluímos, por fim, que, sob a aparente máscara de lucidez e eficiência, gerada pela sistemática organização de seus componentes, o sistema jurídico-normativo no Brasil contém uma convulsão de fatores, determinantes e resultados fáticos que eliminam toda certeza e segurança do direito.

O estudo superficial das estruturas jurídicas, aliado à esperteza de alguns e à opulência econômica de outros, produz um sistema social de antagonismos e exclusão, no qual a distribuição de renda e de direitos é extremamente injusta e desigual.

Dentro do caos instalado, somente a Ciência do Direito, através de seus pesquisadores (e não necessariamente *doutrinadores*), pode propor soluções, detectar problemas e gerar os avanços sociais que a sociedade clama do sistema jurídico normativo.

É imprescindível eliminar as volatilidades, reduzir os riscos e democratizar o a cesso aos direitos (e não necessariamente ao Judiciário). Nenhuma sociedade que viva sob a égide do risco pode se considerar uma sociedade estável. As relações numa sociedade tal são tênues e precárias. O estudo, o mapeamento e o controle dos riscos derivados da atividade jurídica, não obstante serem importantes para a atividade econômica, são também imprescindíveis para a organização social das Nações e dos sistemas de Direito.

Para tanto, é necessário que quebremos paradigmas, é necessário evitar a importação/proliferação exagerada de modelos prontos e, ainda, é necessária a divulgação de uma nova visão crítica, rica e factual do Direito.

Bibliografia

AKERLOF, George A. "The market of lemons: quality uncertainty and the market mechanism". *Quarterly Journal of Economics* 84/488-500. Agosto/1970.

ALLEN, David, BOODWORTH, Phillip, FROST, Chris, e PORTE, James. *Operational Risk and Resilience. Understanding and Minimizing Operational Risk to Secure Shareholder Value.* Butterworth Heineman/PriceWaterHouseCoopers (Atlas), 2001.

ARIDA, Pércio. *Direito e Economia.*

ASCARELLI, Tullio. "Funzioni economiche e istituti giuridici nella tecnica dell'interpretazione". *Studi di Diritto Comparato in Tema di Interpretazione.* Milão, Giuffrè Editore, 1952.

AXELROD, Robert. *The Complexity of Cooperation.* New Jersey, Princetown University Press, 1997.

——————. *The Evolution of Cooperation.* Nova York, Basic Books, Inc. Publishers, 1984.

BACKHOUSE, R. E. (ed.). *New Directions in Economic Methodology.* Londres e Nova York, Routledge.

BAIRD, Douglas G., GERTNER, Robert H., e PICKER, Randall C. *Game Theory and the Law.* Boston, Harvard University Press, 1994.

BALDWIN, Robert, HOOD, Christopher, e SCOTT, Colin (eds.). *A Reader on Regulation.* Oxford, Oxford University Press, 1988.

BAUDRILLARD, Jean. *Simulacros e Simulação.* 1ª ed., trad. de Maria João da Costa Pereira, Lisboa, Relógio d'Água Editores, 1991.

BERSTEIN, Peter L. *Desafio aos Deuses: a Fascinante História do Risco.* Rio de Janeiro, Campus, 1997.

BEST, Philip. *Implementing Value at Risk.* Nova York, Jonh Wiley & Sons, 1998.

BETTI, Emilio. "Funzione del negozio giuridico". *Teoria Generale del Negozio Giuridico.* Nápoles, Edizioni Scientifiche Italiane, 1994.

——————. "Interpretazione e integrazione del negozio lacunoso". *Interpretazione della Legge e degli Atti Giuridici.* Milão, Giuffrè Editore, 1971.

BIS. *Princípios Essenciais para uma Supervisão Bancária Eficaz.* Basiléia, Comitê de Supervisão Bancária da Basiléia.

—————— /IOSCO (International Organization of Securities Commissions). *Recommendations for Securities Settlement Systems. Report of the CPSS-IOSCO Joint Task Force on Securities Settlement Systems (Consultative Report).* Basel, BIS/IOSCO, 2001.

BOODWORTH, Phillip, ALLEN, David, FROST, Chris, e PORTE, James. *Operational Risk and Resilience. Understanding and Minimizing Operational Risk to Secure Shareholder Value.* Butterworth Heineman/PriceWaterHouseCoopers (Atlas), 2001.

BORODOVSKY, Lev, e GORE, Marc. *GARP – The Professional Handbook of Financial Risk Management.* Oxford, Butterworth Heineman, 2000.

BREYER S. "Typical justifications for regulation". In: BALDWIN, Robert, HOOD, Christopher, e SCOTT, Colin (eds.). *A*

Reader on Regulation, Oxford, Oxford University Press, 1988 (pp. 59-92).

CALAMANDREI, Piero. "La certezza del diritto e la responsabilità della dottrina". In: OÑATE, Flavio Lopez de. *La Certezza del Diritto*. Milão, Giuffrè Editore, 1968.

CARCANO, Nicola, e FORESI, Silverio. *Hedging Against Interest Rate Risk: Reconsidering Volatility – Adjusted Immunization*. Nova York/USA, Elsevier Science B.V. – Journal of Banking and Science, 1997.

CARNELUTTI, Francesco "La certezza del diritto". In: OÑATE, Flavio Lopez de. *La Certezza del Diritto*. Milão, Giuffrè Editore, 1968.

COASE, Ronald H. "The nature of the firm" [33-55] e "The problem of social cost" [95-156]. *The Firm, the Market, and the Law*. Chicago, The University of Chicago Press, 1990.

DUARTE JR., Antônio Marcos. "A importância do gerenciamento de riscos corporativos". *Resenha BM&F* 133. Rio de Janeiro, 1999.

————. "Risco: definições, tipos, medição e recomendações para o seu gerenciamento". *Resenha BM&F* 114. Rio de Janeiro, 1996.

————, e outros. "Gerenciamento de riscos corporativos: classificação, definições e exemplos". *Resenha BM&F* 134. Rio de Janeiro, 1999.

EPSTEIN, David, e O'HALLORAN, Sharyn. *Delegating Powers: a Transaction Cost Politics Approach to Policy Making under Separate Powers*. Cambridge, Cambridge University Press, 1999.

FARIA, José Eduardo. *O Direito na Economia Globalizada*. 1ª ed. São Paulo, Malheiros Editores, 1999.

FERRAZ JR., Tércio Sampaio. *A Ciência do Direito*. 2ª ed. São Paulo, Atlas, 1988.

FOCARDI, Sergio, e JONES, Carolina. *Risk Management: Framework, Methods and Pratice*.New Hope, Frank J. Fabozzi Associates, 1998.

FORESI, Silverio, e CARCANO, Nicola. *Hedging Against Interest Rate Risk: Reconsidering Volatility – Adjusted Immunization*. Nova York/USA, Elsevier Science B.V. – Journal of Banking and Science, 1997.

FORGIONI, Paula A., e GRAU, Eros Roberto. "CADE *vs*. BACEN: conflitos de competência entre autarquias e a função da Advocacia-Geral da União". Lei Antitruste: 10 Anos de Combate ao Abuso do Poder Econômico, Belo Horizonte, Del Rey, 2005 (pp. 87-118).

————. *O Estado, a Empresa e o Contrato*. São Paulo, Malheiros Editores, 2005 (pp. 15-23).

FRIEDMAN, David. "Perché l'analisi economia può servire al Diritto". *L'Ordine del Diritto*. Bolonha, Il Mulino, 2004 (pp. 25-44).

FRIEDMAN, Milton. *A Metodologia da Economia Positiva*. vol. 1, n. 3. Edições Multiplic, fevereiro/1981.

FROST, Chris, ALLEN, David, BOODWORTH, Phillip, e PORTE, James. *Operational Risk and Resilience. Understanding and Minimizing Operational Risk to Secure Shareholder Value*. Butterworth Heineman/PriceWaterHouseCoopers (Atlas), 2001.

GELY, R., e SPILLER, P. T. "A rational choice theory of Supreme Court statutory decisions with application to the State farm and grove city cases". *Journal of Law Economics and Organization* 6/263-301. 1990.

————. "Congressional control or judicial independence – The determinants of U.S. Supreme Court labor-relations decisions, 1949-1988". *Rand Journal of Economics* 23(4)/463-492. 1992.

GERTNER, Robert H., BAIRD, Douglas G., e PICKER, Randall C. *Game Theory and the Law*. Boston, Harvard University Press, 1994.

GONÇALVES, Almir Rogério. "Uma análise jurídica do estudo e gerenciamento dos riscos envolvidos na atividade financeira e seu tratamento atual no Brasil". *RDM* 128/102-121. São Paulo, Malheiros Editores, outubro-dezembro/2002.

GORE, Marc, e BORODOVSKY, Lev. *GARP – The Professional Handbook of Financial Risk Management*. Oxford, Butterworth Heineman, 2000.

GRAU, Eros Roberto, e FORGIONI, Paula A. "CADE *vs.* BACEN: conflitos de competência entre autarquias e a função da Advocacia-Geral da União". Lei Antitruste: 10 Anos de Combate ao Abuso do Poder Econômico, Belo Horizonte, Del Rey, 2005 (pp. 87-118).

——————. *O Estado, a Empresa e o Contrato*. São Paulo, Malheiros Editores, 2005 (pp. 15-23).

HAGGARD, Stephan, e McCUBBINS, Mathew. *Presidents, Parliaments, and Policy*. Cambridge, Cambridge University Press, 2001 (Capítulos 1, 2 e 3).

HART, Oliver. *Firms, Contracts, and Financial Strructure*. Oxford, Oxford University Press.

HOOD, Christopher, BALDWIN, Robert, e SCOTT, Colin (eds.). *A Reader on Regulation*. Oxford, Oxford University Press, 1988.

INTERNATIONAL SWAPS AND DERIVATES ASSOCIATION. "Operational risk approach, 2000". Disponível em: *www.isda.org*.

IRTI, Natalino. "Teoria Generale del Diritto e problema del mercato". *L'Ordine Giuridico del Mercato*. 4ª ed. Roma, Editori Laterza, 2003.

JONES, Carolina, e FOCARDI, Sergio. *Risk Management: Framework, Methods and Pratice*.New Hope, Frank J. Fabozzi Associates, 1998.

JORION, Philippe. *Value At Risk*. São Paulo, Bolsa de Mercadorias e Futuros, 1998.

KIEWIET, D. Roderick, e McCUBBINS, Mathew D. *The Logic of Delegation: Congressional Parties and the Appropriations Process*. Chicago e Londres, The University of Chicago Press, 1991.

LA PORTA, Rafael, LOPEZ-DE-SILANEZ, Fernando, SHLEIFER, Andrei, e VISHNY, R. "Law and finance". *Journal of Political Economy* 52-3/1.113-1.155. 1998.

LIMA LOPES, José Reinaldo de. "Raciocínio jurídico e Economia". *Revista de Direito Público da Economia* 8/137-170. Ano 2. Belo Horizonte, Fórum, outubro-dezembro/2004.

LOPEZ-DE-SILANEZ, Fernando, LA PORTA, Rafael, SHLEIFER, Andrei, e VISHNY, R. "Law and finance". *Journal of Political Economy* 52-3/1.113-1.155. 1998.

MACNEIL, Ian R. "Relational contract theory: challenges and queries". *Northwestern University Law Review*. Spring/2000.

MAJONE, G. "The rise of the regulatory State in Europe". In: BALDWIN, Robert, HOOD, Christopher, e SCOTT, Colin (eds.). *A Reader on Regulation*. Oxford, Oxford University Press, 1988 (pp. 192-215).

MAKI, Uskali. "Reorienting the assumptions issue". In: BACKHOUSE, R. E. (ed.). *New Directions in Economic Methodology*. Londres e Nova York, Routledge (pp. 1-26).

MANGABEIRA, Unger. *O Ensino Jurídico no Brasil*.

MARSHALL, Christopher. *Medindo e Gerenciando Riscos Operacionais em Instituições Financeiras*. 1ª ed. São Paulo, Qualitymark, 2002.

MARTINS, Rogério. "A missão é administrar riscos". *Revista da CVM* 23/92-98. Rio de Janeiro, setembro/2000.

McCLOSKEY, Donald M. "A retórica da Economia". In: REGO, J. M. (ed.). Ob. cit., 1996 (pp. 47-80).

McCUBBINS, Mathew D., e HAGGARD, Stephan. *Presidents, Parliaments, and*

Policy. Cambridge, Cambridge University Press, 2001 (Capítulos 1, 2 e 3).

————, e KIEWIET, D. Roderick. *The Logic of Delegation: Congressional Parties and the Appropriations Process*. Chicago e Londres, The University of Chicago Press, 1991.

————, NOLL, R., e outros. "Structure and process, politics and policy: administrative arrangements and political control of agencies". *Virginia Law Review* 75/431-482. 1989.

MODIGLIANI, Franco, e MILLER, Merton. "The cost of capital, corporation finance, and the theory of investment". *American Economic Review*.

MORAN, M. J., e WEINGAST, B. R. "Bureaucratic discretion or congressional control: regulatory policymaking by the Federal Trade Commission". *Journal of Political Economy* 91(5)/765-800. 1983.

MOREIRA, Vital. *Auto-Regulação Profissional e Administração Pública*. Coimbra, Livraria Almedina, 1997.

NOLL, R., McCUBBINS, M. D., e outros. "Structure and process, politics and policy: administrative arrangements and political control of agencies". *Virginia Law Review* 75/431-482. 1989.

O'HALLORAN, Sharyn, e EPSTEIN, David. *Delegating Powers: a Transaction Cost Politics Approach to Policy Making under Separate Powers*. Cambridge, Cambridge University Press, 1999.

OÑATE, Flavio Lopez de "Concetto e fondamento della certezza del diritto" [45-54], "Le minace *di fatto* contro la certezza del diritto" [67-73], "Le correnti teoriche contro la certezza del diritto" [81-89] e "La lotta contro l'abritrio" [123-127]. *La Certezza del Diritto*. Milão, Giuffrè Editore, 1968.

PELTZMAN, S. "The economic theory of regulation after a decade of regulation". In: BALDWIN, Robert, HOOD, Christopher, e SCOTT, Colin (eds.). *A Reader on Regulation*. Oxford, Oxford University Press, 1988 (pp. 93-147).

————. "Towards a more general theory of regulation". *Journal of Law and Economics* 19/211-240. 1976.

PICKER, Randall C., BAIRD, Douglas G., e GERTNER, Robert H. *Game Theory and the Law*. Boston, Harvard University Press, 1994.

PORTE, James, ALLEN, David, BOODWORTH, Phillip, e FROST, Chris. *Operational Risk and Resilience. Understanding and Minimizing Operational Risk to Secure Shareholder Value*. Butterworth Heineman/PriceWaterHouseCoopers (Atlas), 2001.

POSNER, Richard. "Values and consequences: an introduction to economic analysis of law". *The Chicago Working Paper Series Index*. Disponível em: *http://www.law.uchicago.edu/Lawecon/WkngPprs_51-75/53.Posner.Values.pdf*.

ROSSET, Clément. *O Real e Seu Duplo*. 1ª ed., trad. de José Thomaz Brum. Porto Alegre, L&PM Editores, 1998.

SCHROEDER, Joanne L. "Economic rationality in law and economics scholarship". Cardozo Law School, Jacob Burns Institute for Advanced Legal Studies, *Working Paper* 021, setembro/2000. Disponível em: *http://papers.ssrn.com/paper.taf?abstract_id=245488* (1.3.2002).

SCOTT, Colin, BALDWIN, Robert, e HOOD, Christopher (eds.). *A Reader on Regulation*. Oxford, Oxford University Press, 1988.

SHEPSLE, Kenneth A. "Studying institutions: some lessons from the rational choice approach". *Journal of Theoretical Politics* 1/131-147. 1989.

SHLEIFER, Andrei, LA PORTA, Rafael, LOPEZ-DE-SILANEZ, Fernando, e VISHNY, R. "Law and finance". *Journal of Political Economy* 52-3/1.113-1.155. 1998.

SPILLER, P. T., e GELY, R. "A rational choice theory of Supreme Court statutory decisions with application to the State farm and grove city cases". *Journal of Law Economics and Organization* 6/263-301. 1990.

———. "Congressional control or judicial independence – The determinants of U.S. Supreme Court labor-relations decisions, 1949-1988". *Rand Journal of Economics* 23(4)/463-492. 1992.

SPILLER, P. T., e TILLER, E. H. "Decision costs and the strategic design of administrative process and judicial review". *Journal of Legal Studies* XXVI (June). 1997.

———. "Invitations to override: congressional reversals of Supreme Court decisions". *International Review of Law and Economics* 16(4)/503-522. 1996.

SPILLER, P. T., e SPITZER. "Where is the sin in sincere: sophisticated manipulation of sincere judicial voters". *Journal of Law Economics and Organization April*. 1995.

STIGLER, G. "The theory of economic regulation". *Bell Journal of Economics* 2 (Spring)/3-21.

SUGDEN, Robert. "Credible worlds: the status of theoretical models in economics". *Journal of Economic Methodolog* 7-1/1-31.

TILLER, E. H., e SPILLER, P. T. "Decision costs and the strategic design of administrative process and judicial review". *Journal of Legal Studies* XXVI (June). 1997.

———. "Invitations to override: congressional reversals of Supreme Court decisions". *International Review of Law and Economics* 16(4)/503-522. 1996.

VISHNY, R., LA PORTA, Rafael, LOPEZ-DE-SILANEZ, Fernando, e SHLEIFER, Andrei. "Law and finance". *Journal of Political Economy* 52-3/1.113-1.155. 1998.

WEBER, Max. "Emergence and creation of legal norms". *Law in Economy and Society*. Trad. inglesa de Edward Shils. Cambridge, Harvard University Press, 1954.

———. "Forms of organization of transportation and of commerce" [202-222] e "Forms of commercial enterprise" [223-229]. *General Economic History*. Trad. de Frank H. Knight. Glencoe, The Free Press, 1954.

WEINGAST, B. R., e MORAN, M. J. "Bureaucratic discretion or congressional control: regulatory policymaking by the Federal Trade Commission". *Journal of Political Economy* 91(5)/765-800. 1983.

AS RELAÇÕES MULTIFORMES ENTRE CONTRATO E RISCO

MARIA LUÍZA PEREIRA DE ALENCAR MAYER FEITOSA

1. Uma tipologia dos riscos. Riscos técnicos (específicos e sistêmicos) e riscos globais. 2. As codificações e a prevenção genérica do risco. Os contratos aleatórios na classificação ("nomen juris") do Código Civil. 3. O risco na atualidade dos contratos. Contratos "standard" e os contratos com cláusulas predispostas: ambientes propícios ao risco. 4. Poderes privados e poderes do juiz. O duplo risco nos casos de onerosidade excessiva, condições gerais dos contratos, cláusula de "hardship" e contratos relacionais. Estratégias de conservação, desfazimento ou de renegociação dos contratos de duração. 5. Fase atual do Capitalismo financeiro: o contrato como produtor do risco. 6. O contrato corre o risco de, ao ser executado mediante (re)ajustes orais, perder sua força normativa?.

A ampliação do mercado de bens e serviços, como conseqüência natural do processo de globalização da economia, tem ocasionado uma crescente contratualização de novas práticas do comércio, interno e internacional, assinalando a existência concomitante de contratos estruturados pelos seguintes esquemas: (i) clássico, assinalado pelo voluntarismo e pelo respeito quase incondicional aos postulados da autonomia da vontade e da liberdade de contratar; (ii) neoclássico, marcado por regras de disciplinamento exterior e de tutela social; e (iii) contratos organizados e regulados a partir das demandas do mercado globalizado, nomeadamente os contratos nos setores comerciais e financeiros, impulsionadores de um processo de permanente reestruturação do direito dos contratos.

Na atualidade dos negócios globais, encontram-se em causa os fragmentos teóricos que foram sendo justapostos pela doutrina, desde o Liberalismo clássico, com vistas à sedimentação das bases analíticas do contrato, enquanto operador social e econômico,[1] o que tem provocado importantes discussões em torno de seus princípios norteadores, do seu tempo de duração, dos novos instrumentos de equilíbrio contratual e, por conseguinte, das maneiras mais recentes de lidar com a questão dos *riscos*. As mudanças ocorridas na esfera contratual conseguem pôr na berlinda muitos elementos que hoje compõem a teoria dos contratos, num duplo movimento que assinala a presença de tendências aparentemente opostas e contraditórias. No contexto atual dos negócios, formas neoclássicas de subjetivação e de voluntarismo contratual, exercitadas na esfera do comércio internacional, parecem correr em paralelo com as possibilidades de intervenção imperativa no conteúdo do contrato, ainda exercitada pelos poderes locais. Enquanto no primeiro ambiente acompanha-se a reconfiguração da autonomia negocial priva-

1. A diferença entre "contrato-operação econômica" e "contrato-conceito jurídico" é trabalhada em Enzo Roppo (*O Contrato*, Capítulo I, pp. 7 e ss.).

da, nas instâncias públicas estatais ou comunitárias consolidam-se medidas garantidoras das formas básicas de proteção e de controle dos excessos, inseridas no espaço de comunicação entre o ordenamento civil e os postulados constitucionais.[2]

A presente conjuntura – marcada, por um lado, pelo ressurgimento de elementos importantes do *subjetivismo* contratual e, por outro lado, pela reação institucional tendente à preservação dos motivos que autorizam o procedimento interventivo externo (objetivação contratual[3]) em setores específicos da contratação – permite que se vislumbrem no interior do enquadramento discursivo algumas circunstâncias reveladoras do panorama atual dos acordos. Nesse sentido, interessa-nos destacar, para além da relativização do elemento voluntário e intencional da declaração, as formas renovadas de *produção de risco* e os novos *modos de gestão dos riscos* engendrados no curso da relação contratual. É, portanto, nos limites da ambivalência acima encetada que se volta a pôr em relevo a idéia de risco, em perspectiva paradigmática, algo diversa da relação que sempre existiu entre o instituto do contrato e as situações que potencializam o prejuízo.

Afirmar que existe algo de especialmente inédito entre o instituto do contrato e o risco pode, em princípio, parecer compreensível; afinal, o risco (e, de certo modo, a *alea*), enquanto variável de retorno, sempre esteve efetivamente vinculado ao resultado dos pactos em geral. *Contratar* é, em si, uma potencial situação de risco, e esta afirmação não comporta qualquer novidade. Convém antes, porém, entender que, nesse quadro genérico, o risco corresponde, em suma, à plausibilidade de prejuízo financeiro, sub-reptícia a qualquer acordo e proveniente, via de regra, de acontecimentos inesperados que afetam os negócios, tomados isoladamente. Referem-se, portanto, a possibilidades genéricas de perdas específicas.

A problemática da incidência do risco nos negócios privados não se esgota, entretanto, na situação indicada. Falar, hoje, de "riscos" na esfera dos contratos significa ampliar a questão de modo a encará-los conexos ao fato de contratar e à operação contratual, no seu conjunto. Significa, ainda, investigar acerca das formas de responsabilização; pensar os perigos que pode ocasionar o desequilíbrio entre as vontades contratantes; trazer ao debate o risco da administração (convencional e preventiva) das cláusulas contratuais gerais, sem esquecer de ponderar, em contrapartida, a respeito do risco da intervenção externa na disciplina interna dos pactos, ante a insegurança causada pela ausência de parâmetros efetivos de controle. Enfim, refletir sobre o tema do risco inclui discernir sobre sua gestão *ex ante* e *ex post*, numa análise geral e particular, que enxergue o contrato como disciplinador mas também como produtor do risco, diligenciando, sobretudo, para não se deixar levar pela mistificação ou por reclamos inconsistentes a genéricas instâncias éticas.[4]

2. Referência à fase de constitucionalização do direito civil, ocorrida na segunda metade do século XX. V.: Paulo L. N. Lobo, "Constitucionalização do direito civil", *Revista de Informação Legislativa* 141/99-109; Joaquim de Sousa Ribeiro, "Constitucionalização do direito civil", *Boletim da Faculdade de Direito* (separata) LXXIV.

3. O subjetivismo e o objetivismo alternam-se quanto à influência que exercem no regime do contrato. Na compreensão de Thierry Revet, essa questão não será jamais equilibrada, visto que aos avanços do subjetivismo (o que implica um recuo correlativo do objetivismo) corresponde uma renovação do objetivismo e uma nova retomada do subjetivismo, e assim por diante (cf. Thierry Revet, "Objectivation ou subjectivation du contrat. Quelle valeur juridique?", in Christophe Jamin e Denis Mazeaud, *La Nouvelle Crise du Contrat*, p. 90).

4. A invocação ao equilíbrio das prestações e à justiça contratual significa a salvaguarda da equivalência subjetiva na troca, inserida num dado contexto social e econômico (cf. Aurelio Gentili, "*De jure belli*: l'equilibrio del contratto nelle impugnazioni", in Fabrizio Di Marzio (org.), *Il Nuovo Diritto dei Contratti*, pp. 153 e ss.).

1. Uma tipologia[5] *dos riscos. Riscos técnicos (específicos e sistêmicos) e riscos globais*

Inicialmente, se tomarmos por empréstimo uma tipologia de classificação de riscos estabelecida pelo *Core Principles for Effective Banking Supervision* (*Basle Committee*, 1997 – *risks in banking*)[6] para as instituições financeiras, poderemos dividi-los em: (i) risco de crédito, incluídos, dentre outros, os riscos de inadimplência, de degradação da garantia e de operações internacionais (de câmbio ou títulos); (ii) risco de mercado, potencializado pela instabilidade e pela diversidade do mercado, insertas as perdas decorrentes das taxas de juros e de câmbio, do uso de derivativos ou futuros e o risco da liquidez; (iii) risco legal e jurídico (este último, no sentido de jurisdicional), ocasionado pela ação externa dos órgãos de fiscalização, governo e regulamentação, incluído neste item o risco advindo de cláusulas contratuais de interpretação duvidosa (risco de contrato), de mudanças na tributação, de sanções dos órgãos reguladores e de decisões judiciais; e, por último, (iv) o risco operacional, resultante de falhas ou inadequação entre processos internos e sistemáticos (questão de análise e controle de dados, por exemplo), problemas tecnológicos e pelo fator humano (problemas com pessoas).

Se prestarmos bem atenção, veremos que, embora o risco contratual, segundo a classificação apontada, esteja inserido nos riscos decorrentes da fiscalização externa (nomeadamente a que ocorre na esfera jurisdicional), não representa qualquer prejuízo à análise a tentativa de ampliar e generalizar esta tipologia de modo a torná-la empiricamente adequada à temática generalista dos contratos. As possibilidades de prejuízos que se acostam, em geral, às diversas espécies de pacto não distam do elenco referido – ou seja, é possível enxergar riscos de crédito, de mercado, risco legal e risco operacional na averiguação regular do risco contratual.

Essa sistematização pode, por sua vez, ser enquadrada em dois grandes desdobramentos: (i) riscos técnicos, tidos como acontecimentos possíveis de ocorrer em data incerta, de resultado circunscrito, avaliados e medidos por abordagens quantitativas e qualitativas previamente conhecidas (muitas delas estabelecidas em lei ou no próprio instrumento do contrato), com a particularidade de somente atingirem os sujeitos direta ou indiretamente interessados; e (ii) riscos globais, inseridos numa avaliação de matriz econômico-financeira e de natureza sociológico-dogmática, que transformou abstratamente em risco o conceito concreto de perigo.[7]

Os riscos técnicos podem ser avaliados em diversos contextos, antigos e atuais. As relações do contrato com a figura do risco vêm identificadas, em geral, de duas maneiras, sendo uma conhecida, consolidada e não objetada e a outra, mais recente, vista como matéria de debates con-

5. Preferimos não nos deter, dada a amplitude do tema, numa investigação minuciosa sobre a etimologia do risco (conceitos, formas, medidas, elementos etc.). Não trataremos das relações bipolares risco/segurança, risco/perigo, comuns na retórica política e na análise sociológica, respectivamente. Também não é nosso propósito, no âmbito da relação risco/perigo, estabelecer as vinculações entre risco e previsão, perigo e precaução. Ao inserirmos a temática numa abordagem contratual, apontamos a existência de variadas situações de risco, potenciais causadoras de danos, no universo da contratação (não apenas dos contratos), e escolhemos, para tanto, a classificação normalmente utilizada pelas instituições financeiras para averiguação prática das probabilidades de riscos e perdas. Desdobramos, por via dedutiva, essa tipologia e chegamos à identificação de riscos técnicos (específicos e sistêmicos) e riscos globais (v. Ulrich Beck, *La Sociedad del Riesgo – Hacia una Nueva Modernidad*, 1998, e *Sociologia del Rischio*, 1996; Idalberto Chiavenato, *Teoria Geral da Administração*, 1987; Bank for International Settlements, *Consultive Document Oparation Risk*, Comitê da Basiléia, 1988 e 2000, disponível em: *www.bis.org*, acesso em 22.12.2004).

6. Disponível em *www.bis.org/publ*, acesso em 22.12.2004.

7. Cf. Ulrich Beck, *Sociologia del Rischio*, cit.

temporâneos incidentes sobre os modos de formação e execução dos contratos e sobre as novas técnicas de gestão dos riscos. Estamos nos referindo, no primeiro caso, à qualidade do contrato como debelador e disciplinador do risco, posição que o instituto sempre ocupou no seio da doutrina e da regulação jusprivatística tradicional, enquanto instrumento de disciplinamento de vontades teoricamente autônomas e livres; e, no segundo caso, à condição do contrato como o próprio causador e produtor do risco no contexto dos negócios que ocorrem nos setores comerciais e financeiros do Capitalismo contemporâneo. São os riscos específicos, a que nos reportávamos linhas atrás.

Situação mais grave e diversa vem configurada, nos extremos, pelos riscos que a contratação empreendida num determinado setor da economia globalizada pode produzir, em efeito cascata, sobre os agentes envolvidos (grupos empresariais e instituições financeiras), sobre os mercados e, de igual modo, sobre a coletividade global, tomando a dimensão de uma possibilidade de perda que se processa em cadeia no espaço mundial. Estas eventualidades, encaradas no plano macro, são conhecidas como *riscos sistêmicos* ou *de mercado*.

Os riscos globais dar-se-iam no limiar desses riscos técnicos de mercado, com intensidade agravada, culminando na propagação dos efeitos nocivos de um contrato ou de uma série deles, de maneira abrangente, por sobre pessoas e instituições que não apresentavam qualquer vinculação mediata ou imediata com o acordo inicialmente celebrado. Referimo-nos, aqui, à existência, latente e efetiva no âmbito do comércio mundial, dos grandes riscos, das potenciais probabilidades de perdas globais surgidas depois do advento da modernidade avançada, agudizadas pelos processos tecnológicos. São os chamados *riscos da produção e do mercado pós-industrializado*, especialmente exuberantes no setor da contratação financeira internacional. O incremento desses riscos pode gerar *situações sociais de perigo*: fechamento de mercados, desvalorização do capital, excessivo controle burocrático das decisões empresariais, custos espetaculares, degradação ambiental e uma corrida aos procedimentos judiciais.[8] Por ser este um tema que abrange elementos pertinentes à sociologia do risco,[9] preferimos incluí-lo como referência importante e obrigatória, mas não enveredaremos por esse caminho no desenvolvimento do presente artigo.

2. As codificações e a prevenção genérica do risco. Os contratos aleatórios na classificação ("nomen juris") do Código Civil

Pode-se inferir, de antemão, que o disciplinamento em sede codicista do direito das obrigações, a regra da força obrigatória dos pactos e a expansão da figura do contrato como instrumento próprio da autonomia da vontade constituíram os modos iniciais e genéricos de prevenção jurídica e de administração dos riscos na esfera dos negócios privados. A estipulação legal e doutrinária das formas de pagamento e sua prova; a previsão dos modos de cumprimento das obrigações; a solidariedade na obrigação como artifício técnico

8. Cf. Ulrich Beck, *Sociologia del Rischio*, cit., pp. 29-30.

9. O conceito de *risco* pode, hoje, ser encontrado com parâmetros e critérios distintos, a depender do setor e da disciplina científica analisada. Na Economia, na Estatística, na Política, na Antropologia Cultural, no Direito, na Psicologia, na Medicina, o enfoque do *risco* pode assumir feições diversas. No âmbito da chamada "sociologia do risco", nomeadamente em Beck, o risco é tematizado em enfoque tecnocientífico e abrange, a partir da idéia de risco global, elementos como biossegurança, biotecnologia etc. Um desdobramento dessa disciplina alcança os contratos que ocorrem nestas áreas, além daqueles que se processam nos setores-chave da economia financeira, incluídos os bancos. Beck trata especificamente do tema no capítulo referente aos "riscos no sistema econômico". Nesses ambientes, o contrato, como instrumento das transações que ocorrem no seio do mercado, instrumentaliza, por conseqüência, o risco (cf. Ulrich Beck, *Sociologia del Rischio*, cit., Capítulo IX., pp. 199 e ss.).

para reforço do vínculo; a instituição da cláusula penal como multa por descumprimento; as formas técnicas de controle do enriquecimento sem causa; as sanções pela execução defeituosa; os procedimentos especiais de pagamento e o acolhimento do princípio da boa-fé (e de outros postulados que se prestam ao esforço de interpretação dos contratos), equivalem, todos, à formalização de regras que compõem a ordenação básica necessária ao funcionamento regular do sistema de obrigações e contratos, inserido no conjunto maior do ordenamento jurídico, que, por sua vez, se estabelece em consonância com o sistema econômico e sócio-político de cada época. Em cada período histórico (mesmo antes do advento do Estado Moderno) podem ser identificadas disposições prévias, de natureza legal, doutrinária e jurisprudencial, que acautelam o risco e procuram consubstanciar os elementos de certeza e de segurança dos negócios jurídicos.

Nesse mesmo sentido, uma subdivisão dos pactos onerosos os distingue, segundo a previsibilidade das prestações, em contratos *comutativos* e *aleatórios*, sendo comutativo o contrato em que os contraentes conhecem, *ex radice*, suas respectivas prestações e aleatório o contrato em que ao menos o conteúdo da prestação de uma das partes é desconhecido quando da elaboração da avença.[10] Neste último caso, o conhecimento da prestação ocorrerá no curso do contrato ou quando do cumprimento da prestação. Trata-se de contrato de coisas futuras, cujo risco de virem a existir passa a ser assumido pelo adquirente. A *alea* pode resultar da própria natureza do pacto, como nos casos de seguro, jogo e aposta, loteria etc., ou da vontade das partes, como a aquisição contratual de uma colheita futura. Nesta última hipótese, a prestação seria naturalmente comutativa, mas, em virtude de vontade expressa das partes, submete-se à introdução do elemento aleatório. Num ou noutro caso, o risco tratado refere-se à existência total ou parcial da coisa adquirida. Tais negócios não se resumem apenas aos casos de compra e venda, sabendo-se que resultam aleatórias todas as transações que tenham por objeto uma prestação sujeita à sorte (ou ao risco). Importa lembrar que por este motivo se torna difícil invocar (e provar), nos contratos aleatórios em geral, a proteção *rebus sic stantibus* quanto aos riscos assumidos.

Adquiriram também relevância prática, a partir dos séculos XVIII e XIX, os contratos especificamente destinados a prevenir riscos, como é o caso, por exemplo, do seguro (com a generalização da cobertura dos riscos a que estão expostos as pessoas e seus bens), da capitalização e da constituição de renda. O seguro destaca-se, sem dúvida, como um importante veículo de financiamento do risco e de pulverização da perda patrimonial,[11] com a diferença de que, na técnica securitária, o risco, tido como um acontecimento futuro e incerto capaz de provocar danos, concretiza-se na realização do *sinistro*. O seguro constitui, essencialmente, a transferência de risco de uma pessoa para outra.

Importa registrar, na esfera própria dos seguros pessoais, uma particularidade ocorrida com a consolidação do Estado Social, que foi o deslocamento de sua matéria originária do âmbito do contrato e da iniciativa privada para o Estado e para seu sistema de *previdência social*. Hoje, porém, a previdência privada e os contratos previdenciários expandem crescentemente seu campo de atuação, constatada uma certa "tendência" mundial de privatização do regime de seguridade social, apenas "acompanhada" pelas normas disciplinadoras do chamado *Estado regulador*.[12]

10. Cf. Sílvio de Salvo Venosa, *Direito Civil*, t. II, p. 362.

11. Cf. Sílvio de Salvo Venosa, *Direito Civil*, cit., t. III, p. 319.

12. Cf. Ronaldo P. Macedo Jr., *Contratos Relacionais e Defesa do Consumidor*, p. 305.

3. *O risco na atualidade dos contratos. Contratos "standard" e os contratos com cláusulas predispostas: ambientes propícios ao risco*

As relações entre contrato e risco tratadas pela legislação civil, na forma até aqui descrita, são tradicionalmente conhecidas e não geram qualquer perplexidade doutrinária. Já era assim compreendido desde as primeiras elaborações da moderna teoria dos contratos (século XVII) até a atualidade. O período clássico, marcado pela idéia de sistematização das regras jurídicas e pelo surgimento no campo juspositivo do Constitucionalismo e das codificações civis (com destaque para o *Code Napoléon* de 1804 e para o Código Civil Alemão de 1896, o célebre *BGB – Bürgerliches Gesetzbuch*), é representativo dessa atitude genérica de precaução contra as possibilidades de danos que viessem a ocorrer no curso da execução contratual. Em sintonia com a época, compreendia-se que a justiça da relação contratual residia no fato de se poder contratar livremente, de acordo com os interesses particulares, num plano de recíproca igualdade, garantida em função da irrevogabilidade do acordo. O cumprimento lógico-formal desta equação significava, no íntimo, a preservação do interesse geral da sociedade e do bem-estar coletivo, assegurados pela máxima do Liberalismo econômico *laissez-faire, laissez-passer*.

Em linhas gerais, a contratação, nos termos clássicos, supunha a existência de pactos (i) descontínuos e instantâneos, na medida em que cada ato da relação contratual era visto isoladamente; (ii) celebrados mediante mútuo consentimento, onde preponderava a discussão mais em torno do objeto da transação (contrato visto como simples troca de mercadorias) que sobre as qualidades pessoais dos contratantes; (iii) no interior de um acordo destinado a reger os comportamentos futuros, a partir do pacto celebrado no presente.

No entanto, a partir de meados do século passado, as necessidades de racionalização, planejamento, rapidez e eficácia dos negócios conduziram à sistematização de uma prática contratual padronizada, estandardizada, capaz de se ajustar à produção e à distribuição também de *standards*. Por esse período, atesta-se, em contrapartida, a expansão do Estado Social intervencionista, que ampliou a incidência de normas objetivas (cogentes) sobre vários setores de atuação da figura contratual (trabalho, locação predial, condomínio, direitos autorais, seguros etc.) e impôs, em decorrência da crescente utilização dos contratos celebrados mediante adesão às condições gerais (as chamadas "condições gerais dos contratos",[13] ou c.g.c.), o rompimento com a idéia de liberdade formal, em medida proporcional a uma certa materialização da liberdade contratual.

Surgem, nesse período, os pactos sucessivos ou de execução continuada,[14] muitos dos quais inseridos em *standards* e estabelecidos segundo condições contratuais pré-formuladas. Essa profusão de novos tipos contratuais incidia, sobretudo, no setor terciário (de serviços) e se manifestava nos nichos mais evoluídos do sistema econômico (em âmbito comercial e financeiro), reclamando um tratamento diverso do previsto pela sistemática contratual clássica.

13. Constituem um tipo de regulação unilateralmente estabelecida pelo predisponente (ou utilizador) destinada a se integrar (uniforme e compulsoriamente) ao *contrato de adesão*, aceito sem questionamentos pela parte que a ele aderir (aderente). Este modo de contratar caracteriza-se, de início, pela prévia elaboração de cláusulas gerais e abstratas a serem incorporadas a uma série de contratos de mesmo tipo, no curso de uma determinada atividade econômica (cf. Paulo L. N. Lobo, *Condições Gerais dos Contratos e Cláusulas Abusivas*, 1991; Joaquim de Sousa Ribeiro, *Cláusulas Contratuais Gerais e o Paradigma do Contrato*, 1990, e *O Problema do Contrato – As Cláusulas Contratuais Gerais e o Princípio da Liberdade Contratual*, 1999).

14. São os pactos abertos do período neoclássico. Orlando Gomes ensina que os contratos podem ser *instantâneos* (de execução única ou diferida) e *de duração* (de execução periódica ou de execução continuada). Estes últimos têm em comum a distribuição da execução no tempo (*Contratos*, 9ª ed., pp. 85 e ss.).

É o que se pode identificar como a fase neoclássica da contratação. A mudança que queremos destacar, nesse período, vem representada pelo papel de *regulador privado* que, no âmbito das condições gerais dos contratos, era desempenhado por uma das partes contratantes. Eis um risco diverso do que se conhecia até então, e que acabou por engendrar forte reação do Estado. O problema é que, diante da potencial probabilidade de exorbitância do poder contratual do contratante utilizador contra a vulnerabilidade do aderente,[15] o Estado Social, à época intervencionista, em plena fase de objetivação das relações contratuais,[16] viu-se diante de uma hipótese de poder contratual privado perante o qual as soluções de justiça contratual até então utilizadas pelo ordenamento jurídico demonstravam insuficiência. Era um novo tipo de risco que surgia do desenvolvimento da economia e dos perfis remodelados da contratação.

Diante da magnitude da situação, fazia-se necessário estabelecer uma rede de proteção que primasse pela expressão solidária dos pactos[17] e que servisse de tutela à parte contratual mais vulnerável, no patrocínio do equilíbrio contratual representado pelo exercício eqüitativo das prerrogativas de autonomia privada e de liberdade subjetiva. A intervenção pública passou a impor controles à autonomia privada e, diante das condições gerais dos contratos, empreendeu um regime limitativo da liberdade contratual em proteção de uma das partes, promovendo a substituição da liberdade contratual, conforme era pensada, por mecanismos heterônomos de regulação.[18] Um importante instrumento jurídico de racionalização e distribuição do risco nos contratos de execução prolongada, estabelecidos mediante condições gerais, vem representado no controle judicial da compatibilidade das circunstâncias supervenientes propagadoras da onerosidade excessiva, através do filtro das cláusulas gerais, nomeadamente a cláusula geral da boa-fé objetiva.

Antes de nos demorarmos na análise da situação acima descrita, convém referir os *contratos relacionais*, também conhecidos como *pactos de longa duração* ou, como prefiro, *contratos (relacionais) de duração*,[19] espécie negocial coetânea com a realidade atual, diversa dos subtipos de matriz codicista, embora guarde semelhança com os pactos de execução continuada ou de trato sucessivo.[20] Nos contratos

15. Denominam-se *utilizador* e *aderente* as partes diante das c.g.c. e dos contratos de adesão.

16. Nessa época o Estado já utilizava direções legais, jurisprudenciais e doutrinárias no controle geral do *pacta sunt servanda* (caso da revisão dos contratos por onerosidade excessiva sobrevinda a uma das partes em virtude de medidas externas, proibição de cláusulas leoninas, recurso à cláusula geral de boa-fé objetiva e a *interpretatio contra stipulatorem* etc.).

17. Referência aos pressupostos de solidariedade (potencializados pela função social do contrato) divulgados a partir dos enunciados teóricos de Duguit e Hauriou, entre fins do século XIX e início do século XX. Exprimem a compatibilização entre os interesses privados dos contratantes e os interesses de toda a coletividade, no propósito de privilegiar esta última, ainda que ao custo da redução da esfera de liberdade contratual dos indivíduos.

18. O escasso grau volitivo do consentimento do aderente à estipulação e à vigência das c.g.c. não teria robustez suficiente para legitimar estipulações negociais que o prejudicassem. Assim, a uma força vinculativa débil deveria corresponder uma vinculação de menor eficácia, condicionada a certos limites de conteúdo, impostos pelo ordenamento público (cf. Joaquim de Sousa Ribeiro, *O Problema do Contrato – As Cláusulas Contratuais Gerais e o Princípio da Liberdade Contratual*, cit., p. 285).

19. Os contratos relacionais, por sua feição societária, podem não chegar a ter longa duração mas são, certamente, contratos celebrados na intenção de subsistirem. São, portanto, mais contratos de duração que de longa duração. O casamento, por suas características de duração, solidariedade, divisão de responsabilidades e direitos etc., é indicado, por alguns, como exemplo paradigmático de contrato relacional (afirmação duvidosa, posto ser discutível a própria inserção do casamento enquanto contrato).

20. Para Ian Macneil há um terreno intermédio onde muitos contratos abertos são tidos como relacionais, numa profusão de abordagens que o próprio Macneil entendeu como *negociações descontínuas, mas com muitas concessões relacionais* (cf. *The New Social Contract. An Inquiry into Modern Contractual Relations*, p. 72).

relacionais projeta-se uma lógica diferente, determinada, em regra, pela análise econômica, pelo contingenciamento e pela flexibilidade, formando um *continuum* processual em cujo interior as partes (em geral, empresas comerciais) são instigadas à renegociação do acordo, ajustado e reajustado regularmente segundo as exigências internas, surgidas do processo econômico, de modo a não comprometer o funcionamento geral da rede de contratos (*network* contratual) que os agentes são levados a estruturar. Os contratos relacionais ocorrem preferencialmente nos pactos plurilaterais e se assemelham, em geral, aos tipos societários, como as parcerias profissionais, os acordos empresariais de cooperação tecnológica, a formação de redes produtivas e de fornecimento de produtos, as franquias ou, ainda, os contratos de trabalho.

Aqui, a reciprocidade de expectativas e de riscos é tão marcante que torna especialmente complicado antever os problemas ou calcular o montante do valor dos danos e das perdas experimentadas em caso de ruptura do compromisso. Nesse contexto, os riscos são vistos com naturalidade (como elementos normais ao processo) e seus efeitos induzem a necessidade de um novo planejamento, métodos específicos de resolução que dependerão da atuação conjunta das partes. Não se estabelece a expectativa de uma solução imposta de fora pelo juiz, mas da construção de uma regulação interna, própria ao andamento do negócio. Diante desses contratos, o papel do Judiciário é significativamente reduzido, o que reforça a idéia – comum na doutrina ligada aos contratos relacionais – de que a experiência contratual relacional engendraria sua própria normatividade, constituindo-se no direito de si mesmo, ou seja, o contrato transformar-se-ia, pela *performance* normatizante que assume no curso do acordo, no próprio direito do contrato.[21] É preciso alertar, neste momento da análise, para o perigo que essa radicalização pode representar em termos de reforço dos postulados ideológicos do livre mercado, pela liberação incondicional da autonomia privada.

Entretanto, sabendo que os contratos relacionais se inserem mais numa conjuntura de auto-regulação que de hetero-regulação, não analisaremos, neste trabalho, os riscos de mercado que são capazes de produzir, e procuraremos situar nossa crítica nos contextos contratuais marcados, simultaneamente, pelas duas formas de regulação, alertando para os riscos que o uso abusivo do poder (seja o poder privado que controla a emissão da vontade, seja o poder público que controla o excesso de autonomia individual) pode vir a provocar nos negócios atuais.

4. Poderes privados e poderes do juiz. O duplo risco nos casos de onerosidade excessiva, condições gerais dos contratos, cláusula de "hardship" e contratos relacionais. Estratégias de conservação, desfazimento ou de renegociação dos contratos de duração

A tutela estatal passa, em geral, pela intervenção do Estado na disciplina dos acordos, por via legislativa ou judiciária. Conforme já destacamos, ante a padronização (estandardização) dos contratos e o recurso às estipulações pré-formuladas (condições gerais dos contratos – c.g.c.), duas importantes ocasiões de risco se impuseram, representadas, nos extremos, pelo uso imoderado da liberdade privada e/ou pelo uso abusivo de medidas públicas de proteção e de intervenção judicial, direcionada esta última no sentido da anulação (rescisão ou resolução) ou da renegociação (espontânea ou obrigatória) dos termos iniciais do acordo. Resolvemos, no interesse desta análise, agregar em conjunturas similares estas cinco situações, que abrangem cláusulas e contratos, em circunstâncias intercomunicantes – (i) a estandardização dos pactos; (ii) o recurso às cláusulas pre-

21. Cf. François Ewald, "Le droit du droit", *Archives de Philosophie du Droit* 31/245-259. Esta visão de clausura normativa é a mesma que se encontra base teórica no pensamento autopoiético.

dispostas (c.g.c.); (iii) as cláusulas de *hardship*; (iv) os contratos de execução continuada; e (v) os contratos relacionais –, consideradas todas do ponto de vista da possibilidade de intervenção judicial, e passaremos a tratá-las sem o compromisso da sistematização seqüenciada.

A partir dos três últimos decênios do século passado, ante a presença maciça da modelização contratual e das c.g.c., considerada também a influência dos contratos relacionais, a interpretação judicial apta a racionalizar, *a posteriori* e por intermediação de um órgão disciplinador externo, a distribuição do risco contratual fincado *a priori* pelos sujeitos internos[22] veio reforçada pela inclusão nas legislações civis (mediante leis específicas e depois pela inclusão em sede codicista) da ampliação das possibilidades de emprego da cláusula *rebus sic stantibus* e da teoria da imprevisão. Significa que o poder do juiz nos casos de revisão dos contratos cuja prestação se tenha tornado excessivamente onerosa para uma das partes[23] foi alargado por via legislativa, no sentido não somente da resolução do pacto, circunstância conhecida, mas da possibilidade preliminar de renegociação de seus termos iniciais, situação que pode ser proposta espontaneamente pela parte demandada na ação de rescisão ou pode ser imposta pelo juiz, como resultado da reforma ocorrida no direito das obrigações e dos contratos, em ordenamentos juscivilistas ligados ao tronco romano-germânico,[24] ocorrida na seqüência da repercussão, em sede contratual, das alterações que vinham sendo empreendidas no seio do comércio internacional, da nova *Lex Mercatoria* e do exame das decisões arbitrais, sem olvidar a influência da *common law* e das análises ligadas à *law and economics*.[25]

Para prevenir contra o risco da onerosidade excessiva superveniente, opera hoje, no âmbito dos contratos de trato sucessivo, pela instrumentalização processual da teoria da imprevisão e também por influência dos contratos relacionais, um disciplinamento legislativo propenso a enquadrá-los em perspectiva mais civilista, mantendo-os, por intermédio de reformas, na ordem sistemática dos Códigos Civis. As soluções legislativas indicadas para compatibilizar a autonomia privada nesses casos passaram a incluir (i) as exigências de adequação ou modificação do regulamento contratual, em condições diversas das iniciais, pontuando a manutenção do pacto ou (ii) por seu desfazimento, mediante resci-

22. Mario Bessone, *Adimpiemento e Rischio Contrattuale*, pp. 343 e ss.

23. O art. 478 do CC Brasileiro de 2002, ao tratar a resolução do contrato em virtude de onerosidade excessiva, estabelece os seus elementos: "Nos contratos de execução continuada ou diferida, se a prestação de uma das partes se tornar excessivamente onerosa, com extrema vantagem para a outra, em virtude de acontecimentos extraordinários e imprevisíveis, poderá o devedor pedir a resolução do contrato (...)".

24. Alterações ocorridas, por exemplo, no Livro VI do Código Civil Holandês, que entrou em vigor em 1.1.1992, e também no direito das obrigações do *BGB*, reforma de 2001/2002, que retoma os conceitos de *imprevisibilidade* (da modificação) e *inexigibilidade* (da prestação na forma pactuada), apontando como soluções (i) a adaptação judicial do vínculo (*Anpassung*) ou (ii) a cessação do vínculo (*Beendigung*), caso não sejam possíveis a adaptação ou a inexigibilidade pela contraparte. Cf., ainda, Francesco Macario, "Rischio contrattuale e rapporti di durata nel nuovo diritto dei contratti dalla presuposizione all'obbligo di rinegoziare", in Fabrizio Di Marzio (org.), *Il Nuovo Diritto dei Contratti*, p. 226.

25. Esse percurso que traçou o contrato na tradição da *common law* estadunidense vai ser inserido historicamente em duas etapas distintas e sucessivas – do realismo (de Holmes) ao *Law and Economics* (da Escola de Chicago – Coase e Posner) – e induz a constatação final de que os contratos instrumentalizam, na verdade, a produção de um risco. Tentam, em suma, caracterizar o cumprimento (ou não) dos pactos contratuais como uma espécie de escolha da parte, algo entre a execução e o ressarcimento por inadimplemento – opção que remete às formas iniciais de avaliação da relação custo/benefício. Essa teoria demonstrou-se sintomática de uma corrente teórica que pretendia conduzir a *praxis* contratual para fora do contexto normativo (e do *pacta sunt servanda*) (v.: Ronald Coase, "The nature of the firm", *Economica* (n.s.) 4, 1937; Richard Posner, *Law, Pragmatism, and Democracy*, 2003).

são ou resolução.[26] No primeiro caso a disciplina geral dos contratos típicos, em vários contextos, aparece como uma *macro ratio*[27] que responde às necessidades de alteração dos termos iniciais do acordo, podendo ser dividida em dois grupos de normas: (i) as que colocam uma *alternativa jurídica ao desfazimento*, incidindo positivamente sobre o acordo ou concedendo à parte uma alternativa funcional; e (ii) as que fixam as modalidades de *modificação das condições contratuais*, como as várias formas de interpretar as obrigações das partes no contrato de empreitada, por exemplo.

A doutrina italiana[28] tem compreendido, de um modo geral, que a intervenção judicial no contrato percorre um *iter* que varia entre soluções de (i) manutenção do vínculo (noutras bases) e o que chamam de (ii) *vanificazione*, expressão pouco técnica, que exprime um objetivo de tornar vão, inutilizar, incluídas nesta última as intervenções tendentes à anulação (que possibilitam, em contrapartida, a renegociação), à rescisão (com oferta de modificação pelo contraente demandado) e à resolução do vínculo contratual. É o que se extrai de comentários feitos aos arts. 1.418 e ss. do *Codice Civile* Italiano (*nullità, annullabilità, azzione di annullamento, rescissione, risoluzione*).

No Brasil, o Código Civil de 2002, ao tratar da onerosidade excessiva, permite, de acordo com o disposto do art. 479, que a resolução seja evitada mediante a modificação das condições iniciais do negócio; ou seja, no curso do processo, o juiz deve possibilitar à parte contra quem é demandada a revisão a oferta espontânea de alteração das condições desequilibradas. A possibilidade de renegociação funciona, na lide, como medida processual anterior à dissolução; ou seja, os remédios mantenedores funcionam como novas técnicas de tutela jurisdicional (renegociação que surge das partes ou da lei, sem esquecer o poder do juiz de intermediar essa renegociação).

Outro problema importante nos casos da leitura judicial dos contratos refere-se à extensão das cláusulas predispostas. Em geral, os critérios de interpretação judicial dos pactos foram sendo desenvolvidos pela doutrina, a partir de orientações tópicas fixadas pelo senso comum dos juristas, no propósito de reduzir o risco do componente arbitrário. Citem-se as *regras de Pothier*,[29] que atribuem prioridade à intenção das partes mais que ao sentido literal do texto; à acepção que melhor se adapte ao efeito e à natureza do contrato; aos usos e costumes do lugar; na dúvida, que se interprete contra quem houver estipulado as normas contratuais; etc. Algumas codificações também estabelecem regras de interpretação dos contratos, no intuito de nortear a ação interpretativa do julgador. É o que ocorre, por exemplo, com o *Codice Civile* Italiano que dispõe, nos arts. 1.362 e ss., sobre as intenções dos contratantes, a interpretação da boa-fé, a interpretação contra o autor da cláusula (em caso de condições gerais dos contratos) etc.

26. *Anulação* (*stricto sensu*), *rescisão* e *resolução* constituem modos de dissolução dos contratos, embora sejam termos técnicos diferentes. O motivo da anulação reside na incapacidade ou no vício do consentimento – portanto, em causa anterior. *Rescisão*, *resilição* e *resolução* entram para o vocabulário juscivilista como causas supervenientes de inexecução contratual, que, por sua vez, pode ser voluntária ou involuntária. A onerosidade excessiva não equivale à inexecução involuntária (ou impossibilidade de execução), mas à *extrema dificuldade* em cumprir a prestação. Para conseguir a resolução do contrato por onerosidade excessiva a parte prejudicada pelo inadimplemento demanda a rescisão (neste ponto, os dois termos se confundem). No fundo, *resolução* e *anulação* se assemelham; melhor dizendo, portam-se igualmente quanto ao modo de exercício e aos efeitos, mas diferem quanto à causa (cf. Orlando Gomes, *Contratos*, 9ª ed., cit., pp. 188-203).

27. Termo usado por Enzo Roppo, "Il contratto", in Iudica e Zatti (orgs.), *Trattato di Diritto Privato*, p. 1.044.

28. Para Sacco (e De Nova), a resolução mata a relação contratual, enquanto a renegociação serve para curá-la (R. Sacco e G. De Nova, "Il contratto", in R. Sacco, *Trattato di Diritto Civile*, p. 686).

29. V. Robert J. Pothier, *Tratado das Obrigações Pessoais e Recíprocas*, 1906.

Um outro critério interpretativo especificamente voltado para as limitações à liberdade contratual vem elencado por Sousa Ribeiro nas seguintes razões: (i) para atender aos interesses gerais da coletividade (interesse social alargado); (ii) para tutelar bens e interesses altamente valorados pela ordem jurídica (os constitutivos da personalidade e os que radicam no sujeito privado – como, por exemplo, a proibição do pacto comissório ou a limitação constitucional dos juros); e (iii) nos casos de acionamento da ordem pública de proteção, pela contenção das disposições contratuais abusivas.[30]

No caso das c.g.c. há um elemento diferente da generalidade dos contratos, que é a ausência de vontade ou de declaração comum. Sendo assim, exigem estas uma interpretação mediante ponderação de princípios, na busca do efetivo equilíbrio dos poderes contratuais ("equalização jurídica dos poderes desigualados pela natureza da atividade envolvida"),[31] por intermédio do favorecimento tendencial do aderente. O risco da atuação judicial excessiva pode ser acautelado, segundo a doutrina,[32] mediante o recurso a uma interpretação assente, dentre outros critérios, na igualdade jurídico-material dos poderes e das posições contratuais; na defesa do aderente/consumidor; na conduta social típica do aderente (irrelevante que é sua vontade); no peso das cláusulas particulares (se as houver) contra as condições gerais; etc. Este é um terreno minado de riscos, numa zona que embaralha autonomia privada e interferência judicial. Os danos podem advir da não-intervenção (que ratifica o abuso da contraparte e gera uma desconfiança dos sujeitos sociais na atuação do Judiciário), da errônea intervenção (fraca, débil, inconsistente) ou da excessiva intervenção (incursão descomedida na autonomia interna do contrato, que pode motivar estratégias, cada vez mais sofisticadas, de "contornar" a possibilidade do desfecho judicial, afugentando, desta vez, os operadores econômicos).

Verifica-se, ainda, nos contratos com cláusulas abertas (contratos de execução continuada e/ou contratos relacionais) ligados ao comércio internacional uma tendência para a possibilidade de estipulação das chamadas *cláusulas de **hardship*** (ou cláusulas de adaptação), entendidas como aquelas que estabelecem um dever de renegociar o contrato, diante de determinadas circunstâncias e dificuldades (*hardship*). Aqui, as partes tentam, elas próprias, gerir *ex ante* o risco, não acarretando o dever de rescindir o acordo, mas tão-somente o dever de o renegociar de boa-fé. Da relação entre a *hardship* e a imprevisão, convém lembrar que a resolução por onerosidade excessiva pode vir a ocorrer mesmo diante da cláusula de reajuste, no entendimento de que a gestão convencional preventiva da *alea* contratual não pode excluir a relevância jurídica da desproporção sobrevinda na relação entre as partes.

Outro problema é saber se a renegociação dos termos iniciais do acordo não deveria ser reconhecida à base da existência de um dever geral, imposto pelo princípio da boa-fé, ainda que não exista estipulação expressa nesse sentido, ou seja, mesmo que não tenha sido estipulada a *hardship*. A questão é que o reconhecimento (por parte da lei, da doutrina ou da jurisprudência) de uma possível *obrigação genérica* de reajuste dos termos livremente pactuados pode gerar um novo risco, que é o de interferir em preceitos contratuais consolidados e essenciais para a estrutura teórica do sistema contratual, perfazendo um momento de efetiva alteração paradigmática no universo dos contratos. Se esta obrigação, estabelecida pelas partes em dispositivo contratual indicativo da opção, pas-

30. Cf. Joaquim de Sousa Ribeiro, *O Problema do Contrato – As Cláusulas Contratuais Gerais e o Princípio da Liberdade Contratual*, cit., pp. 259-264.

31. Cf. Paulo Lobo, *Condições Gerais dos Contratos e Cláusulas Abusivas*, cit., p. 130.

32. Idem, pp. 137-138.

sasse a ser imposta por lei, teríamos, aí, uma modificação relevante na estrutura principiológica dos contratos.

Na verdade, a influência dos contratos relacionais tem levado à inclusão em sede legislativa de remédios mantenedores da relação contratual que repercutem na esfera própria da aplicação do Direito, permitindo que, na prática, os juízes acabem exercendo seu poder para impor o acordo modificativo, correndo o risco de suscitar o temor generalizado de um efeito de alargamento jurisprudencial seriamente invasivo da esfera da autonomia privada. Não se pode dizer que alguma vez tenha havido intenção do legislador (mesmo o legislador constitucional) de se imiscuir diretamente nos contratos; antes, sempre procurou respeitar a margem de autonomia privada necessária à movimentação do mercado e ao surgimento dos acordos que buscam soluções para as necessidades individuais.[33] A figura da "renegociação *obrigatória*" revela-se tecnicamente arredia aos postulados contratuais mais elementares na esfera negocial privada e não parece bem acomodada no ordenamento jurídico, seja no sistema da *civil law* ou naquele da *common law*.

No primeiro caso, gera uma solução jurisprudencialista incomum à prática juscivilista, atestando um crescimento da produção do direito jurisprudencial, como resultado de uma renovada influência fática da *praxis* jus-realista; e, no segundo caso, produz um paradoxo interessante, porque, ao tempo em que reforça o poder do juiz, pressuposto importante do realismo, coloca o jurista da *common law* em dificuldades, por descartar a gestão *ex ante* do risco da impraticabilidade do contrato.

Para concluir, resta-nos compreender que esse conjunto de alternativas no quadro do disciplinamento *ex ante* e *ex post* do conteúdo dos contratos apresenta uma abordagem de fundo comum, ou seja, está situado no contexto geral de preservação do *equilíbrio contratual*. É este o propósito que deve governar o sistema. Os parâmetros de controle vêm fornecidos pela necessidade de se fazer vigorar nas relações entre privados os princípios da proporcionalidade e da adequação, largamente mediados pela cláusula geral da boa-fé.[34] Canotilho destaca que o princípio da proporcionalidade ou da proibição do excesso detém *dimensão normativa* a partir de quando alcançou *referência constitucional*. Em âmbito europeu este preceito resulta da convergência dos sistemas de *common law* e de direito administrativo e vem sendo assumido pelos tribunais como um postulado de controle. *Standards* jurisprudenciais como os da proporcionalidade, razoabilidade e proibição de excesso migram do texto constitucional para outros ramos do direito público ou privado, estendendo-se aos

33. Cabe concordar com Sousa Ribeiro quando adverte que os particulares são livres para assumir obrigações que os Poderes Públicos não lhes poderiam impor e que se deva ver com bastante cautela a invocação de regras constitucionais garantidoras de liberdade individual para obstruir os efeitos vinculativos de negócios que possam estar somente representando o cumprimento do seu exercício (*O Problema do Contrato – As Cláusulas Contratuais Gerais e o Princípio da Liberdade Contratual*, cit., pp. 744-746).

34. A vigência do princípio da adequação seria indicativa, na disciplina interna do contrato, da aplicação judicial da cláusula geral da boa-fé (cf. Francesco Macario, "Rischio contrattuale e rapporti di durata nel nuovo diritto dei contratti dalla presuposizione all'obbligo di rinegoziare", cit., in Fabrizio Di Marzio (org.), *Il Nuovo Diritto dei Contratti*, p. 218).

Na Europa os postulados comunitários têm-se revelado bases de importante evolução no âmbito interpretativo. Nesse sentido, um dos preceitos comunitários que mais incidiu sobre os sistema dos contratos na concretização de valores (fórmulas) como *eqüidade* e *boa-fé* foi o *princípio da proporcionalidade*, acionado contra o abuso de poder mas também contra situações de assimetria de poder privado nas relações de mercado. A anulação do contrato em virtude de desequilíbrio provocado por vantagem unilateral excessiva é prevista inclusive nos Princípios UNIDROIT para os contratos internacionais (cf. Fabrizio Criscuolo, "Adeguamento del contratto e poteri del giudice", in Fabrizio Di Marzio (org.), *Il Nuovo Diritto dei Contratti*, pp. 191 e ss.).

conflitos de bens jurídicos de qualquer espécie.[35]

Assiste razão àqueles que alertam para o engano de simplesmente se contrapor *autonomia privada* e *intervenção judicial*. O que está em jogo, no momento, é a idoneidade do contrato de se apresentar como um instrumento da autonomia privada e como um meio para a realização das atividades econômicas dos contratantes, numa relação que não se configure exclusivamente como uma situação de poder (que beneficia os interesses de um na proporção em que espolia e exclui o interesse do outro). Num ambiente contratual profundamente marcado por fatores novos (normativas internas, internacionais e comunitárias, jurisprudência proveniente de diversas fontes, *praxis* contratual múltipla) não se pode pôr em xeque a autonomia privada, nem se pode prescindir do *intervento* judicial. Há que se encontrar o ponto de equilíbrio, diante do caso concreto, porque o risco contratual nas circunstâncias indicadas não pode ser de tudo controlado. As regras das relações entre os particulares não se estabilizam *ex ante*, seja por efeito de acordo ou pela atuação supletiva do legislador.

5. *Fase atual do Capitalismo financeiro: o contrato como produtor do risco*

Retornando às análises econômicas, considerada a questão do risco, podemos dizer que, de fato, *contratar* é uma atividade[36] sempre arriscada, visto que qualquer contrato estaria exposto, em tese, às vicissitudes do mercado, à ingerência de algumas determinações de ordem pública e à possibilidade de inadimplemento. Porém, construir critérios débeis de responsabilização contratual para implementar uma apreciação sumariamente economicista do acordo, como pretenderam alguns realistas e mentores da *Law and Economics*,[37] seria institucionalizar o risco e, sobretudo, provocar uma inversão na lógica contratual originária: não mais o contrato como garantia do risco, mas o contrato como meio de produção do risco. Essa grande mobilidade (e versatilidade) a que se presta o mecanismo contratual reluz como um fator de justificação teórica para aqueles que defendem a instrumentalização do Direito pelo mercado, enxergando o direito dos contratos como o ramo do ordenamento jurídico estatal mais apropriadamente voltado à facilitação das relações que se desenvolvem em âmbito mercadológico, colocado à disposição dos agentes econômicos, condescendente aos seus propósitos, pronto a disciplinar sem controlar.

Importa reconhecer, no entanto, que, na atualidade global, os mercados financeiros realizam (não sem a colaboração do mecanismo do contrato) uma verdadeira "cultura do risco", num processo diverso de tudo o que já ocorreu no período do Estado Liberal, quando, amparado no *laissez-faire* e na equação responsabilidade/risco (com base na culpa), o contrato acenava para a superação dessa problemática; e diverso também dos postulados welfaristas de prevenção, construídos à sombra (solidarística) do Estado de Bem-Estar, que cancelava ou socializava o risco. Essa aproximação do contrato com a oralidade e com o risco se revela no mesmo contexto híbrido e plural de que falamos no início do texto. Na fenomenologia do risco contemporâneo, o direito dos contratos acabou, em determinadas conjunturas, por absorvê-lo e administrá-lo.

O problema é que, diferentemente do que ocorre com o risco global, que se trans-

35. Cf. J. J. Gomes Canotilho, *Direito Constitucional e Teoria da Constituição*, pp. 266-272 e 1.297-1.298.

36. Diferença entre contrato como *ato* e contrato como *atividade*, considerados os pactos de duração.

37. Referência em primeiro lugar a Oliver Holmes (*legal realism*), depois a Richard Posner, Ronald Coase (*Law and Economics* e *New Institutional Economics*), para citar alguns dos nomes mais conhecidos.

forma em objeto de políticas públicas, o risco privado oriundo de algumas esferas da contratação acaba passando indiferente ao controle público, como se fizesse parte de um processo de interesse exclusivamente privado. Até há bem pouco tempo o Direito (incluído o direito dos contratos) era visto como instrumento de certezas e de garantias do indivíduo, chegando-se mesmo a pensar numa sociedade sem riscos (*no-risk society*). Hoje, o risco é aceito como parte do mundo tecnológico, inserido nos contratos que se realizam no âmbito da globalização financeira.[38]

Neste momento da apreciação crítica, surge um outro paradoxo a animar a figura atual dos contratos. É que, enquanto triunfa como instrumento da globalização e ressurge vitorioso no âmbito próprio da economia globalizada, o contrato vê-se enfraquecido em seu sentido regulador, ou seja, é como se, no contexto do Capitalismo globalizado, o êxito final do mecanismo contratual se encontrasse proporcionalmente vinculado à redução de seu significado normativo, à possibilidade de reconstrução oral de seus termos, à probabilidade continuada de renegociação. E é justamente essa sua "fraqueza normativa" que seduz os operadores do mercado, porque gera as condições propícias para uma maior mobilidade no ambiente global. Trata-se, aqui, no fundo, da conhecida idéia de superação da *corporate law* (de competência estatal),[39] em nome de um melhor e mais ágil funcionamento da economia; ou, dito de outro modo, consiste na recolocação de uma idéia de *laissez-passer*. Para os que pensam desta forma, os mercados funcionam melhor quando os sujeitos contratuais não se enfronham em detalhes complicados relativos a obrigações de natureza social ou institucional, podendo mover-se com desenvoltura e desembaraço no mundo dos negócios.[40]

Do ponto de vista jurídico, no período atual do Capitalismo financeiro a afirmação do contrato como instituto jurídico central das relações econômicas encontrou nos Estados Unidos da América o ordenamento ideal para instrumentalizar as relações de mercado, expondo-se sempre à lógica da negociação e do risco (a busca americana por *welfare* é histórica e antropologicamente diversa da que ocorreu na Europa, que teve no Estado seu tutor exclusivo[41]). No contexto anglo-norte-americano, entre a lógica de segurança e a lógica de oportunidade, não há dúvidas de que sempre houve uma tendência a privilegiar esta última, enquanto que no Capitalismo europeu e no japonês acabou prevalecendo uma antropologia *risk adverse*, inclinada a ponderar, com prioridade, por padrões de segurança. O Capitalismo americano, fundado sobre a centralidade do financiamento da bolsa, produziu investidores propensos à aventura e contribuiu para modelar, a partir da influência que exerce no âmbito do mercado global, uma importante alteração no perfil atual dos contratos.

38. V.: Niklas Luhmann, *Sociologia del Rischio*, 1996; Ulrich Beck, *La Sociedad del Riesgo – Hacia una Nueva Modernidad*, cit.; Yair Aharoni, *The No-Risk Society*, 1981; François Ewald, "Philosofie de la précaution", *L'Année Sociologique* 2.

39. Nos Estados Unidos da América a superação da *corporate law* no âmbito do direito acionário conduz à chamada *race to the top*, ou à concorrência entre os Estados para oferecer as melhores condições jurídicas de instalação e permanência para as empresas. Essa competição tem gerado uma concorrência entre os ordenamentos jurídicos dos vários Estados Americanos no sentido de se apresentarem mais atrativos ao capital. Por enquanto, tem vencido o Estado de Delaware (v. Andrea Zoppini (org.), *La Concorrenza tra Ordinamenti Giuridici*, 2004).

40. Paul Quentin Lyman Johnson, "Individual and collective sovereignty in the corporate enterprise", *Columbia Law Review* 92/2.232.

Lembrar também que essas teorias traduzem princípios de reorganização dos mercados que se delinearam com maior vigor nos anos 80 do século passado, período marcado pelas propostas de liberalização, cumuladas com a rediscussão da figura do Estado. Esse fervor contestatório (v. *contestability theory*) perdeu muito de seu dinamismo na atualidade dos negócios globais.

41. Cf. M. R. Ferrarese, "La *civil litigation* tra diritti e mercato", *Politica del Diritto* 4.

É comum, hoje, no mercado de produtos financeiros derivados (conhecido como *mercado de derivativos e futuros*), por exemplo, a ocorrência de contratos que compõem um sofisticado sistema de gestão dos riscos, tais como os contratos de permuta de divisas e taxa de juro (*swaps*). Diferentemente do que ocorria com o Capitalismo industrial, o Capitalismo financeiro global possibilita a formação de acordos no seio dos quais os direitos e as obrigações vão depender, em geral, da *performance* de mercado de bens jurídicos imateriais extremamente voláteis e dinâmicos, assim como créditos, valores, títulos, investimentos, serviços etc. A forma mais simples de *swap*,[42] por exemplo, implica uma troca de situações ativas e passivas em dois contratos de empréstimo, em que são partes duas instituições, perfazendo uma operação que é comumente realizada com a intermediação bancária. Nesse contexto obrigacional, diferentemente da troca tradicional, não se permutam coisas corpóreas ou incorpóreas,s mas as posições das partes, não chegando a configurar, tampouco, uma cessão de posição. O que se troca nesses pactos atípicos são taxas de juros ou fluxos financeiros (criados por intermédio de obrigações correspectivas de pagamento de dinheiro, numa mesma divisa ou em divisas diferentes) negociados quando da celebração do contrato, e reais, no seu vencimento.

Nos contratos que envolvem produtos financeiros derivados, tal como o que acabamos de indicar, o risco se transforma numa mercadoria, e essa troca contratual de riscos é matéria diversa do que sempre se pensou sobre o contrato em geral (diferente do que se normatizou em torno da *alea* comum). É que nesse tipo de acordo, ao invés de apresentar uma feição benéfica e utilitarista, o contrato tem como objeto um risco, tornando-se difícil, enquanto operação seguidamente negociada, de ser traduzido mediante expressões escritas (os derivativos remetem para fatos diferidos ou futuros). Significa, em suma, que o Direito escrito, nestes casos, não se constitui necessariamente numa barreira contra a indeterminação e o risco, podendo, antes, constituir-se num meio para produzi-lo e administrá-lo juridicamente.[43]

6. *O contrato corre o risco de, ao ser executado mediante (re)ajustes orais, perder sua força normativa?*

Por todos estes motivos, sob a perspectiva do *Law and Economics*, perde sentido a conotação regulamentadora do contrato. Significa, em suma, que a idéia de um *efficient breach of contract* traz consigo a suposição de que toda forma de ilícito teria um preço e poderia ser cancelada (quer dizer, comprada), satisfeitas as razões de eficiência econômica. Este raciocínio econômico, ao conseguir condicionar as soluções jurídicas, acabaria por produzir, no âmbito contratual, uma diminuição de seu significado normativo, operação que resulta sintomática (i) de um certo distanciamento dos pressupostos sociais e pré-contratuais que Durkheim enxergava na base dos contratos (vistos como instrumentos da cooperação social), que faz preponderar uma acepção crescentemente individualista (e cada vez menos social) da contratação, especialmente no âmbito do mercado global; e (ii) do distanciamento do instrumento contratual da lógica dos direitos subjetivos, pela crescente exposição aos riscos dos cálculos de conveniência econômica. Assim, o contrato, incapaz de acompanhar o contínuo movimento das relações de mercado, não somente se desvincula da

42. A indicação deste contrato é meramente exemplificativa. Não é nossa intenção detalhar os pormenores deste acordo, nem adentrar sua natureza jurídica. Como base para a compreensão de *swap*, cf. António de Macedo Vitorino, "Estudo sobre a permuta de divisas e de taxas de juro", *Revista da Banca* 40/113 e ss.

43. Cf. Maria Rosaria Ferrarese, *Le Istituzioni della Globalizzazione – Dirrito e Diritti nella Società Transnazionale*, p. 221.

lógica dos direitos, mas se arrisca a entrar em conflito com os próprios direitos, ficando muito próximo de se transformar num mero distribuidor de riscos, exposto às ameaças que representam os critérios débeis de responsabilidade contratual.

A questão, no âmbito da análise econômica, parece apontar para o fato de que os custos de transação, nas sociedades de mercado, tendem a aumentar sempre que os mercados se expandem, onerando sempre mais o universo das relações contratuais, desde a fase pré-contratual até o cumprimento final de seus termos. Essa sobrecarga geraria o que Ferrarese chama de *congenita incompiutezza* do direito contratual, que acabaria por andar sempre alguns passos atrás das mudanças geradas pelo mercado, dominado, desse modo, por uma cultura social crescentemente "aquisitiva" de novas situações negociais.[44] A temática dos custos da transação também se presta, portanto, à indagação da transformação da teoria dos contratos no sentido oralidade *vs.* escritura, à medida que remete para uma circunstância onde a escritura já não consegue governar a relação contratual, freqüentemente ultrapassada por uma oralidade determinada pelos interesses.

O perigo que representa a crescente exposição à oralidade carrega em si, no entanto, o risco de sua própria negação; ou seja, começaram a surgir, a partir dos Estados Unidos da América,[45] os antídotos contra a perenização da expressão oral, e a forma encontrada para neutralizar e prevenir contra essa conjuntura instável foi exatamente engendrar seu inverso. A tendência contrária foi tornar o instrumento contratual superescrito, pormenorizado, definido nos seus mínimos detalhes. É o paradoxo de que falávamos linhas atrás. Hoje, os contratos firmados no âmbito internacional (não especificamente no mercado financeiro, mas no mercado de trabalho e nos negócios do comércio internacional) circulam sobre *standards* de tal modo minuciosos, que é possível encontrar pactos longamente escritos já vertidos para vários idiomas e planejados à exaustão.[46]

Diante do exposto, retomamos o argumento de que não há um abandono do texto escrito; o que existe é a transposição de uma forma predominantemente escrita e, bem assim, da subscrição individual manual (instrumentos assinados a próprio punho) para uma situação de multiplicidade dos modos vinculativos do ponto de vista jurídico-contratual. Na verdade, a nova economia, admitindo a assinatura eletrônica e os *e-mails*, incide numa outra contradição, representada, desta feita, pela extrema flexibilização contratual em contraponto a uma crescente demanda de regulação. A facilidade de negociação engendrada pelo *e-commerce* reclama profunda alteração legislativa (nacional e internacional) no sentido de disciplinar todos esses acordos.

Mais uma vez, não há dúvidas de que o ambiente é diversificado e plural. Discordamos daqueles que radicalizam a mudança e enxergam, para aquém dessa pluralidade, uma verdadeira viragem paradigmática dos contratos, como se um ciclo tivesse sido concluído na teoria dos contratos. Não aceitamos que o contrato, ao participar desse jogo de virtualidades, próprio dos tempos atuais, e ao fazer-se gregário de uma economia de riscos, como a que foi encetada pela globalização financeira, tenha se transformado geneticamente, em todos os domínios,[47] alterados os seus princípios e

44. Cf. Maria Rosaria Ferrarese, *Le Istituzioni della Globalizzazione – Dirrito e Diritti nella Società Transnazionale*, cit., p. 212.

45. A tendência à oralidade surgiu nos Estados Unidos da América mas se propagou pela Europa e pelo comércio mundial.

46. Em estágio que fizemos no UNIDROIT, Roma, em julho/2004, pudemos constatar a diversidade de modelos de contrato ligados ao comércio internacional, contendo, a maioria deles, cerca de 100 ou 200 páginas. Estipulações detalhadamente elaboradas no sentido de evitar o imprevisto.

47. Para Ferrarese o Direito se familiariza de tal modo com o risco, que se transforma profunda e geneticamente, passando por uma alteração nos seus

pressupostos. Esta suposição, quando generalizada, se distancia da verdade e prejudica a análise. Na atualidade das estruturas do mercado, escritura e oralidade, combate e veiculação do risco, são circunstâncias presentes que ocorrem com maior ou menor intensidade, a depender do tipo e da categoria do acordo celebrado, mas uma não se constitui necessariamente numa viragem paradigmática, em etapa posterior de superação da antecedente.

Bibliografia

AHARONI, Yair. *The No-Risk Society*. Chatham/NJ, Chatham House, 1981.

BANK FOR INTERNATIONAL SETTLEMENTS. *Consultive Document Oparation Risk*. Comitê da Basiléia (1988 e 2000). Disponível em: *www.bis.org* (acesso em 22.12.2004).

BECK, Ulrich. *La Sociedad del Riesgo – Hacia una Nueva Modernidad*. Trad. de Jorge Navarro, Daniel Jiménez e Maria Rosa Borrás. Barcelona, Paidós Básica, 1998.

————. *Sociologia del Rischio*. Trad. di Giancarlo Corsi. Milão, Bruno Mondadori, 1996.

BESSONE, Mario. *Adimpiemento e Rischio Contrattuale*. Milão, Giuffrè Editore, 1970.

BRASIL. *Código Civil*. Org. de Yussef Said Cahali. 6ª ed. revisada, atualizada e ampliada. São Paulo, Ed. RT, 2004.

CANOTILHO, J. J. Gomes. *Direito Constitucional e Teoria da Constituição*. Coimbra, Livraria Almedina, 2003.

próprios princípios e pressupostos. No direito dos contratos poder-se-ia erroneamente pensar, segundo essa autora, que não existem mudanças tão graves porque o mecanismo do contrato, à semelhança de um "camaleão jurídico", vai trocando de roupa e se mantendo na instrumentalização dos negócios – o que não significa, entretanto, que o contrato ainda se mantenha no essencial (cf. Maria Rosaria Ferrarese, *Le Istituzioni della Globalizzazione – Dirrito e Diritti nella Società Transnazionale*, cit., pp. 222-223.

CHIAVENATO, Idalberto. *Teoria Geral da Administração*. São Paulo, Hill, 1987.

COASE, Ronald. "The nature of the firm". *Economica* (n.s.) 4. 1937.

CRISCUOLO, Fabrizio. "Adeguamento del contratto e poteri del giudice". In: DI MARZIO, Fabrizio (org.). *Il Nuovo Diritto dei Contratti*. Milão, Giuffrè Editore, 2004.

DI MARZIO, Fabrizio (org.). *Il Nuovo Diritto dei Contratti*. Milão, Giuffrè Editore, 2004.

EWALD, François. "Le droit du droit". *Archives de Philosophie du Droit* 31. 1886.

————. "Philosofie de la précaution". *L'Année Sociologique* 2. 1996.

FERRARESE, Maria Rosaria. "La *civil litigation* tra diritti e mercato". *Politica del Diritto* 4. 1993.

————. *Le Istituzioni della Globalizzazione – Dirrito e Diritti nella Società Transnazionale*. Bolonha, Il Mulino, 2000.

GENTILI, Aurelio. "*De jure belli*: l'equilibrio del contratto nelle impugnazioni". In: DI MARZIO, Fabrizio (org.). *Il Nuovo Diritto dei Contratti*. Milão, Giuffrè Editore, 2004.

GOMES, Orlando. *Contratos*. 9ª ed. Rio de Janeiro, Forense, 1983.

ITÁLIA. *Codice Civile. Con la Costituzione, i Trattati U.E. e C.E. e le principali norme complementari* (a cura di Adolfo di Majo). Milão, Giuffrè Editore, 2004.

IUDICA e ZATTI (orgs.). *Trattato di Diritto Privato*. Milão, 2001.

JAMIN, Christophe, e MAZEAUD, Denis. *La Nouvelle Crise du Contrat*. Paris, Dalloz, 2003.

JOHNSON, Paul Quentin Lyman. "Individual and collective sovereignty in the corporate enterprise". *Columbia Law Review* 92. 1992.

LOBO, Paulo L. N. *Condições Gerais dos Contratos e Cláusulas Abusivas*. São Paulo, Saraiva, 1991.

————. "Constitucionalização do direito civil". *Revista de Informação Legislativa* 141. Ano 36. Brasília, janeiro-março/1999.

LUHMANN, Niklas. *Sociologia del Rischio*. Milão, Bruno Mondadori, 1996.

MACARIO, Francesco. "Rischio contrattuale e rapporti di durata nel nuovo diritto dei contratti dalla presuposizione all'obbligo di rinegoziare". In: DI MARZIO, Fabrizio (org.). *Il Nuovo Diritto dei Contratti*. Milão, Giuffrè Editore, 2004.

MACEDO JR., Ronaldo P. *Contratos Relacionais e Defesa do Consumidor*. São Paulo, Max Limonad, 1998.

MACNEIL, Ian. *The New Social Contract. An Inquiry into Modern Contractual Relations*. New Haven e Londres, Yale University, 1980.

MAZEAUD, Denis, e JAMIN, Christophe. *La Nouvelle Crise du Contrat*. Paris, Dalloz, 2003.

POSNER, Richard. *Law, Pragmatism, and Democracy*. Cambridge/Massachussetts/Londres, Harvard University Press, 2003.

POTHIER, Robert J. *Tratado das Obrigações Pessoais e Recíprocas*. Rio de Janeiro, H. Garnier, 1906.

REVET, Thierry. "Objectivation ou subjectivation du contrat. Quelle valeur juridique?". In: JAMIN, Christophe, e MAZEAUD, Denis. *La Nouvelle Crise du Contrat*. Paris, Dalloz, 2003.

ROPPO, Enzo. "Il contratto". In: IUDICA e ZATTI (orgs.). *Trattato di Diritto Privato*. Milão, 2001.

————. *O Contrato*. Trad. de Ana Coimbra e M. Januário C. Gomes. Coimbra, Livraria Almedina, 1988.

SACCO, R. e DE NOVA, G. "Il contratto". In: SACCO, R. (*diretto da*). *Trattato di Diritto Civile*. Turim, UTET, 1993.

SOUSA RIBEIRO, Joaquim de. *Cláusulas Contratuais Gerais e o Paradigma do Contrato*. Coimbra, Coimbra Editora, 1990.

————. "Constitucionalização do direito civil". *Boletim da Faculdade de Direito* (separata) LXXIV.Coimbra, 1998.

————. *O Problema do Contrato – As Cláusulas Contratuais Gerais e o Princípio da Liberdade Contratual*. Coimbra, Livraria Almedina, 1999.

VENOSA, Sílvio de Salvo. *Direito Civil*. ts. II e III. São Paulo, Atlas, 2001.

VITORINO, António de Macedo. "Estudo sobre a permuta de divisas e de taxas de juro". *Revista da Banca* 40/113 e ss. Lisboa, outubro-dezembro/1996.

ZATTI e IUDICA (orgs.). *Trattato di Diritto Privato*. Milão, 2001.

ZOPPINI, Andrea (org.). *La Concorrenza tra Ordinamenti Giuridici*. Roma/Bari, Laterza, 2004.

SÉCULO XXI, A ERA DO NÃO-CONTRATO?

MÁRCIA CARLA PEREIRA RIBEIRO

1. Introdução. 2. Elementos associados aos contratos: 2.1 O consentimento para a formação do contrato, para a formação de seu conteúdo e sua função social. 3. A busca de uma delimitação jurisprudencial do conceito de "função social": 3.1 "Função social" associada a outros princípios – 3.2 "Função social" e a adequação do conteúdo do contrato – 3.3 "Função social" e utilização regular do contrato – 3.4 "Função social" e a imprevisão – 3.5 "Função social" do contrato e da empresa. 4. Contratos educacionais ou não-contrato? 5. Função social e serviço público: a relativização do papel do Estado. 6. Observações finais.

1. Introdução

Basta aludir-se à vida em sociedade para compreender-se que o homem negocia. Busca a satisfação de seus interesses e, se não encontra no estado de Natureza a resposta a esta necessidade, será na necessidade contraposta do outro que estará o caminho para a adequação dos interesses e a satisfação das necessidades.

Dentre as fontes das obrigações, o *contrato* tem sido um instrumento usual de composição dos interesses ou, ao menos para aqueles cujo conteúdo é prefixado, um instrumento de aproximação entre as partes. Usual e eficiente, mas que, sem dúvida, no decorrer dos anos, e acompanhando as modificações da sociedade e da economia, vem alterando suas características, seja para permitir maior agilidade – num contrato de adesão – ou como demonstração de maior habilitação de alguns em detrimento de outros na elaboração de seu conteúdo técnico – contratos-padrão –, ou como resultado de uma maior interferência do Estado e do Direito na definição de seu conteúdo – restrições de ordem administrativa e legal.

Consagrado como símbolo da expressão da vontade dos homens, supostamente enquadrados numa categoria única, livres e autônomos, vê-se chamado a cumprir outras tarefas além de espelhar uma escolha do sujeito de direito. Seu conteúdo perde a mácula de isenção e passa a ser reconhecido como (i) instrumento auxiliar de estabelecimento de equilíbrio entre os contratantes, cujos intérpretes estão autorizados a buscar um sentido que pode não atender à vontade expressa pelas partes, mas a uma demanda de restabelecimento de um equilíbrio que favoreça uma das partes em detrimento de outra; (ii) instrumento auxiliar na implementação de políticas públicas, cujo conteúdo e interpretação estarão condicionados aos valores normativamente consagrados como limites ao poder de escolha dos sujeitos em benefício da harmonia ou qualidade de via em sociedade; (iii) instrumento de transparência quanto ao conteúdo de relação não negociada, quanto aos contratos obrigatórios; (iv) instrumento dotado de função, cujo teor será criado ou recriado pela doutrina e pela jurisprudência independentemente da existência de parâmetros legais incidentes.

Se o contrato pressupõe vontade, os contratos nos quais as vontades individuais se demonstrem enfraquecidas ou inexistentes configuram uma possibilidade – uma atipicidade –, ou estaríamos diante de uma outra fonte das obrigações, podendo-se concluir pela necessidade de reformulação da Teoria Geral das Obrigações, com as conseqüências que decorreriam desta constatação?

O presente artigo se propõe a uma análise preambular sobre os novos rumos no conteúdo e interpretação dos contratos na realidade do século que agora acaba de iniciar.

2. Elementos associados aos contratos

Acreditar na palavra, tomá-la por absoluta, expressa a busca pela segurança e estabilidade que possam fazer da existência alguma coisa um pouco mais previsível. No Direito Romano, que chegou aos Canonistas, o apego pela forma parecia responder ao anseio pela estabilização das relações jurídicas. Foi na Idade Média, segundo Nalin, que os Canonistas combateram o fetichismo das formas do Direito Romano, já que a "formalidade refletida pelos contratos solenes era adversa ao meio de divulgação da fé-cristã (palavra dita e não escrita)", acentuando a prevalência da palavra ao ser cotejada com a forma.[1]

Hoje, ao que parece, não só a palavra do sujeito deverá ser autêntica – expressão da vontade individual –, assim como seu interesse também deverá ser considerado autêntico – e compatível com a causa do negócio e – porque não? – com a causa social. A autenticidade, por outro lado, não estará geralmente na forma, mas no conteúdo do contrato e na interpretação que estará vinculada à sua efetivação.

Tradicionalmente, o estudo dos contratos, especialmente de seus requisitos, engloba a análise do consentimento, da capacidade das partes, do objeto e, em alguns sistemas, da causa. Este estudo partirá da análise de tais elementos, especialmente do consentimento, com a finalidade de atingir seus objetivos.

2.1 O consentimento para a formação do contrato, para a formação de seu conteúdo e sua função social

A consagração do consentimento como elemento necessário à formação do contrato decorre da compreensão da liberdade do homem em escolher, ao menos no contrato clássico, pelo contratar ou não (salvo para os contratos obrigatórios), assim como o teor do contrato (o que vem a ser contrariado na negociação em massa). Por outro lado, "consentimento" está associado à vontade, mais precisamente à "manifestação de vontade", já que – como aponta Jean Carbonnier – "lês phénomènes psychologiques ne sont pas perceptibles directement et ne peuvent être déduits avec quelque certutide que du comportement extérieur de l'homme"; assim, "est-ce la manifestation de volonté du contratant, plus que sa volonté elle-même, qui est l'elément primaire du contrat".[2] Para que se dê vida ao contrato, as vontades não podem estar maculadas por qualquer dos vícios do consentimento.

Já não é nova no estudo dos contratos a inquietação relativamente ao papel do contrato como expressão da autonomia da vontade. É o Estado controlando preços, determinado cláusulas obrigatórias ou im-

1. Paulo R. Nalin, *Do Contrato: Conceito Pós-Moderno*, Curitiba, Juruá, 2001, p. 105.

2. Jean Carbonnier, *Droit Civil*, vol. 4, Paris, Presses Universitaires de France (PUF), p. 54 ("Os fenômenos psicológicos não são perceptíveis diretamente e somente podem ser deduzidos, com alguma segurança, a partir do comportamento exterior do homem"; "É a manifestação de vontade do contratante, mais que a própria vontade, que é elemento primário do contrato").

pondo a obrigação de contratar.[3] Mas, para além da existência de normas determinando a conformação da vontade expressa no contrato, outros fatores aparecem e interferem na equação vontade-vontade expressa/efetividade do objeto do contrato.

Um deles é o que vem associado à idéia de *função social*, e que poderá nortear a compreensão que se terá da vontade declarada. Portanto, além da possibilidade de dissociação entre a vontade psicológica e a vontade declarada, também poderá ser identificada a interpretação que será dada à vontade, e que, sob determinadas condições, equivalerá à direta contrariedade do texto expresso no contrato.

Por certo que a exata extensão do que o legislador quis dizer ao utilizar a locução "função social" na Constituição Federal e no Código Civil[4] – optando-se pela análise somente destes dois diplomas normativos vigentes – não aparece positivada, delegando-se à doutrina e à jurisprudência o papel de identificação do conteúdo de seus termos.

A *função social* do contrato – assegurada no Código Civil e inspirada em igual princípio constitucional – intuitivamente remete a duas idéias: a de interesses externos que poderão interferir no reconhecimento da vontade expressa contratualmente ou, ainda, a relacionada à boa-fé objetiva, qual seja, o resultado habitualmente associado à realização de um determinado contrato, a justa expectativa em relação aos seus efeitos.

Igualmente certo – ao menos no campo contratual – que o reconhecimento do cumprimento, ou não, da função do contrato será diferente a depender da espécie contratual analisada.

No campo negocial, por exemplo, segundo Paula A. Forgioni, elementos como a tutela do crédito, o cotejo entre a segurança e a previsibilidade, a possibilidade do risco, da perda e do lucro sugerem uma interpretação peculiar, pois o princípio da boa-fé, e que se relaciona com a função social do contrato, nas "relações mercantis parte de uma realidade diversa e desempenha uma função um tanto diferente daquelas que cercam a maioria dos negócios celebrados entre não-comerciantes".[5]

De toda forma, quando o julgador busca apoio no aspecto funcional do contrato, estará indicando um meio jurídico apto a fazer desaparecer a vontade expressa, substituindo-a pela vontade que *deveria* ter sido expressa.

Haverá, por certo, um juízo de valor – e que não será isento – da doutrina e da jurisprudência ao tentarem identificar qual a vontade potencialmente positiva para a sociedade, que esteja compatibilizada com a noção de *função social* e que, de tão justificada, terá o condão de fazer desaparecer uma vontade que, não fosse seu afastamento, estaria apta a vincular as partes da forma como expressa no contrato.

A tal "vontade potencial" poderá ser considerada como aquela compatível com a ordem jurídica superior, ou seja, a que melhor se compatibilize com a orientação constitucional. Por este caminho, os princípios constitucionais estabelecidos já ao início da Carta seriam os indicadores do caminho a ser seguido, já que "a Constituição não se limita aos seus aspectos positivos, dela fazendo parte uma normativa mais ampla, composta pelos valores e princípios abstratos e concretos que reúne".[6]

3. Antônio Junqueira Azevedo, "A liberdade de contrato: contratos típicos e contratos atípicos", *Revista do Advogado* 8/11, 1982. O autor, já no início dos anos 80 do século passado, afirmava: "A autonomia da vontade é atingida, atualmente, por tal força de compressão das normas cogentes, que em alguns casos parece até mesmo desaparecer. Não somente o Estado fixa preços, determina cláusulas, como chega a impor a obrigação de contratar (por exemplo, no seguro obrigatório de veículos)".

4. Especialmente nos arts. 5º, XIII, e 170, III, da CF e no art. 421 do CC Brasileiro.

5. Paula A. Forgioni, "A interpretação dos negócios empresariais no novo Código Civil Brasileiro", *RDM* 130/31, 2003.

6. Paulo R. Nalin, *Do Contrato: Conceito Pós-Moderno*, cit., p. 89.

Por conseqüência, a vontade do sujeito deve atender aos valores maiores da Constituição Federal e estar orientada em conformidade com os princípios fundamentais nela consagrados, tal qual expresso nos seus arts. 1º e 3º. Por esta linha de pensamento, na hipótese de a vontade expressa não estar compatibilizada com tais valores, o julgador estaria autorizado a fazer substituir tal vontade, a fim de adequar o contrato.

Cláudio L. B. Godoy estabelece uma associação entre *função social* e os princípios da *dignidade da pessoa humana* e do *solidarismo*, concluindo que, se os princípios têm aplicação direta, o mesmo deve ser reconhecido relativamente à *função social*.[7]

Se o autor está usando a "aplicação direta" como sinônimo de "auto-aplicabilidade", duas questões podem decorrer desta proposta de conduta. A primeira seria: as normas constitucionais que possam estar relacionadas aos contratos são auto-aplicáveis, ou seja, não dependem de lei complementar ao seu conteúdo para enquadrá-las numa hipótese específica e daí produzir efeitos (como, por exemplo, a proteção do consumidor que veio regrada pela Lei 8.078/1990)? A segunda, derivada da primeira: admitir-se a submissão direta das vontades aos princípios constitucionais, de forma indistinta, responderia satisfatoriamente ao conceito mais moderno de "isonomia", ou significaria uma retomada da concepção da "igualdade formal", deixando-se de fora a perspectiva das desigualdades reais?

Para as duas indagações, uma proposta de resposta pode ser extraída do reconhecimento de ter havido a necessidade de edição do Código de Defesa do Consumidor não apenas pelo fato de a CF, no inciso XXXIII do art. 5º, determinar que "o Estado promoverá, na forma da lei, a defesa do consumidor", mas pela necessidade de definição dos sujeitos da relação jurídica e do conteúdo daquela relação. A definição dos sujeitos significa dizer que nem todo contratante estará enquadrado na definição legal de "consumidor/fornecedor" – e, portanto, não poderá valer-se da especificidade da defesa da relação de consumo. Significa admitir uma desigualdade, um não à igualdade formal (ainda que a Carta diga que "todos são iguais perante a lei", não significa dizer que todos possam ser considerados iguais perante a vida).

Nesta linha de pensamento, o que poderia levar a concluir que todos estão comprometidos com as propostas constitucionais de dignidade da pessoa humana, de construção de uma sociedade livre, justa e solidária, de igual modo?

Seria razoável concluir-se pela adequação da definição legal de situações jurídicas (além daquelas já previstas) a fim de indicar os parâmetros para o reconhecimento da *função social* conforme a natureza da relação jurídica estabelecida.

Ainda com relação aos princípios constitucionais, além do princípio da dignidade da pessoa humana, os demais, igualmente previstos na Constituição Federal, também poderão ser invocados – *v.g.*, princípio da liberdade de iniciativa –, exigindo-se do intérprete que faça uma interpretação que os compatibilize, uma vez que não se poderá concluir pela existência de hierarquia entre os princípios constitucionais.

Outra tentativa de estabelecimento do que seria a *função social*, especialmente com relação à empresa, aparece no pensamento de Calixto Salomão Filho, que destaca que, estendida "à empresa, a idéia de função social da empresa é uma das noções de talvez mais relevante influência prática na transformação do direito empresarial brasileiro", associada à idéia de interesses externos aos envolvidos diretamente na empresa e que são consagrados no direito antitruste, do consumidor e ambiental, de forma a se admitir a limitação da autono-

7. Cláudio Luiz Bueno Godoy, *Função Social do Contrato*, São Paulo, Saraiva, 2004, p. 153.

mia contratual não apenas para a pessoa física, como também com relação à pessoa jurídica, gerando não apenas o dever de abstenção em relação aos danos que possam ser provocados aos interesses externos salvaguardados, como também pela imposição de deveres positivos, numa "concepção social intervencionista, de influência reequilibradora de relações sociais desiguais".[8]

O mesmo autor destaca a dificuldade de se identificar até que ponto os interesses externos protegidos como conseqüência da funcionalização são interesses gerais, e não interesses de determinados grupos. Sendo interesse de determinados grupos, o que justificaria a prevalência dos interesses *deste* grupo, e não de outro? Seria o critério numérico? E, então, como seria fixada a defesa das minorias? Ou seria, como muito tem sido, um critério de poder? Vale dizer, o reflexo prático do que seria alegado como decorrência da *função social* de um instituto pode, na verdade, refletir o interesse ilegítimo de um determinado grupo que, em razão de sua posição privilegiada, ou pelo poder, ou pelo conhecimento, mostra-se mais hábil a fazer valer contra terceiros seus interesses pessoais.

Na hipótese de definição legislativa do conteúdo da expressão, o mesmo vício poderia ser reconhecido.

Pode-se identificar a idéia de *função social* como a de interesse estabelecido pelo Estado, por meio do Direito. Tal derivação pode ser compatibilizada com as concepções constitucionalistas se for permitida uma associação entre *interesse do Estado*, *interesse público* e *interesse da sociedade*. A solução por este caminho pode também não ser fácil, pois, conforme demonstra Marçal Justen Filho, não "é fácil definir *interesse público*, inclusive por sua natureza de conceito jurídico indeterminado, o que afasta uma exatidão de conteúdo", partindo para uma maior especificação do que é "interesse público" a partir de exclusões que possam delimitar a distinção entre interesse público e interesse do Estado, do aparato administrativo e do agente público.[9]

Ao refutar o critério da quantidade como definidor do interesse público, o mesmo autor aponta a possibilidade de identificação de interesses privados "que poderiam dar origem a um interesse público, na medida em que ocorresse alguma homogeneidade coletiva", para concluir também pela imprecisão do critério.[10]

Trazendo para os contratos, é importante refletir até que ponto a carência de uma perfeita definição do que seja "função social" – como reflexo do interesse social – ou o reconhecimento de que na verdade poderão ser identificadas várias *funções sociais* podem levar a situações abusivas ou, contrariamente, esvaziar de conteúdo prático o recurso à expressão "função social".

Veja-se a situação de uma cláusula contratual expressa num contrato de adesão, mas em relação à qual o aderente tenha noção, e que vem a ser afastada, por ser considerada contrária à causa do contrato – ou sua função interna. Imagine-se um contrato de transporte aéreo que trabalhe com a perspectiva de confirmação dos vôos a depender da existência de determinadas condições, como, por exemplo, um número mínimo de passageiros, e que, diante da não-implementação de tal condição, o usuário tenha de aguardar um outro vôo, o que virá a retardar o momento da realização do transporte convencionado. Que esse mesmo passageiro, em razão da impossibilidade de arcar com o retardamento, adquira um bilhete aéreo de outra companhia e opte por ingressar com uma ação de perdas e danos em relação à primeira companhia. Que recorre ao Poder Judiciário e, com base no Código de Defesa do Consumidor, a cláusula que isentava a primeira companhia de

8. Calixto Salomão Filho, "Função social do contrato: primeiras anotações", *RDM* 132/8, 2003.

9. Marçal Justen Filho, *Curso de Direito Administrativo*, São Paulo, Saraiva, 2005, pp. 36-39.

10. Idem, p. 41.

responsabilidade pela eventual possibilidade de atraso no cumprimento do contrato de transporte é declarada nula de pleno direito, e a companhia condenada ao pagamento de uma indenização.

Poder-se-ia concluir que a natureza do contrato de transporte está associada ao cumprimento não só da obrigação de transportar, como do horário definido para tal – e, aí, a condenação seria inafastável.[11] Mas, se, na hipótese de repetição de tais eventos – conduta e condenação –, a empresa pudesse tornar-se insolvente, sendo conduzida a situação de encerramento de suas atividades, a série de condenações em salvaguarda da causa (função interna do contrato) poderia provocar uma sucessão de conseqüências negativas para a sociedade, em decorrência do encerramento da empresa: desemprego, contratos inadimplidos, diminuição da oferta...

Pode-se imaginar que em várias relações de consumo possa surgir este impasse entre a prevalência da *função social* de proteção do consumidor ou de proteção da empresa.

Ricardo Tadeu Marques da Fonseca, pensando sobre os rumos do direito do trabalho, aponta para a tendência de flexibilização da lei, pelo fato de os direitos sociais serem considerados custos do processo econômico na era da "globalização", tendo-se por contrapartida "no direito civil e nas relações de consumo um movimento em sentindo oposto: tornam-se essas relações fortemente publicistas, rompendo-se os elos patrimonialistas privados", indicando uma "contradição histórica entre as ações liberais de precarização da rede de proteção social e as medidas de preservação dos direitos fundamentais sociais e as medidas de preservação dos direitos fundamentais pela constitucionalização desses direitos".[12]

Não é incomum em nosso país que medidas efetivas sejam substituídas por um processo de constitucionalização. Afinal, apregoar-se a existência de uma consagração no texto constitucional poderá ter feitos analgésicos quando contrastado com a realidade.[13] Infelizmente, a simples previsão constitucional não produz a mudança. É certo que pode servir de fio condutor, mas também pode resumir-se a um esforço retórico.

Desta feita, a constitucionalização das relações privadas e a consagração do seu caráter social não podem tomar as atenções de forma a concentrar toda esperança e atuar como principal mecanismo de implementação de políticas públicas que conduzam aos objetivos centrais elencados na Constituição Federal, isentando-se, por exemplo, o Poder Público de sua missão.

Substituir com certa facilidade a vontade expressa pela vontade presumida ideal, prestigiando-se a função social, ou a boa-fé, ou o interesse público, conduz a vários questionamentos. Onde foi parar a vontade, elemento essencial ao estabelecimento do vínculo contratual? Até que ponto é razoável e responde à idéia de "função social" a desconsideração de uma condição pactuada e aceita pelas partes? Se o contratante, na hipótese aventada parágrafos acima, escolheu a companhia ciente da possibilidade do atraso, se o mesmo não foi provocado com a intenção de prejudicá-lo,

11. Na jurisprudência francesa mais recente tem sido destacada pela doutrina daquele país a confirmação de julgados que afastam o tradicionalismo do *pacta sunt servanda* do contrato, considerando não-escrita – e, portanto, não-vinculante – manifestação de vontade expressa por ser considerada contrária à essência do contrato, independentemente da existência de uma disciplina específica de defesa do consumidor naquele país. É o que se depreende da leitura do comentário elaborado por Denis Mazeaud ao julgamento proferido pela *Cour de Cassation Civil* datada de 22.6.2004, Recurso 01-00.444 (*Revue des Contrats* 2005-2/270-272).

12. Ricardo Tadeu Marques da Fonseca, "A dignidade da pessoa: um valor fora do comércio e ínsito ao trabalho", *Revista da Faculdade de Direito da UFPR* 40/126, 2004.

13. Basta ter-se como exemplo a previsão da abrangência do salário mínimo no art. 7º, IV, da CF.

mas fruto de uma estratégia empresarial responsável pelo diferencial que mantinha a empresa no mercado, qual o parâmetro para se definir onde deve ser reconhecida a *função social* prevalente?

Calixto Salomão Filho estabelece uma relação entre *função social* do contrato e *interesses institucionais*. Para ele, o interesse institucional é jurídica e economicamente destacável do interesse individual. Neste último aspecto, "a proteção da referida garantia institucional deve representar uma utilidade para a coletividade que não se confunda com a utilidade individual e também inconfundível com a utilidade pública".[14]

Para o autor, "o princípio da função social do contrato permite a tutela difusa pelo Judiciário das garantias institucionais". E arremata que toda "vez que forem lesados interesses institucionais haverá lesão à função social do contrato", pois "é no destaque por estes proporcionado entre interesse individual e coletivo que se encontra a justificativa para limitar a liberdade contratual".[15]

Não será possível concluir que a vontade, elemento configurador da existência do contrato, possa ser substituída – ou os efeitos decorrentes da expressão dessa vontade – pelo julgador ou pela doutrina; a não ser quando exista uma vantagem que supere o risco do enfraquecimento do poder vinculante do contrato e da relativização de seu papel indutor da estabilidade das relações sociais.

Assim, a vontade de um grupo, o arrependimento ou outra modificação individual não justificariam a invocação da função social do contrato, pois esta estaria condicionada ao impacto de seus efeitos, somente estando configurada a possibilidade de sua invocação quando o contrato for apto a atingir interesses institucionais. Caso um dado contrato contrarie interesses institucionais, a avença ou a parte na qual aparece a contrariedade serão considerados ineficazes, nos termos do art. 421 do CC Brasileiro. Estaria entre os interesses institucionais a proteção do mercado de consumo, da concorrência e do meio ambiente.

3. A busca de uma delimitação jurisprudencial do conceito de "função social"

O esforço da doutrina em identificar o sentido da expressão é plenamente justificado. Quando a lei opera com conceitos indeterminados, duas possibilidades indesejadas podem configurar-se: a não-utilização do conceito, ante a dificuldade de sua identificação, ou a excessiva utilização de algo indefinido, a ponto de comprometer outros valores que também são caros à sociedade e ao Direito.

Volta-se a frisar que o elastecimento exagerado de sua aplicação pode conduzir à perda da identidade contratual, ao estabelecimento de uma era do não-contrato, conforme prenunciado no início deste artigo. E o que viria depois? A era do caos?

A perda da confiabilidade nas instituições pode trazer conseqüências desastrosas em termos de desenvolvimento social – e daí, novamente, uma afronta aos termos da Constituição Federal. Se os contratos não são considerados suficientemente estáveis, os investimentos buscarão território mais estável. Se não existe a fé na palavra dada e na vontade expressa, não há como operar com planejamento.

Numa rápida incursão na jurisprudência, algumas situações merecem ser comentadas.

3.1 "Função social" associada a outros princípios

A expressão aparece relacionada a outros princípios – por exemplo, ao da *boa-fé*, em apreciação do TJMG relacionada ao

14. Calixto Salomão Filho, "Função social do contrato: primeiras anotações", *RDM* 132/17.

15. Idem, p. 21.

pagamento de cartela premiada de loteria sobre a qual pairava dúvida quanto à existência de fraude.[16]

A decisão concluiu que, ao se desconsiderar os termos do contrato firmado com o adquirente da cartela, estariam comprometidos os princípios da *boa-fé objetiva* e da *função social* do contrato.

A alusão à *função social* do contrato está longe dos parâmetros indicados ao final do item anterior, e – pode-se imaginar – deve indicar uma preocupação do Julgador relativamente à expectativa daquele que contrata, com relação à estabilidade da relação jurídica contratual.

3.2 "Função social" e a adequação do conteúdo do contrato

Já foi invocada para modificação do critério de fixação de índices de remuneração de financiamento em contratos bancários relacionados a mútuos e financiamentos.

Há diversos precedentes nesta área, e aqui a *função social* é invocada para adequar a remuneração do capital da instituição financeira à capacidade de pagamento do devedor, estando atrelada ao reconhecimento da submissão das instituições financeiras às normas de proteção do consumidor.[17]

O estabelecimento de relação entre a modificação do contrato e o Código de Defesa do Consumidor pode estar embasado numa das cláusulas contratuais abusivas consagradas pela lei, ou no pressuposto de

16. "Contrato – Loteria 'Azulzinha' – Cartela premiada – Ocorrência de fraude – Não-comprovação – Dever de cumprimento do pacto avençado. Devem as partes cumprir os contratos pactuados, respeitando os princípios da boa-fé objetiva e da função social dos contratos" (TJMG, Ap. cível 1.0313.02.038348-2/002, rel. Des. Carreira Machado, publ. 21.6.2005).

17. "Apelações cíveis – Ação de revisão de contrato – Mútuo bancário – Sistema Financeiro da Habitação – Contrato – Princípio da boa-fé objetiva – Função social do contrato – Relação de consumo existente – Atualização monetária do saldo devedor – TR – Inaplicabilidade – Anatocismo – Prática comprovada – Inadmissibilidade – Taxa de juros – Adequação à realidade do mercado financeiro – Coeficiente de Equiparação Salarial/CES – Ausência de prejuízo – Repetição de indébito em dobro – Matéria controvertida nos tribunais – Dobra indevida – Honorários advocatícios – Sucumbência parcial – Proporcionalidade obedecida – Sentença parcialmente reformada. 1. O contrato é uma das espécies de negócio jurídico pelo qual os envolvidos, bilateralmente, renunciam à sua natural liberdade, auto-regulando seus interesses. Por isto resulta a força obrigatória do contrato, mas desde que não ultrapasse os limites legais ou morais. 2. Na concepção atual do Direito, que orienta o novo Código Civil, o antigo dogma da autonomia da vontade sofre temperamentos pelos princípios da boa-fé objetiva e da função social do contrato. 3. O contrato, na relação de consumo, deve ser visto em razão de sua função social, não mais sendo atribuído primado absoluto à autonomia da vontade. 4. Consumidor é o destinatário final do produto ou serviço (art. 2º da Lei n. 8.078, de 1990). Sendo o mutuário o destinatário final do mútuo bancário, está presente a relação de consumo, aplicando-se a Lei n. 8.078, de 1990. 5. A existência de algumas cláusulas abusivas não invalida o negócio jurídico. Somente aquelas são invalidadas, revendo-se o contrato e assegurando os efeitos do acordo de vontade adequado à lei. 6. A correção do saldo devedor pela aplicação do índice que remunera a caderneta de poupança – TR –, ainda que prevista em contrato, constitui modalidade gravosa que inviabiliza a realização da avença pelo mutuário. 7. Em respeito aos princípios da boa-fé objetiva e da função social do contrato, deve ser reconhecido ao mutuário o direito à aplicação do mesmo índice de correção das prestações mensais para o saldo devedor, e que corresponde à variação salarial da categoria profissional a que pertence. 8. Os juros moratórios podem ser capitalizados em periodicidade anual conforme autoriza o art. 4º do Decreto n. 22.626, de 1933. 9. A capitalização em período inferior caracteriza a prática de anatocismo e deve ser decotado o excesso correspondente. 10. A cobrança de juros em taxa fixada no contrato que não contrarie lei em vigor e seja correspondente à realidade econômico-financeira é legítima. 11. A cobrança do Coeficiente de Equiparação Salarial – CES visa a proteger o mutuário da disparidade entre o saldo devedor e o valor das prestações e, afinal, o cumprimento do contrato. Diante da ausência de qualquer prejuízo para o mutuário, é legítima a sua exigência. 12. A repetição do indébito em dobro, prevista no art. 42 da Lei n. 8.078, de 1990, não é exigível se há controvérsia nos tribunais sobre o tema e existe previsão contratual para tanto. 13. Havendo sucumbência recíproca, a verba honorária será arbitrada proporcionalmente. Confirma-se a sentença que, neste aspecto, fez distribuição equânime. 14. Remessa oficial conhecida *ex officio*. 15. Apelações cíveis voluntárias conheci-

assegurar ao contrato o cumprimento de sua *função social.*

Na primeira hipótese a cláusula será afastada porque nula; na segunda a *função social* poderá ser reconhecida se a invocação estiver sustentada na busca da preservação do mercado de consumo, e não apenas na proteção do consumidor diretamente vinculado ao contrato.

3.3 "Função social" e utilização regular do contrato

A locução também já foi utilizada como estando associada à utilização regular do contrato.[18]

Neste sentido, "função social" confunde-se com "boa-fé objetiva", tomada não como a representação do subjetivismo psicológico dos contratantes, mas relacionada ao uso e ao costume da praça.

A boa-fé, ao menos no campo dos negócios, está relacionada ao desenvolvimento do mercado, pois "essa visão faz que a boa-fé dispa-se de tantos aspectos morais que a revestem em outros contextos, exsurgindo *objetivada*, ou seja, segundo os padrões de comportamento normalmente aceitos em determinado mercado (ou em determinada praça)", e sua garantia conduzirá à minimização dos riscos, com a conseqüente possibilidade de otimização dos resultados.[19]

Em última análise, o adequado reconhecimento da importância da boa-fé objetiva, pelo intérprete do contrato e da lei, mostrar-se-á um importante instrumento de preservação do mercado e da concorrência, sem a qual não existe a própria noção do primeiro, compatibilizando-se com um dos sentidos já comentados de "função social" do contrato.

3.4 "Função social" e a imprevisão

Outros precedentes tratam da *função social* relacionada à *teoria da imprevisão*, quando os contratantes recorrem ao Poder Judiciário na busca da alteração de cláusulas do contrato, ou até mesmo de sua desvinculação, invocando um desequilíbrio na relação jurídica.

Nestas hipóteses – relações jurídicas entre empresários –, as conclusões não podem estar amparadas nos mesmos princípios reconhecidos aos contratos de consumo, especialmente em razão da inexistência da hipossuficiência, que está na idéia primeira de defesa do consumidor.

Nos contratos de compra e venda de soja há julgados que refutam o intento de modificação de cláusulas previamente pactuadas e que se mostram comercialmente desinteressantes em razão da flutuação do preço do produto no mercado,[20] e outros

das. 16. Sentença parcialmente reformada em reexame necessário e mediante provimento parcial do primeiro recurso voluntário, prejudicado o segundo" (TJMG, Ap. cível 1.0024.02.852045-0/001, rel. Des. Caetano Levi Lopes, publ. 1.4.2005. Também no TJRS: Ap. cível 7000824329, rel. Des. Nereu José Giacomolli, j. 4.8.2004). Extrai-se do texto do acórdão: "O novo Código Civil, orientado pela diretriz da sociabilidade, ou seja, 'colocação das regras jurídicas num plano de vivência social', fazendo prevalecer 'os valores coletivos sobre os individuais, sem perda, porém, do valor fundante da pessoa humana' (Miguel Reale, *Visão Geral do Projeto do Código Civil*, São Paulo, p. 9), dispõe expressamente acerca da função social do contrato no art. 421, ao dizer que 'a liberdade de contratar será exercida em razão e nos limites da função social do contrato'. Assim, os contratos deverão cumprir não apenas a função de instrumentalizar a circulação de riquezas, mas também a de funcionalizar direitos subjetivos e de atuar como instrumento condicionante do princípio da liberdade contratual". Também no TJGO: Ap. cível 75.492-1/188, rel. Des. Vítor Barboza Lenza, publ. 21.7.2005.

18. "Quanto à aplicação dos princípios da boa-fé e probidade e ainda da função social do contrato, não se conclui pela sua inobservância, visto que o apelado agiu no modo como lhe permite a lei" (TJMG, Ap. cível 1.0261.03.017492-2/001, rela. Desa. Vanessa Verdolim Hudson Andrade, publ. 26.11.2004).

19. Paula A. Forgioni, "A interpretação dos negócios empresariais no novo Código Civil Brasileiro", *RDM* 130/28.

20. "Apelação cível – Ação de rescisão contratual c/c antecipação de tutela – Sentença –

que admitem o rompimento do vínculo contratual, desobrigando-se a parte pelo mesmo motivo.[21]

A existência de condições fáticas que alterem de forma essencial a situação originária que motivou a contratação pode ensejar a modificação dos efeitos da vontade expressa nos contratos relativamente

Ausência de fundamentação inocorrente – Julgamento antecipado da lide – Possibilidade – Preliminares rejeitadas – Reajuste de preço prefixado em contrato de compra e venda de soja – Onerosidade excessiva – Inocorrência. 1. Somente a sentença não fundamentada é nula. Não é nula a sentença com motivação sucinta ou deficiente. 2. Tratando-se de matéria unicamente de direito e havendo nos autos prova documental suficiente à análise da questão, correto e o julgamento antecipado da lide, pelo quê é de ser rejeitada a preliminar recursal de nulidade da sentença. 3. As modificações normais causadas pela oscilação do preço do produto na bolsa de mercadorias, em razão dos mais diversos fatores, não podem ser havidas como imprevistas por nenhuma das partes. Ao contrário disso, por ser um fato conhecido, que constantemente ocorre no mercado interno e externo, constitui a razão de o produtor contratar, antecipadamente, a venda da colheita futura de soja, estabelecendo margem razoável de lucro, através da prefixação do preço, garantindo-se contra variações abruptas que trariam insegurança à sua atividade produtiva. 4. Não comprovados motivos que ensejassem a teoria da imprevisão, que contrariassem o princípio da boa fé objetiva, que afrontassem o princípio da função social do contrato, que causassem lesão a um dos contratados, e nem a excessiva onerosidade para uma das partes, em detrimento do benefício da outra, é indevida a interferência do Poder Judiciário nas relações contratuais para a fixação de preço em operações de compra e venda de produtos agrícolas. 5. Deve ser mantido o valor arbitrado a título de honorários advocatícios se fixados de conformidade com o que estabelece o art. 20, § 3º, alíneas 'a', 'b' e 'c', do CPC. Recurso conhecido e improvido" (TJGO, Ap. cível 87.084-0/188, rel. Des. Almeida Branco, publ. 22.7.2005).

Também do TJGO: "Civil – Processual civil – Preliminar – Nulidade de citação – Teoria da aparência – Eiva sanável – Efetivo prejuízo – Ausência – Contrato de compra e venda de soja – Teoria da imprevisão – Inaplicabilidade – Contrato aleatório de risco – Recurso adesivo – Honorários advocatícios – Retificação do *quantum* – Improcedência. 1. A citação recebida por funcionário da empresa que deixa de declarar a sua falta de competência para receber o ato citatório, no momento em que recebera a contrafé, não gera nulidade insanável do feito. *In casu*, presume-se que a pessoa jurídica fora chamada ao feito, aplicando a teoria da aparência, bem como o princípio da instrumentalidade das formas. Ademais, não houve efetivo prejuízo, já que os atos subseqüentes (contestação) foram confeccionados a contento. 2. O contrato de compra e venda da produção de soja em grãos é um pacto aleatório, sendo o risco seu elemento essencial, não prosperando a interpretação que desnature o seu objetivo. 3. A imprevisão consiste no desequilíbrio das prestações recíprocas que se venham a produzir nas convenções, por efeito de acontecimentos ulteriores à formação do contrato, independentemente da vontade das partes, e que se revelam de tal maneira extraordinários, anormais, pelo quê não seria possível prevê-los. 4. Por outro lado, o risco de lucro ou prejuízo quando da entrega da produção é ínsito aos contraentes, pois, da mesma forma, se o preço estivesse aquém do estipulado, devido ao excesso de produção nacional ou internacional, o recorrente teria que arcar com a diferença, honrando o preço contratado. 5. Ademais, o contrato em questão cumpre a função social hoje legalmente exigida, consoante as disposições do art. 421 do novo CC, por conseguinte. 6. O recurso adesivo não prospera, porque os honorários advocatícios, no caso concreto, enquadram-se na hipótese descrita no § 4º do art. 20 do CPC, e não no § 3º do referido dispositivo. Demais disso, o critério utilizado na sentença baseou-se em valor eqüitativo, afastando a incidência do patamar compreendido entre 10 e 20%. Recursos conhecidos para prover o apelo, negando provimento ao pleito adesivo" (Ap. cível 84.603-0/188, rel. Des. Stenka I. Neto, publ. 17.5.2005).

21. "Apelação cível – Revisão de cláusulas contratuais com pedido de antecipação dos efeitos da tutela – Contrato de compra e venda – Soja – Alegação de desequilíbrio entre as partes – Preço preestabelecido – Entrega futura – Substancial elevação do preço – Prejuízo insuportável por parte do devedor – Revisão do reajuste – Possibilidade – *Pacta sunt servanda* – Função social – Boa-fé. 1. Nos contratos de execução continuada ou diferida, se a prestação de uma das partes se torna excessivamente onerosa, com extrema vantagem para a outra, em virtude de acontecimentos extraordinários e imprevisíveis, poderá o devedor pedir a resolução do contrato; os defeitos da sentença que a decretar retroagirão à data da citação. 2. O princípio *pacta sunt servanda* deve ser interpretado em consonância com a realidade sócio-econômica, de sorte a evitar desequilíbrio econômico entre os contratantes. 3. Em contrato de compra e venda de soja para entrega futura, acontecendo substancial aumento do preço do produto, não pode prevalecer a cláusula contratual entre as partes. 4. Os contratantes são obrigados a guardar, assim na conclusão do contrato como em sua execução, os princípios de probidade e de boa-fé. Recurso conhecido e parcialmente provido" (TJGO, Ap. cível 77.487/188, rel. Des. Vítor Barboza Lenza, publ. 21.6.2005).

às partes, fato reconhecido e consagrado pela doutrina e jurisprudência por meio da *teoria da imprevisão*. Com relação à *função social* do contrato, pode-se entender que não cabe às partes invocá-la, pela absoluta falta de parâmetro prático que possibilite a opção que venha a ser tomada pelo intérprete para o reconhecimento da *função social* em relação a um indivíduo (o que prometera vender ou comprar) ou a um grupo de indivíduos (a classe dos vendedores ou a classe dos compradores), em detrimento do outro.

3.5 "Função social" do contrato e da empresa

A *função social do contrato* já foi cotejada pela jurisprudência com a *função social da empresa*.[22]

Assim como a lógica se altera quando se está diante de um contrato de consumo e de um contrato entre empresas, ao se considerar a peculiaridade da situação do consumidor frente à do fornecedor, também os contratos entre partes privadas e os empresariais (especialmente os de longa duração) não podem ser equiparados.

As relações não-continuadas – ou seja, as que se resolvem instantaneamente – produzirão efeitos que estarão, via de regra, limitados à esfera de direito das partes; e, ainda que possam provocar efeitos também externos (por exemplo, a venda de uma área de preservação ambiental), não haverá uma repetição contínua do negócio. Já, empresas, quando negociam com seus fornecedores, o próprio contrato de constituição da sociedade e as relações com consumidores tendem a se repetir no tempo, alçando uma condição de produção de efeitos diferenciada, que deverá conduzir a uma interpretação também diferenciada.

Havendo um contrato firmado entre as partes que contém uma cláusula que acresce a possibilidade de dano para a continuidade do exercício da atividade da empresa de forma não-fundamentada, pode ser invocada a *função social* do contrato para fazer prevalecer a condição menos desfavorável para a empresa, com fundamento no interesse da coletividade em retardar ou minimizar as perdas que defluem da decretação de falência de uma empresa, ainda que houvesse uma cláusula dispondo em sentido diverso.[23]

4. Contratos educacionais ou não-contrato?

Além da indagação quanto aos efeitos da vontade declarada quando do consentimento por ocasião da constituição do contrato, e sua potencial relativização, outro

22. "Habilitação de crédito – Falência – Impontualidade – Substituição dos encargos – Comissão de permanência – Taxa deixada ao arbítrio do credor – Caráter flutuante – Função social do contrato – Boa-fé objetiva – Abusividade – Impugnação – Litigiosidade – Honorários advocatícios – Cabimento – Precedentes do STJ. 1. É abusiva a cláusula que prevê, no caso de impontualidade, a substituição dos encargos, majorando-os pela incidência de comissão de permanência, posto onerar em demasia o devedor e promover o desequilíbrio contratual, máxime por deixar a sua fixação ao arbítrio do *accipiens*, pois o *solvens* inadimplente já se sujeita, além da correção originariamente prevista (TR + 2,75% ao mês), aos juros moratórios e multa contratual. A autonomia privada deve conter-se nos limites da função social do contrato, que não pode ser preterida por nenhuma convenção, pois revela preceito de ordem pública, exigindo a realidade o exercício da liberdade contratual com inspiração na probidade e boa-fé objetiva. 2. A litigiosidade operada pela impugnação à habilitação de crédito em processo falimentar, ensejando, inclusive, a realização de perícia contábil, impõe sujeição ao princípio da sucumbência, sendo devidos, em conseqüência, honorários advocatícios. Precedentes do STJ, entendimento predominante na 2ª Seção" (TJMG, Ap. cível 1002499153752-3/001, rel. Des. Nepomuceno Silva, publ. 19.8.2004).

23. É o que foi decidido no acórdão indicado na nota anterior. De outro precedente do mesmo TJMG extrai-se: "Tratando-se de falência, deve-se, sempre que possível, visar o princípio da conservação da empresa. Logo, o contrato deve ser examinado à luz do princípio mencionado e da sua função social". Ap. civ. 1002402737740-7/001, rel. des. Caetano Levi Lopes, acórdão publicado dia 10/08/2004.

aspecto que merece atenção é a aceitação da existência de contratos cuja finalidade deixa de ser a compatibilização de interesses e a busca de sua harmonização, para se reconhecer neles apenas o papel auxiliar no estabelecimento de direitos e deveres fixados por apenas uma das partes.

Aqui, podem ser destacadas três categorias de contrato: o *obrigatório*, o *de adesão* cujo vínculo decorre de uma opção do contratante, o *misto*, ao qual adere o contratante mas cujo conteúdo é totalmente estabelecido em lei.

No *contrato obrigatório*, por exemplo, contrato de seguro obrigatório para veículos automotores, não há sequer a assinatura do instrumento contratual. Quando da renovação do licenciamento do veículo o valor é cobrado. As condições de contratação são previstas em lei, não havendo possibilidade, para o proprietário do bem, de escolha de com quem contratar nem das condições que serão estabelecidas no seguro. Observe-se que a existência de efetivação de um outro contrato, particular, não afasta a necessidade de vinculação do proprietário do automóvel a um contrato de seguro compulsório. Na verdade, pelo Seguro Obrigatório – DPVAT (Danos Pessoais Causados por Veículos Automotores de Vias Terrestres), no caso da ocorrência de acidente com vítima, qualquer pessoa poderá reivindicar o pagamento da cobertura, que abrange danos materiais e reembolso de despesas médicas. Os terceiros são indeterminados, e a seguradora contratada também. Para fazer valer seu direito, o ofendido deverá recorrer, ou seu beneficiário – no caso de morte –, a uma das seguradoras credenciadas.

Em face das peculiaridades, inclusive inexistência das tradicionais figuras do contratante e contratado quando do pagamento do valor, o "contrato" assemelha-se mais ao pagamento de uma taxa que a um contrato – a taxa é paga para se obter a prestação de um serviço de ressarcimento nas condições estabelecidas pela lei.

O *contrato de adesão*, normalmente associado à relação de consumo, é essencialmente disciplinado pela lei própria, porém os direitos e deveres que são nele estabelecidos são fixados pelo fornecedor – tendo-se como limite na fixação de seu conteúdo a disciplina normativa aplicável. Como é sabido, nos contratos de adesão a liberdade na fixação do conteúdo do contrato, entendida como liberdade de contratante e contratado, é parcialmente afastada, pois "não resultam do livre debate entre as partes, mas provêm do fato de uma delas aceitar tacitamente cláusulas e condições previamente estabelecidas pela outra". Alguns autores negam ao contrato de adesão "a natureza contratual, sob o fundamento de que lhe falta a vontade de uma das partes, a qual apenas se submete às imposições da outra".[24] Mas, ainda que a extensão da vontade de um dos contratantes seja limitada, é comum admitir-se que a mesma se expressa quando da aceitação das condições estabelecidas pelo fornecedor; por outro lado, o conteúdo do vínculo, conforme já mencionado, será estabelecido pelo fornecedor, respaldado na lei aplicável, com margens para sua adaptação ao interesse do fornecedor no intuito de arregimentar consumidores.

Ainda, o contrato aqui chamado de *misto*, assim como o de adesão, está submetido a uma aceitação das partes; não decorre, como o seguro, do pagamento de um valor obrigatório, porém os direitos e deveres nele expressos não serão criados pelas partes, mas irão decorrer de lei – neste aspecto, assemelhando-se ao seguro obrigatório. Há um exemplo interessante desta modalidade contratual na literatura francesa, na forma do PARE/*Plan d'Aide au Retour à l'Emploi*, assinado por desempregados e a instituição responsável pelo seguro-desemprego, ASSEDIC.

24. Caio Mário da Silva Pereira, *Instituições de Direito Civil*, 11ª ed., Rio de Janeiro, Forense, 2005, pp. 72-73.

Judith Rochfeld relata que o interessado no seguro-desemprego e também em contar com os serviços de recolocação oferecidos firma com a ASSEDIC um contrato no qual estão estabelecidas as condições e os deveres de ambas as partes, tudo em conformidade com a legislação de seguro social vigente na França. Uma questão foi levada aos Tribunais Franceses quanto ao caráter contratual, ou não, do documento firmado pelas partes, quando a legislação foi alterada e houve uma tentativa de minoração do prazo de pagamento do seguro-desemprego não apenas para os novos aderentes, mas também para os contratos em andamento. Houve entendimento no sentido de não se tratar exatamente de um contrato comum, mas de um contrato de caráter pedagógico, cuja única finalidade estaria em levar ao conhecimento do aderente as condições de adesão ao programa de seguro-desemprego, e não no estabelecimento de um vínculo de natureza obrigacional, podendo as condições da prestação do seguro ser modificadas posteriormente. No entanto – e este é o entendimento comentado pela autora –, também houve jurisprudência reconhecendo o caráter contratual e não admitindo a modificação das condições nele estabelecidas, conduzindo à conclusão que "sa nécessaire contractalisation pourrait apparaître comme le symptôme de la complexification et de l'affaiblissement du droit, et l'emergence du contrat pédagogique comme l'outil par lequel la loi, dont les caracteres d'accessibilité, de lisibilité et de force contraignante auraient diminué, serait traduite en un langage plus compréhensible comme construit sur des vocables d'intérêts privés", fazendo com que o contrato pudesse estender seu campo, veiculando uma vontade de um tipo novo, que leva em consideração uma situação de troca imediata e já existente.[25] Representa uma aceitação de um contrato que não pode ser tomado exclusivamente como de caráter pedagógico, mas que ostenta características peculiares, em razão do pré-estabelecimento de seus termos e do fato de a condição de desempregado e direito ao recurso à ASSEDIC serem anteriores à assinatura do contrato.

Historicamente, o contrato também foi utilizado em sistemas que implementaram a economia pública, pois, "não obstante pertencerem ao Estado os órgãos de produção, adotava-se o contrato como fator psicológico e moral".[26]

Destaque-se a conclusão da autora francesa: nestes contratos pedagógicos, quanto à sua origem no enfraquecimento do Direito e na complexidade da lei, aceitar que transformar a Lei em contrato pode tornar o conhecimento dos direitos e deveres mais claro para o interessado significa traduzir o Direito por meio da expressão dos interesses privados. Mas transformar a lei em contrato trará consigo também o que melhor caracteriza a utilização do contrato: a busca do estabelecimento de uma situação de estabilidade jurídica – o que se verifica na jurisprudência francesa que manteve as condições do contrato mesmo diante da modificação da regulamentação.

5. *Função social e serviço público: a relativização do papel do Estado*

É mais corrente encontrar-se menção à função social do contrato adicionada a

25. Judith Rochfeld, *Revue des Contrats* (*RDC*) 2005-2/258-261. Tradução livre do texto citado, p. 261: "Sua necessária contratatualização poderia aparecer como sintoma de sua complexificação e de enfraquecimento do Direito, e o aparecimento do contrato pedagógico como uma utilidade pela qual a lei, cuja característica de acessibilidade, de clareza e de força coercitiva teria diminuído, seria traduzida numa linguagem mais compreensível ao ser construída a partir de vocábulos de interesses privados".

26. Caio Mario da Silva Pereira (*Instituições de Direito Civil*, cit., 11ª ed., p. 11), ao fazer referência à extinta URSS, acrescentando: "Quando a mina de carvão contratava com a usina siderúrgica, e esta com a fábrica de vagões, todas sabiam que tinham de cumprir os itens impostos pela lei que aprovara o plano qüinqüenal. Mas assim mesmo contratavam, como que para se sentirem diretamente vinculadas, empenhando sua palavra no sentido da realização daqueles objetivos".

outros conceitos já consagrados pelo Direito (como "boa-fé"), expressamente vinculada a dispositivos legais que conduzem à nulidade ou ineficácia de determinado ato (*v.g.*, contratos submetidos ao Código de Defesa do Consumidor), ou associada aos serviços públicos (não-interrupção do fornecimento de energia ou água, planos de saúde ou transporte).

Também aqui, ao que parece, não há um papel especialmente reservado à invocação da função social do contrato, uma vez que a atividade que se pretende realizada e que para tanto motiva a assinatura de um contrato é serviço público – e, portanto, ainda que eventualmente oferecida por empresas privadas, concessionárias de serviço público, é dotada de características peculiares que lhe conferem a condição de serviço público.

Uma atividade ostentar condição de serviço público sem dúvida revela uma opção do legislador, além de responder a demandas que se modificam no tempo e no espaço. A caracterização do serviço público reveste-se de essencialidade e está sujeita ao princípio da continuidade.

Serviço público pode ser conceituado como "uma atividade pública administrativa de satisfação concreta de necessidades individuais ou transindividuais, materiais ou imateriais, vinculadas diretamente a um direito fundamental, destinada a pessoas indeterminadas e executada sob regime de direito público".[27]

Quando, então, se está fazendo referência a serviço público e situações que podem atingir seu usuário, não há necessidade de se buscar a chave interpretativa na noção de "função social do contrato", pois a mesma decorre da natureza do objeto da contratação.[28]

27. Marçal Justen Filho, *Curso de Direito Administrativo*, cit., p. 478.

28. Em sentido diverso, Cláudio Luiz Bueno Godoy (*Função Social do Contrato*, cit., pp. 161 e 173 e ss.) identifica em contratos relacionados a transporte e saúde interpretações lastreadas no conceito de *função social*.

Deslocar o foco das atenções da natureza do objeto do contrato (serviço público) para a função social do contrato (no caso concreto) pode ter por efeito o reconhecimento do afastamento do Estado de suas atribuições, de agente fundamental na busca do estabelecimento da sociedade que se desenha a partir dos princípios constitucionais e que tem no serviço público um meio de ação. Atente-se para o risco de, com base na função social do contrato, inadmitir, por exemplo, a cessação do fornecimento de um dado serviço para o inadimplente, esquecendo-se de que o mesmo direito (de receber o serviço essencial) também poderia ser reconhecido ao que nem ao menos tem acesso ao serviço, ou que a socialização da inadimplência de alguns pode acarretar o aumento de custos para outros, ou, ainda, o retardamento numa política de expansão de oferta.

Tal interpretação mais uma vez aponta para o enfraquecimento não só do papel do Estado como, também, da noção de sujeito de direito, pois quem contrata é o consumidor, é aquele que tem acesso, no mínimo parcial, ao mercado, relegando-se a um completo limbo de proteção o sujeito não-consumidor – o que não tem acesso ao mercado.

Situação semelhante pode ser extraída de uma hipotética recusa de contratar de um fornecedor de seguro com lastro no risco associado a um determinado consumidor – por exemplo, proprietário de veículos automotores mais visados por assaltantes, ou no oferecimento de seguro para usuários de caixas-eletrônicos. Na hipótese da negativa, ainda que a seguradora se veja potencialmente obrigada a oferecer o acesso ao seguro ao proprietário, com base na *função social* do contrato, o problema da segurança urbana não estará nem de longe resolvido. Quanto ao oferecimento de contrato instantâneo de seguro nos caixas-automáticos, a aceitação da proposta e a impossibilidade de recusa do fornecimento da proteção, com base na *função social* do contrato, também em nada contribuem para a segurança pública, dever do Estado.

Portanto, ainda que cômodo e socialmente conveniente, a noção de "função social do contrato" não pode servir à relativização do papel do Estado, e nem ocultar o enfrentamento relacionado à prestação de serviço público.

6. Observações finais

A relativização da força vinculante do contrato, a substituição da vontade expressa pela vontade desejada e a ineficácia fundamentadas no conceito de *função social* devem ser consideradas de forma crítica e restritiva.

Desde quando, bem antes do Código Civil de 2002, já se falava em "função social", às vezes vista como associada à prática da atividade empresarial, nasce uma inquietação quanto à extensão que se pode dar à locução.[29]

Já houve quem alertasse para os riscos da transferência dos deveres do Estado para a organização privada, como Comparato, num clássico artigo publicado em 1996, optando por, num primeiro momento, recusar que se atribuísse à empresa o exercício de uma *função social* que fosse além da produção de empregos.[30] Ou, ainda, a aceitação da sua caracterização, desde que definida em lei, e não de forma genérica.[31]

Com o Código Civil de 2002 a questão ganha ares renovados, uma vez que a função, no campo das relações obrigacionais, sai da alçada específica das empresas, para buscar sua identidade em todos os contratos.

Relativamente à prática da atividade empresarial, o exercício da *função social* da empresa encontra um sem-número de justificativas, seja na possibilidade de o empresário lucrar pelo exercício da atividade, e de este lucro dever estar centrado não na mais-valia em relação aos elementos que foram por ele organizados em benefício da atividade produtiva, mas um lucro respaldado no ganho social decorrente da mencionada prática, seja como decorrência da perda social que pode decorrer da utilização dos recursos naturais e sociais.[32]

Trazer a noção de "função" para os contratos em geral – ou seja, a funcionalização dos contratos – representa, por um lado, uma socialização das demandas coletivas, uma consagração da solidariedade social, uma busca do estabelecimento de uma sociedade digna, afinando-se, portanto, com discursos mais engajados e politicamente corretos; por outro lado, pode estar acompanhado de sérios riscos.

Vale dizer: substituir-se a manifestação da vontade do particular ou enfraquecê-la com vistas a adequar a vontade das partes à vontade social pode, ao contrário do que parece, trazer mais prejuízos que vantagens para a coletividade, salvo em situações muito específicas. Daí decorrem as seguintes observações:

6.1 Enfraquecimento do contrato – não-contrato. Não se pode acreditar na viabilidade de reconhecer a força vinculante e demais características milenarmente associadas aos contratos como estando à mercê do aplicador ou intérprete da norma. As limitações dos direitos do indivíduo devem ser estabelecidas pelo meio adequado, ou seja, pelo ordenamento jurídico. No campo negocial o também constitucional princípio da liberdade de iniciativa não pode ser aniquilado em nome do cumprimento

29. A Lei das S/A – Lei 6.404/1976 – já definia, entre outros, no art. 116, parágrafo único, a conduta de seu controlador como sendo condicionada ao exercício da função social da empresa.

30. Fábio Konder Comparato, "Estado, empresa e função social", *RT* 732/38 e ss., outubro/1996.

31. Observar a posição de Francesco Galgano, *Diritto Commerciale: l'Imprenditore*, 5ª ed., Bolonha, Zanichelli, 1996, especialmente p. 105.

32. Entre outros trabalhos, v. Fernando N. Boiteux, "A função social da empresa e o novo Código Civil", *RDM* 125/48-57, e Paulo Roberto Colombo Arnoldi e Taís Cristina de Camargo Michelan, "Novos enfoques da função social da empresa numa economia globalizada", *RDM* 117/157-162.

de tarefas que não são exclusivamente dos agentes privados e que não estejam definidas pela ordem jurídica. Não se está, evidentemente, negando a conveniência da implementação de princípios como os da dignidade da pessoa humana e da solidariedade, mas fazendo-se notar que há o campo reservado à lei (e daí a proteção do consumidor, o reconhecimento de determinados efeitos para atos nulos, o estabelecimento de limitações à liberdade de contratar relacionada à saúde etc.) e o campo reservado ao contrato. Não se deve utilizar o contrato quando não há contrato (exemplo do contrato de recolocação de mão-de-obra, caso a jurisprudência francesa não reconhecesse sua natureza contratual e o declarasse uma modalidade de contrato educacional), perdendo-se de vista seu poder vinculante e de estabilização das relações jurídicas. O contrato tem a vocação de funcionar como elemento de estabilização das relações, e a ruptura desta lógica somente estará justificada em hipóteses excepcionais, preferencialmente sujeitas a uma normatização específica, não devendo o intérprete valer-se da *função social* como elemento pacificador de litígios individuais, invocando uma pretensa *função social* do contrato, no caso concreto, para ocultar um ajuste casuístico da relação jurídica; a menos que o resultado da solução a ser dada ao caso concreto possa contribuir para a preservação de um direito social como a preservação do mercado ou do meio ambiente.[33]

6.2 Desaceleração das relações jurídicas. A crise da noção e do papel do contrato pode se fazer acompanhar do estabelecimento de uma lacuna na oferta de meios acolhidos pelo Direito e que sirvam para harmonizar interesses contrapostos decorrentes da oferta e da procura por bens e serviços. Em suma, não há nada melhor que o contrato para motivar o estabelecimento de vínculos, especialmente aqueles de caráter contínuo e que operem com perspectiva de direitos futuros (*v.g.*, crédito), base da economia contemporânea. Relativizar seu poder vinculante, enfraquecendo os efeitos do consentimento dado, caminhará junto à desaceleração das relações jurídicas. No campo negocial a relação entre risco e lucro não deve ser revista sob a ótica da *função social*, como regra, sob pena de se produzir o indesejável resultado comentado.[34]

6.3 Substituição do papel do Estado. A funcionalização das relações privadas é casuística demais para servir de substituto à atuação do Estado, ou até mesmo para conduzir ao seu enfraquecimento ou substituição parcial. O sujeito que participa da relação contratual e que pode ostentar também a condição de consumidor é um sujeito patrimonializado em maior ou menor grau. O sujeito que contesta a relação contratual a que se vinculou ou à qual quer se vincular já é um sujeito dotado de prerrogativas especiais: acesso ao conhecimento e acesso ao Judiciário. O reconhecimento da ineficácia da vontade de um dos contratantes, com base na *função social*, não irá colaborar para o desenvolvimento social. O foco das atenções no que se refere ao cumprimento das determinações constitucionais relacionadas aos direito sociais não pode migrar das funções do Estado para a função social dos institutos privados, que devem servir apenas de instrumentos auxiliares. Em última análise, o sujeito destituído de recursos ou conhecimento não terá a oportunidade de ver para si direcionada uma interpretação lastreada na *função social* do contrato – diante do não-acesso ao contrato ou ao conhecimento –, restando-lhe apenas o apoio estatal no processo de redistribuição de riquezas. Portanto, mais que a declaração da proteção do contratan-

33. Na linha desenvolvida por Calixto Salomão Filho, "Função social do contrato: primeiras anotações", cit., *RDM* 132.

34. Na linha desenvolvida por Paula Forgioni, "A interpretação dos negócios empresariais no novo Código Civil Brasileiro", cit., *RDM* 130.

te contra o fornecedor que se recusa a contratar (exemplo do seguro) motivada na função social do contrato, *v.g.*, espera-se uma melhoria nas condições de segurança ofertadas pelo Estado.

6.4 Existência de previsão na ordem jurídica – lei, Judiciário e princípios. "Função social" não deve ser invocada quando a ordem jurídica já consagra o efeito pretendido de forma expressa, sob pena de uso fortuito de expressão sem aplicabilidade expressa na situação discutida (*v.g.*, teoria da aparência nas relações negociais; nulidade de cláusulas estabelecidas em leis de defesa do consumidor; teoria da imprevisão). Por outro lado, o Poder Legislativo, como expressão do sistema democrático e da função de representatividade, pode estabelecer aprioristicamente normas e restrições que contribuam para a busca do estabelecimento do equilíbrio nas relações contratuais, quando o equilíbrio não puder decorrer da própria relação jurídica e do mercado. Pelo fato de a lei ser anterior ao fato e da extensão dos seus efeitos, o risco de enfraquecimento da segurança jurídica das relações é minimizado. Já, o Poder Judiciário terá a *função social* como instrumento de interpretação para hipóteses que não encontrem soluções na ordem jurídica, e desde que considere as vantagens e desvantagem do afastamento da força vinculante do contrato, o impacto social de tal decisão, e desde que o interesse a ser preservado seja efetivamente social.

6.5 Limitação no seu conteúdo para que possa ser efetivamente utilizado e útil para a sociedade. Paradoxalmente, o princípio da *função social* do contrato somente irá adquirir uma feição própria, dotando-se de efetividade o art. 421 do CC, quando a doutrina e a jurisprudência se julgarem aptas a delimitar seu conteúdo (doutrina) e utilização (jurisprudência) de forma dissociada a outros princípios ou determinações legislativas e de forma a contribuir com a busca da dignidade da pessoa humana e do solidarismo acessíveis a todo sujeito, e não apenas ao patrimonializado; ou seja, se presente a defesa de interesses externos aos contratantes e suficientemente relevantes a ponto de justificar o enfraquecimento de outros paradigmas do Direito contemporâneo.

O CONTRATO DE REPRESENTAÇÃO OU AGENTE INTERNACIONAL NO MERCADO GLOBALIZADO[1]

CLÁUDIO LUIZ GONÇALVES DE SOUZA

1. Introdução e conceito. 2. Dos elementos componentes do contrato de representação ou agente internacional. 3. Do aspecto jurídico. 4. Do foro internacional. 5. Das cláusulas contratuais. 6. Da arbitragem internacional. 7. Das sanções. 8. Da rescisão. 9. Do contrato de agente x "trading companies" ou comerciais exportadoras/importadoras. 10. Conclusão.

1. Introdução e conceito

O desenvolvimento tecnológico e as operações econômicas entre os países, no que atina à exportação e à importação, fizeram com que a importância dos contratos internacionais aumentasse de forma vertiginosa. Nem mesmo as crises ocorridas na economia mundial puderam evitar esse crescimento.

Nessa linha de raciocínio, as operações entre os entes comerciais das mais variadas nações evoluem em progressão geométrica, consolidando o fenômeno das transações comerciais além das fronteiras nacionais.

Corroborando com a sedimentação dessa crescente e inevitável prática, o direito internacional privado reconhece a capacidade da pessoa jurídica brasileira e da estrangeira para efetivar contratos no Brasil; exigindo apenas que as pessoas jurídicas estrangeiras tenham seus atos constitutivos aprovados pelo Governo Brasileiro.

Da mesma sorte, o *princípio da autonomia da vontade*, em matéria de obrigações contratuais, também vigora no direito internacional privado, porquanto se poderá considerar como contrato internacional o acordo de vontades em que a conclusão da avença, a capacidade das partes e objeto contratual estejam relacionados a mais de um sistema jurídico.

Dessa forma, no contrato internacional, as cláusulas atinentes à capacidade das partes, objeto e conclusão se ligam a mais de um ordenamento jurídico.

Nesse sentido, podemos observar uma série de circunstâncias que envolvem a pactuação de um contrato internacional. Por exemplo: (i) os contratos sob a proteção do direito internacional privado abrangem os contratos realizados por particulares que elegem a lei de regência e/ou a arbitragem para a solução de controvérsias; (ii) os contratos entre o Estado e particulares estrangeiros que se submetem à lei da autonomia, à *proper law of contract*; e (iii) os contratos entre os Estados, que, por sua vez, apa-

1. Artigo registrado no Livro 500 – Folha 241 do Escritório de Direitos Autorais. Artigo publicado nos sites jurídicos: *www.fiscosoft.com.br*, *www.expressodanoticia.com.br*, *www.tributario.com.br*, *www.sosa.com.br*.

recem conexões a diferentes ordens jurídicas, onde os Estados contratantes aceitam a autoridade de lei estrangeira que solucionará a questão, recusando a imunidade de jurisdição.

Em um contrato internacional de compra e venda podem acontecer inúmeras situações práticas não previstas que comprometem a relação comercial se não estiveram bem definidos procedimentos a serem tomados no instrumento contratual – como, por exemplo, a entrega da mercadoria ou produto em local diverso daquele que foi pactuado; ter que transportar a mercadoria entre territórios de diversas nações alheias à relação comercial; ou, ainda, ser fornecida mercadoria ou produto fora das especificações contratadas.

Situações dessa natureza devem estar previstas no contrato, para que, na hipótese de uma eventual ocorrência, a solução para o conflito esteja devidamente ajustada entre as partes.

Outro aspecto de suma importância diz respeito ao foro de eleição entre as partes para dirimir os possíveis conflitos que possam surgir em decorrência de uma relação comercial de natureza internacional.

Suponhamos, por exemplo, uma operação de importação de vinhos cujo importador esteja localizado no Brasil e o exportador em Portugal, sendo que a empresa marítima contratada está estabelecida em Malta, cujo proprietário é uma *holding* russa. O embarque da mercadoria ocorreu na Holanda, sendo que o exportador em nome do importador contratou o seguro de uma empresa de seguros internacionais italiana, que, por sua vez, ajustou um resseguro com uma empresa na França.

Na hipótese de um sinistro, onde deveria ser demandada a questão?

Surge, então, a necessidade do empresário empreendedor que deseja operar em comércio exterior a buscar entender todos os meandros e particularidades que envolvem as transações dessa natureza. Nesse sentido, várias seriam as fontes normativas de uma operação de compra e venda internacional, dentre as quais poderíamos citar:

• a Convenção de Haia de 1955, que unificou normas de solução dos conflitos das leis;

• a Convenção de Haia de 1958, que tratou sobre a norma aplicável à transferência de propriedade e sobre a competência dos tribunais eleitos pelas partes contratantes para solucionar controvérsias;

• a Convenção de Haia de 1964, que tratou da Lei Uniforme sobre a Formação dos Contratos de Compra e Venda Internacional;

• a Convenção de Viena de 1980, que unificou o direito do comércio internacional; e

• o regulamento das modalidades usuais para compra e venda internacional, que podem ser resultantes de:

– Incoterms 2000 (CCI);

– *Revised American Foreign Trade Definitions*, de 1941;

– condições gerais de venda, regulamentações detalhadas a respeito das particularidades negociais, como preço, entrega de bens, prazo, pagamento etc., elaboradas pela Comissão Econômica para a Europa da ONU, utilizadas pelos países-membros do COMECOM (Conselho da Entre-Ajuda Econômica);

– regras e práticas uniformes em matéria de créditos documentados, de 1962, publicadas pela CCI;

– regras uniformes para cobrança de efeitos comerciais, publicadas em 1967 pela CCI;

– contratos-tipos *Standards*, fórmulas padronizadas – entre inúmeras outras fontes normativas.

Ressalta-se, no entanto, que na maioria das vezes o empresário empreendedor não está habituado a lidar com as operações de comércio exterior, contratos internacionais, e muito menos legislação, normas e regramentos que envolvem esse mister, sendo, por conseguinte, necessária uma consultoria e assessoria especializada.

O mercado, então, apresenta duas opções ao empresário, ou seja: limitar-se a produzir para atender às necessidades e demandas domésticas ou partir para o mercado externo munido de todos os elementos necessários para ampliar sua base de negócios globalizados.

Com efeito, o fenômeno da globalização dos mercados tem implicado diretamente em diversos tipos de conceitos morais, éticos, religiosos, sociais, políticos e, sobretudo, econômicos, por meio da prática do comércio exterior entre as diversas nações do mundo sob a égide do direito internacional privado – o que na maioria das vezes torna-se um fator complicador para a determinação de contrato de comércio exterior sob a égide do direito internacional privado e sua própria interpretação.

Por outro lado, surge a necessidade de as empresas envolvidas nessa "aldeia global", sem fronteiras para a prática do ato de comércio, diversificarem suas atividades e não considerarem apenas a prática do comércio exterior como sendo uma necessidade premente de importar somente o necessário para a composição de seu produto, que será tão-somente comercializado no mercado doméstico, bem como entenderem a prática das operações de exportação como um meio de desaguar os excedentes de sua produção, como um mercado restrito de destino das sobras de produção que não foram consumidas no mercado interno.

Torna-se necessário ousar, buscar o mercado externo como objetivo social da empresa, porquanto é mais vasto e flexível que o mercado interno, não ficando sujeito única e exclusivamente à mercê de um mercado interno suscetível às oscilações políticas e econômicas instáveis.

Não obstante, para que uma empresa possa ingressar na prática do comércio exterior, torna-se, inicialmente, necessário o conhecimento técnico das operações internacionais, para que não enverede por um caminho a princípio desconhecido, que possa refletir em prejuízos.

Existem várias formas de alcançar o mercado externo, seja por meio de um contrato de compra e venda internacional, contrato de *leasing*, contrato de *factoring*, contrato de *franchising*, contrato de *know-how*, contrato de *joint venture* e até mesmo contrato de representação ou agente internacional, que, por sua vez, constitui uma modalidade importante de contrato para efeito de buscar novos mercados no exterior.

Com efeito, torna-se necessário entender a conceituação de um contrato internacional, para que se possa, em seguida, percorrer as particularidades de um contrato de representação ou agente internacional.

Buscando um sentido amplo e geral, o contrato representa o acordo de vontades de duas ou mais partes, visando a constituir ou extinguir uma relação jurídica.

Dessa forma, a figura do contrato não é utilizada apenas no direito das obrigações, mas nos mais diversificados setores do direito privado – como, por exemplo, no direito de família, no direito público e no Direito Internacional (público e privado).

Na Antigüidade era usual estipular acordos tácitos entre os contratantes. Todavia, com o incremento das práticas comerciais, estendendo-se, inclusive, ao âmbito internacional, surgiu a necessidade da figura contratual formal e escrita, com características e aspectos próprios, consoante a atividade à qual se destinasse.

Nesta esteira, a figura contratual visa, de forma específica, a regular os direitos e obrigações das partes contratantes em relação a determinado objeto, para que, assim, o ato jurídico seja perfeito e a transação rigorosamente legal. O contrato existe, então, para regulamentar a negociação realizada entre parceiros comerciais.

Seguindo este raciocínio, o contrato terá natureza internacional quando a relação jurídica ocorrer entre parceiros comerciais de nações diferentes – exportador e importador. Dessa maneira, a experiência e o contato hodierno com o mundo por meio dos veículos de comunicação têm demonstrado, sistematicamente, que as nações dependem, para subsistir, de forma direta ou indireta, do comércio e do intercâmbio internacionais.

Nenhuma nação poderá se considerar auto-suficiente, nos diversos segmentos de sua economia, podendo dispensar o indigitado intercâmbio, que objetiva, precisamente, garantir o suprimento de bens de consumo e outros produtos escassos em seu mercado doméstico e, se for o caso, permitir que a nação comercialize outros produtos de que disponha, dinamizando, dessa maneira, sua economia.

Assim, essa atividade praticada regularmente propicia o comércio exterior, por meio das atividades de importação e exportação. Para tanto, torna-se necessário que exportador e importador, ao firmarem uma negociação dessa natureza e abrangência, estabeleçam uma forma, um *modus operandi*, um processamento, para que se possa efetivar a transação, que, por seu turno, consiste em garantir e oficializar juridicamente o negócio internacional com relação a ambos. E esta prática somente se tornará exeqüível, em termos legais, se ocorrer a celebração de um *contrato internacional.*

Contudo, ao celebrar um contrato dessa envergadura, é essencial que todos os aspectos contratuais fiquem bem claros e ajustados entre as partes, estabelecendo-se com muita cautela os direitos e obrigações de cada uma das partes, a vigência do contrato, em que bases será firmado e, principalmente, a que legislação ficará subordinado.

Todas essas cautelas são necessárias, uma vez que não existe uma lei específica internacional ou um tribunal supranacional para evitar e/ou dirimir um eventual conflito de interesses ou de jurisdição internacional. Torna-se, pois, necessário verificar essas questões, porquanto, além de ferir a ética internacional, poderá gerar polêmica, desentendimento, atraso na transação, e até mesmo uma ruptura da relação comercial entre as partes.

Ocorre na maioria das vezes que o mercado externo é totalmente desconhecido para o empresário empreendedor que busca ampliar seus horizontes comerciais além das fronteiras políticas do país onde se encontra estabelecido. Muitos são os fatores que dificultam as relações comerciais, tais como o idioma, os costumes, as leis próprias e específicas, entre outros.

Daí a importância do representante ou agente internacional nas operações comerciais no mercado globalizado, porquanto o mesmo, via de regra, detém todos os conhecimentos de mercados ou de um mercado internacional específico que se deseja explorar.

Para tanto, o empresário interessado em operar em comércio exterior deverá celebrar um contrato de prestação de serviços com um representante ou agente internacional, que intermediará as negociações internacionais.

Através dessa modalidade de contrato, o exportador estabelece um acordo com um terceiro, que poderá ser pessoa física ou jurídica, que se tornará o representante legal dos seus produtos nos mercados internacionais designados pelo próprio exportador. O representante ou agente receberá uma comissão por venda efetuada, de valor previamente estabelecido entre os contratantes.

Dessa maneira, o *contrato de agente* – como é usualmente conhecido – em muito se assemelha a um contrato de compra e venda internacional, apresentando algumas pequenas diferenças. A principal diferença consiste em que a transação comercial entre exportador e importador é efetivada não diretamente, porém através de uma figura intermediária entre ambos, que é exatamente o agente internacional.

A efetivação da venda ao importador, pelo agente, originará, por conseqüência, um contrato de compra e venda celebrado entre o exportador e o importador. Não obstante, antes de contratar os serviços de representação de seus produtos no exterior, o exportador deverá proceder a uma análise do agente internacional em apreço, apurando sua idoneidade profissional, outras representações de produtos similares que poderão estar igualmente a seu cargo, o dinamismo em divulgar os produtos a serem oferecidos, as relações comerciais com mercados internacionais importantes e significativos – ou seja, apresentar eficiência e honestidade profissionais para figurar como agente internacional representante do exportador no mercado internacional.

Dessa forma, somente após ter obtido todas as informações e dados acerca do possível representante ou agente internacional, e sendo os mesmos satisfatórios, é que o empresário exportador deverá elaborar o contrato de representação propriamente dito. Para tanto, alguns aspectos que regem essa modalidade de contrato devem ser observados.

2. *Dos elementos componentes do contrato de representação ou agente internacional*

São três os elementos essenciais para a composição de um *contrato de agente*, quais sejam: (a) proponente ou vendedor (exportador); (b) proposto ou representante (agente); (c) objeto (serviços a serem prestados pelo agente).

Com base nesses elementos se efetivará a construção do contrato formal.

Na elaboração dessa modalidade de contrato normalmente adota-se a forma jurídica convencional. Não obstante, não existe uma obrigatoriedade, porquanto podem ser acordadas outras formas entre o exportador e o agente internacional, tais como uma carta comercial que estabeleça todos os direitos e obrigações das partes contratantes, ou até mesmo um *e-mail*, nas mesmas condições.

3. *Do aspecto jurídico*

Em termos jurídicos, o denominado *contrato de agente* classifica-se como:

• *consensual* – formado pela livre e espontânea manifestação da vontade do exportador e do agente, gerando obrigações e direitos a cada um deles;

• *bilateral* – uma vez realizado o acordo de ambas as vontades, surgem obrigações e direitos para ambos; para o exportador, credenciar o agente como representante de seus produtos no exterior; e, para o agente, promover os referidos produtos e colocá-los nos mercados importadores ao preço e nas condições estabelecidas no contrato. Enquanto ao exportador cabe o direito de ter seus produtos satisfatoriamente representados junto aos importadores e vendidos no exterior, ao agente cabe o de receber suas comissões por vendas efetuadas, de acordo com os termos contratuais, além de outras cláusulas estipuladas no próprio contrato;

• *comutativo* – seu objeto é certo e seguro, sendo a representação determinada pelas cláusulas que compõem o contrato;

• *oneroso* – gera obrigações de ordem financeira tanto para o agente como para o exportador, da mesma maneira que ocorre em qualquer tipo de transação comercial;

• *típico* – por ser regulado por lei.

4. *Do foro internacional*

O foro eleito para regular os termos do contrato de agente será o do local onde o exportador estiver estabelecido. Poderíamos exemplificar afirmando que, se o exportador tiver sua empresa sediada e estruturada no Município de São Paulo, o foro de São Paulo será o habilitado a regular os termos contratuais nas eventuais questões surgidas no decorrer da vigência contratual.

5. *Das cláusulas contratuais*

Para que se componha um contrato de maneira sólida, com o fito de proporcionar garantias legais às partes contratantes, algumas cláusulas básicas deverão ser consideradas para constituir, essencialmente, o contrato de agente internacional, quais sejam:

• firmas e/ou razões sociais dos contratantes, endereços e/ou caixas postais, bairros, cidades, países etc.;

• descrição detalhada da mercadoria, objeto do contrato, especificando: preços unitário e total, pesos líquido e bruto, quantidade, tipo de embalagem utilizada;

• garantia de exclusividade da representação contratada em relação ao agente, nos mercados e/ou regiões a ele atribuídos;

• modalidade da comissão oferecida ao agente: a remeter, em conta gráfica ou a deduzir da fatura; bem como as condições em que a mesma deverá ser paga, estabelecendo-se previamente se ela somente será devida ao agente após o pagamento da mercadoria pelo importador ao exportador. Na hipótese de pagamento ser parcelado, ficará a critério das partes se a comissão será paga após a liquidação da primeira parcela ou se somente depois de liquidado todo o débito;

• percentual da comissão devida ao agente por venda efetuada;

• condições de pagamento da exportação contratada pelo agente com o importador ou importadores dos países de sua representação;

• fornecimento ao agente de material de divulgação, catálogos, tabelas de preços, prospectos, amostras dos produtos por ele representados, bem como sua responsabilidade quanto aos mesmos;

• definição das principais atividades do agente, ou seja, a pesquisa do mercado, as visitas sistemáticas aos compradores, a propaganda e divulgação dos produtos similares, investigação quanto à possibilidade da existência, nas regiões ou países de sua representação, de marca e/ou patente similar ou idêntica à do exportador por ele representado, com o fito de prevenir os problemas advindos dessa particularidade – como, por exemplo, devolução da mercadoria, apropriação indébita de marca notória, etc. –, relatórios periódicos ao exportador sobre o trabalho desenvolvido;

• regiões e/ou países a serem cobertos pelo agente ou representante internacional, assim como eventuais viagens e deslocamentos que necessite fazer;

• limites mínimo e máximo de operações de venda a serem efetuadas por importador;

• determinação das cotas a cada importador, país e ao próprio agente ou representante internacional;

• idioma ou idiomas por meio dos quais será elaborado o instrumento contratual;

• eventuais descontos a serem oferecidos por pagamento à vista ou por volume de compra efetuada;

• fornecimento, ao agente ou representante internacional, de cópia do documento comprobatório da efetivação da venda ao importador;

• constituição da arbitragem internacional para dirimir dúvidas e controvérsias eventualmente resultantes do não-cumprimento do instrumento contratual, no todo ou em parte, homologada na forma da lei brasileira que regerá o contrato; e

• casos de rescisão ou cessação do instrumento contratual, assim como o prazo de vigência do mesmo.

6. Da arbitragem internacional

"Arbitragem" é a resolução, por um órgão imparcial, de controvérsias existentes entre as partes contratantes a respeito dos termos do contrato. Refere-se a um procedimento que deve ser preestabelecido entre as partes, prevendo a hipótese de uma delas deixar de cumprir uma ou mais cláusulas do contrato.

Este procedimento é muito comum quando se efetivam contratos de âmbito internacional, no sentido de dirimir conflitos, mediante o acatamento de decisões, em geral baseadas em normas do Direito Internacional emanadas de países escolhidos pelas próprias partes contratantes e admitidas de comum acordo, independentemente de cortes ou de tribunais internacionais.

Na arbitragem, o exportador e agente comprometem-se, por meio de um documento expresso, a submeter a disputa a um árbitro – singular ou coletivo –, estabelecendo o limite de sua competência assim como as regras a serem observadas, o modo de se constituir o tribunal, a sede do mesmo, o objeto do litígio e a promessa de obediência à sentença que eventualmente venha a ser proferida.

7. Das sanções

Estando as partes de acordo com os termos contratuais, as mesmas estabelecerão as sanções ou penalidades aplicáveis pelo não-cumprimento ou pela não-observância de uma ou mais cláusulas do termo contratual e o momento em que estas poderão ser aplicadas. Deve-se evitar sempre que, por omissão de uma das partes, a outra seja eventualmente prejudicada, tendo agido correta e legalmente.

Um dos mais clássicos exemplos de sanção é a multa contratual, estabelecida em determinado percentual sobre o valor da mercadoria negociada ou contratada, a ser paga pelo infrator. No caso específico do contrato de agente, outras modalidades de infração poderiam ser adotadas, como, por exemplo, o não-pagamento da comissão, se o agente for o infrator.

8. Da rescisão

Como em qualquer modalidade de contrato, poderá ocorrer a rescisão voluntária, quando uma das partes se sente lesada, ou ainda involuntariamente – por exemplo, nos casos de óbito ou incapacidade absoluta de uma das partes contratantes.

É comum ocorrer a rescisão involuntária, no contrato de agente internacional, pelo fato de o mesmo ser de caráter personalíssimo, ou seja, não pode ser levado a efeito por mais ninguém, a não ser a própria pessoa. Essa modalidade de rescisão é mais freqüente nos contratos de agente, porquanto, tornando-se este, por qualquer motivo, absolutamente incapaz de continuar a exercer suas atividades representativas em nome do exportador, o contrato ficará rescindido, devendo o exportador contratar os serviços de outro agente ou representante comercial internacional.

9. Do contrato de agente x "trading companies" ou comerciais exportadoras/importadoras

As empresas *trading companies* ou comerciais exportadoras são regulamentadas pelo Decreto-lei 1.248, de 29.11.1972, e foram criadas com a finalidade de apresentar mais uma alternativa para as operações de exportação das empresas.

O art. 1º e seu parágrafo único do indigitado decreto-lei assim dispõem:

"Art. 1º. As operações decorrentes de compra de mercadorias no mercado interno, quando realizadas por empresa comercial exportadora, para o fim específico de exportação, terão tratamento tributário previsto neste Decreto-lei.

"Parágrafo único. Consideram-se destinadas ao fim específico de exportação as mercadorias que forem diretamente remetidas do estabelecimento do produtor-vendedor para: a) embarque de exportação por conta e ordem da empresa comercial exportadora; b) depósito em entreposto, por conta e ordem de empresa comercial exportadora, sob regime aduaneiro extraordinário de exportação, nas condições estabelecidas em regulamento."

Não se confundem, portanto, as operações realizadas pelo agente internacional com as operações de exportação realizadas por meio de *trading companies* ou empresas comerciais exportadoras.

10. Conclusão

A partir dos conceitos e procedimentos discutidos no presente trabalho, conclui-se que nos contratos internacionais de compra e venda têm valor realmente, para sua efetiva validade, autenticidade e eficácia, a vontade e o consentimento do exportador e do importador, assim como as mercadorias, a utilidade ou o bem de consumo, na qualidade de terceiro elemento para possibilitar a concretização do contrato propriamente dito.

Uma vez avençados entre si o exportador e o importador, os aspectos comerciais serão mais facilmente resolvidos, uma vez que não existe, até o presente momento, uma legislação específica e/ou um tribunal supranacional que possa cuidar da matéria específica.

Por esse motivo, torna-se imperativo e essencial que, ao celebrarem um contrato dessa envergadura, as partes estabeleçam previamente seus direitos e obrigações, estipulando expressamente no contexto sob qual legislação ficará o mesmo afeto, assim como em que modalidade de unidade monetária será efetivada a transação comercial.

Contudo, na maior parte das vezes o empresário empreendedor que deseja atuar na área do comércio exterior não detém conhecimentos técnicos, mercadológicos e de *marketing* necessários para alcançar um mercado no estrangeiro. Nesse espectro, torna-se necessária a intervenção de um profissional que domine estes misteres: o *representante* ou *agente internacional.*

Com efeito, torna-se também necessário pactuar com o representante ou agente internacional um contrato de prestação de serviços que preveja todas as condições, direitos e obrigações das partes para buscar novos mercados no exterior.

Dessa maneira, como todo e qualquer termo contratual, o contrato de agente o que realmente tem peso, no que tange à sua validade, é o consentimento das partes contratantes, assim como seu acordo recíproco quanto à mercadoria a ser representada no exterior. Pactuado o contrato, estando as partes acordes, o exportador e o agente terão garantidos os seus direitos e determinados os seus deveres acerca do objeto negociado.

Assim sendo, ocorrerá um acordo bem-fundamentado – e, como conseqüência, uma transação comercial livre de defeitos e de futuras divergências entre as partes contratantes, assim como a garantia do desenvolvimento de novos mercados no comércio globalizado.

Bibliografia

AVELAR E SILVA, Tácito. *Contratos Internacionais.* Belo Horizonte, Centro de Pesquisas Educacionais e de Desenvolvimento de Recursos Humanos da UMA/CEPEDERH, 1996.

MURTA, Roberto de Oliveira. *Contratos em Comércio Exterior.* 2ª ed. São Paulo, Aduaneiras, 1998.

ROCHA, Osíris. *Curso de Direito Internacional Privado.* 4ª ed. Rio de Janeiro, Forense, 1986.

SOSA, Roosevelt Baldomir. *Comentários à Lei Aduaneira: Decreto 91.030/1985.* São Paulo, Aduaneiras, 1995.

VASQUEZ, José Lopes. *Comércio Exterior Brasileiro.* 2ª ed. São Paulo, Atlas, 1997.

Atualidades

SEGURO-GARANTIA JUDICIAL

Renato Buranello

1. Fundamentos do seguro-garantia judicial. 2. Operacionalização e subscrição do risco. 3. Diferenças com a fiança bancária e afastamento de outras restrições. 4. Conclusão.

1. Fundamentos do seguro-garantia judicial

O contrato de seguro é aquele pelo qual a seguradora, mediante recebimento de um prêmio, obriga-se a garantir interesse legítimo do segurado contra riscos determinados. Conforme refere a doutrina, o contrato de seguro é concebido como promessa condicional de indenização na hipótese de ocorrência de sinistro, que é acontecimento futuro e incerto causador de prejuízo ao segurado, tendo como contraprestação o pagamento de prêmio pelo segurado (Arnoldo Wald, *Obrigações e Contratos*, 1992, p. 437).

O *seguro-garantia judicial* foi desenvolvido para substituir os depósitos judiciais nas lides civis. O objeto do seguro é garantir o pagamento de valor correspondente aos depósitos judiciais em juízo que o tomador necessite realizar no trâmite de procedimentos judiciais. Destina-se a garantir as obrigações pecuniárias que possam ser imputadas à empresa tomadora em função de ação judicial em que são partes tomadora e segurado. Aplica-se às ações movidas em âmbito nacional, em especial as de direito tributário e trabalhista.

O valor da garantia é o valor declarado na apólice como importância máxima indenizável, podendo ser o valor em questão acrescido de juros, correção monetária, honorários advocatícios e custas judiciais. Aos itens cobertos se incluem os acréscimos legais devidos, custas judiciais e honorários de sucumbência, sem qualquer restrição. A cobertura do seguro vigorará até a extinção das obrigações do tomador, devendo este efetuar o pagamento do prêmio até a liberação da apólice pelo segurado, independentemente do prazo de vigência nela indicado.

É um contrato dirigido, posto que depende da aprovação de seu texto pela SUSEP. Assim, o seguro-garantia judicial está regulamentado pela Circular SUSEP-232, de 3.6.2003. Não há como cogitar da liberdade de disposição das partes, uma vez que há normas que regulamentam suas condições.

Essa modalidade de seguro caracteriza-se por uma relação subjetiva triangular, onde se encontram:

• o *tomador* – potencial devedor, que deve prestar garantia em controvérsia submetida à decisão do Poder Judiciário. É, assim, a pessoa física ou jurídica que é parte litigante e que em ação em oposição ao segurado questiona judicialmente a validade legal de obrigação pecuniária decorrente de contrato ou lei;

• o *segurado* – potencial credor da obrigação pecuniária *sub judice*. Caracteriza-se pela pessoa física ou jurídica, de direito público ou privado, posicionada na condição de credor de obrigação pecuniária sob decisão judicial, decorrente de contrato ou de lei, questionada em qualquer juízo, instância ou tribunal; e, por fim,

• a *seguradora* – sociedade garantidora, que emite a apólice de seguro, garantindo o interesse legítimo do segurado.

2. *Operacionalização e subscrição do risco*

No tocante à operacionalidade do seguro-garantia judicial, observa-se rígido procedimento de formalização, que se inicia com a aprovação do cadastro do tomador pela seguradora. A aceitação do risco pela seguradora é feita através de um processo denominado "subscrição", também conhecido pela expressão *underwriting*. Para assunção do risco a seguradora poderá exigir garantias do tomador. As contragarantias constituídas por meio do instrumento "Condições Contratuais Gerais" são obrigatórias para a realização do seguro, mesmo quando for necessária a formalização de garantias adicionais, devendo constituir-se em documento único, abrangendo-as ou as apólices emitidas pelo tomador para o caso específico.

Ademais, por ordem normativa e sempre que a seguradora ultrapasse sua capacidade de garantia ou seu limite técnico, deverá proceder à transferência do excedente garantido ao IRB-Brasil RE ("IRB") – instituição que mantém o monopólio do resseguro no Brasil –, por meio da contratação de resseguro. Nessa esteira, caberá ao IRB absorver, via resseguro, o risco excedente da operação, obrigando-se a seguradora, para tanto, a encaminhar Pedido de Resseguro do Seguro-Garantia (PRSG) àquele órgão, ao qual caberão análise e aprovação.

E, ainda, com a aceitação do resseguro, é comum a retrocessão pelo IRB dos valores de parte dos riscos assumidos, ou seja, a transferência de parcela dos riscos assumidos a resseguradores internacionais. Destaca-se, então, que o procedimento ora referido visa a garantir a consistência e liquidez dessa forma de caução. Verifica-se que a subscrição do risco pela seguradora segue o necessário e impositivo trâmite dos procedimentos aqui genericamente explicitados, com a efetiva observação de seus prazos.

Para demonstrar a consistência e liquidez dessa forma de caução, deve-se atentar para a operacionalidade do seguro-garantia judicial, cuja apólice de seguro apresenta termo inicial de vigência, não tendo, no entanto, término predeterminado, o qual dependerá, para extinção da obrigação da seguradora, da devolução da apólice ou de sentença judicial.

Uma vez transitada em julgado a sentença ou o acórdão judicial favorável ao segurado, que estabelece obrigações pecuniárias ao tomador, e não tendo este quitado sua obrigação, ou, ainda, resultando infrutífera a intimação judicial para pagamento a ele feita, o segurado intimará a seguradora a fazê-lo, não sendo necessária qualquer outra interpelação, nem ação prévia contra os bens do tomador. Caracterizado o sinistro, segundo o acima disposto, o segurado encaminhará à seguradora os seguintes documentos, para o processo de pagamento da indenização: (a) declaração formal informando o não-cumprimento das obrigações do tomador; (b) cópia da intimação extrajudicial enviada ao tomador; (c) memória de cálculo dos valores apurados.

Examinada a documentação recebida, a seguradora terá um prazo máximo de 30 dias corridos para promover o pagamento da indenização ao segurado. Dessa forma, resta claro que o seguro-garantia judicial gera absoluta segurança ao processo judicial, em especial no tocante à nomeação de bens que efetivamente protejam as partes litigantes, que, através de uma apólice de seguro, passa a ter absoluta transparência quanto ao eventual pagamento daquilo que lhe for considerado devido, com respaldo da seguradora e do IRB-Brasil RE, enquanto órgão regulador.

3. *Diferenças com a fiança bancária e afastamento de outras restrições*

Ainda, no conflito de interesses representado pela pretensão em juízo, no tocante ao princípio geral do processo, conforme o art. 620 do CPC, na perspectiva de tornar menos oneroso ao devedor o cumprimento da obrigação de garantia, o seguro-garantia judicial apresenta-se como a forma menos onerosa de prestação de garantia.

Ademais, em relação à fiança bancária o seguro-garantia mostra-se vantajoso, em virtude da cobrança de taxas inferiores às cobradas pelas instituições bancárias. Além disso, quando uma empresa se cadastra numa seguradora, a ela é concedido um limite, tal qual um banco, todavia específico para emissões deste seguro. Nessa toada, a fiança bancária, além de compor taxas relativamente mais altas, leva ao bloqueio de parte correspondente do limite do tomador junto à instituição financeira.

Nessa esteira, tem-se, em resumo, que o seguro-garantia judicial apresenta as seguintes vantagens e/ou benefícios em relação às demais formas de garantia previstas em nosso ordenamento: (a) evita que a caução seja feita através de depósito em moeda corrente, reduzindo o capital de giro da empresa; (b) evita o constrangimento dos efeitos negativos com o bloqueio de contas bancárias; (c) elimina as restrições de disposição dos bens no caso de penhora; (d) o fato de que aquele que contrata o seguro poderá apresentá-lo com o objetivo de assegurar o cumprimento de determinada demanda, sem disponibilizar seus bens ou capital destinado a empreendimentos da sua atividade produtiva; (e) revela-se uma forma menos onerosa de garantir uma demanda judicial, pois com o pagamento de um prêmio garante-se o cumprimento integral do resultado de um processo judicial.

4. *Conclusão*

Em conclusão, o seguro-garantia judicial tem intrínseca natureza fidejussória, natureza talvez pouco destacada nacionalmente, mas amplamente no âmbito internacional, tanto pela doutrina como pela jurisprudência, destinando-se a substituir as cauções e/ou depósitos a serem efetuados junto ao Poder Judiciário, a garantir as obrigações pecuniárias que possam ser imputadas à empresa tomadora. Isso se dá em função da demonstração clara e fundamentada de que tal instituto decorre da evolução natural das garantias e não pode ser rejeitado apenas por se tratar de instituto recente no ordenamento nacional, muitas vezes desconhecido, e não expressamente enumerado no art. 655 do CPC, que traz as opções de apresentação de bens por parte do devedor. Assim, o seguro-garantia judicial se traduz em segurança para a liquidez da efetividade jurisdicional, pela possibilidade menos dispendiosa de garantir um litígio – ambas em proveito recíproco às partes envolvidas num processo judicial.

Atualidades

INTERPRETAÇÃO DOS §§ 8º E 9º DO ART. 118 DA LEI DAS S/A

NELSON EIZIRIK

1. Observações preliminares. 2. Os acordos de voto em bloco (pooling agreements)*. 3. A interpretação sistemática dos §§ 8º e 9º do art. 118 da Lei das S/A. 4. Conclusão.*

1. Observações preliminares

As sociedades anônimas foram originalmente concebidas nos moldes de um Estado Democrático, segundo os dogmas da Revolução Francesa, de forma que todo o poder emanaria do acionista e em seu nome deveria ser exercido. Em tal concepção, os dirigentes sociais não passariam de mandatários dos acionistas, por eles nomeados e demitidos a qualquer tempo. Assim, os dirigentes executivos das companhias não deteriam poderes próprios, agindo sempre em nome e por conta dos acionistas, cuja reunião em assembléia-geral encarnaria a soberania societária.

Ou seja, a sociedade anônima foi idealizada à semelhança de um modelo democrático parlamentarista: os diretores, como delegados dos acionistas para o exercício de administração ordinária, responderiam perante a assembléia-geral, da mesma forma que o gabinete de ministros responde perante o Parlamento, como delegado para o exercício do Poder Executivo.[1]

A analogia da estrutura ideal de poder da sociedade anônima com o regime democrático parlamentarista completa-se com o modelo de sufrágio adotado a partir do século XIX, na medida em que os administradores são eleitos na assembléia-geral pela maioria dos votos dos acionistas, correspondendo a cada ação um voto.[2]

Na prática, porém – conforme agudamente observado por Fábio Konder Comparato[3] –, o esquema democrático do Parlamentarismo revelou-se uma piedosa ficção na grande companhia; com efeito, é hoje praticamente um consenso que a assembléia-geral dos acionistas transformou-se num sofisticado exercício de ilusão popular do Capitalismo.

O fulcro do poder na sociedade anônima concentrou-se na administração ou nas mãos de um pequeno grupo de acionistas controladores, usualmente organizados através de acordos de acionistas.

Entre nós, particularmente após o movimento de privatizações ocorridas na última década, que originou um modelo de

1. Fábio Konder Comparato, *Aspectos Jurídicos da Macroempresa*, São Paulo, Ed. RT, 1970, pp. 13-14.

2. Colleen Dunlavy, "Corporate governance in late XIX Century. Europe and the U.S. The case of shareholder voting rights", in Klaus Hopt (org.), *Comparative Corporate Governance*, Oxford University Press, 1998, pp. 7 e ss.

3. Fábio Konder Comparato, *Aspectos Jurídicos da Macroempresa*, cit., pp. 18-20.

controle acionário compartilhado, verificou-se uma gradativa redução dos poderes da assembléia-geral e mesmo do conselho de administração, que deixaram de constituir os centros de decisão empresarial.

Com a reforma da legislação societária, ocorrida com a promulgação da Lei 10.303/2001, o tratamento dado aos acordos de acionistas, visando à sua maior eficácia, consagrou um novo "órgão", de fundamental importância para a tomada de decisões, que é o das "reuniões prévias", usualmente previstas em tais acordos.

A propósito, comentamos que: "No caso de companhias com controle compartilhado, o verdadeiro *locus* de poder, com a introdução dos §§ 8º e 9º (particularmente deste último) no art. 118 da Lei 6.404/1976, desloca-se definitivamente da assembléia-geral e do próprio conselho de administração para as reuniões prévias realizadas entre os membros do acordo".[4]

Daí decorre uma *estabilização* do poder de controle nas reuniões prévias realizadas entre os signatários do acordo firmado entre acionistas controladores.

Tal estabilização do controle é legitimamente institucionalizada mediante instrumentos contratuais, em consonância com a tendência modernamente verificada de "contratualização" da matéria societária, nos termos da qual o direito societário continua a integrar o direito privado, ainda que certas matérias (excepcionais) sejam reguladas visando ao interesse público.[5]

Entre nós, conforme já observamos, tal "contratualização do direito societário" constituiu o pano-de-fundo da reforma instituída pela Lei 9.457/1997 ao regime das sociedades anônimas.[6]

4. Modesto Carvalhosa e Nelson Eizirik, *A Nova Lei das S/A*, São Paulo, Saraiva, 2002, p. 4.

5. Philipe Mariani, *La Modernisation du Droit des Sociétés*, Paris, 1996, pp. 20 e ss.

6. Nelson Eizirik, *Reforma das S/A e do Mercado de Capitais*, Rio de Janeiro, Renovar, 1998, p. 28.

A Lei 10.303/2001, ao disciplinar com maior rigor os acordos de acionistas, inequivocamente seguiu tal tendência, cabendo ao intérprete, conforme adiante analisado, contribuir para a plena eficácia dos novos dispositivos legais contidos nos §§ 8º e 9º do art. 118 da Lei das S.A.

2. Os acordos de voto em bloco (pooling agreements)

A Lei 10.303/2001, ao alterar o *caput* do art. 118 da Lei das S/A, incluiu expressamente o *exercício do poder de controle* como matéria típica de acordos de acionistas, reconhecendo, dessa forma, a eficácia, perante a sociedade, dos chamados "acordos de voto em bloco" (*pooling agreements*).

O conceito de *pooling agreement* foi desenvolvido no Direito Norte-Americano como uma forma de obrigar os acionistas acordantes a exercer o direito de voto em um sentido único, a ser determinado em conformidade com o procedimento previamente estabelecido no próprio acordo.

Conforme refere a doutrina: "As is the case with voting trusts and irrevocable proxies, the basic purpose of such an arrangement is to bind some (or occasionally all) of the shareholders to vote together – *either in a particular way or pursuant to some specified procedure – on designated questions or on all questions that come before the shareholders.* It is generally accepted that such agreements are valid"[7] *(grifamos).*

Assim, pode-se conceituar o "acordo de voto em bloco" como modalidade de acordo de acionistas visando, durante o prazo de sua duração, ao exercício de controle comum sobre sociedade anônima.

Para tal finalidade, os convenentes formam um bloco de ações que deverá ado-

7. Lewis D. Salomon, Donald E. Schwartz, Jeffrey D. Bauman e Elliott J. Weiss, *Corporations Law and Policy: Materials and Problems*, 3ª ed., St. Paul, West Publishing Co., 1994, p. 455.

tar um sentido *uniforme* para os votos a serem dados pelos acionistas contratantes nas assembléias da companhia e pelos administradores eleitos em virtude do acordo, nas reuniões dos órgãos de administração de que participam.

Conforme salienta a doutrina, não há qualquer limitação legal no que respeita à forma pela qual se determinará o sentido do voto a ser proferido em bloco, podendo os acionistas convencionar que votarão de acordo com a decisão da maioria dos acionistas pertencentes ao acordo ou mesmo na conformidade com o que um deles vier a decidir.[8]

Em regra, os acordos de voto em bloco caracterizam-se pela instituição, na respectiva convenção, de um órgão deliberativo interno, geralmente designado de "reunião prévia", a cujas decisões todos os signatários ficam vinculados.

O acordo de voto em bloco geralmente disciplina o procedimento de reunião prévia para que os contratantes decidam antecipadamente sobre a maneira como irão votar as ações componentes do controle nas assembléias-gerais e como serão dados os votos dos representantes desse mesmo acordo nas reuniões do conselho de administração ou da diretoria.[9]

No Direito Norte-Americano consagrou-se o entendimento de que o *pooling agreement* institui um *mandato* recíproco para as partes, em razão do qual os convenentes que logrem, em reunião prévia, alcançar o direcionamento do voto do bloco de controle ficam investidos de poderes para votar com *todas* as ações incluídas nesse bloco, ainda que na reunião prévia tenha havido votos minoritários discordantes.[10]

Neste sentido, a jurisprudência norte-americana considera que o *pooling agreement* implicitamente atribui às partes um mandato de natureza *irrevogável* para que o direito de voto de todas as ações vinculadas ao acordo seja exercido em bloco. A respeito, entende-se que: "When *[a written voting]* agreement specifies how the shares shall be voted, or provides a clear formula for ascertaining how the shares shall be voted, in case of a breach or anticipatory breach thereof by one or more parties thereto, *the agreement shall*, unless it specifically provides otherwise, *be deemed to constitute an irrevocable proxy to the parties not in breach to vote all shares subject to the agreement in accordance with the terms of the agreement*"[11] (grifamos).

O mandato constituído em decorrência de um *pooling agreement* vem sendo reconhecido como uma exceção ao princípio de que o mandante sempre pode revogar o mandato por ele conferido, uma vez que tal mandato está vinculado à consecução de um interesse legítimo comum dos contratantes.

A propósito, Robert Hamilton salienta que "a característica do mandato para determinar se ele é efetivamente irrevogável é se o mesmo está vinculado a um interesse. (...). E um dos tipos de mandato caracterizados como vinculados a um interesse (...) é o constituído como forma de executar as cláusulas de um *pooling agreement*".[12]

Este interesse comum, no caso dos *pooling agreements*, consiste no exercício do poder-dever de controle pelos acordantes, o qual, tendo em vista as relevantes responsabilidades que acarreta para os integrantes do bloco de controle, deve ser exercido de forma harmônica, não poden-

8. Thomas Joyce, "Shareholders agreements: a U.S. perspective", in Franco Bonelli e Pier Giusto Jaeger, *Sindicati di Voto e Sindicati di Blocco*, Milão, Giuffrè Editore, 1993, pp. 355-375.

9. Modesto Carvalhosa e Nelson Eizirik, *A Nova Lei das S/A*, cit., p. 218.

10. Henn e Alexander, *Law of Corporations*, 3ª ed., West Group, 1983, pp. 518 e ss.

11. William L. Cary e Melvin Aron Eisenberg, *Corporations: Cases and Materials*, Nova York, The Foudation Press, 1988, p. 349.

12. Robert W. Hamilton, *The Law of Corporations*, 5ª ed. West Group, 2000, p. 275.

do ser obstruído por eventuais dissidências ou interesses individuais dos contratantes.

Tais considerações, originadas da experiência do Direito Norte-Americano, aplicam-se integralmente ao nosso ordenamento jurídico, especialmente após o advento da Lei 10.303/2001.

Com efeito, a Lei 10.303/2001 reconheceu a existência, nos acordos de voto em bloco, de um *mandato* conferido aos demais contratantes para que estes possam assegurar o cumprimento da obrigação de voto uniforme. Assim, o § 9º do art. 118 da Lei das S/A expressamente atribuiu aos signatários de acordo de acionistas poderes para votarem com as ações pertencentes à parte que eventualmente pretenda descumprir o compromisso de votar no sentido determinado pelo acordo.

Aliás, após a introdução do § 9º ao art. 118 da Lei das S/A a existência do referido mandato, em nosso ordenamento jurídico, não decorre apenas da vontade das partes ou das características inerentes ao acordo de voto em bloco, mas diretamente da lei. Trata-se, conforme tem enfatizado a doutrina, de um *mandato legal*, conferido independentemente de expressa estipulação no acordo de acionistas.[13]

Com efeito, a possibilidade de o acionista prejudicado votar em lugar do ausente ou abstinente *não está condicionada* à expressa previsão contratual, visto que o referido dispositivo instituiu uma norma impositiva e, dessa forma, necessariamente aplicável a todos os acordos de acionistas.

Ademais, como se trata de um mandato conferido como meio para que seus signatários possam implementar o acordo de acionistas, aplica-se a regra prevista no art. 684 do CC, o qual prescreve que: "Art. 684. Quando a *cláusula de irrevogabilidade for condição de um negócio bilateral*, ou tiver sido estipulada no exclusivo interesse do mandatário, *a revogação do mandato será ineficaz* (...)" (grifamos).

Assim, por força dos dispositivos acima transcritos, tem-se por *ineficaz* a eventual revogação do mandato constituído como meio de cumprimento de uma obrigação previamente contratada. Tal irrevogabilidade justifica-se na medida em que o mandato vinculado a um contrato não é concedido no interesse exclusivo do mandante, mas também no interesse do mandatário, razão pela qual aquele não pode revogá-lo unilateralmente.

No caso do acordo de acionistas é inequívoca a existência deste interesse comum na execução do mandato, visto que é ele que viabiliza o exercício do poder de controle por todos os convenentes.

A irrevogabilidade, nesse caso, não resulta do mandato propriamente dito, mas do fato de tal mandato constituir requisito essencial para execução das obrigações pactuadas em um contrato bilateral ou plurilateral, sendo, conseqüentemente, irrevogável enquanto persistir o referido contrato.[14]

Portanto, o mandato recíproco instituído para que um acionista vote com as ações detidas pelos demais convenentes constitui elemento integrante dos acordos de voto em bloco e, em vista disso, deverá permanecer em vigor durante todo o prazo de vigência deste, a fim de possibilitar a execução das obrigações pactuadas.

3. A interpretação sistemática dos §§ 8º e 9º do art. 118 da Lei das S/A

O art. 118 da Lei das S/A em sua redação original previa expressamente a pos-

13. Paulo Cézar Aragão, "A disciplina do acordo de acionistas na Reforma da Lei das Sociedades por Ações (Lei 10.303, de 2001)", in Jorge Lobo (coord.), *A Reforma da Lei das Sociedades Anônimas*, Rio de Janeiro, Forense, 2002, pp. 373/374; Miguel Tornovsky, "Acordo de acionistas sobre o exercício do poder de controle – Análise das principais alterações introduzidas ao art. 118 da Lei das S/A pela Lei 10.303/2001", *RDM* 127/100, julho-setembro/2002.

14. Modesto Carvalhosa, "Da irrevogabilidade do mandato em acordo de acionistas", *RT* 601/10, São Paulo, 1985.

sibilidade de execução específica das obrigações pactuadas em acordos de acionistas, conforme se verifica do § 3º do mencionado artigo, cuja redação não foi alterada pela Lei 10.303/2001: "§ 3º. Nas condições previstas no acordo, os acionistas podem promover a *execução específica* das obrigações assumidas" (grifamos).

Ou seja, a Lei Societária, apesar de reconhecer que o simples pagamento de indenização por perdas e danos não constituía composição adequada para o descumprimento dos acordos de acionistas, obrigava a parte prejudicada a recorrer ao Poder Judiciário para que o inadimplemento fosse sanado.

Tal solução, entretanto, não se mostrou satisfatória, uma vez que ela impunha à parte prejudicada o ônus de ir a juízo buscar uma medida que, devido à morosidade inerente ao funcionamento da nossa Justiça, geralmente só era obtida muito tempo depois, já de forma extemporânea.

Para afastar tal problema, a Lei 10.303/2001, além de manter a possibilidade de execução específica das obrigações convencionadas, introduziu os §§ 8º e 9º no art. 118 da Lei das S/A, os quais instituíram procedimentos a serem adotados no interior da própria companhia com o objetivo de evitar o descumprimento das disposições do acordo.

O principal objetivo da Lei 10.303/2001, no que se refere à disciplina dos acordos de acionistas, foi reforçar a segurança jurídica de tais contratos, permitindo que a eficácia das obrigações convencionadas entre as partes seja assegurada imediatamente, no âmbito da própria assembléia-geral em que se verificar o descumprimento de tais obrigações.

O legislador procurou, por meio dos §§ 8º e 9º do art. 118, garantir a plena coercibilidade do disposto nos acordos de acionistas, possibilitando sua execução *interna corporis*, mediante atuação direta dos interessados, e, conseqüentemente, evitar as longas discussões judiciais que prejudicavam a eficácia dos acordos e o próprio desenvolvimento das atividades sociais.

O § 8º do art. 118 expressamente reconheceu a obrigação de o presidente da assembléia geral *não computar* o voto proferido em desconformidade com o convencionado no acordo de acionistas, nos seguintes termos: "§ 8º. O presidente da assembléia ou do órgão colegiado de deliberação da companhia *não computará o voto proferido com infração de acordo de acionistas* devidamente arquivado" (grifamos).

Note-se que o dispositivo transcrito apenas deixou explícito um princípio que já era reconhecido pela doutrina desde o início da vigência da Lei 6.404/1976.

De fato, com base na regra de que a companhia está obrigada a observar os termos e condições dos acordos de acionistas arquivados em sua sede, já se considerava, mesmo antes da Lei 10.303/2001, que o presidente da assembléia-geral tinha o dever de *não considerar* os votos proferidos em sentido contrário ao estipulado no acordo de acionistas.[15]

Dessa forma, agora com fundamento em expressa disposição legal, os votos contrários à convenção *não poderão ser computados*, ficando o presidente da assembléia-geral responsável por verificar a conformidade entre o voto manifestado na assembléia-geral e o que havia sido preestabelecido no acordo de acionistas.

Contudo, o presidente da assembléia-geral não podia – e atualmente também não pode – declarar o voto contrário como tendo sido proferido no sentido predeterminado no acordo, visto que a Lei Societária não lhe confere poderes para suprir a vontade do acionista inadimplente.

Assim, a regra prevista no § 8º do art. 118 da Lei das S/A, isoladamente, não se-

15. Modesto Carvalhosa, *Acordo de Acionistas*, São Paulo, Saraiva, 1984, p. 265; Celso de Albuquerque Barreto, *Acordo de Acionistas*, Rio de Janeiro, Forense, 1982, p. 73; José Alexandre Tavares Guerreiro, "Execução específica do acordo de acionistas", *RDM* 41/63-64, janeiro-março/1981.

ria suficiente para assegurar a imediata efetividade das obrigações pactuadas, pois ela não soluciona as hipóteses em que o descumprimento da obrigação de voto impede a aprovação de deliberação prevista no acordo, por ausência do *quorum* qualificado legalmente exigido.

Com efeito, nos casos em que nenhum dos signatários do acordo de acionistas detenha, isoladamente, mais de 50% do capital votante faz-se necessário, para a aprovação das matérias em relação às quais a Lei das S/A exige *quorum* qualificado, que todos os acordantes compareçam à assembléia-geral e votem a favor da deliberação em questão, não sendo suficiente a simples desconsideração do eventual voto contrário.

Logo, para impedir que, em tal situação, a parte prejudicada fosse obrigada a recorrer ao Poder Judiciário a fim de obter uma decisão que suprisse a vontade do outro acordante, o § 9º do art. 118 da Lei das S/A passou a dispor que: "§ 9º. O não-comparecimento à assembléia ou às reuniões dos órgãos de administração da companhia, bem como as abstenções de voto de qualquer parte de acordo de acionistas ou de membros do conselho de administração eleitos nos termos de acordos de acionistas, *assegura à parte prejudicada o direito de votar com as ações pertencentes ao acionista ausente ou omisso* e, no caso de membro do conselho de administração, pelo conselheiro eleito com os votos da parte prejudicada" (grifamos).

Como se verifica, o dispositivo transcrito reconheceu a existência do *mandato* inerente aos acordos de voto em bloco, pois outorgou poderes para que o acionista, na hipótese de ausência ou abstenção de voto por um dos signatários do acordo, vote pelo ausente ou abstinente, conforme a direção do voto previamente pactuada.

O § 9º do art. 118 atribui, assim, uma legitimidade substitutiva aos acionistas prejudicados, visando a conferir-lhes um meio legítimo e eficaz de assegurar o cumprimento do acordo caso algum signatário recalcitrante procure obstruir a deliberação pela ausência ou pela abstenção de voto.

Portanto, por força de expressa previsão legal, o acionista prejudicado fica autorizado a *votar em nome do ausente ou abstinente*, expressando a vontade que este havia manifestado quando da celebração do acordo de acionistas, a fim de assegurar o cumprimento e a execução do acordo.

A regra prevista no § 9º do art. 118 da Lei das S/A introduziu uma hipótese excepcional de *autotutela* legítima em nosso ordenamento jurídico.

A propósito, cabe lembrar que, apesar de o Estado deter o monopólio do exercício do poder coercitivo, o direito processual moderno tem privilegiado meios alternativos de acesso à Justiça, tendo em vista a morosidade da tutela jurisdicional estatal perante situações ilícitas que, se concretizadas, causam danos irreparáveis ou de difícil reparação.

Assim, em situações especiais a lei vem admitindo a autotutela como um desses meios pacíficos de prevenção da prática de atos ilícitos, como ocorre, por exemplo, com o direito de retenção (arts. 1.219, 571 e 644 do CC), o desforço imediato nas ações possessórias (art. 1.210, § 1º, do CC) e o penhor legal (art. 1.467 do CC).[16]

Com o advento do § 9º do art. 118 da Lei das S/A ficou inserido na relação de hipóteses de autotutela admitidas em nosso ordenamento o direito dos acordantes prejudicados pelo descumprimento da obrigação de voto em bloco pactuada em acordos de acionistas de votarem no lugar do contratante inadimplente nas assembléiasgerais ou em substituição aos representantes deste nas reuniões dos órgãos de administração da companhia.

Note-se que a regra estabelecida no § 9º do art. 118 da Lei das S/A ao criar esta modalidade de auto-execução dos acordos de acionistas, não acarreta qualquer lesão

16. Modesto Carvalhosa e Nelson Eizirik, *A Nova Lei das S/A*, cit., pp. 231-232.

ao princípio da inafastabilidade da tutela jurisdicional (art. 5º, XXXV, da CF).

Com efeito, a norma legal em tela apenas promove uma inversão de papéis, visto que a parte prejudicada pelo descumprimento do acordo de voto em bloco, que anteriormente figuraria como autora na demanda para obter a execução específica do acordo, passou à condição de ré na eventual ação proposta pela parte inadimplente e que se considere prejudicada pela utilização da prerrogativa contida no § 9º do art. 118 da Lei Societária.

No entanto, o dispositivo em questão refere-se apenas às hipóteses de ausência ou abstenção de voto, não contemplando expressamente a possibilidade de o acionista prejudicado votar em lugar do inadimplente caso este esteja presente à assembléia-geral e, ao invés de se abster, vote em sentido contrário ao determinado na reunião prévia.

Diante disso, poderia parecer que a única conseqüência da adoção deste procedimento por parte do acionista recalcitrante seria a desconsideração do seu voto, com base no disposto no § 8º do art. 118 da Lei das S/A, não sendo aplicável a tal situação a regra prevista no § 9º do mesmo artigo, visto não se tratar de hipótese de ausência ou abstenção.

Caso prevalecesse tal interpretação, a única forma pela qual o acionista prejudicado poderia fazer valer a obrigação de voto em bloco seria mediante o ajuizamento de medida judicial com pedido de execução específica.

Tal solução, contudo, decorreria de uma interpretação isolada e literal dos §§ 8º e 9º do art. 118 e seria manifestamente contrária à própria finalidade que motivou a introdução de tais dispositivos na Lei Societária – qual seja, assegurar a coercibilidade imediata dos acordos de voto em bloco, evitando que determinado contratante possa impedir a aprovação das matérias convencionadas no acordo de acionistas.

Ora, constitui regra básica de Hermenêutica que os dispositivos legais não podem ser analisados de forma isolada, mas devem ser interpretados em conjunto com as demais disposições inseridas na mesma lei ou em outras normas do ordenamento jurídico que versem sobre o mesmo instituto. Trata-se do método sistemático de interpretação, mediante o qual as normas jurídicas devem ser compreendidas a partir de sua inserção no conjunto de normas que disciplinam a mesma matéria.

Assim, considerando que os §§ 8º e 9º do art. 118 foram inseridos simultaneamente na Lei Societária e que tais dispositivos têm a *mesma finalidade*, parece evidente que a conclusão sobre a extensão do mandato conferido ao acionista para votar em nome do contratante inadimplente deve decorrer, necessariamente, da análise conjunta dos aludidos §§ 8º e 9º, não da mera leitura isolada do texto de cada um de tais parágrafos.

Vale dizer: os §§ 8º e 9º do art. 118 da Lei das S/A devem ser interpretados de forma *sistemática*, levando-se em consideração, ainda, o objetivo do legislador de não permitir a prevalência do inadimplemento ao contratado no acordo de acionistas.

Neste contexto, seria um completo contra-senso conferir a dois dispositivos cuja finalidade consiste em assegurar a plena eficácia dos acordos de voto em bloco uma interpretação que conduziria justamente ao efeito que eles visam a evitar – qual seja, obrigar o acionista prejudicado a ir a juízo tentar obter a execução específica da obrigação contratada.

Para demonstrar o absurdo a que levaria a interpretação literal dos §§ 8º e 9º do art. 118 da Lei das S/A, vale ainda mencionar que, caso ela viesse a prevalecer, o efeito de tais dispositivos seria apenas impedir a concretização de uma violação indireta à obrigação de votar em bloco (por meio do não-comparecimento à assembléia-geral ou da abstenção de voto), mas não evitar que o acionista recalcitrante deixasse de cumprir sua obrigação pela via direta do voto contrário ao sentido previamente acordado.

Evidentemente, não pode ser este o objetivo das disposições estabelecidas nos §§ 8º e 9º do art. 118 da Lei 6.404/1976.

Por todas estas razões, deve ser afastada a interpretação literal, adotando-se uma interpretação lógico-sistemática dos dispositivos legais em questão, que assegure coerência à Lei Societária e privilegie a possibilidade de auto-execução das obrigações pactuadas nos acordos de voto em bloco.

Assim, na hipótese em que alguém pretenda descumprir o acordo de acionistas comparecendo à assembléia-geral e votando contra o convencionado na reunião prévia, tal voto deve ser desconsiderado pelo presidente da assembléia-geral, com fundamento no § 8º do art. 118 da Lei das S/A.

O voto não computado deve, então, ser tido como não-proferido, tal como se o acionista tivesse se abstido de votar. Conseqüentemente, os acionistas prejudicados estarão expressamente legitimados a, com base no § 9º do art. 118, votar em nome do acionista inadimplente, assegurando eficácia imediata ao convencionado nos acordos de acionistas.

Ou seja, o voto contrário não computado equipara-se à abstenção de voto, permitindo-se que o acionista prejudicado possa conferir eficácia ao acordo de voto em bloco, determinando o sentido do voto proferido pelas ações pertencentes ao acionista inadimplente.

A validade da interpretação acima explicitada vem sendo expressamente reconhecida pela doutrina: "A interpretação literal da redação do § 9º do art. 118 poderia levar à conclusão de que apenas no caso de ausência ou abstenção, e não assim no caso de voto proferido contra o acordo, o acionista prejudicado ou seu representante no conselho de administração poderiam utilizar o mandato legal e votar com as ações do acionista, ou em nome do conselheiro ausente ou que se absteve. Contra tal interpretação literal, entendemos ser mais adequada uma interpretação sistemática e teleológica da reforma da Lei das S/A, segundo a qual, no caso em que o voto proferido contra o acordo de acionistas seja necessário para a aprovação da matéria objeto da deliberação, o acionista prejudicado, ou seu representante no conselho de administração, poderia, após a desconsideração do voto pelo presidente da assembléia ou do conselho, exercer o mandato legal outorgado pelo novo § 9º"[17] *(grifamos).*

No mesmo sentido, Paulo Cezar Aragão enfatiza que:

"Para obviar tal dificuldade, admite o novo § 9º do art. 118 um caminho alternativo de execução direta, por assim dizer, das obrigações assumidas, mediante o exercício pela parte prejudicada – à qual se conferiu um mandato legal, por assim dizer – do direito de voto próprio às ações de acionista ausente ou omisso para proferir voto contra ou a favor de deliberações determinadas, hipótese em que a abstenção de voto não resultará em perda da efetividade do acordo. (...).

"Dir-se-á que, se, malgrado o mandato, o acionista mandante lançar voto contrário ao acordado, perder-se-á a efetividade do contratado, mas a conclusão não é correta, já que – havendo mandatário indicado e presente – o presidente deverá abster-se de computar, ao amparo do acionista mandante inadimplente e computar o voto do mandatário, no sentido convencionado"[18] *(grifamos).*

Isto posto, vale lembrar que o art. 118 da Lei das S/A, ao exigir que a companhia assegure o cumprimento dos acordos de

17. Miguel Tornovsky, "Acordo de acionistas sobre o exercício do poder de controle – Análise das principais alterações introduzidas ao art. 118 da Lei das S/A pela Lei 10.303/2001", cit., *RDM* 127/100.

18. Paulo Cézar Aragão, "A disciplina do acordo de acionistas na Reforma da Lei das Sociedades por Ações (Lei 10.303, de 2001)", cit., in Jorge Lobo (coord.), *A Reforma da Lei das Sociedades Anônimas*, pp. 373-374.

acionistas arquivados em sua sede, impõe ao presidente da assembléia-geral o dever de, na condução dos trabalhos do conclave, garantir o cumprimento das disposições sobre o exercício do direito de voto e do poder de controle convencionadas nos referidos acordos.

Em caso de descumprimento deste dever, o presidente da assembléia-geral pode, inclusive, estar sujeito a responder por perdas e danos perante qualquer signatário do acordo de acionistas prejudicado por tal conduta.

Assim, o presidente da assembléia-geral tem a obrigação, por força da aplicação conjunta dos §§ 8º e 9º do art. 118 da Lei das S/A, de não computar o voto proferido em desconformidade com a instrução de voto determinada na reunião prévia e, em seguida, permitir que o acionista prejudicado vote com as ações de propriedade do acionista inadimplente, fazendo valer a aludida instrução de voto.

4. Conclusão

O acordo de voto em bloco institui um *mandato recíproco* para que cada um dos signatários vote com as ações pertencentes aos demais no sentido previamente convencionado, o que foi expressamente reconhecido em nosso ordenamento jurídico com a introdução do § 9º ao art. 118 da Lei das S/A. Por força do disposto no art. 684 do CC, tal mandato tem natureza *irrevogável*, visto que ele é instituído para viabilizar o cumprimento de uma obrigação previamente contratada – qual seja, a obrigação de todas as partes de votar em bloco, em conformidade com o estabelecido no acordo de acionistas. Dita irrevogabilidade, no ordenamento jurídico brasileiro, resulta também do fato de o aludido mandato ser conferido diretamente por lei, e não pela simples manifestação de vontade do acionista, razão pela qual *não se pode admitir* que este possa revogá-lo unilateralmente.

Portanto, o mandato instituído como meio de cumprimento da obrigação de voto em bloco integra o acordo de acionistas, não podendo, conseqüentemente, ser revogado enquanto este contrato permanecer em vigor. Dessa forma, ainda que o acionista recalcitrante tenha comparecido à assembléia-geral e pretenda votar com as ações de sua propriedade, seu voto não pode prevalecer, uma vez que ele *não tem* poderes para, no momento do conclave, revogar o mandato conferido para que o direito de voto inerente às suas ações seja exercido no sentido determinado no acordo de acionistas.

Ou seja, por força deste mandato recíproco irrevogável, quem tem legitimidade para votar com as ações vinculadas ao acordo de voto em bloco não é necessariamente o titular de tais ações, mas a parte que pretenda dar cumprimento ao acordo, votando no sentido determinado na reunião prévia.

Logo, não teria qualquer fundamento a eventual alegação de que, na hipótese de o acionista estar presente à assembléia-geral e votar em sentido contrário ao pactuado, não se poderia autorizar um terceiro a votar com as ações de sua propriedade.

Diante do exposto, não há dúvida de que o acionista prejudicado pelo inadimplemento à obrigação de votar em conjunto pode exercer o mandato a ele conferido para dar efeito às deliberações tomadas na reunião prévia mesmo na hipótese de o signatário dissidente estar presente na assembléia-geral e pretender votar contra o determinado em tal reunião prévia.

ARBITRAGEM NAS SOCIEDADES ANÔNIMAS: ASPECTOS POLÊMICOS DA VINCULAÇÃO DOS ACIONISTAS NOVOS, AUSENTES, DISSIDENTES E ADMINISTRADORES À CLÁUSULA COMPROMISSÓRIA ESTATUTÁRIA, APÓS A INCLUSÃO DO § 3º AO ART. 109 DA LEI 6.404/1976 PELA LEI 10.303/2001

MARCO AURÉLIO GUMIERI VALÉRIO

1. Introdução. 2. Vinculação do novo acionista: 2.1 Manifestação de vontade – 2.2 Direitos essenciais do acionista – 2.3 Autonomia da cláusula arbitral – 2.4 Estatuto social e contrato de adesão. 3. Acionista ausente e dissidente: 3.1 Assembléia e representatividade – 3.2 Garantia ao exercício de direitos dos minoritários. 4. Vinculação dos administradores. 5. Conclusão.

1. Introdução

Na esteira da difusão do uso da arbitragem como meio de solução de conflitos a partir do advento da Lei 9.307, de 23.9.1996, a reforma da Lei 6.404, de 15.12.1976, operada pela Lei 10.303, de 31.12.2001, previu no art. 109, a partir da inclusão do § 3º, a possibilidade de acionistas, administradores e a própria companhia recorrerem ao juízo arbitral por meio de cláusula compromissória inserida no estatuto social.

Como bem destaca Marcelo Bertoldi, já era possível a utilização da arbitragem para solução de disputas societárias mesmo antes da reforma da Lei das S/A. A introdução do § 3º ao art. 109 denotou a intenção do legislador de realçar a possibilidade de utilização desse instrumento para a solução de litígios.[1]

A velocidade com que as transações se realizam, as mercadorias circulam e a riqueza é transferida exige que eventuais conflitos sejam solucionados em tempo hábil. Não é raro verificar que a tutela jurisdicional tardia, ainda que a decisão seja favorável à parte demandante, lhe causa dano irreparável, tornando inalcançável o ideal de justiça.[2]

Assim, da mesma forma que para os empresários a arbitragem apresenta-se como um instrumento de consonância com o dinamismo da economia de mercado, o mesmo ocorre para as sociedades empresárias. O instituto pode ser uma alternativa vantajosa tanto à companhia quanto a seus acionistas ou administradores, que poderão resolver seus conflitos internos,[3] cada vez

1. Marcelo Bertoldi, *Reforma da Lei das Sociedades Anônimas – Comentários à Lei 10.303, de 31 de outubro de 2001*, p. 73.

2. Cf. César Fiuza, *Teoria Geral da Arbitragem*, pp. 36-37.

3. Nesse sentido: Siegbert Rippe, "El arbitraje como medio alternativo de solución de controversias comerciales", in Adriana Noemi Pucci (coord.), *Aspectos Atuais da Arbitragem*, p. 375. Diz o autor

mais freqüentes e complexos, com a ajuda de especialistas no objeto da contenda.[4]

Todavia, são várias as dúvidas levantadas quanto à possibilidade de o disposto no § 3º do art. 109 da Lei 6.404/1976 alcançar seu real objetivo, e em que medida o fará – ou seja, se a cláusula compromissória inserida no estatuto social será considerada vinculante para a sociedade e para todos os seus acionistas, inclusive para aqueles que tenham divergido quanto à sua adoção, ou não tenham tomado parte na deliberação que a tenha aprovado, seja porque ausentes ou porque tenham adquirido o *status* de acionistas em momento posterior.

O ressurgimento da arbitragem no ordenamento pátrio tem a difícil missão de superar a inércia evolutiva advinda de décadas de ostracismo normativo. Esse estudo tenciona contribuir com sua reabilitação, principalmente no que tange à sua utilização para a resolução de conflitos internos na sociedade anônima.

2. *Vinculação do novo acionista*

"Novo acionista" é aquele que integra a sociedade anônima em momento posterior à sua instituição, geralmente pela aquisição de ações.

Pela rapidez com que o negócio é realizado – em tempo real –, a compra é fechada, na maioria das vezes, sem maiores formalidades por parte do adquirente. Assim, é possível que o novo sócio não tome contato algum com o estatuto social da companhia.

Nesse documento, todavia, pode haver uma cláusula compromissória pela qual a sociedade anônima e seus acionistas comprometem-se a resolver futuros litígios, advindos das relações societárias, por meio da arbitragem.

A dúvida inicial gira em torno da vinculação do novo acionista a essa convenção, tendo em vista seu alegado desconhecimento do estatuto social.

2.1 Manifestação de vontade

O mal-entendido quanto à vinculação do novo sócio à cláusula arbitral diz respeito, inicialmente, à *manifestação da vontade*, princípio basilar da arbitragem. O art. 1º da Lei 9.307/1996 garante que as pessoas capazes de contratar *poderão* valer-se do instituto para dirimir litígios relativos a direitos patrimoniais disponíveis. Assim, sob pena de nulidade da cláusula compromissória, a livre manifestação das partes é imprescindível para a submissão de eventual disputa ao juízo arbitral.

Para Modesto Carvalhosa e Nelson Eizirik haveria a necessidade de uma aderência específica e posterior do novo sócio à cláusula arbitral, expressa em documento apartado, encaminhado pela companhia ao adquirente, após a venda das ações.[5]

que, "no obstante se advierte que el proceso arbitral tiene alta viabilidad de operar en la solución de conflictos que se plantean en el ámbito estrictamente interno de las sociedades: conflictos entre directores y administradores, conflictos entre accionistas, conflictos entre los órganos sociales entre si, conflicto entre los órganos y los accionistas, incluso respecto de impugnaciones contra resoluciones de los directores y administradores o de las asambleas sociales".

4. Nesse sentido: Sílvio de Salvo Venosa, *Direito Civil: Teoria Geral das Obrigações e Teoria Geral dos Contratos*, p. 287. Segundo o autor, a "vantagem da arbitragem é inegável em determinadas situações. Com freqüência, as partes, geralmente empresas de porte, levam aos tribunais assuntos excessivamente técnicos, com amplas dificuldades para o juiz, que somente pode decidi-los louvandose em custosas e problemáticas perícias. Valendo-se de especialistas como árbitros, podem as partes obter decisões mais rápidas, justas e técnicas".

5. "O pressuposto de validade e eficácia da decisão arbitral depende da expressa declaração de vontade das partes envolvidas, seja na cláusula compromissória, seja no compromisso propriamente dito. Há, com efeito, um requisito necessariamente de forma para a validade e eficácia da cláusula compromissória estatutária, que depende de sua específica e formal adoção por parte de todos os compromissados. Sem essa expressa aprovação a cláusula compromissória é nula, por ferir o direito essencial do acionista de socorrer-se ao Poder Judiciá-

Pela forma com que os negócios são fechados no mercado de capitais, até se poderia dizer – como os autores supracitados – que o novo sócio não manifestou sua vontade de acatar uma cláusula arbitral estatutária. Contudo, devido às características peculiares dos negócios no âmbito empresarial, essa alegação não encontra qualquer respaldo.

Embora a doutrina se digladie quanto à natureza jurídica da companhia, se institucional ou contratual,[6] não se discute o fato de que o estatuto social condensa todas as regras fundamentais da empresa. Assim, quando um novo acionista integra a sociedade anônima, recebe direitos e obrigações atribuíveis não só a ele, como também a todos os outros sócios. As variações, quando existem, dizem respeito à espécie ou à classe das ações adquiridas, a exemplo das *ordinárias*, que conferem direitos comuns, sem vantagens nem restrições, e das *preferenciais*, que conferem vantagens de natureza patrimonial mas, em compensação, não atribuem ou restringem o direito de voto.

O novo sócio não pode ter a possibilidade de escolher os direitos e as obrigações a que estará sujeito. Isso inviabilizaria a condução das relações internas da sociedade anônima. O investidor não é obrigado a fazer parte da companhia. Se optar pelo ingresso, presume-se que avaliou e acatou voluntariamente as disposições estatutárias. Até porque o registro do estatuto social na Junta Comercial, ou sua inscrição na Bolsa de Valores ou no Mercado de Balcão, ratifica a presunção de pleno conhecimento pelos acionistas, sejam novos ou velhos.

Claro que se a cláusula compromissória estiver inserida numa convenção extra-estatutária, como um acordo entre acionistas, não registrada em qualquer desses órgãos, o novo sócio não estará obrigado a se submeter ao juízo arbitral para a resolução de conflitos que o envolvam. A falta de publicidade do ato leva à conseqüente ausência de manifestação de vontade.[7]

A regra é que, ao tomar uma decisão desinformada, o novo acionista assuma as conseqüências de seu desleixo – assim como quem assina um contrato sem lê-lo nem por isso deixa de se sujeitar ao mesmo. Como sustenta José Virgílio Lopes Enei, concluir que o novo sócio não se vincula à cláusula arbitral constante do estatuto social só porque ele talvez não tenha tomado conhecimento de tal convenção seria equivalente a "dizer que uma eventual limitação do direito de voto ou à circulação das ações adquiridas não seria oponível ao novo acionista que ingressou na companhia sem conhecimento dessa limitação estatutária".[8]

Pedro Antônio Martins, ao analisar a mesma polêmica nas sociedades limitadas, também conclui que a eficácia da cláusula arbitral atinge aquele investidor que adquire o *status socii* pela transferência de ações: "Mesmo não havendo manifestação expressa, o pacto arbitral lhe é vinculante, pois os efeitos da cláusula compromissória atingem os sucessores a título universal e singular".[9]

rio. E essa aprovação vincula os fundadores na constituição e os acionistas que, nas alterações estatuárias posteriores, tiverem expressamente renunciado ao direito essencial prescrito no § 2º do art. 109 da Lei 6.404/1976, para a inclusão desse pacto parassocial no estatuto" (Modesto Carvalhosa e Nelson Eizirik, *A Nova Lei das S/A*, pp. 183-184).

6. Basicamente, a *teoria da instituição* distingue-se da *contratualista* por atribuir menos importância ao consentimento das partes, que teria papel acentuado tão-somente no ato de adesão e conseqüente aceitação da disciplina, e não nos efeitos gerados durante a existência da sociedade. Desse modo, os resultados irradiados pela companhia resultariam mais do regime próprio da instituição, tal como reconhecido socialmente e regulado por lei, que da vontade propriamente dita das partes (cf. José Virgílio Lopes Enei, "A arbitragem nas sociedades anônimas", *RDM* 129/144-145).

7. Nesse sentido: Marcelo Dias Gonçalvez Vilela, *Arbitragem no Direito Societário*, pp. 195-196.

8. José Virgílio Lopes Enei, "A arbitragem nas sociedades anônimas", cit., *RDM* 129/150.

9. Pedro Antônio Batista Martins, "A arbitragem nas sociedades de responsabilidade limitada",

Ao adquirente de ações impõem-se o conteúdo e os efeitos da cláusula arbitral já contida no estatuto social. A exigência de aceitação expressa e específica da arbitragem não encontra respaldo nem na Lei das S/A, nem na Lei de Arbitragem. Se a norma não limita, não deve o intérprete fazê-lo (*ubi lex non distinguit, nec interpret distinguere debet*).[10]

2.2 Direitos essenciais do acionista

A polêmica quanto à vinculação do novo acionista ainda recai sobre o § 2º do art. 109 da Lei 6.404/1976, segundo o qual "os meios, processos ou ações que a lei confere ao acionista para assegurar os seus direitos não podem ser elididos pelo estatuto ou pela assembléia-geral".

Para Modesto Carvalhosa e Nelson Eizirik o parágrafo supracitado é a garantia de acesso, dos sócios, ao Poder Judiciário. E, por se tratar de um direito essencial, só seria afastado por renúncia formal e específica em documento apartado e firmado pelo novo sócio.[11]

Partem os autores, todavia, de uma visão limitada de jurisdição, na qual somente ao juiz togado cabe exercê-la. Como acentua Carlos Alberto Carmona, "parece ser universal a tendência de ampliar o conceito de jurisdição, na medida em que aumenta o grau de participação e o interesse popular na administração da justiça, revelando um dos escopos fundamentais da jurisdição, o político".[12]

O direito essencial garantido ao acionista no § 2º do art. 109 da Lei das S/A é, na verdade, o de deduzir sua pretensão em juízo. E isso pode ser feito tanto pela via judicial quanto arbitral.

Como já discutido em outro momento,[13] a jurisdição é formada pela *notio*, *vocatio*, *iudicium*, *coertio* e *executio*. Ao árbitro é atribuído, diretamente, o exercício dos três primeiros elementos – *notio*, *vocatio* e *iudicium* –, o que caracteriza, no mínimo, um exercício de jurisdição fracionada.

A arbitragem não exclui nem prejudica quaisquer meios, processos ou ações conferidos aos acionistas. Pelo contrário, são assegurados e concretizados por esse instituto. Ressalte-se que o § 2º do art. 21 da Lei de Arbitragem impõe que sejam respeitados, no procedimento arbitral, princípios basilares do processo, como o do contraditório, o da igualdade das partes, o da imparcialidade do árbitro e o de seu livre convencimento.

Na hipótese de serem necessárias medidas coercitivas – providências tendentes a forçar a prática de determinado ato, ou cautelares –, providências assecuratórias de um direito, o tribunal arbitral não tem poderes para concedê-las. O exercício dos dois últimos elementos – *coercio* e *executio* – é exclusivo do Poder Judiciário. Contudo, segundo o art. 22, § 4º, da Lei de Arbitragem, poderá o árbitro solicitar tais medidas perante o juiz togado originalmente competente para julgar a causa.

A sentença arbitral não poderá se distanciar de certas formalidades necessárias

in MARTINS, Pedro Antônio Batista, e José Maria Rossani Garcez (coords.), *Reflexões sobre Arbitragem*, p. 135.

10. Amilcare Carletti, *Dicionário de Latim Forense*, p. 271.

11. "A aplicação de cláusula compromissória apenas aos que tenham subscrito atende ao princípio fundamental de que na sociedade não pode ocorrer qualquer restrição ao direito de disponibilidade dos direitos essenciais dos sócios no caso de socorrer-se ao Judiciário para a declaração ou imposição de seus interesses. Assim, a cláusula arbitral não vincula nem os acionistas atuais que não subscreveram o pacto nem os acionistas que posteriormente adentram a sociedade sem expressamente aderir a ele. Não há presunção de renúncia a direito essencial de qualquer acionista, tanto mais em se tratando de pacto parassocial cuja natureza é a da cláusula compromissória estatutária" (Modesto Carvalhosa e Nelson Eizirik, *A Nova Lei das S/A*, cit., pp. 183-184.

12. Carlos Alberto Carmona, *A Arbitragem no Processo Civil Brasileiro*, p. 35.

13. Marco Aurélio Gumieri Valério, *Arbitragem no Direito Brasileiro*, pp. 28-29.

para sua eficácia, sob pena de o sócio ou a companhia poder pleitear sua anulação ao Poder Judiciário, promovendo a respectiva ação anulatória de sentença arbitral. Essa interposição será fundamentada na existência de uma ou mais hipóteses do art. 32 da Lei 9.307/1996, a exemplo da sentença emanada por quem não podia ser árbitro, da proferida fora dos limites da convenção ou, ainda, da prolatada fora do prazo estipulado pelas partes.[14]

A previsão do juízo arbitral para resolução de conflitos empresariais no estatuto social nada mais é que o exercício do direito de opção de um meio alternativo de composição de divergências, por meio do qual tais proteções, se necessário, serão concretizadas.

Fosse o acesso ao Poder Judiciário direito essencial, ele seria irrenunciável, ainda que os acionistas quisessem excluí-lo do estatuto social. É o que ocorre, por exemplo, com o direito à participação nos lucros ou no acervo em caso de liquidação, garantidos, respectivamente, nos incisos I e II do art. 109 da Lei 6.404/1976. Destarte, não se discutiria aqui a forma pela qual o ato de anuência à arbitragem se daria. Seria reconhecida, como bem aponta José Virgílio Lopes Enei, "a inviabilidade da adoção desse instituto na sociedade anônima, em virtude de ofensa a direito essencial e irrenunciável dos acionistas".[15]

Não há por que negar à cláusula arbitral tratamento equivalente ao dado aos demais direitos e deveres estatutários, escusando-se de seu cumprimento por desconhecimento. O Direito não ajuda os que ignoram, mas os que erram (*nec stults solere succurri, sed errantibus*).[16]

Em suma, a escolha do foro arbitral nada prejudica o direito essencial dos sócios às proteções de lei. Ao contrário, a arbitragem pode, em algumas situações, mostrar-se até mais eficaz como instrumento assecuratório do amparo legal conferido aos acionistas.

2.3 Autonomia da cláusula arbitral

Mais discussão quanto à vinculação do novo acionista à cláusula arbitral incide sobre o princípio da autonomia ou da separabilidade, consagrado no art. 8º da Lei 9.307/1996. Dispõe seu *caput* que a cláusula compromissória é autônoma em relação ao contrato em que estiver inserta, de tal sorte que a nulidade deste não implica, necessariamente, a nulidade da cláusula arbitral.

Por esse dispositivo o legislador traçou limite entre o teor do contrato e o da cláusula compromissória.[17]

Com base no artigo supracitado, Modesto Carvalhosa e Nelson Eizirik concluem que a cláusula arbitral é mero pacto parassocial, já que, segundo eles, não haveria "uma unidade jurídica entre a cláusula compromissória e as normas organizativas constantes do estatuto social".[18]

Um dos primeiros regimes legais a propor o princípio da autonomia ou da separabilidade da cláusula arbitral foi o norte-americano, no *Federal Arbitration Act*, de 1925.[19]

14. Cf. José Virgílio Lopes Enei, "A arbitragem nas sociedades anônimas", cit., *RDM* 129/150.

15. Nesse sentido: José Virgílio Lopes Enei, "A arbitragem nas sociedades anônimas", cit., *RDM* 129/150.

16. Paulo, "*Digesto* da ignorância de direito e de fato (*de iuris et facti ignorantia*), Livro n. 9, § 5º", in Amilcare Carletti, *Dicionário de Latim Forense*, cit., p. 418.

17. Como todo princípio que se preze, este também tem suas exceções. O dispositivo, se interpretado corretamente, permitirá entender que a cláusula arbitral, em situações especiais ou excepcionais, também é atingida pelo vício do contrato e, portanto, nula de pleno direito. Por exemplo, na hipótese de uma das partes ser absolutamente incapaz, como o menor de 16 anos, a nulidade fatalmente atingirá a cláusula compromissória, até porque a capacidade também é requisito essencial da arbitragem.

18. Modesto Carvalhosa e Nelson Eizirik, *A Nova lei das S/A*, cit., pp. 195-197.

19. Cf. José Virgílio Lopes Enei, "A arbitragem nas sociedades anônimas", cit., *RDM* 129/150.

Concebido com a finalidade de resguardar a arbitragem de eventual decretação de nulidade do contrato no qual o instituto foi inserido, garante ao tribunal arbitral a possibilidade de decretar a nulidade do contrato sem atingir a cláusula compromissória. Se assim não fosse, o reconhecimento da nulidade do contrato conduziria automaticamente à nulidade da arbitragem, o que acarretaria a nulidade da decisão do árbitro.

Estar-se-ia diante de um círculo vicioso, que só seria resolvido se o juiz togado concordasse com a nulidade do contato. Caso contrário, ao reconhecer a validade do mesmo e, carreado, da cláusula compromissória, a lide retornaria ao árbitro. Como constata José Virgílio Lopes Enei, "essa hipótese daria ensejo a um insolúvel conflito negativo de competência".[20]

Em outras palavras, o princípio da autonomia ou da separabilidade traz uma disposição limitada a um único e especifico objetivo: o de preservar a validade do processo arbitral legalmente instituído. Não fundamenta, portanto, a alegação de que a cláusula arbitral seria pacto parassocial. Na realidade, a cláusula compromissória, a partir de sua previsão, fica intimamente vinculada a todas as outras normas organizativas da sociedade anônima.

2.4 Estatuto social e contrato de adesão

A última questão levantada quanto à vinculação do novo acionista à cláusula arbitral gira em torno da natureza jurídica do estatuto social. E, por falar em natureza jurídica, a da arbitragem é uma das questões que geram as mais acirradas discussões. É facilmente apontada como a maior das polêmicas criadas em torno do assunto.[21] Controvérsias à parte, é certo que a arbitragem nasce por meio de um negócio jurídico de natureza privada, concretizado na cláusula compromissória ou no compromisso arbitral. Assim, a Lei 9.307/1996 sujeita sua celebração aos mesmos requisitos aplicáveis aos contratos em geral.

Nos contratos de adesão, contudo, o § 2º do art. 4º da Lei de Arbitragem estabelece condições especiais para a validade da cláusula arbitral. Esta só terá eficácia se o aderente tomar a iniciativa de instituir a arbitragem ou concordar, expressamente, com sua instituição, desde que por escrito, em documento anexo ou em negrito, com a assinatura ou visto especialmente para ela.

A partir dessa disposição legal, Luís Leonardo Cantidiano defende a aplicação, por equiparação, dessas mesmas exigências à entrada de novo sócio na companhia, como garantia de sua submissão ao juízo arbitral. Para o autor, como o estatuto social tem um conteúdo contratual e o adquirente da ação adere ao que nele está regulado, "seria prudente fazer com que seja cumprido o ritual estabelecido no referido dispositivo, a fim de evitar discussões que coloquem em risco a solução da controvérsia pela adoção do procedimento arbitral".[22]

Os requisitos do § 2º do art. 4º da Lei 9.307/1996 não se aplicam à cláusula compromissória estatutária. A sociedade anônima não pode nem deve ser tratada como contrato de adesão.

Na dúvida, Luís Leonardo Cantidiano destaca as semelhanças, esconde as diferenças e conclui que, à luz daquelas e a despeito destas, as disciplinas dos dois institutos – estatuto social e contrato de adesão – são equivalentes. Se assim fosse, teriam a mesma nomenclatura.

Segundo Irineu Strenger, tem o contrato de adesão como denominador o recuo

20. Idem, p. 149.

21. Nesse sentido: Pedro Antônio Batista Martins, "Anotações sobre a arbitragem no Brasil e o Projeto de Lei no Senado 78/1992", *RePro* 77/33. Para o autor, a natureza jurídica da arbitragem é "o campo mais fértil para elucubrações jurídicas e que, ainda hoje, divide os doutrinadores".

22. Luís Leonardo Cantidiano, *Reforma da Lei das Sociedades Anônimas*, 2002.

da autonomia da vontade e, mais precisamente, da liberdade de contratar. O conceito insere-se num momento descrito como dirigismo contratual, que se manifesta não somente por atentar contra a liberdade de fixação de conteúdo, mas também contra a de conclusão.[23]

Pelo art. 54 da Lei 8.078, de 11.9.1990 – o Código de Defesa do Consumidor –, contrato de adesão "é aquele cujas cláusulas tenham sido aprovadas pela autoridade competente ou estabelecidas unilateralmente pelo fornecedor de produtos ou serviços, sem que o consumidor possa discutir ou modificar substancialmente seu conteúdo".

O conceito legal pressupõe uma relação de fornecimento que inexiste no âmbito das relações societárias. As pessoas naturais ou jurídicas subscrevem ações motivadas por diferentes interesses: (a) realização do objeto social, porque sua implementação atenderá a alguma necessidade preexistente; (b) lucro que a atividade industrial desenvolvida possa gerar; ou, ainda, (c) manutenção de um fundo de pensão, com seus ativos empregados em investimentos diversificados.[24]

Embora até sejam admitidas algumas semelhanças – a exemplo da falta de oportunidade para negociar os termos da relação contratual já estabelecidos no estatuto social –, a natureza aberta da companhia nada tem a ver com o contrato de adesão. Decorre, na realidade, da natureza plurilateral[25] do contrato, que exige uma uniformidade de direitos e obrigações por parte de cada acionista, sob pena de inviabilizar as relações sociais. O estatuto admite o constante ingresso de novos acionistas, bem como a retirada ou recesso daqueles que dele participem, sem necessidade de reformas contratuais.[26]

Ainda se pode alegar que, em certas situações, o acionista minoritário seja parte hipossuficiente da relação social. Mas daí a querer protegê-lo sob o manto do direito do consumidor vai uma longa distância. Seu abrigo legal é regulado pelo direito de empresa e pelo Sistema Financeiro Nacional. A Comissão de Valores Mobiliários – CVM, autarquia especial que exerce poderes de regulação e fiscalização do mercado de capitais, incumbe-se da tarefa de protegê-lo. Emprega, para tanto, um conjunto de princípios e regras concebidos para atender às especificidades da sociedade anônima, a exemplo do princípio da publicidade, consagrado pela obrigatoriedade da divulgação de informações relevantes e pelo registro de ofertas públicas; ou, ainda, do princípio da isonomia, garantido pela proibição do uso de informações privilegiadas; etc.

Por último, mesmo se fosse atribuída à companhia natureza de contrato de adesão, ainda assim ela não se sujeitaria à previsão do § 2º do art. 4º da Lei 9.307/1996. Isso porque § 3º do art. 109 da Lei 6.404/1976, com a redação dada pela Lei 10.303/2001, prevê a resolução de conflitos entre acionistas e entre estes e a companhia por meio da arbitragem, a despeito de qualquer requisito especial.

Assim, as exigências excepcionais contidas no § 2º do art. 4º da Lei de Arbitragem, como o documento anexo, a cláusula em negrito e o visto específico, não se aplicariam à companhia, por serem incompatíveis e conflitantes com o § 3º do art. 109 da Lei das S/A. Como sustenta José Virgílio Lopes Enei, "a despeito de esta-

23. Irineu Strenger, *Comentários à Lei Brasileira de Arbitragem*, pp. 50-51.

24. Fábio Ulhôa Coelho, *Curso de Direito Comercial*, p. 111.

25. A "pluralidade corresponde à circunstância de que os interesses contrastantes das várias partes devem ser unificados por meio de uma finalidade comum; os contratos plurilaterais aparecem como contratos com comunhão de fim. Cada uma das partes obriga-se, de fato, para com todas as outras, e para com todas as outras adquire direitos; é natural, portanto, coordená-los em torno de um fim, de um escopo comum" (Tullio Ascarelli, *Problemas das Sociedades Anônimas e Direito Comparado*, p. 271).

26. Nesse sentido: José Virgílio Lopes Enei, "A arbitragem nas sociedades anônimas", cit., *RDM* 129/149.

rem no mesmo patamar da pirâmide hierárquica das leis, prevalece este último diploma, por se tratar de norma mais recente e mais específica".[27]

A intenção do legislador ao impor certas condições para a validade da clausula compromissória nos contratos de adesão no § 2º do art. 4º da Lei de Arbitragem foi proteger o consumidor – esse, sim, reconhecido pela lei, doutrina e jurisprudência como hipossuficiente –, no sentido de evitar que o mesmo se visse obrigado a resolver seus conflitos fora do Poder Judiciário, sem que pudesse negociar tal pacto. Em momento algum teve a pretensão de alcançar a sociedade anônima.[28]

3. *Acionista ausente e dissidente*

Debate ainda mais acalorado que o do tópico anterior pode surgir quando da aprovação, por sociedade anônima já constituída, de alteração estatutária em assembléia-geral, com a finalidade de incluir a cláusula compromissória. O problema recai sobre sua oponibilidade aos acionistas ausentes e aos dissidentes da assembléia que deliberou sua inserção.

O sócio, diferentemente do novo acionista, não goza da opção de não adquirir suas ações por discordar da adoção da via arbitral para a resolução de conflitos societários. A prevalecer sua oponibilidade, somente restaria ao ausente e ao dissidente alienar sua participação na companhia.

3.1 Assembléia e representatividade

A assembléia-geral é o órgão máximo da companhia. Segundo o inciso I do art. 122 da Lei 6.404/1976, aquela que for convocada e instalada de acordo com a lei e o estatuto social tem poderes para decidir sobre todos os negócios relativos ao objeto da sociedade anônima. Isso inclui a reforma estatutária com a finalidade de incluir cláusula compromissória estabelecendo que divergências sociais devem ser solucionadas por meio da arbitragem.

A barreira que se ergue contra a vinculação da cláusula arbitral aos acionistas dissidentes e aos ausentes é fundada, da mesma forma que na hipótese do novo sócio, numa suposta falta do requisito volitivo.

A arbitragem não apenas nasce do acordo de vontade das partes, como também se limita aos contratantes. No caso dos dissidentes há, ainda, como agravante, o fato de não se estar diante, tão-somente, da ausência de manifestação de vontade, mas de uma recusa expressa à cláusula arbitral.

Segundo Modesto Carvalhosa e Nelson Eizirik, os acionistas que não comparecerem à assembléia que deliberar sobre a modificação estatutária, assim como os acionistas que se abstiverem de votar, não são obrigados a se submeter à arbitragem, quando instituída por terceiro. A sociedade anônima, por meio da decisão da maioria dos acionistas votantes, bem como estes que votaram favoravelmente à inclusão da cláusula arbitral estão obrigados a cumpri-la.[29]

27. José Virgílio Lopes Enei, "A arbitragem nas sociedades anônimas", cit., *RDM* 129/149.

28. Dispõe o inciso VII do art. 51 do CDC que é nula de pleno direito cláusula contratual relativa ao fornecimento de produtos e serviços que determine a utilização compulsória da arbitragem. Essa disposição não foi derrogada pela Lei de Arbitragem, por ser lei especial de ordem pública. Entretanto, a Lei 9.307/1996 não afasta o consumidor do acesso ao Judiciário, nem o obriga a utilizar-se do juízo arbitral, em face da natureza voluntária e negocial da cláusula compromissória e do compromisso arbitral, que facultam às partes contratantes a opção da arbitragem. Figueira Jr. reconhece, com cautela, eficácia à cláusula compromissória em contrato de adesão, que será válida e eficaz desde que observados os requisitos mínimos assinalados no § 2º do art. 4º da Lei de Arbitragem. Contudo, ressalta que sua consecução na hipótese de resistência do aderente às estipulações nele contidas há de ser analisada caso a caso e em sintonia com o fim teleológico das Leis 9.307/1996 e 8.078/1990, que devem se completar, e não excluir (cf. Joel Dias Figueira Jr., "Cláusula compromissória, contrato de adesão e juízo arbitral", *Revista de Direito do Consumidor* 30/190).

29. "A cláusula compromissória não é norma organizativa da sociedade, não vinculando, portanto, a todos os seus acionistas. A sociedade despe-se, portanto, do seu poder de impor a todos os acionis-

Esses argumentos, embora fortes, não devem prosperar. Como órgão da sociedade anônima, a assembléia manifesta tanto a vontade da companhia quanto a dos acionistas. Se numa democracia a Câmara dos Deputados representa os cidadãos, numa sociedade anônima a assembléia representa os acionistas. Como parafraseia Fábio Konder Comparato, "todo poder emana dos acionistas, e em seu nome é exercido".[30]

Quando ingressa na sociedade anônima, o acionista submete-se às regras corporativas, dentre as quais a de que, na ausência de *quorum*[31] especial previsto na lei ou no estatuto, as questões da empresa serão deliberadas por maioria simples de votos.

A decisão majoritária, portanto, não se dá à revelia do acionista dissidente, mas decorre de sua prévia e voluntária submissão.

Até é possível impor-se regra estatutária que exija a unanimidade para adoção da cláusula arbitral. Contudo, essa atitude teria o mesmo efeito da proibição da arbitragem para a resolução de conflitos societários, dada a dinâmica que caracteriza as empresas, em especial as sociedades anônimas, marcadas pela constante mutação do quadro de acionistas.[32]

O acionista, portanto, consente previamente, dentro dos limites da lei, com qualquer deliberação, ainda que, ao tomar parte desta, reste vencido.

A manifestação de cada associado, vista isoladamente, será apenas considerada para fins do exercício do direito de recesso, quando cabível, ou para fundamentar a anulação da decisão por abuso de maioria. Conclui José Virgílio Lopes Enei que "o sócio dissidente não pode se escusar de cumprir a decisão que não coincida com sua opinião pessoal, pelas mesmas razões que um mandante não pode escusar-se do ato praticado pelo seu mandatário, nos limites do contrato de mandato celebrado".[33]

Em suma, a deliberação da assembléia que, por maioria de votos, promove a reforma do estatuto social, para nele incluir uma cláusula compromissória, carrega em si a prévia manifestação de vontade de todos os acionistas. Satisfaz, destarte, o requisito volitivo exigido para que vincule todos os sócios à arbitragem.[34]

tas a cláusula compromissória na medida em que se coloca como parte no compromisso diante de outras partes, ou seja, os acionistas que individualmente aceitarem essa convenção arbitral para dirimir seus conflitos. A cláusula compromissória não adquire caráter associativo, não sendo, por isso, imponível aos acionistas que não votaram favoravelmente à sua adoção no estatuto e que, posteriormente, não aderiram expressamente aos seus termos, na estrita conformidade com o disposto no § 2º do art. 4º da Lei de Arbitragem" (Modesto Carvalhosa e Nelson Eizirik, *A Nova Lei das S/A*, cit., pp. 195-197).

30. Para compreender o sentido dessa estreita aproximação entre o estatuto da sociedade anônima e a constituição da sociedade política no século XIX, é preciso não perder de vista a grande animosidade dos revolucionários franceses e americanos, no século anterior, para com as antigas companhias regalistas. Geralmente dotadas de monopólio e exercendo importantes atribuições do poder real, as primitivas companhias privilegiadas entraram em choque com os princípios políticos decantados pela filosofia iluminista. Ademais, a má administração financeira de algumas delas, que originou escândalos famosos, reforçava sua condenação no espírito burguês (Fábio Konder Comparato, *Aspectos Jurídicos da Macroempresa*, pp. 13-14).

31. *Quorum*, em Latim, significa "deles", "tanto deles" (Amilcare Carletti, *Dicionário de Latim Forense*, cit., p. 418). Corresponde a um índice de avaliação numérica dos trabalhos de órgão colegiado ou reunião de pessoas. "*Quorum* de votação" é o que se refere ao número necessário de participantes para o início e validade dos trabalhos. "*Quorum* simples" ou "relativo" é o que se obtém pela verificação da maioria dos votos dados, das pessoas presentes. "*Quorum* qualificado" é o estipulado especialmente para certos casos.

32. Cf. Marcelo Dias Gonçalvez Vilela, *Arbitragem no Direito Societário*, cit., p. 2.002.

33. José Virgílio Lopes Enei, "A arbitragem nas sociedades anônimas", cit., *RDM* 129/149.

34. "No caso, o desejo da sociedade é a solução de conflitos pela via arbitral. Mesmo insatisfeito, com ela há de aceder o minoritário, sob pena de subversão dos princípios societários e do próprio interesse maior social. Na verdade, detendo o cotista insatisfeito o direito de se desligar da sociedade, depreende-se de sua imobilidade aliada à publicidade do ato decisório, resultante do arquivamento da

3.2 Garantia ao exercício de direitos dos minoritários

Ainda nesse contexto, não são poucos os que contestam a inserção de cláusula compromissória no estatuto social de uma sociedade anônima já existente, por voto da maioria, sob o argumento de que o juízo arbitral poderia ser estruturado de modo a embaraçar o exercício de direito do acionista minoritário.

Teme-se o uso escuso e abusivo da cláusula arbitral a favor do acionista majoritário.

Essa alegação parte da falsa premissa de que o juízo arbitral é injusto e lesivo quando comparado ao estatal. Para Selma Maria Ferreira Lemes, esse preconceito só serve para "criar o vezo de interpretação, a falsa assertiva e a antipatia ao instituto da arbitragem, deixando a impressão de que é nociva".[35]

O regime legal que rege a arbitragem, consubstanciado na Lei 9.307/1996, prevê mecanismos para obstar ao seu emprego como instrumento de opressão.

Será nula a cláusula compromissória que não assegurar ao acionista minoritário participação na escolha do(s) árbitro(s), que imponha riscos excessivos ou desarrazoados ou que preveja local remoto ou de difícil acesso como sede.

Mais que isso, será nula a arbitragem que, por qualquer que seja a razão, coloque em dúvida a parcialidade dos árbitros ou o respeito ao princípio do contraditório.[36]

Como garantia financeira aos minoritários, pode-se prever, ainda, a formação de um fundo com parte dos lucros para custear, em forma de antecipação, com reembolso pelo vencido, as custas do processo arbitral, evitando-se o obstáculo do custo da arbitragem.[37]

Tal controle poderá ocorrer não só na esfera do Poder Judiciário, mas também administrativamente, na CVM e na Bolsa de Valores, que atentarão para cláusulas arbitrais empregadas com fins escusos.[38]

O juízo arbitral não está mais suscetível a abusos que o próprio juízo estatal. No processo judicial os expedientes procrastinatórios são mais acessíveis às partes menos interessadas na resolução da controvérsia que no processo arbitral.

4. Vinculação dos administradores

A evolução da empresa, principalmente da sociedade anônima, trouxe a profissionalização do cargo de chefia. Tornou-se comum a administração da companhia ser ocupada por um executivo sem participação acionária, contratado exclusivamente pela sua qualificação técnica.[39]

alteração contratual no Registro de Comércio, uma atitude que indica assimilação e concordância com a introdução da arbitragem no contexto societário" (Pedro Antônio Batista Martins, "A arbitragem nas sociedades de responsabilidade limitada", cit., in Pedro Antônio Batista Martins e José Maria Rossani Garcez (coords.), *Reflexões sobre Arbitragem*, p. 135).

35. Selma Maria Ferreira Lemes, "A arbitragem em relações de consumo no Direito Brasileiro e Comparado", in Pedro Antônio Batista Martins, Selma Maria Ferreira Lemes e Carlos Alberto Carmona, *Aspectos Fundamentais da Lei de Arbitragem*, p. 121.

36. Cf. José Virgílio Lopes Enei, "A arbitragem nas sociedades anônimas", cit., *RDM* 129/150.

37. Cf. Marcelo Dias Gonçalvez Vilela, *Arbitragem no Direito Societário*, cit., p. 2.002.

38. Nesse sentido: José Virgílio Lopes Enei, "A arbitragem nas sociedades anônimas", cit., *RDM* 129/149.

39. O maior exemplo desse novo executivo é John Francis Welch Jr. Aos 69 anos, fora da presidência da "General Electric" desde 2001, é o superexecutivo que todos querem ter por perto. Numa recente sondagem feita pelo jornal inglês *Financial Times* sobre com quem os acionistas gostariam de contar no conselho de suas empresas, Welch despontou em primeiro lugar. No ano passado a "Coca-Cola" o sondou para voltar a ser um CEO. Welch mantém uma consultoria, a "Jack Welch LLC", que assessora presidentes de grandes empresas. Ele também roda o mundo dando palestras com preços que oscilam de 150 mil a 400 mil Dólares. Já falou para mais de 300 mil executivos de empresas e governos em lugares

Diante desse fenômeno, surge a dúvida quanto à vinculação desse executivo à cláusula compromissória estabelecida no estatuto social, tendo em vista sua não-participação no quadro de acionistas. Essa discussão é importante, já que não são raros os casos em que a administração está ligada ao objeto da lide.

A prevalecer o entendimento de que o administrador não se vincula à cláusula arbitral estatutária, numa demanda em que haja seu envolvimento, somente restará à parte litigante a via judicial.

Suponha-se, contudo, uma pendência que envolva certos acionistas, de um lado, e outros acionistas e a administração, do outro lado. Na teoria, a lide seria encaminhada ao juízo arbitral, que decidiria a disputa entre os sócios, e levada posteriormente ao juízo estatal, para resolver a questão relativa à administração. Na prática, nem toda demanda é divisível, o que pode acarretar um conflito positivo ou negativo de competência entre as duas jurisdições.

Não restam dúvidas de que a não-vinculação dos administradores traria graves incertezas e prejuízos à solução do conflito.

Para José Virgílio Lopes Enei, já que os administradores não são tão cambiantes nem tão numerosos, sua vinculação pode ser feita em termo em apartado ou no contrato de trabalho. Segundo o autor, "um maior conservadorismo quanto à vinculação dos administradores à arbitragem, no entanto, não cria dificuldades intransponíveis como aquelas que resultariam de exigências adicionais para o novo acionista".[40]

Cumpre ressaltar, todavia, que não se deve perder de vista o dinamismo das relações empresariais. Já se foi o tempo em que os executivos se aposentavam em seus cargos de chefia. Segundo um recente levantamento mundial conduzido pela consultoria americana "Booz Allen", as demissões de presidentes de empresas atingiram índices recordistas no ano de 2004. Acima de 14% das 2.500 companhias abertas pesquisadas substituíram seus chefes, num movimento quatro vezes superior ao de 1995.[41]

É mais acertado o entendimento de que o administrador se vincula automaticamente à cláusula arbitral. Embora não seja parte do contrato plurilateral, sua permanência voluntária no cargo pode ser traduzida como uma concordância tácita ao estatuto social.

5. *Conclusão*

Ainda não há consenso na doutrina a respeito da extensão dos efeitos da cláusula compromissória aos acionistas novos, ausentes, dissidentes e administradores após a inclusão do § 3º ao art. 109 da Lei 6.404/1976 pela Lei 10.303/2001.

A prevalecer a mentalidade anacrônica de uma parte da doutrina que defende a necessária e expressa adesão à arbitragem, seria afastado da companhia não apenas esse instituto, mas toda e qualquer iniciativa de resolução alternativa de conflitos *interna corporis*.

Lembra Pedro Antônio Batista Martins que, muito embora a espinha dorsal desse instituto esteja ligada à cláusula compromissória, evolui-se no sentido de mitigar as formalidades que o cercam em sua estipulação. Admite-se a existência da convenção independentemente da assinatura das partes, adequando-se, assim, a nor-

tão diversos quanto a China e os Emirados Árabes (Nelson Blecher e Ângela Pimenta, "O gênio da liderança", revista *Exame*, edição 837, 20.4.2005 (disponível em *http://www.portalexame.com.br*, acesso em 22.4.2004).

40. José Virgílio Lopes Enei, "A arbitragem nas sociedades anônimas", cit., *RDM* 129/149.

41. Nelson Blecher, "Instabilidade no emprego – As demissões recordes de presidentes em 2004 apontam uma tendência: começou a era dos CEOs descartáveis", revista *Exame*, edição 843, 3.6.2005 (disponível em *http://www.portalexame.com.br*, acesso em 10.6.2004).

ma legal a novos meios de comunicação, como o correio eletrônico (*e-mail*).[42]

Essa tendência é bem-vinda, principalmente na utilização da arbitragem na resolução de conflitos dentro da sociedade anônima.

É da solução imposta aos conflitos que emergirão das relações societárias que nascerá um posicionamento definitivo e majoritário da doutrina e da jurisprudência acerca do tema. Superado esse período de transição e incerteza, o tempo se incumbirá de incutir nas companhias a cultura da arbitragem.

Bibliografia

ASCARELLI, Tullio. *Problemas das Sociedades Anônimas e Direito Comparado*. São Paulo, Saraiva, 1969.

BERTOLDI, Marcelo. *Reforma da Lei das Sociedades Anônimas – Comentários à Lei 10.303, de 31 de outubro de 2001*. São Paulo, Ed. RT, 2002.

BLECHER, Nelson. "Instabilidade no emprego – As demissões recordes de presidentes em 2004 apontam uma tendência: começou a era dos CEOs descartáveis". Revista *Exame*, edição 843, 3.6.2005 (disponível em *http://www.portalexame.com.br*, acesso em 10.6.2004).

————, e PIMENTA, Ângela. "O gênio da liderança". Revista *Exame*, edição 837, 20.4.2005 (disponível em *http://www.portalexame.com.br*, acesso em 22.4.2004).

BRASIL. Ministério da Fazenda/Comissão de Valores Mobiliários. "Cartilha de governança". Disponível em *http://www.cvm.gov.br* (acesso em 10.6.2005).

CANTIDIANO, Luís Leonardo. *Reforma da Lei das Sociedades Anônimas*. Rio de Janeiro, Renovar, 2002.

CARLETTI, Amilcare. *Dicionário de Latim Forense*. São Paulo, LEUD, 2004.

CARMONA, Carlos Alberto. *Arbitragem no Processo Civil Brasileiro*. São Paulo, Malheiros Editores, 1993.

————, LEMES, Selma Maria Ferreira, e MARTINS, Pedro Antônio Batista. *Aspectos Fundamentais da Lei de Arbitragem*. Rio de Janeiro, Forense, 1999.

CARVALHOSA, Modesto, e EIZIRIK, Nelson. *A Nova Lei das S/A*. São Paulo, Saraiva, 2002.

————. "Cláusula compromissória estatutária e juízo arbitral". In: LOBO, Jorge (coord.). *Reforma da Lei das Sociedades Anônimas, Inovações e Questões Controvertidas da Lei 10.303, de 31 de outubro de 2001*. Rio de Janeiro. Forense, 2002.

COELHO, Fábio Ulhôa. *Curso de Direito Comercial*. São Paulo, Saraiva, 2001.

COMPARATO, Fábio Konder. *Aspectos Jurídicos da Macroempresa*. São Paulo, Ed. RT, 1960.

EIZIRIK, Nelson, e CARVALHOSA, Modesto. *A Nova Lei das S/A*. São Paulo, Saraiva, 2002.

————. "Cláusula compromissória estatutária e juízo arbitral". In: LOBO, Jorge (coord.). *Reforma da Lei das Sociedades Anônimas, Inovações e Questões Controvertidas da Lei 10.303, de 31 de outubro de 2001*. Rio de Janeiro. Forense, 2002.

ENEI, José Virgílio Lopes. "A arbitragem nas sociedades anônimas". *RDM* 129. São Paulo, Malheiros Editores, janeiro-março/2003.

FIGUEIRA JR., Joel Dias. "Cláusula compromissória, contrato de adesão e juízo arbi-

42. Pedro Antônio Batista Martins, "A arbitragem nas sociedades de responsabilidade limitada", cit., in Pedro Antônio Batista Martins e José Maria Rossani Garcez (coords.), *Reflexões sobre Arbitragem*, p. 299. Cita, ainda, o autor a Convenção do Panamá, incorporada ao ordenamento brasileiro pelo Decreto 1.902, de 9.6.1996, que registra, em seu art. 1º, que o acordo de arbitragem constará de documento assinado pelas partes, ou de troca de cartas, telegramas, ou comunicação por *telex*.

tral". *Revista de Direito do Consumidor* 30. São Paulo, abril-junnho/1999.

FIUZA, César. *Teoria Geral da Arbitragem*. Belo Horizonte, Del Rey, 1995.

HENTZ, Luís Antônio Soares. *Direito Comercial Atual*. São Paulo, Saraiva, 2000.

——————. *Direito de Empresa no Código Civil de 2002*. São Paulo, Juarez de Oliveira, 2003.

LEMES, Selma Maria Ferreira. "A arbitragem em relações de consumo no Direito Brasileiro e Comparado". In: CARMONA, Carlos Alberto, LEMES, Selma Maria Ferreira, e MARTINS, Pedro Antônio Batista. *Aspectos Fundamentais da Lei de Arbitragem*. Rio de Janeiro, Forense, 1999.

MARTINS, Pedro Antônio Batista. "A arbitragem nas sociedades de responsabilidade limitada". In: MARTINS, Pedro Antônio Batista, e ROSSANI GARCEZ, José Maria (coords.). *Reflexões sobre Arbitragem*. São Paulo, LTr, 2002.

——————. "Anotações sobre a arbitragem no Brasil e o Projeto de Lei no Senado 78/1992". *RePro* 77/33, abril/1994.

——————, CARMONA, Carlos Alberto, e LEMES, Selma Maria Ferreira. *Aspectos Fundamentais da Lei de Arbitragem*. Rio de Janeiro, Forense, 1999.

PIMENTA, Ângela, e BLECHER, Nelson. "O gênio da liderança". Revista *Exame*, edição 837, 20.4.2005 (disponível em *http://www.portalexame.com.br*, acesso em 22.4.2004).

PUCCI, Adriana Noemi (coord.). *Aspectos Atuais da Arbitragem*. Rio de Janeiro, Forense, 2001.

RIPPE, Siegbert. "El arbitraje como medio alternativo de solución de controversias comerciales". In: PUCCI, Adriana Noemi (coord.). *Aspectos Atuais da Arbitragem*. Rio de Janeiro, Forense, 2001.

ROSSANI GARCEZ, José Maria, e MARTINS, Pedro Antônio Batista (coords.). *Reflexões sobre Arbitragem*. São Paulo, LTr, 2002.

STRENGER, Irineu. *Comentários à Lei Brasileira de Arbitragem*. São Paulo, LTr, 1998.

VALÉRIO, Marco Aurélio Gumieri. *Arbitragem no Direito Brasileiro*. São Paulo, LEUD, 2004.

——————. "Cláusula compromissória e contrato de *joint venture*". *RDM* 130. São Paulo, Malheiros Editores, abril-junho/2003.

VENOSA, Sílvio de Salvo. *Direito Civil: Teoria Geral das Obrigações e Teoria Geral dos Contratos*. São Paulo, Atlas, 2001.

VILELA, Marcelo Dias Gonçalvez. *Arbitragem no Direito Societário*. Belo Horizonte, Mandamentos, 2004.

Atualidades

CONCORRÊNCIA DESLEAL E SEGREDOS DE FÁBRICA E DE NEGÓCIO – ANÁLISE DO ART. 195, XI, DA LEI DA PROPRIEDADE INDUSTRIAL (LEI 9.279/1996)

FLÁVIA PARENTE

1. Introdução. 2. Concorrência desleal e propriedade industrial. 3. Concorrência desleal: 3.1 Breve histórico no Brasil – 3.2 Noção de "concorrência desleal" – 3.3 Bem jurídico tutelado nos crimes de concorrência desleal. 4. Segredo de fábrica e segredo de negócio: 4.1 Conceito de "segredo de fábrica" – 4.2 Conceito de "segredo de negócio" – 4.3 Tratamento legal na vigência do Decreto-lei 7.903/1945 – 4.4 Inovações introduzidas pela atual Lei da Propriedade Industrial (Lei 9.279/1996). 5. Conclusão.

1. Introdução

O modelo econômico definido na Constituição é fundado, dentre outros, no *princípio da livre iniciativa*, que constitui um dos fundamentos da República Federativa do Brasil (art. 1º, IV, da CF de 1988). Este princípio consiste no alicerce da ordem econômica brasileira, sendo limitado pela livre concorrência, pela defesa do consumidor e pela função social da propriedade (art. 170 e seus incisos da CF de 1988).

A liberdade de iniciativa recebe da Constituição o reconhecimento do direito, titularizado por todos, de explorar, livremente, as atividades empresariais. A este direito corresponde o dever, imposto a todos, de respeitá-lo.

A *livre concorrência*, por sua vez, pressupõe a existência de dois elementos essenciais, quais sejam: a intervenção estatal nas relações econômicas, com o fim de coibir eventuais abusos, de modo a preservar o livre jogo dos mercados, e a honestidade na competição, com obediência às leis de mercado e às normas jurídicas que as disciplinam.[1]

Verifica-se que a livre concorrência encontra-se intimamente relacionada à idéia de competição honesta entre os empresários.

O principal objetivo da competição empresarial é a conquista de mercado, ou seja, o intuito de aumentar a clientela, fazendo concorrência às empresas dedicadas ao mesmo segmento de negócios. Empresários em competição desejam atrair consumidores, utilizando os mais variados recursos para cooptar a preferência de seus clientes na aquisição do produto ou do serviço que fornecem.

Na realidade, a *competição* é elemento presente tanto na concorrência lícita

1. Miguel Reale Jr., "Desvio de clientela e violação de segredo", *Revista Brasileira de Ciências Criminais* 1/112-113.

quanto na ilícita. São os meios empregados com finalidade de conquistar o consumidor que distinguem uma da outra, e a análise dos recursos utilizados irá identificá-las.[2]

Na conquista do mercado, os *segredos de fábrica* e os *segredos de negócios*, devido à importância estratégica no desenvolvimento das atividades empresarias, desempenham papel fundamental.

Os segredos de fabricação e de negócios sempre existiram, podendo ser encontrados na Literatura, desde a Antigüidade, vários exemplos relacionados à utilização de tais meios e processos sigilosos, como o do uso da pólvora, os segredos das corporações mercantis italianas e os decorrentes das "cartas de proteção" na Inglaterra.

No entanto, a competição, em si, constitui um fenômeno relativamente recente, pois somente após a Revolução Francesa é que a liberdade de concorrência foi consagrada, tendo o progresso industrial, verificado nos tempos modernos, conferido ao segredo de fábrica sua importância atual.

A *concorrência desleal* foi disciplinada pela primeira vez na Convenção de Paris, em 1883. De lá até os tempos atuais surgiram novas maneiras de praticar concorrência desleal, motivo pelo qual parece acertada a decisão dos legisladores de não defini-la, mas simplesmente vedar a prática das suas formas mais freqüentes.

Nos dias de hoje surgem, cada vez mais, casos envolvendo "espionagem econômica", em que são disputados os chamados "segredos empresariais".

Examinaremos, no presente trabalho, a utilização ilícita destes segredos, prevista no art. 195, XI, da Lei da Propriedade Industrial (Lei 9.279/1996), que configura uma das hipóteses de *crimes de concorrência desleal*.

2. Concorrência desleal e propriedade industrial

A concorrência desleal está fundamentalmente relacionada com a *propriedade industrial*, podendo ser consideradas como "dois aspectos diversos das mesmas relações jurídicas",[3] uma vez que: "O problema da concorrência desleal e de sua repressão só se impôs à consideração dos juristas, de modo mais agudo, nos tempos modernos, depois que o crescente progresso das indústrias e do comércio, aliado a outros múltiplos fatores que aqui não poderíamos examinar, deu lugar ao aparecimento de uma competição sem regras e sem limites, entre comerciantes e industriais, empenhados em obter vantagens cada vez maiores sobre seus concorrentes. A livre concorrência econômica é conseqüência da liberdade de comércio e indústria e age como elemento do progresso econômico de cada país. Mas degenera, transformandose em agente perturbador desse progresso, quando os comerciantes e industriais, no afã de vencerem seus competidores, lançam mão de práticas e métodos ilícitos ou desleais. Daí a necessidade da intervenção do Estado para regulamentar a concorrência, coibindo os abusos da liberdade individual e mantendo a livre concorrência dentro de *seus limites naturais*".[4]

Para Gama Cerqueira a *propriedade industrial* pode ser definida como sendo "o conjunto dos institutos jurídicos que visam a garantir os direitos de autor sobre as produções intelectuais do domínio das indústrias e manter a lealdade da concorrência comercial e industrial".[5]

Conclui o autor que, ao mesmo tempo em que a repressão da concorrência desleal constitui o princípio da propriedade industrial, este último representa a concre-

2. Fábio Ulhôa Coelho, *Curso de Direito Comercial*, 6ª ed., São Paulo, Saraiva, 2002, pp. 189-190.

3. João da Gama Cerqueira, *Tratado da Propriedade Industrial*, vol. I, Rio de Janeiro, Forense, 1946, Parte I, p. 81.

4. Idem, ibidem.

5. Idem, p. 79.

tização daquele princípio, no direito objetivo.[6]

No entanto, embora se reconheça que a propriedade industrial e a concorrência desleal possuem uma íntima relação, é importante ressaltar que, quaisquer que sejam os atos violadores dos direitos sobre bens intelectuais, não se confundem com os crimes de concorrência desleal.

Neste sentido destaca-se a lição de Pontes de Miranda: "Forremo-nos a toda assimilação dos atos de ofensa aos direitos sobre bens incorpóreos (direitos autorais, direitos oriundos de invenções, modelos de utilidade e desenhos e modelos industriais, direitos oriundos de sinais distintivos) a atos de concorrência desleal. *As pretensões e ações que os protegem são independentes de qualquer elemento de concorrência desleal* (...). A confusão levaria a contradições gritantes: primeiro, porque do direito de autor ou do direito oriundo da patente ou do registro é que se irradiam as pretensões e ações concernentes à propriedade intelectual e à propriedade industrial; segundo, a ação contra concorrência desleal é independente da existência de qualquer um daqueles direitos; finalmente, a ofensa àqueles direitos pode ocorrer ainda que não haja concorrência desleal, *unfair competition*"[7] (grifamos).

As confusões que ocorrem entre estes institutos podem ser explicadas pelo fato de que algumas vezes a violação ao direito de propriedade industrial constitui também a prática de um ato de concorrência desleal. No entanto, nem toda prática desleal viola algum direito decorrente dos privilégios de que trata a propriedade industrial.

3. Concorrência desleal

3.1 Breve histórico no Brasil

A *concorrência desleal* passou a ser disciplinada, no Brasil, com a adesão à Convenção de Paris e às revisões, a partir do ano de 1884 (promulgados, respectivamente: o Acordo de Paris, pelo Decreto Imperial 9.233, de 28.6.1884; as revisões de Madri, pelo Decreto 2.380, de 20.11.1896; de Bruxelas, n. 4.838, de 3.6.1903; de Washington, n. 11.385, de 16.12.1914; de Haia, n. 19.056, de 31.12.1929; de Londres; de Lisboa e de Estocolmo, n. 635, de 21.8.1992).

O art. 10-*bis* da Convenção de Paris está assim redigido: "Art. 10-*bis*. Os Países Contratantes serão obrigados a assegurar a todos os cidadãos dos países da União uma proteção efetiva contra a concorrência desleal. Constitui ato de concorrência desleal todo ato de concorrência contrário às práticas honestas em matéria industrial ou comercial. Deverão ser especificamente proibidos: 1º) todos e quaisquer fatos suscetíveis de criar confusão, qualquer que seja o meio empregado, com os produtos de um concorrente; 2º) as alegações falsas, no exercício do comércio, suscetíveis de desacreditar os produtos de um concorrente".

A primeira norma jurídica elaborada no país que se referiu, especificamente, à concorrência desleal foi o Decreto 22.989, de 28.7.1933, cuja natureza era administrativa. Mediante este decreto foi aprovado o Regulamento do Departamento Nacional da Propriedade Industrial, tendo sido incluída entre as matérias de sua competência "a repressão (...) da concorrência desleal" (art. 1º, "c").

Posteriormente foi promulgado o Decreto 24.507, de 26.6.1934, que disciplinava a concessão de patentes de desenho ou modelo industrial e instituía o registro do nome comercial e do título de estabelecimento. No art. 39 desse diploma legal foram enumerados oito atos que caracterizavam "crimes de concorrência desleal", ficando submetidos seus autores a sanção criminal. Foi, ainda, assegurado o direito dos prejudicados de haverem perdas e danos, que seriam calculados na forma do art. 41 do Decreto 24.507/1934. O legislador

6. Idem, p. 83.

7. Pontes de Miranda, *Tratado de Direito Privado*, t. XVII, São Paulo, Ed. RT, 1971, pp. 282-283.

brasileiro inspirou-se, nitidamente, no texto unicionista, revisado em Washington.

O Código Penal Brasileiro, de 1940, praticamente repetiu, com o acréscimo de novas condutas reprimidas, o que havia sido estabelecido no Decreto 24.507/1934, dispondo sobre os crimes de concorrência desleal no seu art. 196, inserindo-os no capítulo dos crimes contra a propriedade imaterial.

O Código da Propriedade Industrial (Decreto-lei 7.903/1945), por sua vez, reproduziu, com pequenas modificações, o texto do Código Penal de 1940. O art. 2º estabelecia que: "Art. 2º. A proteção da propriedade industrial, em sua função econômica e jurídica, visa reconhecer e garantir os direitos daqueles que contribuem para o melhor aproveitamento e distribuição da riqueza, *mantendo a lealdade de concorrência no comércio e na indústria* e estimulando a iniciativa individual, o poder de criação, de organização e de invenção do indivíduo" (grifamos).

De acordo com o art. 3º desse diploma legal, a proteção da propriedade industrial se executa com a concessão de privilégios e registros que designa, com a repressão das falsas indicações de proveniência e com a repressão da concorrência desleal.

O art. 178 do Decreto-lei 7.903/1945 elencava os crimes de concorrência desleal, não tendo sido promovidas grandes alterações em seu texto em relação às disposições constantes do Código Penal, de 1940. O parágrafo único desse artigo, por sua vez, tinha a seguinte redação: "Parágrafo único. Fica ressalvado ao prejudicado o direito de haver perdas e danos em ressarcimento de prejuízos causados por outros atos de concorrência desleal não previstos neste artigo, tendentes a prejudicar a reputação e os negócios alheios ou a criar confusão entre estabelecimentos comerciais e industriais ou entre os produtos e artigos postos no comércio".

O Código da Propriedade Industrial baixado com o Decreto-lei 254, de 28.2.1967, havia excluído a matéria relativa à concorrência desleal, assim como os crimes contra a propriedade imaterial.

Como o Título III, relativo aos crimes contra a propriedade imaterial, do Código Penal (Decreto-lei 2.848/1940) havia sido revogado com o advento do Decreto-lei 7.903/1945, alguns juristas sustentaram que a repressão à concorrência desleal estava sem base legal.

Com efeito, o Decreto-lei 254/1967 e, posteriormente, o Decreto-lei 1.005, de 21.10.1969, não aludiam aos crimes contra propriedade imaterial. A matéria acabou sendo julgada pelo STF, tendo o Min. Evandro Lins esclarecido, no julgamento do HC 44.517, que o Decreto-lei 7.903/1945 continuava em vigor, pois o Decreto-lei 254/1967 não havia revogado os preceitos de natureza penal do antigo Código da Propriedade Industrial.

Diante disso, o STF "socorreu o direito de propriedade imaterial, suprindo grave inadvertência do Poder Executivo, em benefício da repressão dos crimes contra os privilégios de invenção e contra as marcas, e dos de concorrência desleal".[8]

Mais tarde, os artigos referentes a esta matéria foram restabelecidos, com a edição do Código da Propriedade Industrial instituído pela Lei 5.772, de 21.12.1971, que, em seu art. 128, determinou que as disposições relativas aos crimes referentes à propriedade industrial previstas no Decreto-lei 7.903/1945 continuariam vigorando até que entrasse em vigência o Código Penal (Decreto-lei 1.004, de 21.10.1971).

O Código da Propriedade Industrial de 1971 foi revogado pela Lei 9.279/1996, que atualmente disciplina a matéria, tipificando os crimes de concorrência desleal no art. 195. Com isso, a matéria retorna ao âmbito da propriedade industrial, tendo o art. 244 da Lei 9.279/1996 revogado os arts. 187 a 196 do CP (Decreto-lei 2.848/1940).

8. Rubens Requião, *Curso de Direito Comercial*, 25ª ed., vol. 1, São Paulo, Saraiva, 2003, p. 343.

Como a maioria das leis estrangeiras, a atual Lei da Propriedade Industrial, seguindo a tradição do Direito pátrio, não conceituou "concorrência desleal", limitando-se a elencar, no art. 195, uma série de condutas que configuram esse crime.

Isto significa que fica a cargo da doutrina e da jurisprudência estabelecer os contornos desse instituto jurídico, tendo o legislador agido sabiamente, uma vez que uma eventual definição poderia, muito rapidamente, tornar-se inadequada ou ultrapassada, posto que são inúmeras as possibilidades de se perpetuarem condutas contrárias ao princípio da lealdade no comércio.

De acordo com os princípios da reserva legal e da tipificação, que informam o direito penal, o rol de condutas enumeradas no art. 195 da Lei 9.279/1996 é taxativo, ou seja, "apenas os atos nele previstos podem ser reprimidos criminalmente, descabida a analogia".[9]

No entanto, quaisquer outros atos delituosos de concorrência desleal, além dos referidos no art. 195 da Lei 9.279/1996, tendentes a prejudicar a reputação ou os negócios alheios, criar confusão entre estabelecimentos comerciais, industriais ou prestadores de serviço, ou entre produtos e serviços oferecidos no mercado, de acordo com o art. 209 do mesmo diploma legal, poderão gerar reparação civil, com fundamento nos arts. 207 a 210 da Lei 9.279/1996, c/c o art. 927 do CC.

3.2 Noção de "concorrência desleal"

Até o presente momento não se chegou a uma definição satisfatória de "concorrência desleal". A dificuldade reside no fato de estar a noção de "lealdade" impregnada de forte carga de subjetividade, em decorrência do julgamento moral que uma conduta desleal pressupõe – "o critério de apreciação varia de pessoa a pessoa e aquilo que para uns é reprovável a outros pode parecer lícito".[10]

São *desleais* os atos contrários às normas de concorrência comercial, praticados com o intuito de desviar a clientela de um ou mais concorrentes em benefício do próprio agente e, portanto, suscetíveis de causar-lhes prejuízo.[11]

Celso Delmanto, por sua vez, ressalta que *concorrência desleal* é a "competição que não deve ser feita";[12] ou, como prefere Nelson Hungria, constitui "todo ato de concorrência contrário às práticas honestas em matéria industrial e comercial".[13]

Após destacar a dificuldade dos estudiosos em definir "concorrência desleal", Delmanto cita um interessante caso ocorrido com o jurista norte-americano Edward Rogers, que, certa vez, indagou a um de seus alunos o que os juízes visavam ao reprimirem a prática da concorrência desleal, tendo recebido como resposta, simplesmente: *dirty tricks* ("truques sujos" ou "golpes baixos"). Concluiu Edward Rogers que não poderia ter chegado a uma melhor explicação do que esta.[14]

Neste sentido, conclui Nuno Carvalho que a concorrência desleal é uma ofensa oriunda da prática de atos ardilosos e fraudulentos através dos quais a clientela é levada a preferir produtos e serviços do concorrente desleal.[15]

9. Paulo Roberto Costa Figueiredo, "Crimes de concorrência desleal – Crimes de violação de segredo de fábrica e de negócio", *Revista da ABPI* 49/40, novembro-dezembro/2000.

10. João da Gama Cerqueira, *Tratado da Propriedade Industrial*, vol. II, t. II, Rio de janeiro, Forense, 1946, Parte III, p. 374.

11. Idem, p. 366.

12. Celso Delmanto, *Crime de Concorrência Desleal*, São Paulo, José Bushatsky Editor/EDUSP, 1975, p. 10.

13. Nelson Hungria, *Comentários ao Código Penal*, vol. VII, Rio de Janeiro, Forense, 1958, p. 379.

14. Celso Delmanto, *Crime de Concorrência Desleal*, cit., p.10.

15. Nuno T. P. Carvalho, *As Concentrações de Empresas no Direito Antitruste*, São Paulo, Resenha Tributária, 1995, p. 26.

Com efeito, embora não se saiba exatamente como definir "concorrência desleal", é senso comum caracterizá-la quando a competição entre concorrentes é exercida de maneira contrária às práticas usuais dos empresários e de forma imoral, abusiva e desonesta.

Justamente porque não se tem uma noção legal ou doutrinária de "concorrência desleal", nem foram fixados, com nitidez, os princípios que informam sua repressão, é que "limitam-se, geralmente, os autores a classificar esses atos de acordo com os seus fins, estudando especialmente os que se verificam com maior freqüência no campo da concorrência e que possuem contornos mais definidos".[16]

Fábio Ulhôa Coelho entende que o importante é verificar os meios utilizados pelo empresário para conquistar a clientela, e não exatamente os fins por ele visados, porquanto, se os meios empregados forem desonestos, imorais ou condenáveis pelas práticas dos empresários, configura-se o ilícito. Contudo, se forem desonestos, morais e aceitos pelas práticas dos empregados, não se configurará a concorrência desleal.[17]

Delmanto destaca a distinção entre *concorrência desleal* e *concorrência criminosa*, nos seguintes termos:

"Os primeiros, mesmo não sendo delituosos, continuam desleais, permitindo-se aos prejudicados por seu emprego e ressarcimento em perdas e danos. Os outros, além de desonestos, são criminosos, incorrendo os autores nas sanções penais e em igual obrigação de indenizar.

"Mas a concorrência desleal criminosa é só aquela que a lei especifica como tal, dentre as várias possíveis formas de competição desonesta."[18]

Por este motivo, alguns autores preferem a designação "concorrência ilícita" ao invés de "concorrência desleal". No entanto, esta última expressão está, na prática, consolidada no sistema jurídico, na doutrina e jurisprudência pátrios.

3.3 Bem jurídico tutelado nos crimes de concorrência desleal

Por "bens jurídicos tutelados" entendem-se aqueles interesses merecedores de tutela jurídico-penal, isto é, aqueles interesses aos quais o direito penal confere proteção.

Sob o tipo "concorrência desleal" encontram-se previstas as mais variadas condutas, motivo pelo qual é considerado um delito pluriofensivo.

Assim, para identificar o elemento comum a todas as condutas agrupadas sob o tipo do "crime de concorrência desleal" é necessário analisar o próprio texto legal, ou seja, as disposições contidas no art. 195 da Lei 9.279/1996.

Da análise de todas as figuras penais previstas nesse dispositivo da Lei da Propriedade Industrial, verifica-se que o elemento que elas têm em comum é a *liberdade de competir*. Ou seja, o bem jurídico que os arts. 195 a 210 da Lei da Propriedade Industrial visam a proteger é a *liberdade de competir*, de maneira justa e leal, advindo conseqüências positivas não apenas para o mercado, com a garantia da liberdade de concorrência, mas, principalmente, para o consumidor.

4. Segredo de fábrica e segredo de negócio

4.1 Conceito de "segredo de fábrica"

"Segredo de fábrica" constitui um método, processo ou meio especial de fabricação, mantido oculto, que apresenta interesse industrial, por representar ou aparentar garantir ao seu titular um ganho ou

16. João da Gama Cerqueira, *Tratado da Propriedade Industrial*, cit., vol. II, t. II, pp. 370-371.
17. Fábio Ulhôa Coelho, *Curso de Direito Comercial*, cit., 6ª ed., pp. 239-240.
18. Celso Delmanto, *Crime de Concorrência Desleal*, cit., pp. 13-14.

uma vantagem competitiva. É denominado *tour de main* pelos franceses, e *trade-secret* pelos ingleses.[19]

O *segredo de fábrica* somente pode ser considerado como tal se não tiver sido divulgado ou levado ao conhecimento público, embora não se considere que tenha sido revelado o segredo se a ele tiverem acesso, por exemplo, empregados da fábrica, ou se tiverem sido vendidos ou expostos em feiras etc. Vale dizer, para que se caracterize um *segredo de fábrica* é necessário haver uma situação sigilosa de fato, e não absoluta.

O segredo de fábrica pode ser patenteável ou não, isto é, pode preencher ou não os requisitos para a obtenção do registro de patente, nos termos do art. 8º da Lei 9.279/1996, que são: a *novidade*, a *atividade inventiva* e a *aplicação industrial*.

Pode ocorrer que o titular de uma invenção, ao invés de requerer sua proteção mediante a obtenção da patente, prefira mantê-la em sigilo. Por este motivo diz-se que a patente não é a única maneira de se obter a proteção de um processo industrial suscetível de ser privilegiável, uma vez que poderá ser protegido através das normas de repressão à concorrência desleal.

Mantidos em sigilo, tais meios ou processos atribuem ao seu titular um monopólio de fato por tempo indeterminado, não estando sujeitos a caducidade pelo não-uso ou a prazo de expiração dos privilégios oficiais, até que sejam eles descobertos por um concorrente,[20] ou seja, tornados públicos, quando, então, cessam seus benefícios exclusivos e se extingue o próprio segredo, passando o mesmo a pertencer ao domínio comum. Ao contrário do segredo, a patente confere ao titular da invenção um monopólio de direito.

Tratando da natureza jurídica do segredo de fábrica, ensina Delmanto: "O segredo de fabricação é um bem incorpóreo que nasce pela descoberta, tem sua tradição pela comunicação e se extingue pela divulgação. Seu titular é aquele que o descobriu e o mantém em reserva. Pode cedê-lo, vendê-lo ou arrendá-lo, usá-lo como capital para entrar em uma empresa, dar-lhe a utilização que lhe interessar, ou mesmo não dar nenhuma. O bem é de sua propriedade (e exclusivamente seu), mas só até o momento em que seu teor for divulgado (...)".[21]

Ou seja, o segredo de fábrica constitui um bem que confere ao seu titular diversas possibilidades de utilização: poderá conservá-lo para si, sem dele fazer uso; poderá aliená-lo, sem que isso represente a tradição do segredo; poderá compartilhá-lo com outrem, que venha a descobrir seu segredo; poderá, em suma, negociá-lo como faria com outro bem qualquer.

A violação do segredo de fábrica constitui uma das formas mediante as quais a concorrência desleal poderá ser perpetrada, conforme analisaremos nos itens 4.3 e 4.4 deste trabalho.

4.2 Conceito de "segredo de negócio"

Os chamados *segredos de negócio* ou *de comércio* consistem em uma outra espécie de segredo, cuja violação o legislador também pune como crime de concorrência desleal. Ao contrário dos de fábrica, os mesmos não têm conceito tão preciso, mas são igualmente relevantes.

Os doutrinadores, ao tratarem do tema, costumam apresentar exemplos de segredos de negócios, e não propriamente a definição.

19. A expressão *trade secrets*, em Inglês, pode ter duplo significado, ora expressando "segredos de fábrica", ora designando "segredos de negócios".

20. Celso Delmanto chama a atenção para o fato de que, caso um concorrente descubra o segredo, poderá haver uma composição entre ambos para que venham os dois a desfrutar dos seus benefícios, como titulares (*Crime de Concorrência Desleal*, cit., p. 213).

21. Celso Delmanto, *Crime de Concorrência Desleal*, cit., p. 212.

Podem ser apontados como exemplos de segredos de negócios, dentre outros, os denominados "cadastros ou carteiras de clientes", que contêm dados relevantes sobre os mesmos, tais como endereços e telefones; as listas de fornecedores exclusivos ou especiais; planos; planilhas; projeções; campanhas de vendas, de publicidade e de *marketing* – enfim, quaisquer outros dados específicos e relevantes relativos aos negócios conduzidos por determinada sociedade, relacionados aos meios e processos mediante os quais os empresários atraem a clientela, aumentando-a ou conservando-a, e que, devido à importância estratégica, devem ser mantidos em sigilo.

Os segredos de negócios podem ser apontados como um dos fatores essenciais para o sucesso do empreendimento empresarial, em razão de seu inapreciável valor no processo de industrialização.[22]

Tais dados e informações – frutos do trabalho e da atividade intelectual do empresário no desenvolvimento de sua empresa ou, mesmo, encomendados a terceiros – não constituem, por si mesmos, segredos de negócios. Somente possuem esta característica quando são revestidos de motivos que justifiquem sua guarda confidencial, em razão do eventual perigo que a quebra do sigilo possa representar para a condução dos negócios sociais, proporcionando proveito indevido aos concorrentes.

Seu valor está relacionado às vantagens competitivas que são capazes de proporcionar ao titular em relação aos seus concorrentes, podendo consistir nos próprios dados e informações, individualmente considerados, ou na maneira de o titular reuni-los ou utilizá-los.

Registre-se que estes dados não são passíveis de qualquer forma de registro – ao contrário do que ocorre com as invenções, que podem ser protegidas com a obtenção de uma patente –, estando amparados apenas por normas que reprimem a concorrência desleal. Assim, o titular dos segredos de negócios detém direitos exclusivos por tempo indeterminado, até que seus concorrentes, mediante pesquisas, deles tomem conhecimento.

Estes dados ou informações sigilosos, que não consistem em segredos de fábrica, são dotados de valor econômico intrínseco, motivo pelo qual o empresário – titular de um segredo de negócios – sempre procura mantê-los fora do alcance dos seus competidores. No entanto, no curso de suas atividades empresariais, quase sempre é obrigado a confiá-los a seus prepostos ou pessoas de confiança, que lhe prestem serviços.

A revelação não-autorizada dos segredos de negócios pode acarretar prejuízos ao seu titular, não apenas financeiros, mas também morais, devendo ser punido aquele que os tornou públicos, praticando o crime de concorrência desleal.

4.3 Tratamento legal na vigência do Decreto-lei 7.903/1945

Como a "divulgação ou exploração de segredos de fábrica" e a "divulgação ou utilização de segredos de negócio" encontravam-se previstas como crimes de concorrência desleal em dispositivos distintos do Decreto-lei 7.903/1945 (respectivamente, incisos XI e XII do art. 178 do antigo Código da Propriedade Industrial), examinar-se-á cada uma delas separadamente.

O art. 178, XI, do Decreto-lei 7.903/1945 tinha a seguinte redação: "Art. 178. Comete crime de concorrência desleal quem: (...) XI – divulgar ou explorar, sem autorização, quando a serviço de outrem, segredo de fábrica, que lhe foi confiado ou de que teve conhecimento em razão do serviço".

Os núcleos deste tipo penal consistiam em "divulgar" ou "explorar".

22. Kátia Braga de Magalhães, "Proteção legal aos segredos de negócio", *Revista da Escola da Magistratura do Estado do Rio de Janeiro* (EMERJ) 3-12/75, 2000.

Por "divulgar" entende-se tornar conhecido a outrem, de forma oral ou por qualquer outro meio, não importando que seja o segredo de fábrica revelado a uma só pessoa ou a um grupo. Se o segredo sai do círculo restrito de pessoas que dele tinham conhecimento – o titular, seus empregados etc. –, considera-se que ele já está, de fato, divulgado.[23]

"Explorar", por sua vez, pressupõe não apenas a divulgação, mas também a utilização do segredo de fábrica, desejando o agente, com a conduta, obter algum tipo de vantagem ou proveito.

"Sem autorização" constitui o elemento normativo deste tipo penal; isso significa que, para que se configurasse o delito, era necessário que a divulgação ou a exploração do segredo de fábrica tivessem sido desautorizadas por seu titular.

As maiores controvérsias em relação à interpretação desse dispositivo – art. 178, XI, do Decreto-lei 7.903/1945 – recaíam sobre o entendimento que deveria ser conferido à expressão "quando a serviço de outrem".

Isto porque o inciso XII do referido art. 178 fazia expressa menção às pessoas que não mais estavam prestando serviço ao titular do segredo de negócio, estabelecendo que permanecia o dever de sigilo "mesmo depois de havê-lo deixado".

Alguns autores, como Gama Cerqueira e Magalhães Noronha, entendiam que somente o empregado que estivesse *a serviço do titular* do segredo é que poderia praticar o delito previsto no art. 178, XI, do Decreto-lei 7.903/1945.

Entendimento diverso tinham, dentre outros, Nelson Hungria, Pontes de Miranda e Celso Delmanto. Para os referidos autores seria um absurdo excluir do tipo o antigo empregado, que, mesmo após o término do vínculo empregatício, continuava a ter o dever de sigilo em relação aos segredos de fábrica aos quais teve acesso.

Celso Delmanto, sustentando que o inciso XI do art. 178 do Decreto-lei 7.903/1945 alcançava tanto o agente que está a serviço como aquele que já esteve, defendia a tipificação da conduta de um ex-empregado no inciso III do art. 178 do Decreto-lei 7.903/1945, uma vez que em quase todos os casos a violação do segredo de fábrica constituía um meio fraudulento de desvio de clientela.[24]

Com relação à parte final do referido inciso, mencione-se que a expressão "que lhe foi confiado ou de que teve conhecimento em razão do serviço" indica que não apenas os empregados podem praticar tal conduta, mas também todas aquelas pessoas que tiveram acesso ao segredo, em confiança, tais como auditores, advogados, contadores, secretárias etc.

Devido à sua redação mais clara, o inciso XII do art. 178 do Decreto-lei 7.903/1945 não suscitou tantas controvérsias na doutrina como o inciso antecedente – *in verbis*: "Art. 178. Comete crime de concorrência desleal quem: (...) XII – divulga ou se utiliza, sem autorização, segredo de negócio, que lhe foi confiado ou de que teve conhecimento em razão do serviço, mesmo depois de havê-lo deixado".

Analisando este dispositivo, Gama Cerqueira[25] ressaltava que as pessoas ligadas por uma relação de emprego[26] ou de trabalho ao titular do segredo de negócio, que tiveram acesso aos segredos em função do vínculo, estavam obrigadas, por dever de lealdade e fidelidade, a não revelálos mesmo após o término da relação originalmente existente.

23. Celso Delmanto, *Crime de Concorrência Desleal*, cit., p. 223.

24. Celso Delmanto, *Crime de Concorrência Desleal*, cit., pp. 226-228.

25. Gama Cerqueira, *Tratado da Propriedade Industrial*, cit., vol. II, t. II, p. 404.

26. Registre-se que a violação de segredo de empresa constitui "justa causa" para a demissão do empregado, conforme prevê o art. 482, "g", da CLT.

Com relação aos núcleos do tipo, Delmanto sustentava constituírem "explorar" – previsto no inciso XI do art. 178 do Decreto-lei 7.903/1945 – e "utilizar" – mencionado no inciso XII do referido dispositivo – ações distintas. Para ele, "explorar" pressupunha a finalidade do agente de obter, com a violação do segredo, um determinado proveito, enquanto que "utilização" indicava o simples uso.

Saliente-se que contra os concorrentes, em ambos os casos – violação de segredo de fábrica e violação de segredo de negócio –, somente dispunha o titular dos segredos de ações cíveis, não tendo a lei previsto sanção criminal nestas hipóteses, salvo, obviamente, nos casos de co-autoria ou da prática da conduta tipificada no inciso III do art. 178 do Decreto-lei 7.903/1945.

4.4 Inovações introduzidas pela atual Lei da Propriedade Industrial (Lei 9.279/1996)

Os segredos foram disciplinados na atual Lei da Propriedade Industrial – Lei 9.279/1996 – no inciso XI do art. 195, que tem a seguinte redação: "Art. 195. Comete crime de concorrência desleal quem: (...) XI – divulga, explora ou utiliza-se, sem autorização, de conhecimentos, informações ou dados confidenciais, utilizáveis na indústria, comércio ou prestação de serviços, excluídos aqueles que sejam de conhecimento público ou que sejam evidentes para um técnico no assunto, a que teve acesso mediante relação contratual ou empregatícia, mesmo após o término do contrato".

A primeira observação que deve ser feita é que os segredos de fábrica e de negócios estão disciplinados em um mesmo dispositivo, sob a seguinte expressão "conhecimentos, informações ou dados confidenciais, utilizáveis na indústria, comércio ou prestação de serviços" – os quais, segundo Fábio Ulhôa Coelho, poderiam ser denominados de "segredos de empresa".[27]

Para o autor: "A substituição conceitual importou, além de maior precisão, a superação da diferença entre as duas espécies de segredo mencionadas nos tipos penais da antiga legislação repressora, diferença que a doutrina apontava residir no objeto da informação mantida sigilosa: 'de fábrica' era o segredo relativo ao processo de produção; 'de negócio', o relacionado aos aspectos especificamente comerciais da empresa (Delmanto, 1975:238-239). Certamente, não há razões para tal distinção, tendo em conta que tanto um como outro gênero de informação possuem a mesma importância estratégica para o desenvolvimento de qualquer gênero de atividade econômica".[28]

Outra inovação foi a exclusão do âmbito dos segredos daquelas informações ou dados que são do conhecimento público ou evidentes para um técnico do assunto; algo que é do conhecimento do público ou evidente a um técnico do assunto não pode, por definição, ser considerado como segredo a ser protegido.

A atual lei também pôs fim à discussão acerca do dever de sigilo a ser observado após o término da relação empregatícia ou de confiança, tendo mencionado expressamente que a obrigação perdura "mesmo após o término do contrato".

A ação penal, por sua vez, passa a ser privada em todos os crimes de concorrência desleal "enquanto que, de acordo com a segunda parte do art. 181 do Decreto-lei 7.903/1945 (...), nos casos dos incisos XI e XII do art. 178, a ação penal era pública condicionada, pois se procedia mediante representação do ofendido".[29]

Como referido, o art. 209 da Lei 9.279/1996 ressalva ao prejudicado o direito de obter reparação civil em virtude da prática de atos de concorrência desleal não previstos no art. 195 da mesma lei.

27. Fábio Ulhôa Coelho, *Curso de Direito Comercial*, cit., 6ª ed., p. 198.

28. Idem, ibidem.

29. Gabriel F. Leonardos, "Considerações sobre a proteção ao segredo de fábrica e de negócio no Brasil", *RF* 337/73.

O Decreto-lei 7.903/1945 era omisso em relação à questão do *segredo de justiça*, tendo a Lei 9.279/1996 suprido esta lacuna, ao dispor, em seu art. 206, que: "Art. 206. Na hipótese de serem reveladas, em juízo, para a defesa dos interesses de qualquer das partes, informações que se caracterizem como confidenciais, sejam segredo de indústria ou de comércio, *deverá* o juiz determinar que o processo prossiga em segredo de justiça, vedado o uso de tais informações também à outra parte para outras finalidades" (grifamos).

A lei estabelece, expressamente, que o juiz deverá determinar que o processo corra em segredo de justiça, indicando não se tratar de mera faculdade do julgador.

O legislador pátrio seguiu, nitidamente, a orientação prevista no Acordo sobre Aspectos dos Direitos de Propriedade Intelectual Relacionados ao Comércio (TRIPS), promulgado pelo Decreto 1.355, de 30.12.1994, o qual, no art. 39-2, estabelece a proteção à informação confidencial, nos seguintes termos: "2 – Pessoas físicas e jurídicas terão a possibilidade de evitar que informações legalmente sob seu controle sejam divulgadas, adquiridas ou usadas por terceiros, sem seu consentimento, de maneira contrária à práticas comerciais honestas, desde que tal informação: a) seja secreta, no sentido de que não seja conhecida em geral nem facilmente acessível a pessoas de círculos que normalmente lidam com o tipo de informação em questão, seja como um todo, seja na configuração e montagem específicas de seus componentes; b) tenha valor comercial por ser secreta; c) tenha sido objeto de precauções razoáveis, nas circunstâncias, pela pessoa legalmente em controle da informação, para mantê-la secreta".

O segredo de justiça é plenamente justificável, na medida em que "indubitavelmente há interesse público na proteção ao segredo de indústria ou negócio, pois, através de tal proteção, está-se igualmente protegendo a prática da lealdade na vida empresarial".[30]

Cumpre salientar que as hipóteses nas quais o autor da violação dos segredos de empresa não manteve qualquer vínculo jurídico com a vítima (art. 195, XI e XII, da Lei 9279/1996) igualmente caracterizam crime de concorrência desleal. É o caso dos *hackers*, que invadem os sistemas informatizados das empresas com vistas a obter informações passíveis de negociação com concorrentes desleais.[31]

Ressalte-se que, visando a reforçar a proteção aos segredos de negócios e segredos de fábrica, poderá seu titular incluir uma cláusula nos contratos que venha a firmar com as pessoas que possam ter acesso a informações e dados sigilosos através da qual essas pessoas se comprometerão a manter sigilo sobre tais segredos. Dessa forma, uma vez violados os segredos, poderá o titular se valer também deste instrumento para atribuir responsabilidade ao agente infrator.

Frise-se, por fim, que, embora nos Estados Unidos exista farta jurisprudência a respeito dos *trade secrets*,[32] são poucos os casos registrados nos Tribunais Brasileiros envolvendo a prática de concorrência desleal perpetrada mediante a violação a segredos empresarias.[33]

30. Gabriel F. Leonardos, "Considerações sobre a proteção ao segredo de fábrica e de negócio no Brasil", cit., *RF* 337/74.

31. Fábio Ulhôa Coelho, *Curso de Direito Comercial*, cit., 6ª ed., pp. 198-199.

32. Conforme relata Gabriel F. Leonardos, "Considerações sobre a proteção ao segredo de fábrica e de negócio no Brasil", cit., *RF* 337/76-77.

33. Cf., por exemplo, os seguintes julgados: TJRS, 19ª C. Cível, AI 70003360567, rel. Des. João Armando Bezerra Campos, j. 14.3.2002; TJRS, 7ª C. Crim., HC 70001404714, Novo Hamburgo/RS, pres. e rel. Des. Luís Carlos Ávila de Carvalho Leite, *RJTJRS* 208, outubro/2001; TACrimSP, 4ª C., SER 1.113.859-2, rel. Juiz Devienne Ferraz, j. 20.10.1998, *RT* 761/631-633, março/1999, p. 631-633; TACrimSP, 13ª C., HC 331.810-2, rel. Juiz Teixeira de Freitas, j. 2.3.1999, *RT* 767/587-590, setembro/1999.

5. *Conclusão*

O princípio da livre concorrência, previsto expressamente no art. 1º, IV, da CF de 1988, pressupõe liberdade de competir. Para assegurar tal liberdade e garantir, ao mesmo tempo, aos consumidores, o pleno exercício do direito de escolha do bem ou serviço que melhor irá suprir suas necessidades, é necessário que a concorrência entre as forças do mercado ocorra de maneira leal, sem fraudes ou ardis.

Uma das formas de se garantir ao consumidor o direito a uma livre e informada escolha consiste na vedação à prática da concorrência desleal. Com efeito, o bem jurídico protegido nos crimes de concorrência desleal constitui, justamente, a *liberdade de competir*.

A intervenção do Estado no domínio econômico justifica-se, plenamente, para assegurar que a disputa de mercado se dê por meios leais, evitando-se que a clientela seja levada a preferir bens ou serviços de empresários que, na ânsia de conquistar ou preservar fatias de mercado, se utilizem de recursos fraudulentos e contrários à boa-fé.

Registre-se que não se busca, de maneira alguma, mediante a vedação à concorrência desleal, reprimir a disputa entre as forças do mercado. Ao contrário, a concorrência, se exercida dentro da normalidade, sem abusos de direito, é prática saudável, não apenas para o consumidor, que tem como escolher de maneira adequada os bens ou serviços a consumir, como também para o próprio "mercado", que precisa estar continuamente se aperfeiçoando para manter sua clientela e conquistar novos fregueses.

Uma das maneiras que podem ser utilizadas por empresários para captar deslealmente clientes de outrem consiste na violação dos chamados "segredos de fábrica" ou "segredos de negócios". Embora sejam distintos, têm importância fundamental no mundo dos negócios, sendo sua violação capitulada como crime de concorrência desleal, nos termos do art. 195, XI, da Lei 9.279/1996.

Em tempos de globalização e de transmissão quase imediata de informações, via *Internet*, é preciso cada vez mais atentar para as inúmeras possibilidades de ocorrência da denominada "espionagem econômica", que ganham, paulatinamente, maior espaço na mídia e vêm preocupando um número crescente de empresários.

Neste sentido, o legislador e os operadores do Direito devem estar atentos para evitar que práticas desleais deste tipo sejam perpetradas, garantindo, dessa forma, a observância dos princípios constitucionais da livre concorrência e da proteção ao consumidor.

Atualidades

PATENTES DE MEDICAMENTOS E SAÚDE PÚBLICA

GUSTAVO FÁVARO ARRUDA[1]

PABLO DE CAMARGO CERDEIRA[2]

1. Introdução. 2. O regime atual de proteção aos direitos de propriedade intelectual. 3. Patentes e o impedimento à associação fixa de medicamentos. 4. "Evergreening": 4.1 Novo uso ou segundo uso – 4.2 "Combo-patents" – 4.3 Patentes de produto e suas variáveis: 4.3.1 Patentes de seleção: 4.3.1.1 Polimorfismo – 4.3.1.2 Isômeros ópticos – 4.3.2 Patentes da constituição. 5. Substâncias não-patenteáveis: 5.1 Substâncias encontradas na Natureza – 5.2 Prodrogas ou metabólitos ativos. 6. Conclusão.

1. Introdução

As invenções relacionadas à área da saúde são muito peculiares e exigem especial atenção para o regime de proteção que se lhes confere. Se as patentes representam, por um lado, fomento ao desenvolvimento de novos medicamentos, por outro, elas podem inviabilizar a saúde pública e o acesso de milhões de pessoas às caras inovações biomédicas.

O objetivo deste trabalho, pois, é trazer certa luz sobre como este aparente paradoxo se apresenta e qual seria – principalmente para os países em desenvolvimento – a melhor forma de enfrentá-lo.

Grosso modo, qualquer invenção, seja ela de produto ou de processo, é patenteável, desde que seja nova, envolva um passo inventivo e seja passível de aplicação industrial. Patenteada, a invenção recebe proteção contra seu uso por terceiros, pois seu detentor possuirá os direitos exclusivos de (i) evitar que outros produzam, usem, coloquem à venda, vendam ou importem o produto e (ii) evitar que terceiros usem o processo ou coloquem à venda, vendam ou importem o produto obtido diretamente por aquele processo. Ou seja, o inventor terá o monopólio de exploração da sua invenção.

Nota-se, assim, que os privilégios concedidos pelas patentes existem em função do estímulo que representam para novas invenções. Afinal, "das invenções depende a expansão industrial e tecnológica. Das idéias, o desenvolvimento da Humanidade. Logo, o interesse do Estado é encorajar e recompensar os autores e inventores".[3]

Em uma visão bastante simplista, o fundamento para a concessão de patentes salta aos olhos, e pode ser visto de duas formas: (i) sob uma perspectiva individual, identificando-o como uma forma de remuneração e estímulo ao trabalho do inventor; e (ii) sob uma óptica publicista, na qual o fundamento da patente seria o interesse

1. E-mail do Autor: *gfa@baptista.com.br* ou *guarruda@yahoo.com.br*

2. E-mail do Autor: *pcc@kcp.com.br*

3. Maristela Basso, *O Direito Internacional da Propriedade Intelectual*, p. 23.

público no estímulo ao progresso tecnológico e científico.

Calixto Salomão Filho,[4] aprofundando-se no tema, explica que uma discussão doutrinária havida na Alemanha sobre os fundamentos da concessão das patentes identificou ao menos cinco teses, das quais as quatro primeiras justificam os privilégios concedidos pelas patentes segundo uma idéia de contraprestação.[5]

A quinta e última destas teorias, a mais aceita nos dias atuais, é a *teoria do estímulo ao investimento*. Segundo esta corrente, os privilégios concedidos pelas patentes teriam como fundamento a proteção e o estímulo aos investimentos empresariais no desenvolvimento de novas tecnologias.

Ocorre que há um número imenso de variáveis relacionadas a elementos químicos e, sem a devida atenção aos critérios de patenteabilidade, poderá haver excessivo privilégio do inventor, sem que haja qualquer contribuição deste ao estado da técnica.

Como será demonstrado, os direitos de propriedade intelectual (PI) muitas vezes colidem com imperativos de saúde pública e privilegiam, egoisticamente, a remuneração do inventor em detrimento do acesso aos medicamentos.

Isto ocorre, como se demonstrará, de três formas: (i) quando as patentes impedem a associação fixa de medicamentos; (ii) através dos procedimentos de *evergreening*; e (iii) através da concessão de patentes a substâncias não obrigatoriamente patenteáveis.

Ao menos com relação às duas últimas, contudo, há uma saída hermenêutica. Em uma perspectiva de saúde pública e de privilégio ao acesso aos medicamentos, serão identificadas nos itens (ii) e (iii) estratégias de empresas farmacêuticas para aumentar a proteção e, conseqüentemente, os preços dos medicamentos em termos permitidos mas não obrigatórios pelos tratados internacionais de que o Brasil faz parte.

Com isto, o que se obtém não é o fomento ao progresso técnico-científico. É, simplesmente, o reforço ou a perpetuação desmesurada dos direitos de monopólio concedidos e, conseqüentemente, a manutenção dos preços em níveis artificialmente elevados.

É preciso ter em mente que as patentes proporcionam remuneração ao inventor através de um ônus que geram para o consumidor. Este ônus é tolerável na maior parte das áreas do conhecimento, em função da contraprestação que a publicização da invenção representa. Vale a regra: quem quiser dispor da inovação, que pague por ela, e, em troca, garante-se que sua documentação será pública após expirado o prazo protetivo. Contudo, esta lógica é particularmente preocupante tratando-se de bens essenciais, como os medicamentos, em países com imensas populações de baixo poder aquisitivo. Em última análise, o ônus representa restrição ou até proibição de acesso ao tratamento disponível, relegando-o aos mais abastados financeiramente.

Compreender isto é fundamental. Só assim é possível iluminar o senso comum de que é sempre benéfico fortalecer os pri-

4. Calixto Salomão Filho, *Direito Concorrencial – As Condutas*, nota 34, pp. 127-128.

5. A primeira, a teoria do direito natural (*Naturechtstheorie*), é essencialmente individualista e baseia-se na explicação clássica naturalista de que o criador teria um direito natural ao patenteamento, pois seria o dono exclusivo da invenção. A segunda, a teoria contratual (*Vertragstheorie*), fundamenta a concessão das patentes em uma recompensa devida pela comunidade pela publicização da invenção. Percebe-se, também aqui, uma perspectiva eminentemente individualista. A terceira, a teoria da recompensa (*Belohnungstheorie*), aproxima-se bastante da anterior, a teoria contratual. Aqui, porém, a patente representaria uma recompensa ao bem-estar individual proporcionado pela patente, ainda que, em muitos casos, este bem-estar proporcionado seja questionável. A quarta, a teoria do estímulo (*Anspornungstheorie*), procura, de certa forma, atribuir um preço ao interesse público, uma vez que fundamenta a concessão da patente simplesmente no estímulo a novas invenções.

vilégios concedidos pelos direitos de PI, esclarecendo até que ponto eles são úteis para fomentar as invenções e idéias de que depende a mencionada expansão industrial e tecnológica.

Identificar esta distorção permite a prática consciente dos patamares mínimos de proteção patentária com os quais o Brasil está efetivamente vinculado, especialmente perante a Organização Mundial do Comércio/OMC. Aplicá-los pode ser parte de uma estratégia de ação lícita para reduzir preços e aumentar o acesso da população aos medicamentos.

2. *O regime atual de proteção aos direitos de propriedade intelectual*

Em 1994, com a criação da OMC, o regime de proteção aos direitos de PI foi substancialmente alterado. A adoção do TRIPS (sigla em Inglês que designa o Acordo da OMC sobre os Aspectos dos Direitos de Propriedade Intelectual Relacionados ao Comércio) representa um marco histórico no fortalecimento dos privilégios e da proteção conferida a autores e inventores. A PI passou, então, a ser tratada como uma questão principalmente de comércio, sobrepondo-se tal interpretação à sua original função social.

Antes da Rodada do Uruguai, cerca de 50 países-membros do GATT não conferiam proteção aos direitos de PI relacionados a produtos farmacêuticos.[6] Isto deixou de ser possível com o surgimento do TRIPS e da estrutura institucional da OMC.

O Acordo estabelece, em seu art. 1º, que o sistema de proteção aos direitos de PI na OMC é feito através de patamares mínimos de proteção. Ou seja, os membros podem mas não estão obrigados a prover proteção mais ampla que a exigida no TRIPS.

No processo de internalização da normativa da OMC muitos Estados deixaram de atentar para detalhes do Acordo que possibilitam a concessão de privilégios muito mais amplos que os patamares mínimos inicialmente negociados. Neste ínterim, esqueceram-se, também, das justificativas que fundamentam a concessão dos privilégios das patentes: a contraprestação inventiva.

3. *Patentes e o impedimento à associação fixa de medicamentos*

A primeira rota de colisão das patentes com os objetivos de saúde pública e acesso a medicamentos ocorre nos casos de impedimento técnico-comercial à produção de um único remédio formado por compostos patenteados para diferentes laboratórios.

A associação de dois ou mais medicamentos tem-se mostrado uma grande arma da Medicina no combate às mais variadas moléstias. Isto ocorre, principalmente, por quatro motivos: (i) determinado agente infeccioso pode mais facilmente se tornar resistente a um medicamento que a vários de uma só vez; (ii) um remédio pode ser utilizado para potencializar o efeito de outro; (iii) um remédio pode ser utilizado para conter um indesejado efeito colateral de outro; ou (iv) dois ou mais efeitos distintos são desejados ao mesmo tempo.

Além dos motivos de ordem bioquímica que justificam a utilização conjunta de medicamentos, há outros fatores político-econômicos que devem ser salientados. Entre eles, podem ser citados a redução do preço de custo do remédio e a facilidade no tratamento. Este último, aliás, é especialmente importante nos casos de populações carentes, que, geralmente, apresentam grandes dificuldades para compreender e seguir prescrições que envolvam múltiplos remédios várias vezes ao dia, como o tratamento da AIDS.[7]

6. Fonte: *UNCTAD 1996*.

7. Em reportagem publicada na revista *Veja* afirmou-se que os remédios ministrados associadamente são uma arma dos médicos para manter os

O mencionado problema com as patentes surge quando duas delas impedem, reciprocamente, a associação de dois ou mais medicamentos – a fabricação de um comprimido único – se os detentores das patentes não se dispuserem a fazer o licenciamento cruzado, uns para os outros, das mesmas.

O caso exemplar é o do "coquetel da AIDS", que é produzido com a utilização de três medicamentos: a *Zidovudina* (AZT), a *Lamivudina* (3TC) e a *Nevirapina* (NVR). Os dois primeiros medicamentos são patenteados para a GlaxoSmithKline e o último para o laboratório Boehringer Ingelheim. Apesar de produzirem, comprovadamente, um resultado melhor quando ministrados conjuntamente, não existe no mercado um comprimido único com os três componentes. Em razão das patentes existentes, nenhum laboratório poderia produzir o coquetel em um único comprimido sem abrir mão de seus direitos patentários para o titular dos diretos do outro medicamento. Nem mesmo a GlaxoSmithKline e o Boehringer Ingelheim teriam esta licença.[8]

Existe apenas um laboratório que produz um produto com os três componentes. Ele se chama Cipla e situa-se na Índia, pois lá, até 2006, quando o TRIPS passará a viger, não são aceitas as patentes de medicamentos.

O mais dramático, neste caso, é que o licenciamento cruzado para a produção do coquetel não interessa financeiramente a nenhum dos dois laboratórios. Na situação atual eles podem negociar, sem concorrência, a venda dos seus medicamentos. Havendo um licenciamento cruzado entre os dois laboratórios, para que se permitisse a produção de um novo medicamento resultante da associação fixa entre eles, ambos passariam a concorrer entre si, perdendo a exclusividade de mercado. Os dois laboratórios produziriam o coquetel completo, produtos concorrentes, ao passo em que, hoje, quem precisa da associação tem que comprar produtos que não encontram concorrentes.

Neste caso, ao contrário dos demais apresentados abaixo, não se trata de uma estratégia da indústria farmacêutica para aumentar os níveis de proteção e exclusividade de que desfrutam. Nem sequer uma admissão mais restrita do TRIPS aponta uma saída. Trata-se de uma proibição em que o Acordo é categórico, em que os direitos de PI andam na contramão dos fundamentos que justificam sua existência.

4. "Evergreening"

Como se disse, fora este primeiro caso em que a patente em si constitui um óbice à saúde pública, podemos identificar ao menos dois casos em que a indústria farmacêutica tem uma estratégia hermenêutica bem definida para aumentar os níveis de proteção e exclusividade de que desfruta. O primeiro é tratado neste item 4. O segundo, no item 5, subseqüente.

Neste primeiro caso o que ocorre é a utilização de lacunas no Acordo, e, principalmente, nas legislações nacionais que o internalizam, para prorrogar os direitos de monopólio concedidos inicialmente pelo prazo de 20 anos, em um procedimento que ficou conhecido como *evergreening*.

O termo *evergreening*, assim, é empregado para designar a extensão do período de exclusividade de mercado através da concessão e combinação sucessiva de múltiplas patentes em termos não-obrigatórios, mas apenas permitidos pelo TRIPS.

Isto só é possível pois, no tocante às invenções de medicamentos, as patentes

pacientes fiéis aos tratamentos, uma vez que "mais da metade das vítimas de doenças crônicas em geral largam o tratamento no meio. Entre os hipertensos, (...) 85% o fazem no primeiro ano de tratamento" (cf. Anna Paula Buchalla, "Na versão dois-em-um – Dois dos remédios mais vendidos no mundo agora juntos, num só comprimido", *Veja*, edição 1.845, Ano 37, 11/96-97, 17.3.2004).

8. Pascale Boulet, Christopher Garrison e Ellen Hoen, *Patentes de Medicamentos en el Punto de Mira – Compartiendo Conocimientos Prácticos sobre las Patentes Farmacéuticas*, p. 8.

podem estar relacionadas a mais de um aspecto para sua proteção, que são: (i) uma prescrição médica – método de uso ou uso para fins terapêuticos aliado a um objetivo; (ii) uma combinação de produtos – medicamentos que, atuando em conjunto, produzem efeito diferenciado; (iii) um produto – um princípio ativo; e (iv) um processo produtivo – desenvolvimento, concentração, purificação.

Assim, um mesmo medicamento pode encontrar diversas defesas nas patentes, de acordo com a razão escolhida para sua proteção. Uma molécula produzida em laboratório pode ser patenteada por si mesma (patente de produto); pode ser também protegida sua forma de produção (patente de processo); sua forma de ser ministrada, contra determinadas doenças (patente de uso); e sua utilização em conjunto com outras moléculas (patentes de associação fixa).

Um bom exemplo de como isto ocorre é o AZT. Apenas sobre este medicamento a GlaxoSmithKline detém, ou deteve, mais de cinco patentes diferentes. Originalmente produzido e patenteado para o combate ao câncer, hoje o AZT é patenteado para uso isolado contra o HIV, para uso em combinação com a *Lamivudina* (*Combivir*), para uso em conjunto com a *Lamivudina* e o *Abacavir* (*Trivizir*), para uso combinado com a *Lamivudina* e o *Abacavir* em forma de comprimidos. Cada uma dessas patentes dura 20 anos desde o registro, o que pode fazer com que patentes sucessivas sobre o mesmo produto façam sua proteção durar muito mais que o prazo previsto em lei.

Desta forma, a característica de combinações e formas de utilização permitidas pelos medicamentos, somada ao prazo de vigência mínimo das patentes estabelecido pelo TRIPS – 20 anos, art. 33 –, acaba gerando uma extensão do período de proteção. Cada uma dessas combinações, formas de produção e formas de utilização enseja uma nova patente e um novo período de proteção de mais 20 anos, ainda que seja pouca, ou nenhuma, a contribuição para o estado da técnica.

Não há, no entanto, qualquer exigência do TRIPS para que os Estados compactuem com esta prática. A aceitação passiva do *evergreening* tem trazido como conseqüência principal a manutenção de altos níveis de preços e – claro – lucros vultosos das farmacêuticas, sempre em detrimento da saúde pública e do consumidor. Além disso, como não poderia deixar de ser, tem dificultado ou até impossibilitado o acesso a medicamentos, principalmente nos casos de países em desenvolvimento e de menor desenvolvimento relativo.

Evitar uma proteção mais ampla que a exigida pelo Acordo, principalmente no caso dos países mais pobres, que nada ganham com o fortalecimento da indústria farmacêutica transnacional, é, no mínimo, sensato. Identificar e aplicar os patamares mínimos de patenteabilidade, um pré-requisito. Afinal, a saúde e a nutrição públicas também são protegidas pelo Acordo.

Em princípio, quanto maior elasticidade for conferida aos critérios de patenteabilidade do TRIPS, maior a proteção aos medicamentos e menor o acesso da população a eles. Afinal, como bem acentua Carlos M. Correa: "The flexibility or strictness in the application of the patentability criteria may vary across countries and over time. The correct interpretation and application of the patentability criteria are crucial for balancing public and private interests, and also to help avoid excesses that undermine the credibility of the patent system".[9]

Esta elasticidade é tratada nos itens abaixo, que explorarão as modalidades já citadas de *evergreening*: (i) patentes de novo uso ou segundo uso; (ii) patentes de associação fixa; (iii) as várias patentes de produto; e (iv) patentes da constituição.

9. Carlos M. Correa, *Integrating Public Health Concerns into Patent Legislation in Developing Countries*, p. 38.

4.1 Novo uso ou segundo uso

Conforme mencionado, as patentes no mundo farmacêutico raramente se referem a novas entidades químicas, ou seja, novos princípios ativos que aumentam o arcabouço disponível para utilização médica.

A particularidade de os medicamentos poderem ser administrados de diversas formas, com inúmeros objetivos, somada a uma eventual patenteabilidade destas, pode gerar o efeito conhecido como "novo uso" ou "segundo uso", modalidades de *evergreening*.

"Novo uso" consiste, pois, na obtenção de nova patente para um mesmo produto, desta vez relacionado a uma aplicação para fim terapêutico distinta da indicação para a qual o produto foi inicialmente patenteado.

Esta forma de se obter uma nova proteção para um mesmo produto é conhecida como "fórmula suíça", e infelizmente é aceita em nosso país, de acordo com o Instituto Nacional da Propriedade Industrial/INPI:[10]

"2.39.2.4 – Reivindicações do tipo:

"(...).

"i) Uso do produto 'X' caracterizado por ser na preparação de um medicamento para tratar a doença 'Y'.

"j) Uso do produto 'X' caracterizado por ser na preparação de um medicamento para tratar a doença 'Y', tratamento este que consiste em tal e tal são as conhecidas como de "fórmula suíça", e são quase que exclusivamente utilizadas em invenções de segundo uso médico. São privilegiáveis, observando-se quanto às considerações contidas no item 2.23 acima. No caso de reivindicações do tipo (10) se deve exigir a retirada do texto que descreve o tratamento, não porque se estaria protegendo o método terapêutico, mas, sim, porque seria inconsistente com o objeto da proteção."

O exemplo do AZT, mencionado anteriormente, é bastante elucidativo de como isso ocorre. O medicamento foi desenvolvido e patenteado para a GlaxoSmithKline nos idos de 1960 para ser utilizado no combate a alguns tipos de câncer. Em meados dos anos 80, quando já seria de utilização livre, foi descoberto que o AZT poderia ser utilizado como antiretroviral, e que seria útil, portanto, no combate à AIDS. Então, nova patente foi concedida, e o AZT continua sendo produzido e comercializado a um valor cerca de 33 vezes maior que o valor necessário para a obtenção de lucro normal de mercado. Segundo o informe *Patentes de Medicamentos en el Punto de Mira*,[11] dos Médicos-Sem-Fronteiras (MSF), enquanto o coquetel para AIDS custa cerca de 10 mil Dólares nos países ricos, os genéricos (produzidos em países que ainda não se sujeitaram ao TRIPS) são vendidos por cerca de 300 Dólares.

O art. 27 do TRIPS, contudo, exige apenas a concessão de patente de produto ou de processo, e silencia sobre a patenteabilidade do uso. Como requisitos, exige apenas que a invenção seja nova, envolva um passo inventivo e seja passível de aplicação industrial. Nos §§ 2 e 3 o art. 27 traz exceções à matéria patenteável, seja quando ofende a ordem pública ou a moralidade, inclusive para proteger a vida ou a saúde humana, animal ou vegetal, seja quando se trate de métodos diagnósticos, terapêuticos e cirúrgicos para o tratamento de seres humanos ou de animais.

Está claro que, nos casos de patente de uso, o produto protegido não é novo, assim como seu processo de produção. A única novidade é o objetivo da sua administração, para pacientes em casos diferentes dos originais.

10. INPI, *Diretrizes para o Exame de Pedidos de Patente nas Áreas de Biotecnologia e Farmacêutica Depositados Após 31.12.1994*.

11. Pascale Boulet, Christopher Garrison e Ellen Hoen, *Patentes de Medicamentos en el Punto de Mira – Compartiendo Conocimientos Prácticos sobre las Patentes Farmacéuticas*, cit., p. 8.

O TRIPS, entretanto, não fornece orientação explícita para estes casos. Não há exigência alguma por parte do Acordo para que esse tipo de patente seja concedido, mesmo que se considerasse novo o método terapêutico.

Mas, sob o regime do TRIPS, os países têm ampla liberdade para conferir proteção maior. Tudo depende de quanta flexibilidade se queira dar aos requisitos de novidade, atividade inventiva e aplicação industrial (art. 27 do TRIPS).

Na Europa, por exemplo, uma ficção legal autoriza a patenteabilidade de um produto conhecido para uma determinada indicação.[12] Os Estados Unidos da América têm uma posição ainda mais elástica, conferindo a patente de uso para um particular método de uso (*method-of-use*), o que amplia ainda mais as possibilidades de concessão de diversas patentes para um mesmo medicamento.[13]

A posição dos escritórios de patente nos países em desenvolvimento ou de menor desenvolvimento relativo (no caso do Brasil, o INPI) quanto ao uso ou método de uso deve ser a de privilegiar a acessibilidade financeira dos medicamentos. É fundamental, assim, que se trate o "uso" da seguinte maneira: (i) considerar o caso como mera descoberta, e não como invenção; (ii) atestar, no caso, a ausência de aplicabilidade industrial; (iii) enquadrar o uso na exceção de método terapêutico (no caso brasileiro, não considerado invenção explicitamente pela LPI[14]); e (iv) reconhecer a falta de novidade, uma vez que, embora utilizado para um fim diverso, o produto em si e a forma de sua produção são os mesmos.

Aliás, o TRIPS permite de maneira expressa que os países-membros considerem como não-patenteáveis as invenções (art. 8.1) e os métodos terapêuticos (art. 27.3.a) necessários à manutenção da saúde pública. Não haveria, portanto, irregularidade alguma em não conceder tais patentes.

A aceitação da patenteabilidade do uso ou novo uso não é unânime no contexto internacional. Países como a Coréia do Sul explicitamente não aceitam esse tipo de privilégio. O Reino Unido, em informe da sua Comissão sobre os Direitos da Propriedade Intelectual/CIPR, recomendou que os países em desenvolvimento não permitissem as patentes de segundo uso. No art. 21 da Decisão 486 do Regime Comum da Propriedade Intelectual da Comunidade Andina foi expressamente negado o direito a patente de novo uso.[15]

O Brasil não prevê expressamente a patente de uso ou novo uso na LPI, mas, como vimos, o INPI, ao examinar o pedido, pode aceitar ou não a concessão do privilégio e tem, historicamente, optado pela primeira alternativa.

Quando o tema é acesso a medicamentos, a patenteabilidade do primeiro uso já pode ser considerada temerária e ensejadora de *evergreening*. Deve, pois, ser evitada.

Ainda que não se adote qualquer alteração legislativa para restringir a patenteabilidade do uso – o que seria louvável –, o INPI, como mencionado acima, não deve aceitar estas patentes, principalmente pela ausência de atividade inventiva. Deve-se considerar a indicação do medicamento como mera descoberta, nos termos do inciso VIII do art. 10 da LPI.

12. Convenção Européia sobre Patentes: "Art. 54. **Novidade.** (...) 5 – As disposições dos §§ 1 a 4 não excluem a patenteabilidade, para a execução de um dos métodos citados no art. 52, § 4, de uma substância ou composição compreendida no estado da técnica, com a condição de que a sua utilização para qualquer método referido no dito parágrafo não esteja compreendida no estado da técnica".

13. Carlos M. Correa, *Integrating Public Health Concerns into Patent Legislation in Developing Countries*, cit., p. 22.

14. Art. 10, VIII.

15. Mesmo com tal decisão, o Peru, em 1997, concedeu patente de novo uso à Pfizer, pelo *Viagra*. O caso foi levado ao Tribunal Andino de Justiça, que entendeu que a referida patente violava as normas da Comunidade Andina.

4.2 *"Combo-patents"*

A segunda forma de *evergreening* é conhecida como patente de associação fixa – ou, em Inglês, *combo-patent*.

Já foram mencionadas anteriormente as vantagens de se produzir um único comprimido com diversos medicamentos. Naquele caso, o enfoque foi demonstrar que as patentes podem impedir este vantajoso procedimento.

Agora, a perspectiva é diversa. Qualquer que seja o objetivo da combinação, as patentes de associação fixa funcionam de forma similar à patente de novo uso no que diz respeito à extensão do período de exclusividade. Dois ou mais medicamentos conhecidos e já privilegiados por patentes anteriormente são associados e patenteados de novo. É o que se convencionou chamar de *combo-patents*, ou patentes de associação fixa.

Um exemplo bastante conhecido foi o da concessão de patente nos Estados Unidos da América[16] para a associação fixa entre *Aspirina* 325mg, *Carisoprodol* 200mg e *Fosfato de Codeína* 16mg. Nota-se, neste caso, que o detentor da patente artificialmente estendeu a proteção concedida para cada uma das substâncias.

Recentemente, no Brasil, o Ministério da Saúde aprovou o *Caduet*, um medicamento da Pfizer que se destinará ao tratamento da hipertensão e do colesterol ao mesmo tempo.[17] Trata-se de medicamento composto por dois dos remédios mais vendidos no mundo: o *Lípitor* (atorvastatina) e o *Norvasc* (amlodipina), ambos já anteriormente patenteados. Desta forma, os direitos exclusivos que protegem o *Lípitor*, cuja patente expira em 2008 no Brasil, poderão ser artificialmente prolongados por mais 20 anos. Após a expiração da primeira patente ele poderá ser produzido para uso isolado, mas se for associado à amlodipina, para melhor controle da hipertensão e do colesterol, somente a Pfizer poderá fazê-lo.

Da mesma forma como ocorre com as patentes de novo uso, o patenteamento de drogas ministradas em conjunto, quando já anteriormente patenteadas, não é aceito pacificamente pelos membros da OMC, e os mesmos argumentos do item anterior também aqui se aplicam. Não há produto novo, e nem um processo de produção novo. Há apenas um novo método terapêutico, e isso os classificaria como não-patenteáveis pelo TRIPS, em sua interpretação mais objetiva. Ademais, a utilização de uma combinação de remédios com sucesso não envolve um passo inventivo. Trata-se de mera descoberta.

4.3 *Patentes de produto e suas variáveis*

Os elementos químicos possuem um número tão grande de variáveis possíveis que, sem a devida atenção aos critérios de patenteabilidade, pode haver a concessão de inúmeras patentes de produto para uma mesma substância química, sem que haja qualquer contribuição ao estado da técnica.

O que se obtém como resultado da concessão dessas múltiplas variáveis de patentes de produto não é o progresso técnico-científico. É, simplesmente, a perpetuação dos direitos de exclusividade e a manutenção de níveis de preços monopolisticamente elevados.

Os itens abaixo tratam destas inúmeras possibilidades de patentes de produto e de como elas são utilizadas para ensejar *evergreening*.

4.3.1 *Patentes de seleção*

Uma *patente de seleção* é aquela que protege um único elemento pertencente a um grupo de elementos já patenteado anteriormente.

O conceito consiste em "pinçar" a espécie de um gênero já protegido e patenteá-

16. Esta patente venceu em 13.8.2002.

17. A previsão era que o *Caduet* chegaria ao mercado em maio/2004 nos Estados Unidos da América, e em agosto do mesmo ano no Brasil.

la novamente, sob a alegação de ter sido encontrada uma característica individual não mencionada para o grupo todo.

Pelo menos com relação ao elemento químico selecionado, esta patente pode ser ensejadora de *evergreening*, estendendo seu período de proteção além do previsto pelo TRIPS.

As patentes de seleção têm sido negadas em diversos países quando a vantagem alegada é uma propriedade que é compartilhada em maior ou menor grau por todo o grupo.

A Alemanha, por exemplo, negou a concessão de patentes de seleção sob a alegação de que o descobrimento de um grupo de elementos, ainda que grande, é equivalente, para os propósitos de passo inventivo, à descoberta de cada composto específico do grupo.[18]

Os escritórios de patentes não deveriam aceitar solicitações de patente de seleção, pois, se o produto específico já estava à disposição do público, já pertencia ao estado da técnica, ainda que não houvesse qualquer publicação a respeito.

4.3.1.1 Polimorfismo – Um exemplo de possível patente de seleção é o do *polimorfismo*. Ele ocorre quando um determinado princípio ativo apresenta diversas formas polimórficas, isto é, quando um determinado elemento químico se cristaliza com diversas formas espaciais diferentes, sendo que estas apresentam propriedades distintas, mais ou menos eficazes contra determinados agentes infecciosos.

Essas formas devem, necessariamente, ser consideradas como pertencentes ao estado da técnica quando forem inevitavelmente obtidas pelo mesmo processo básico de obtenção do produto do grupo patenteado.

Exemplos concretos ocorreram com a *Cimetidina*, um medicamento patenteado para a SmithKline, que posteriormente solicitou outra patente para um seu polimorfo. Esta segunda patente, contudo, foi declarada nula no Reino Unido, sob a alegação apresentada acima, ou seja, de que os polimorfos poderiam ser obtidos pelo mesmo processo de obtenção do grupo a que pertenciam – e, portanto, já integrariam o estado da técnica.[19]

Também com relação a este item há grande margem de discricionariedade deixada pelo TRIPS. Caberá, pois, aos escritórios de patente se posicionarem, principalmente, sobre os requisitos de novidade e passo inventivo.

4.3.1.2 Isômeros ópticos – Outro exemplo em que se poderia, eventualmente, aplicar as patentes de seleção seria o de *isômeros ópticos*. Estes são substâncias químicas formadas, na grande maioria das vezes, por cadeias carbônicas que se assemelham umas em relação às outras, como uma imagem e seu reflexo.

Na maior parte dos casos, no entanto, não se deve reconhecer a existência do passo inventivo desta invenção. É fato notório que este tipo de molécula existe em abundância, sendo uma rotina para os laboratórios realizar pesquisas para descobrir qual dos isômeros, isoladamente, possui o melhor efeito. Ou seja, este tipo de invenção decorre de maneira evidente, óbvia, do estado da técnica. O custo de pesquisa para obtenção de isômeros ópticos, em geral, já foi absorvido pelo primeiro desenvolvimento.

4.3.2 *Patentes da constituição*

A segunda variável das patentes de seleção que merece atenção é a *patente da*

18. Philip Grub, *Patents for Chemicals, Pharmaceuticals and Biotechnology. Fundamentals of Global Law, Practice and Strategy*, pp. 197-199 (*apud* Carlos M. Correa, *Integrating Public Health Concerns into Patent Legislation in Developing Countries*, cit., p. 52).

19. Carlos M. Correa, *Integrating Public Health Concerns into Patent Legislation in Developing Countries*, cit., p. 53.

constituição. Este caso refere-se à patente do modo em que um determinado medicamento se apresenta para utilização.

Alguns princípios ativos são tão versáteis que podem ser ministrados na forma de gotas, comprimidos ou, até, para uso tópico ou intravenoso.

Em praticamente todos os casos o efeito desejado e o princípio ativo utilizado para alcançá-lo são iguais. Parece claro, portanto, que não são atingidos os requisitos da novidade e passo inventivo, embora este tipo de patente seja admitido com certa freqüência.

Um exemplo de como isso pode ocorrer é o *Ofloxacin*, uma droga relevante no tratamento de pacientes com HIV. Já foram concedidas patentes para este medicamento em sua forma oral, injetável e até para sua forma de uso tópico ocular.[20]

5. Substâncias não-patenteáveis

A terceira e última forma de colisão das patentes com os imperativos de saúde pública é a concessão de patentes para proteger invenções de substâncias – formulações – não obrigatoriamente patenteáveis.

Conforme mencionado anteriormente, a patente de produto é uma das formas de patente utilizadas pelo setor farmacêutico para proteger suas invenções.

Para o TRIPS, qualquer produto será patenteável, desde que preencha os requisitos previstos no art. 27.1, primeira parte. Ou seja, pode-se conceder uma patente da formulação, desde que esta seja nova, envolva um passo inventivo e seja passível de aplicação industrial. Trata-se do *princípio da patenteabilidade absoluta*.

Importante, portanto, identificar em que casos este princípio não se aplica. Se interpretado literalmente, tal não permitiria o estabelecimento de qualquer exceção à matéria patenteável, seja para remédios em geral, seja para grupos ou tipos específicos de remédios. Nem mesmo no caso dos medicamentos essenciais, assim classificados pela Organização Mundial de Saúde, se poderia flexibilizar a regra.

5.1 Substâncias encontradas na Natureza

Muitos produtos farmacêuticos são baseados em produtos biológicos extraídos de plantas e algas ou são encontrados no próprio corpo humano, como proteínas e hormônios.

A questão de se saber se estes produtos são patenteáveis depende significativamente de eles serem caracterizados como invenções – patenteáveis – ou como descobertas – não-patenteáveis.

"A eventual patenteabilidade de produtos que 'copiam' substâncias existentes na Natureza deu lugar a um considerável debate e a soluções divergentes, mesmo entre os países industrializados. Os Estados Unidos e alguns países europeus tendem a admitir que uma substância existente na Natureza pode ser patenteada, sempre e quando seja isolada ou se apresente em forma purificada; outros países consideram que em tais casos não existe 'invenção', mas simplesmente um 'descobrimento', que não pode dar origem a direitos privados de propriedade intelectual".[21]

O TRIPS não define o que seja uma "invenção"; ele apenas especifica os requisitos que ela deve ter para ser considerada patenteável. Isto deixa uma grande margem para que os países definam, de acordo com seus critérios de conveniência e oportunidade, o que deve ser considerado uma "invenção" e, logo, se as substâncias encontradas na Natureza devem ser patenteáveis, ou não.

20. Pierre Chirrac, *Working Compulsory According to TRIPS. The Essential Drug Candidates*, p. 24 (*apud* Carlos M. Correa, *Integrating Public Health Concerns into Patent Legislation in Developing Countries*, cit., p. 55).

21. Maristela Basso, *O Direito Internacional da Propriedade Intelectual*, cit., p. 232.

É claro que, sob a perspectiva do acesso a medicamentos, o que mais interessa é caracterizar estas substâncias como meras descobertas, evitando-se, assim, sua patenteabilidade.

O fundamento das leis de propriedade intelectual é o de que uma ampla proteção pode fomentar a atividade inventiva e, desta forma, beneficiar a sociedade como um todo. Ora, nos casos de materiais de origem biológica, este ônus sustentado pela sociedade em nome do desenvolvimento técnico-científico parece desnecessário ou até mesmo contraproducente, uma vez que não há que se falar em fomento à criação de novas substâncias.

No caso específico do DNA, macromoléculas consideradas blocos de construção da Natureza, deve-se liberá-lo para o uso da comunidade científica e para qualquer outra forma de aplicação produtiva.

No entanto, a capacidade dos membros de restringir a patenteabilidade de substâncias encontradas na Natureza é limitada pelo próprio Acordo, que exige a patenteabilidade de microorganismos e processos essencialmente biológicos para a produção de plantas ou animais (art. 27.3.b).

De qualquer forma, nos casos de substâncias encontradas na Natureza ainda seria admitida a concessão da patente do processo de obtenção desse produto em uma forma utilizável comercialmente.

Deve-se notar que a não-concessão de patentes para produtos encontrados na Natureza se refere apenas às patentes de produto. Não haveria como excluir, de acordo com o art. 27 do TRIPS, a patenteabilidade do processo empregado para isolar, purificar ou adequar a uma forma comercialmente viável esta substância; a dispensa da proteção patentária da substância em si possibilitaria, inclusive, a diminuição das chances de se aplicar técnicas de *evergreening*.

Não há que se alegar, assim, que a exclusão da patenteabilidade de substâncias encontradas na Natureza poderia desestimular investimentos em atividades de pesquisa e desenvolvimento.

5.2 Prodrogas ou metabólitos ativos

Muitas vezes o efeito desejado de um determinado medicamento é obtido através da ingestão de um composto inativo que, ao ser metabolizado pelo corpo, é decomposto em outras substâncias que serão responsáveis pelo efeito desejado. Estas substâncias são chamadas de "metabólitos ativos" ou "prodrogas".

A indústria farmacêutica, então, no afã de estender a proteção sobre um medicamento, pode tentar acumular a patente do composto inativo com uma eventual patente sobre seu metabólito ativo.

As patentes sobre estes tipos de substâncias, no entanto, não cumprem os requisitos de passo inventivo e de novidade. Primeiro porque, para um técnico no assunto, as prodrogas decorrem de maneira evidente do estado da técnica e não são mais que um método terapêutico, não-privilegiável. Depois porque o metabólito ativo já era acessível ao público ainda que não houvesse descrição escrita ou oral da sua ocorrência.

6. Conclusão

Atualmente o regime de proteção aos direitos de PI está submetido a uma disciplina rígida de Direito Internacional. Os países-membros da OMC – inclusive o Brasil – concordaram com o estabelecimento de patamares mínimos de proteção, conforme disposto em um acordo específico: o TRIPS.

A celebração desse Acordo foi brindada por intelectuais e acadêmicos de todo o mundo. Representa um marco histórico na evolução dos direitos de autores e inventores, um pontapé no fomento das idéias e invenções, de que depende o desenvolvimento técnico-científico da sociedade globalizada.

A aplicação rígida dos termos do Acordo para os medicamentos, no entanto, revela uma faceta perversa, cheia de egoísmo e afastada dos princípios e fundamentos que justificam a própria existência destes direitos imateriais.

As patentes, nos casos aqui mencionados, confrontam o interesse público. Nos casos de associação fixa de medicamentos, chegam a impedir que tratamentos mais adequados possam ser ministrados. Nos casos de *evergreening* ou de patenteamento de substâncias não obrigatoriamente patenteáveis, revelam estratégias de maximização de lucros da indústria farmacêutica, em termos permitidos mas não obrigatórios pelo Acordo.

Ao menos com relação a estes dois últimos casos, não é compreensível admitir uma postura passiva de escritórios de patentes e governos nacionais, especialmente em países em desenvolvimento.

Compactuar com estas práticas significa prezar pelos lucros vultosos de empresas transnacionais em detrimento de qualquer contribuição delas para o estado da técnica. O resultado, como se não bastasse, é a dificuldade ou quase impedimento do acesso aos medicamentos, bens essenciais.

Urge reequilibrar interesses públicos e privados nessas relações. Não se propõe, para tanto, qualquer afastamento da disciplina geral da matéria. Basta uma pitada de bom senso.

Bibliografia

AMARAL JR., Alberto do (coord.). *OMC e Comércio Internacional*. São Paulo, Aduaneiras, 2002.

BAKER, Brook K. *The Importance of Combo-Drugs: Another Argument for Compulsory and Voluntary Licences*. s/l, 2001 (disponível *on line* in *http://lists.essential.org/pipermail/pharm-policy/2001-August/001352.html*, acesso em 10.11.2005).

BASSO, Maristela. *O Direito Internacional da Propriedade Intelectual*. Porto Alegre, Livraria do Advogado, 2000.

————. "O regime internacional de proteção da propriedade intelectual da OMC/TRIPS". In: AMARAL JR., Alberto do (coord.). *OMC e Comércio Internacional*. São Paulo, Aduaneiras, 2002 (pp. 113-160).

BOULET, Pascale, GARRISON, Christopher, e HOEN, Ellen. *Patentes de Medicamentos en el Punto de Mira – Compartiendo Conocimientos Prácticos sobre las Patentes Farmacêuticas*. Madri, Médicos-Sem-Fronteiras, 2003 (disponível *on line* in *http://www.msf.es/pdf/patentes_mira.pdf*, acesso em 10.11.2005).

BUCHALLA, Anna Paula. "Na versão dois-em-um – Dois dos remédios mais vendidos do mundo agora juntos, num só comprimido". *Veja*, edição 1.845. Ano 37. 11/96-97, 17.3.2004.

CHIRRAC, Pierre. *Working Compulsory According to TRIPS. The Essential Drug Candidates*. Médicins-Sans-Frontieres (mimeo), 1994, p. 24. *Apud*: CORREA, Carlos M. *Integrating Public Heath Concerns into Patent Legislation in Developing Countries*. Argentina, Universidad de Buenos Aires, s/d (disponível *on line* in *http://www.southcentre.org/publications/publichealth/publichealth.pdf*, acesso em 10.11.2005).

CORREA, Carlos M. *Integrating Public Heath Concerns into Patent Legislation in Developing Countries*. Argentina, Universidade de Buenos Aires, s/d (disponível *on line* in *http://www.southcentre.org/publications/publichealth/publichealth.pdf*, acesso em 10.11.2005).

————. *Recent Developments in the Field of Pharmaceutical Patents: Implementation of the TRIPs Agreement*. Argentina, Universidad de Buenos Aires, 1998 (disponível *on line* in *http://www.haiweb.org/campaign/novseminar/correa2.html*, acesso em 10.11.2005).

————, e YUSYF, Abdulqawi A. *Intellectual Property and International Trade: the TRIPS Agreement*. Londres, Kluwer Law, s/d.

GARRISON, Christopher, BOULET, Pascale, e HOEN, Ellen. *Patentes de Medicamentos en el Punto de Mira – Compartiendo Conocimientos Prácticos sobre las Patentes Farmacêuticas*. Madri, Médicos-Sem-Fronteiras, 2003 (disponível *on line* in *http://www.msf.es/pdf/patentes_mira.pdf*, acesso em 10.11.2005).

GRUB, Philip. *Patents for Chemicals, Pharmaceuticals and Biotechnology. Fundamentals of Global Law, Practice and Strategy*. Oxford, Clarendon Press, 1999 (pp. 197-199). *Apud*: CORREA, Carlos M. *Integrating Public Heath Concerns into Patet Legislation in Developing Countries*. Argentina, Universidad de Buenos Aires, s/d (disponível *on line* in *http://www.southcentre.org/publications/publichealth/publichealth.pdf*, acesso em 10.11.2005).

HOEN, Ellen, BOULET, Pascale, e GARRISON, Christopher. *Patentes de Medicamentos en el Punto de Mira – Compartiendo Conocimientos Prácticos sobre las Patentes Farmacêuticas*. Madri, Médicos-Sem-Fronteiras, 2003 (disponível *on line* in *http://www.msf.es/pdf/patentes_mira.pdf*, acesso em 10.11.2005).

MÉDICOS-SEM-FRONTEIRAS. *Patentes de Medicamentos em Evidência – Compartilhando Experiência Prática sobre Patentes de Produtos Farmacêuticos*. s/l, s/ed., 2003 (disponível *on line* in *http://www.msf.org.br/campanha/relatorio_patente.pdf*, acesso em 10.11.2005).

QUAKER UNITED NATIONS OFFICE. *What did Developing Countries get in Doha? – Some QUNO Assesments of the WTO Ministerial Conference*. Genebra, s/d (disponível *on line* in *http://www.geneva.quno.info/pdf/final_Doha_assessment.pdf*, acesso em 10.11.20).

————/MINISTRY OF FOREIGN AFFAIRES NORWAY. *The WTO TRIPS Agreement and the Protection of Public Health: Implementing Paragraph 6 of the Doha Declaration*. s/ed., Utstein Klster, 2002 (disponível *on line* in *http://www. geneva.quno.info/pdf/final%20Utstein%20report.pdf*, acesso em 10.11.2005).

SALOMÃO FILHO, Calixto. *Direito Concorrencial – As Condutas*. São Paulo, Malheiros Editores, 2003.

SOARES, José Carlos Tinoco. *Lei de Patentes, Marcas e Direitos Conexos – Lei 9.279, de 14.5.1996*. São Paulo, Ed. RT, 1997.

YUSYF, Abdulqawi A., e CORREA, Carlos M. *Intellectual Property and International Trade: the TRIPS Agreement*. Londres, Kluwer Law, s/d.

ASPECTOS RELEVANTES DO PROGRAMA DE LENIÊNCIA

JULIANA GIRARDELLI VILLELA[1]

1. Introdução. 2. Programa de leniência: 2.1 Requisitos para um programa de leniência eficaz: 2.1.1 Existência de pesadas sanções pecuniárias – 2.1.2 Receio da descoberta – 2.1.3 Transparência na aplicação do programa. 3. Programa de leniência nos Estados Unidos da América: 3.1 Acordo de leniência para as empresas – 3.2 Empresas beneficiadas pelo Corporate Leniency Policy*: 3.2.1 Eletrodos de grafite – 3.2.2 Obras de arte – 3.2.3 Construção naval. 4. Programa de leniência na Europa: 4.1 Comissão Européia – 4.2 Reino Unido. 5. Programa de leniência no Brasil: 5.1 Aplicação prática do acordo de leniência brasileiro – 5.2 Empresa beneficiada. 6. Conclusão.*

"People of the same trade seldom meet together, even for merriment or diversion, but the conversation ends in a conspirasse against the public, or in some contrivance to raise prices." (Adam Smith, *The Wealth of Nations*, Capítulo 10)

1. Introdução

O fenômeno da "globalização" foi responsável pela crescente internacionalização das economias nacionais e pela transnacionalização das empresas, acarretando significativos incrementos e transformações nas práticas comerciais.

Porém, não obstante os benefícios proporcionados pela liberalização comercial, notadamente os avanços tecnológicos e a expansão das economias, a disputa pela conquista de mercados, por parte das empresas, tornou-se cada vez mais acirrada. Nesse contexto, os diversos Estados estão enfrentando, de forma contínua, operações que envolvem concentrações de empresas, formações de cartéis nacionais e transfronteiriços; acordos que visam a excluir competidores de determinados ramos da economia; abusos de posição dominante na área internacional – entre outros exemplos que demonstram atos nocivos à livre concorrência.

Estas práticas precisam ser contidas e exigem mecanismos fortes dos órgãos responsáveis pela defesa da concorrência, além de uma legislação antitruste consolidada, capaz de desestruturar as práticas anticompetitivas, garantindo e zelando sempre pela preponderância de uma concorrência saudável.

Nesse sentido, o *programa de leniência* tem sido considerado como um dos instrumentos mais eficazes na contenção de práticas anticoncorrenciais. Isso porque o citado programa, quando efetivo, possibilita, aos membros dos cartéis, a confissão de condutas ilícitas antes de iniciadas quais-

1. E-mail da Autora: *jgvillela@gmail.com* (pessoal) ou *jgv@rnaves.com.br* (escritório).

quer investigações. Além disso, em outros casos proporciona oportunidades, às organizações sob investigação, de abandonarem o cartel e fornecerem evidências de outros integrantes do cartel.

Importante ressaltar que, enquanto algumas técnicas investigativas são limitadas ou inexistentes em jurisdições que não consideram a atividade do cartel como um crime, o programa de leniência pode ser utilizado em qualquer jurisdição que considere tal conduta como uma ofensa não apenas criminal, mas também civil ou administrativa.

Dessa forma, o presente trabalho procura analisar os principais aspectos para um programa de leniência bem-sucedido. Para tanto, buscará identificar, sobretudo, três pontos importantes na aplicação do programa para dissuadir a atividade cartelística, quais sejam: (i) penalidades pesadas, ou seja, existência de fortes sanções pecuniárias para os integrantes de cartel; (ii) receio de serem descobertas, isto é, as organizações que se envolvem nas atividades de cartel devem saber que tal prática envolve riscos significativos caso venham a ser descobertas pelas autoridades antitruste; (iii) transparência na aplicação do programa, a fim de que as partes possam ter certeza sobre o tratamento que receberão, decorrente de sua cooperação com o programa.

O trabalho procurará, também, demonstrar algumas das razões do sucesso do atual programa de leniência de outros países, bem como analisar a implantação deste programa no Brasil, enfocando seus principais aspectos. O objetivo maior, sem dúvida, é demonstrar os benefícios que este instrumento proporciona como meio de proteger a livre concorrência, além da importância de sua efetividade para evitar a ocorrência de práticas nocivas no mercado.

2. *Programa de leniência*

O *programa de leniência* surgiu, principalmente, da dificuldade na obtenção de provas de infrações à ordem econômica. Tal recurso possibilita que o integrante de uma eventual prática ilícita faça um acordo com o órgão responsável pela punição dessas infrações, a fim de auxiliá-lo a conseguir provas contra os demais participantes.[2] Em troca, o delator receberá das autoridades um abrandamento de sua punição,

2. Um dos motivos do êxito do programa de leniência é que, embora os membros do cartel possam conversar entre si para formalizar os termos de um acordo, não é fácil estabelecê-lo, pois as organizações participantes têm diferentes custos, estimativas da demanda do mercado e objetivos, podendo, inclusive, estar dispostas a praticar níveis de preços diversos. Diante disso, cada membro do cartel poderá sentir-se tentado a "furar" o acordo, fazendo pequenas reduções de preços, visando a adquirir uma fatia de mercado maior que a que lhe fora alocada. Assim, órgãos antitruste, considerando essa instabilidade inerente aos cartéis, decidiram maximizá-la, oferecendo benefícios àqueles que optassem por delatar a prática do cartel e cooperar com as investigações dessa infração. Nesse sentido, o cartel pode ser considerado um exemplo da *Teoria dos Jogos*. Por meio desta Teoria, aplica-se a lógica matemática no processo de tomada de decisões nos jogos e, por extensão, na economia, na política e na guerra. A princípio, a analogia entre as competições nos jogos e na economia foi desenvolvida por Johannes von Neumann e Oskar Morgenstern, em seu livro *Theory of Games and Economic Behavior*, 1944 (*Teoria dos Jogos e do Comportamento Econômico*). De um modo geral, essa Teoria demonstra que, em jogos com duas pessoas, cada jogador considera as estratégias do outro. Diz-se que esses jogos são *zero-soma*: uma das partes perde exatamente o que a outra ganha. Finalmente, nos jogos com mais de duas pessoas, o que uma perde não é, necessariamente, ganho por outra. No entanto, o resultado pode ser influenciado pela formação de coalizões, até o ponto de reduzir o jogo com "n" participantes a apenas dois. Assim, essa situação é comumente utilizada quando algumas empresas de grande porte fazem "acordos" com a finalidade de retirar do mercado os pequenos concorrentes, para exercerem um poder de cartel. Por outro lado, John Nash generalizou a Teoria dos Jogos in *Equilibrium Points in N-Person Games, Procedings of the National Academy of Science (USA)*. De acordo com o que ficou conhecido como "Equilíbrio de Nash", cada jogador, em uma situação de equilíbrio, faz o melhor que pode em função daquilo que estão fazendo seus concorrentes. Nesse caso, aplicando o Equilíbrio de Nash, o cartel só terá estabilidade em um jogo infinito; e, por isso, o programa de leniência consegue desestabilizá-lo, pois estabelece um limite para o jogo.

seja pela redução de sua pena ou pela própria extinção de sua punibilidade.[3]

Cabe ressaltar, para uma melhor compreensão do termo, que "leniência", no âmbito do direito concorrencial, sugere o estabelecimento de uma sanção menos gravosa nos casos em que há cooperação voluntária e integral do infrator.[4]

Os bons resultados na utilização deste programa como forma de combate aos cartéis dependem não apenas de um programa de leniência efetivo mas, também, de reforços nos poderes de investigação.

2.1 Requisitos para um programa de leniência eficaz

2.1.1 *Existência de pesadas sanções pecuniárias*

O primeiro elemento necessário para conter a atividade do cartel e criar um programa de leniência bem-sucedido é a existência de pesadas sanções pecuniárias para os participantes de cartéis.[5] Contudo, para conter a prática do cartel, um dos fatores primordiais é o risco de prisão para os principais membros da organização. A aplicação de multas, sem conjugá-las com o risco da pena prisional, não é suficiente, em muitos casos, para conter o cartel.[6] Por isso, na medida em que a participação no cartel é considerada como crime e o risco de prisão aos envolvidos no cartel é real, a existência de pesadas sanções pecuniárias incentiva a colaboração dos infratores para com o órgão de defesa da concorrência.

Outro fator de suma importância para reprimir a prática de cartéis é que seus riscos devem ser maiores que as eventuais recompensas geradas pela atividade ilícita, e as empresas e seus executivos devem ter esta percepção. Se assim não for, as sanções previstas serão entendidas tão-somente como um mero custo a ser computado para a realização do negócio.[7]

3. Renato Parreira Stetner e outros (*Direito Concorrencial – Aspectos Jurídicos e Econômicos*, p. 312) observam que este mecanismo, de origem norte-americana, ajudou a desmantelar organizações mafiosas nos Estados Unidos da América e na Itália, muitas vezes associado a programas de proteção às testemunhas. Nos Estados Unidos da América é utilizado para reprimir as mais diversas infrações, incluindo os crimes comuns. Dessa forma, o sucesso decorrente deste tipo de programa levou autoridades de vários países a considerá-lo uma medida viável para punir também as infrações à ordem econômica, dentre elas o cartel.

4. Aurélio Buarque de Holanda Ferreira (*Novo Aurélio – Dicionário da Língua Portuguesa – Século XXI*, p. 1.200) observa que "leniência", como sinônimo de "lenidade" (do Latim *lenitate*), significa "brandura", "mansidão".

5. Scott D. Hammond (Director of Criminal Enforcement of U. S. Department of Justice Antitrust Division, "Detecting and deterring cartel activity throug an effective leniency program", disponível em *www.usdoj.gov/atr/public/speechs*) demonstra que, nos Estados Unidos da América, atividades de cartel, tais como fixação de preços, acordos de distribuição de mercados e clientes, violam leis criminais do país, e tanto empresas quanto indivíduos são responsabilizados. As empresas podem ser multadas em 10 milhões de Dólares, duas vezes o ganho bruto do cartel ou duas vezes a perda bruta sofrida pelas vítimas da conspiração. Dependendo da fórmula "duas vezes o ganho/perda bruta", a Divisão Antitruste já obteve multas criminais acima de 500 milhões de Dólares. Para os indivíduos a sentença máxima é de três anos de reclusão e multa de até 350 mil Dólares.

6. Em alguns cartéis – como o cartel dos eletrodos de grafite – é possível que um indivíduo ganhe milhões de Dólares, resultante de sua atividade ilícita. Nestes casos, a simples aplicação de multa à empresa não será eficaz para conter a atuação de tais indivíduos.

7. Scott D. Hammond ("Detecting and deterring cartel activity throug an effective leniency program", cit., disponível em *www.usdoj.gov/atr/public/speechs*) afirma que nos Estados Unidos da América, até a implantação do atual programa de leniência em 1993, a maior multa aplicada em um cartel havia sido inferior a 3 milhões de Dólares. Após a revisão, tornou-se comum a aplicação de multas no valor de 10 milhões de Dólares, e nos últimos 5 anos foram aplicadas mais de 30 sanções pecuniárias. Além disso, a Divisão Antitruste já obteve multas de 100 milhões de Dólares ou mais contra empresas acusadas, incluindo uma multa de 500 milhões de Dólares contra *F. Hoffmann-La Roche* (*HLR*) por sua participação no cartel mundial de vitaminas. Inclusive, o caso *HLR* é interessante para ilustrar como a aplicação de multas inadequadas, sem a sentença prisional, é insuficiente para deter a atividade do cartel. Em 1997, cerca de dois anos antes de a cons-

Deve-se acrescentar, ainda, que aderir a um programa de leniência pode significar uma multa *zero* e ausência de prisão. Isso porque este programa oferece às empresas e seus executivos uma alternativa mais branda que as pesadas sanções pecuniárias e a prisão. Para tanto, uma empresa, ao detectar violação antitruste, deve escolher entre relatar o fato à autoridade competente e procurar fazer um acordo de leniência, ou manter-se silente acerca do ato ilícito.

Nesse sentido, uma questão levantada com freqüência refere-se à forma como o programa de leniência pode ser eficaz nas jurisdições em que não há indivíduos responsáveis pelo cartel e, então, nenhuma possibilidade de prender os executivos culpados. Não há dúvida de que a oportunidade de evitar a prisão é o motivo que mais induz os membros de cartel a optarem pelo acordo de leniência. Entretanto, o programa de leniência pode também ter sua eficácia garantida se a aplicação de pesadas multas for suficiente.[8]

piração das vitaminas ter sido exposta, a *HLR* foi condenada por sua participação no cartel internacional do ácido cítrico. A organização aceitou cooperar com as autoridades antitruste, e lhe foi ordenada uma multa de 14 milhões de Dólares. A Divisão entrevistou dois altos executivos da *HLR* que haviam participado da conspiração do ácido cítrico e que tinham, também, responsabilidades no caso das vitaminas. Contudo, a *HLR* e seus executivos negaram conhecimento e participação neste cartel. Porém, mais tarde, a Divisão descobriu que eles participavam deste cartel e continuavam a comandá-lo mesmo após terem sido declarados culpados por participarem do cartel do ácido cítrico. Tal condenação não foi suficiente para conter suas práticas anticoncorrenciais, e eles continuaram liderando outros cartéis mundiais. Fica claro, assim, que uma multa de 14 milhões de Dólares não foi pertinente para inibi-los, mas 500 milhões de Dólares em multa mais a sentença de prisão para os executivos trouxeram os resultados esperados.

8. O cartel das vitaminas também pode ser exemplo nesse sentido. Este cartel foi reprimido pela cooperação da organização *Rhône-Poulenc S/A*, baseada na França. A empresa decidiu adiantar-se, apesar de os executivos franceses culpados residirem fora dos Estados Unidos. Assim, neste caso, evitar o cárcere de seus executivos não foi, provavelmente, o que induziu a referida empresa a cooperar com as autoridades antitruste, porém seu objetivo era evitar as pesadas sanções pecuniárias para a organização. Dessa forma, enquanto a *Rhône-Poulenc* pagou *zero* de multa, os outros conspiradores, como a já mencionada *HLR* e a *BASF*, pagaram 500 milhões de Dólares e 225 milhões de Dólares, respectivamente.

2.1.2 *Receio da descoberta*

É importante ressaltar que, se as empresas percebem que o risco advindo da descoberta do cartel pelas autoridades antitruste é muito pequeno, então, as penalidades mais pesadas não serão suficientes para conter o cartel. Se os membros do cartel não sentem receio em serem descobertos, não se sentirão inclinados a relatar, às autoridades competentes, seus delitos em troca da leniência. Portanto, é necessário que tais autoridades processem uma legislação forte e eficaz, capaz de criar um ambiente de receio, a fim de que executivos possam perceber que há riscos significativos caso venham a integrar ou continuem participando de algum cartel.

Dessa forma, o fato de o governo vir a descobrir a participação das empresas em algum cartel pode ser motivo de grande ansiedade para seus membros e gerar uma verdadeira *corrida*[9] ao Judiciário. Ocorre que, havendo sérios prejuízos para a empresa se o cartel for descoberto, nem a companhia nem o indivíduo ficarão inertes ante a possibilidade de que outros procurem a Divisão Antitruste mais rapidamente e usufruam, primeiro, dos benefícios da leniência.

Assim, o mais provável é que eles relatem às autoridades suas condutas ilícitas em troca das vantagens de um possível acor-

9. Vladimir Spíndola Silva ("O instituto da leniência no direito antitruste norte-americano", *Revista do IBRAC* 9-1/327) observa que a identificação prematura de crimes antitruste aliada à oportunidade de não sofrer penalização geraram, nos Estados Unidos da América, uma verdadeira corrida aos tribunais. Não raro ocorrem situações em que uma empresa procura o órgão responsável apenas um dia ou dias depois de outros participantes haverem feito o mesmo e já terem garantido seus lugares de *primeiros na fila*.

do de leniência, o mais rápido possível. No entanto, algumas legislações estabelecem que somente poderá aderir a tal programa aquele que primeiro delatar as atividades do cartel. Os demais deverão ser levados a juízo.[10]

2.1.3 *Transparência na aplicação do programa*

O terceiro elemento mais importante para um efetivo programa de leniência é a transparência em sua aplicação, bem como da atuação do órgão antitruste, responsável por sua implementação. Por isso, devem haver clareza e objetividade durante todo o processo, pois essa certeza incentiva as delações, possibilitando, ao infrator, maior segurança para confessar o ilícito, sem receio de que venha a sofrer arbitrariedades.[11]

Nesse sentido, é importante que as autoridades antitruste do país publiquem, de forma regular, alguns artigos acerca do programa de leniência, visando a esclarecer sua aplicação para toda a sociedade. Além disso, a maior transparência do programa permite às autoridades abdicar dos critérios referentes ao processo regular de acusação, aumentando, assim, as possibilidades de que mais empresas venham a se interessar pelo programa.

Dessa forma, há, principalmente, três exemplos nesse sentido, quais sejam: (i) o acordo de leniência pode ser automático se não houver investigação preexistente; isto é, se uma empresa relata sua conduta anticoncorrencial antes que uma investigação tenha sido iniciada, a concessão da leniência é automática, e a organização não pagará qualquer valor em multa;[12] (ii) o valor da cooperação, pois os requerentes do programa devem relatar, integralmente, todo seu envolvimento, a fim de que a investigação possa avançar. Em alguns casos as informações dadas pelos participantes do acordo serão suficientes para condenar os outros membros do cartel. Porém, em outros casos, ainda que haja total cooperação, as evidências não possibilitarão comprovar a existência do cartel, mas poderão conduzir a ela;[13] (iii) o papel da ofensa, tornando-se necessário que a empresa delatora não tenha coagido outras empresas a participarem da atividade ilegal, bem como não tenha iniciado ou liderado a prática infratora.[14]

10. Scott D. Hammond ("Detecting and deterring cartel activity throug an effective leniency program", cit., disponível em *www.usdoj.gov/atr/public/speechs*) demonstra que, para entender esta questão, deve-se considerar o seguinte exemplo: "Imagine um cenário onde cinco membros de um cartel devem participar de uma reunião de emergência. Quando a reunião começa, há um lugar vazio na mesa, porque um dos conspiradores não respondeu ao chamado para participar da reunião. Então, um dos membros do cartel começa a ficar nervoso. Será que este indivíduo ausente resolveu abandonar o cartel? Será que ele foi aos agentes federais? Neste ambiente, com alto risco de ser descoberto o cartel, em quem você confia?".

11. A Divisão Antitruste dos Estados Unidos da América considera que deve haver transparência sobretudo nos seguintes aspectos: (i) critérios transparentes para iniciar as investigações; (ii) critérios transparentes para decidir se deve ser apresentada acusação criminal; (iii) transparência no processo; (iv) transparência na negociação do acordo; (v) transparência na aplicação das sentenças e no cálculo das multas; (vi) transparência na aplicação do programa de leniência.

12. Alguns exemplos de jurisdições que adotam esse tipo de medida são: Estados Unidos da América, Canadá, Reino Unido e Alemanha.

13. Scott D. Hammond ("Detecting and deterring cartel activity throug an effective leniency program", cit., disponível em *www.usdoj.gov/atr/public/speechs*), ao abordar o assunto, exemplifica-o com o cartel dos eletrodos de grafite. Neste caso, o participante do acordo de leniência tinha um papel apenas secundário na conspiração, e, portanto, não podia fornecer à Divisão Antitruste dos Estados Unidos da América evidências contundentes sobre o cartel. Contudo, por meio de suas informações criou-se a oportunidade para descobrir as atividades do cartel e multá-lo em quase 300 milhões de Dólares.

14. Nos Estados Unidos da América, Canadá e Reino Unido somente serão desqualificados para participar do programa aqueles que claramente organizaram ou lideraram a conspiração. Assim, se houver dois líderes de cinco empresas participantes da conspiração, todas elas, incluindo os dois líderes, podem vir a integrar o programa. De outra forma, se houver duas empresas envolvidas na conspiração,

3. *Programa de leniência nos Estados Unidos da América*

O Departamento de Justiça dos Estados Unidos da América[15] adota, desde 1978, normas de leniência destinadas a conceder anistia às empresas que, de forma cooperativa, apresentem provas absolutas de práticas ilícitas ao órgão antitruste antes do início de quaisquer investigações.

Porém, este programa de leniência gerava grande incerteza, uma vez que dependia do arbítrio do Governo Norte-Americano, que podia aceitar ou não o pedido da empresa para participação no referido programa. Em virtude dessa ampla discricionariedade conferida à autoridade governamental, o primeiro programa não alcançou o êxito esperado.[16]

Dessa forma, em agosto/1993 a Divisão Antitruste revisou o programa de leniência norte-americano,[17] de forma a torná-lo mais simples e atrativo para as empresas.

Nesse aspecto, três principais questões foram revisadas:[18] (i) a anistia passou a ser automática para os casos em que não haja investigação anterior; (ii) a anistia pode ser concedida em alguns casos em que a investigação já foi iniciada; (iii) empregados, diretores, todos que cooperarem com as autoridades antitruste poderão ser protegidos das acusações criminais.[19]

Mas, além destas mudanças, o programa de leniência norte-americano prima pela utilização de critérios essenciais para seu sucesso, anteriormente citados neste trabalho, a saber: (i) ameaça de aplicação de pesadas sanções pecuniárias; (ii) temor da punição; (iii) transparência na atuação da agência antitruste.

Portanto, o atual programa tem sido bem-sucedido na resolução de casos de cartéis, e se tornou modelo para programas de leniência adotados por vários países.[20] Importante lembrar que, desde sua criação, o *Corporate Leniency Policy* é considerado, nos Estados Unidos, como o principal instrumento de combate aos cartéis.

Enfatize-se, ainda, que, após a citada revisão, a taxa de aplicação de anistia passou a ser de mais de uma por mês.[21] Mas, saliente-se, somente a primeira empresa a

cada uma delas com papel relevante na operação do cartel, ambas podem ser qualificadas para fazer o acordo de leniência. O objetivo destes países é, justamente, incentivar as empresas, o máximo possível, para que participem do programa de leniência e relatem as atividades ilícitas do cartel.

15. Nos Estados Unidos da América a defesa da concorrência é feita pelo *Department of Justice* (Departamento de Justiça), por meio de seus dois órgãos: *Federal Trade Commission* (Comissão Federal de Comércio) e *Antitrust Division* (Divisão Antitruste).

16. Scott D. Hammond, "Fighting cartels – Why and how? Lessons common to detecting cartel activity", disponível em *www.usdoj.gov/atr/public/speechs*.

17. Essas normas são conhecidas como *Corporate Leniency Policy* e têm como objetivo a concessão de imunidade (anistia) às empresas delatoras de violações à ordem econômica. Ressalte-se, ainda, que a expressão em Inglês supracitada também pode ser denominada como *Corporate Amnesty Policy* ou *Corporate Immunity Policy*, podendo-se, portanto, usar os termos "anistia" e "imunidade" como palavras sinônimas quando tratarem de normas ou programas de leniência.

18. Estes aspectos englobam importantes requisitos para o sucesso de um programa de leniência e, por isso, serão abordados de forma mais detalhada em tópico posterior.

19. Para mais informações sobre a aplicação do programa de leniência norte-americano pela Divisão Antitruste, v. Gary R. Spratling, *The Corporate Leniency Policy: Answers to Recurring Questions*, 1998, e *Making Companies an Offer they Shouldn't Refuse*, 1999; Scott D. Hammond, *Lessons Common to Detecting and Deterring Criminal Activity*, 2000.

20. Grande número de países implementou suas jurisdições com um efetivo programa de leniência. Dentre estes, Canadá, Brasil, Reino Unido, Alemanha, França, Irlanda, República Tcheca e Coréia do Sul são alguns dos países que, recentemente, adotaram ou revisaram seus programas de leniência, além de outros países que estão em processo de desenvolvimento desse instrumento.

21. James M. Griffin (Deputy Assistant Attorney General of U. S. Department of Justice Antitrust Division, "The modern leniency program after 10 years – A summary overview of the Antitrust Division's Criminal Enforcement Program", disponível em *www.usdoj.gov/atr/public/speechs*) afirma que antes da revisão do atual programa a taxa de aplicação de anistia praticamente era de uma por ano.

delatar a conspiração do cartel é que se qualifica para o acordo de leniência.

Ressalte-se, ainda, que, devido à eficácia do programa instituído, nos últimos seis anos a Divisão Antitruste já arrecadou mais de 1 bilhão de Dólares em multas criminais. Apenas para exemplificar, em 1997/1998 o total de multas aplicadas aos réus foi quase idêntico ao total de multas aplicadas durante todo o período de 1978/1996. Inclusive, desde 1995 o número de empresas que aderiram ao programa cresceu continuamente. Somente em 1997/1998/1999, o total de multas aplicadas pelo órgão antitruste superou 1,5 bilhão de Dólares, sendo 95% dos casos referentes a cartéis internacionais.

Além disso, como as multas aplicadas são proporcionais às vendas nos Estados Unidos da América, o programa de leniência também permitiu avaliar a extensão real dos danos provocados pelos cartéis à economia.

3.1 Acordo de leniência para as empresas

O novo programa de leniência estabeleceu, principalmente, três modificações buscando incentivar as empresas a delatarem práticas ilícitas de cartel, quais sejam: (i) concessão automática de anistia[22] à empresa, desde que a mesma satisfaça seis requisitos necessários;[23] (ii) possibilidade de a empresa delatora receber anistia mesmo após o início das investigações,[24] sempre com a exigência de que se trate de denúncia ainda não conhecida pelo órgão antitruste; (iii) com o recebimento da anistia pela empresa infratora, esta se estende a todos os seus funcionários que também colaborem com a Divisão Antitruste.[25]

É importante mencionar que o *Corporate Leniency Policy* prevê também a possibilidade de um *amnesty plus*.[26] São maiores benefícios, que serão recebidos caso a empresa delatora, colaboradora da agência antitruste na investigação de um determi-

22. A concessão automática de anistia refere-se à isenção total e imediata das penalidades em relação às empresas que colaboram com a agência antitruste antes do início das investigações.

23. Vladimir Spíndola Silva ("O instituto da leniência no direito antitruste norte-americano", cit., *Revista do IBRAC* 9-1/323) demonstra que esses requisitos são imprescindíveis a fim de que a empresa delatora possa participar do programa de leniência e conseguir a anistia automática. São eles: (i) ineditismo da denúncia fornecida ao órgão antitruste; (ii) após a denúncia, que a empresa cesse sua participação na prática ilícita; (iii) necessidade de cooperação total, por parte da empresa que delatou o fato, no interregno das investigações; (iv) o crime denunciado deve ser um ato da própria empresa, e não atos isolados de funcionários ou executivos da mesma; (v) possibilidade de a empresa indenizar as partes lesadas; (vi) necessidade de a empresa delatora não ter coagido outras empresas a participarem da atividade ilegal, bem como não ter iniciado ou liderado a prática infratora.

24. Vladimir Spíndola Silva ("O instituto da leniência no direito antitruste norte-americano", cit., *Revista do IBRAC* 9-1/329) ressalta que algumas vezes pode ocorrer que uma empresa, ao se apresentar para denunciar a infração cometida, não satisfaça os seis requisitos necessários para a obtenção da anistia automática. Neste caso, ela ainda terá direito à leniência, independentemente de a denúncia ter sido antes ou depois do início das investigações, contanto que preencha outros sete requisitos, a saber: (i) ser a primeira empresa a apresentar a denúncia, e que esta a habilite a ingressar no programa de leniência; (ii) necessidade de o órgão antitruste não ter provas contra a empresa delatora no momento em que esta decide fazer a denúncia; (iii) após a denúncia, que a empresa cesse sua participação na atividade ilícita; (iv) necessidade de cooperação total por parte da empresa que delatou o fato criminoso durante o interregno das investigações; (v) possibilidade de a empresa indenizar a parte lesada; (vi) o crime denunciado deve ser um ato da própria empresa, e não atos isolados de seus funcionários ou executivos; (vii) a Divisão Antitruste deve determinar que a concessão de leniência para esta empresa não seja injusta com outros; e, para tanto, deve considerar a natureza da atividade ilegal, isto é, do crime antitruste, além do papel que a empresa denunciante desempenhou na atividade ilícita, bem como o momento em que decidiu apresentar-se ao órgão responsável pela punição.

25. Gary R. Spratling, *Making Companies an Offer they Shouldn't Refuse*, cit., 1999.

26. Em tradução livre: "anistia extra".

nado cartel, venha a delatar a existência de um outro cartel.[27]

3.2 Empresas beneficiadas pelo Corporate Leniency Policy

Algumas empresas participantes do programa de leniência ilustram exemplos dos benefícios gerados por este instrumento de combate ao cartel, como é o caso do cartel das vitaminas,[28] dos eletrodos de grafite, das obras de arte e da construção naval. Nestes casos, as empresas que cooperaram não sofreram a aplicação de multas.

3.2.1 *Eletrodos de grafite*

Quanto ao cartel dos eletrodos de grafite, a primeira empresa a delatar a infração foi a *Carbide/Graphite Group of Pitsburgh*, e, devido à sua cooperação, não foi condenada ao pagamento de multa. Entretanto, a segunda empresa a procurar as autoridades, a japonesa *Showa Denko Carbon*, pagou multa de 32,5 milhões de Dólares; a terceira empresa, a *UCAR International*, foi multada em 110 milhões de Dólares; a quarta empresa, a alemã *SGL Carbon AG*, pagou 135 milhões de Dólares em multas. Depois, a *Mitsubishi* foi condenada, em julgamento, por sua participação no referido cartel, e recebeu como sentença uma multa no valor de 134 milhões de Dólares. Além das empresas, dois executivos norte-americanos foram multados em 2 milhões de Dólares e um executivo alemão recebeu uma multa de 10 milhões de Dólares.

3.2.2 *Obras de arte*

Em relação aos leilões de obras de arte, as duas maiores casas de leilões do mundo, *Christie's* e *Sotheby's*, controlaram, durante os anos 1990, mais de 90% do mercado de obras de arte. Contudo, este cartel começou a ser desmontado quando executivos da *Christie's International* procuraram o órgão antitruste norte-americano e delataram a conspiração. Assim, a *Sotheby's*, por sua vez, após confessar sua culpa, foi multada em 45 milhões de Dólares, e seu principal *chairman* foi condenado a um ano de prisão e ao pagamento de 7,5 milhões de Dólares em multas.

3.2.3 *Construção naval*

No tocante às investigações do mercado da construção naval, a segunda empresa a procurar a Divisão Antitruste, a holandesa *HeereMac*, embora tenha denunciado o cartel após o início das investigações, quando uma primeira empresa já havia feito a denúncia, obteve grande redução no valor de sua multa, acordando com as autoridades o valor de 49 milhões de Dólares, devido à sua excelente cooperação no caso. Atualmente, a aplicação das multas às empresas que participavam deste cartel já totaliza mais de 140 milhões de Dólares, e um executivo norte-americano foi condenado a três anos de prisão.

4. Programa de leniência na Europa

O programa de leniência tornou-se um dos principais instrumentos de contenção do cartel em diversos países da Europa, que nos últimos anos implementaram ou reformularam esse instituto em suas legislações, buscando torná-lo mais efetivo. Assim, o presente capítulo abordará sobretudo os programas da Comissão Européia,

27. James M. Griffin ("The modern leniency program after 10 years – A summary overview of the Antitrust Division's Criminal Enforcement Program", cit., disponível em *www.usdoj.gov/atr/public/speechs*) afirma que, em alguns casos, novas investigações são resultantes quando uma companhia está negociando com as autoridades antitruste e procura receber maiores benefícios do programa de leniência para relatar a existência de uma outra conspiração. Assim, sob tais circunstâncias, a empresa que escolhe relatar e cooperar para a descoberta de um segundo cartel pode obter o que foi designado, pelo programa de leniência dos EUA, de *amnsty plus* (v. nota 25).

28. Para os benefícios recebidos pela empresa que denunciou o cartel das vitaminas, v. nota 7.

estabelecido pela União Européia, bem como o programa do Reino Unido, ambos excelentes exemplos de um programa de leniência bem-sucedido.

4.1 Comissão Européia

A Comissão Européia instituiu seu programa de leniência em 1996,[29] e sua implementação foi responsável por um considerável aumento do número de cartéis descobertos e punidos.[30] Porém, tal programa passou por uma importante reformulação, e em 2002 a União Européia apresentou seu novo programa de leniência, mais semelhante ao modelo adotado nos Estados Unidos.[31]

A mencionada reforma estabeleceu relevantes modificações no programa, como a isenção de pena para as empresas colaboradoras, ainda que as investigações já tenham sido iniciadas, desde que: (i) ofereçam provas contundentes acerca da existência do cartel; (ii) aceitem cooperar com o órgão antitruste de forma irrestrita; (iii) abandonem, definitivamente, as antigas condutas ilícitas; (iv) não tenham forçado a participação de quaisquer empresas no cartel.

A anistia total, nos casos em que a investigação já tiver sido iniciada, somente será possível se a empresa for a primeira a cooperar com as autoridades antitruste, a fim de relatar evidências do cartel. Entretanto, se as investigações não tiverem se iniciado e a empresa for a primeira a relatar a conspiração, neste caso obterá anistia automática e total.[32]

Outro aspecto essencial refere-se ao chamado "papel da ofensa". O programa atual não exclui da possibilidade de conseguir imunidade total aqueles membros do cartel que tenham instigado a participação de outras empresas na atividade ilícita ou que tenham exercido papel relevante na conspiração. Para serem desqualificados para esta imunidade é preciso que os participantes do cartel tenham coagido outras empresas a se tornarem membros do cartel.

O atual programa de leniência da Comissão Européia, desde o início, demonstrou um firme comprometimento em recompensar as empresas que primeiro delatassem as atividades do cartel, bem como tem imposto pesadas sanções pecuniárias àqueles que preferem continuar participando das conspirações.[33]

29. O programa de leniência da União Européia foi implementado em 18.7.1996.

30. Nos últimos anos a Comissão Européia multou mais de 50 empresas por suas atividades de cartel, e as multas aplicadas, somadas, remontam a cerca de 2 bilhões de Euros.

31. O novo programa foi instituído em 13.2.2002.

32. Scott D. Hammond ("Detecting and deterring cartel activity throug an effective leniency program", cit., disponível em *www.usdoj.gov/atr/public/speechs*) informa que, antes da reformulação do programa de leniência europeu, a primeira empresa a delatar o cartel recebia uma redução em suas multas de 75% a 100% caso as investigações ainda não tivessem iniciado, e de 50% a 75% após o início das investigações.

33. A primeira empresa a cooperar com as autoridades antitruste e receber total imunidade foi a francesa *Aventis S/A*, após relatar sua participação no cartel das vitaminas A e E. A *Aventis*, ao se decidir pelo acordo de leniência, evitou ser condenada ao pagamento de pesadas multas, tanto nos Estados Unidos da América quanto na Europa. Contudo, oito companhias integrantes do cartel das vitaminas foram multadas em 850 milhões de Euros, incluindo a *HLR*, condenada ao pagamento de uma multa no valor de 462 milhões de Euros, e a *BASF*, que pagou uma multa de 296 milhões de Euros (cf. nota 7). Outra empresa a receber total imunidade, devido à sua cooperação com as autoridades antitruste, foi a *Sappi Ltd.* (África do Sul), que relatou a fixação de preços no caso dos "cartéis dos papéis descarbonados". Enquanto a *Sappi*, identificada como uma das três maiores empresas do cartel, não foi condenada a pagar multa alguma, outras 10 companhias foram condenadas ao pagamento de multas que totalizam acima de 310 milhões de Euros, incluindo a multa aplicada à *Arjo Wiggins Appleton*, no valor de 184 milhões de Euros. Em 2002 outras três grandes condenações por cartel ocorreram na Europa: o cartel dos bancos austríacos, que multou 8 bancos em mais de 120 milhões de Euros; o cartel da metionina, que impôs multa de 127 milhões de Euros a duas empresas do setor; o cartel dos gases médicos, que multou 7 fabricantes em 25 milhões de Euros.

4.2 Reino Unido

O Governo Britânico, em março/2000, implementou sua legislação concorrencial[34] e concedeu ao *Office of Fair Trading* (*OFT*) maiores poderes de investigação, visando a conter a prática do cartel.[35] Esta implementação incluiu a criação de um programa de leniência[36] também nos moldes do programa norte-americano.

De acordo com o programa britânico, as companhias que cooperarem com o *OFT* podem receber total ou parcial imunidade no tocante à aplicação de multas.

A imunidade total é possível para o primeiro membro que relatar a existência do cartel, e será automática nos seguintes casos: (i) se as investigações ainda não tiverem sido iniciadas; (ii) se o *OFT* não possuir evidências suficientes para atestar a existência do cartel. Este último requisito deve ocorrer nos casos em que o *OFT* já iniciou as investigações mas ainda não possui dados relevantes para saber se as proibições contidas no *Chapter I*[37] foram infringidas.

O interessado em participar do programa de leniência britânico deve preencher os seguintes requisitos: (i) fornecer ao *OFT* informações, documentos e demais evidências que possam provar as atividades do cartel; (ii) manter irrestrita cooperação para o sucesso das investigações; (iii) não deve ter instigado, liderado ou compelido outras empresas a pactuarem com o cartel; (iv) deve cessar suas atividades cartelísticas assim que procurar estabelecer o acordo de leniência.

A imunidade parcial – isto é, a redução das penalidades acima de 50% – é possível em dois casos, a saber: (i) quando o denunciante não é o primeiro a relatar o cartel, mas antes de o *OFT* notificar, por escrito, que houve infração ao disposto no *Chapter I*; (ii) quando o denunciante tiver sido qualificado para a imunidade total pelo fato de não ter instigado, liderado ou compelido outras companhias a fazerem parte do cartel.

Em ambos os casos é necessário o preenchimento cumulativo dos seguintes requisitos: (i) fornecer ao *OFT* informações, documentos e demais evidências que possam provar as atividades do cartel; (ii) manter irrestrita cooperação para o sucesso das investigações; (iii) cessação das suas atividades no cartel assim que procurar estabelecer o acordo de leniência.

5. Programa de leniência no Brasil

O Brasil, ante a dificuldade na obtenção de provas para atestar a existência dos cartéis, passou a adotar medidas que pudessem conter atividades anticoncorrenciais. Dentre tais medidas destaca-se a adoção do programa de leniência,[38] seguindo o padrão do programa adotado nos Estados Unidos da América.

Entretanto, este instrumento foi transplantado para o sistema jurídico brasileiro sem as necessárias adaptações, tornando-o, como se percebeu depois, sem aplicação prática. Nesse sentido, a maior dificuldade para a celebração dos acordos de leniência referia-se ao fato de que no Brasil os cartéis são infrações administrativas e criminais,[39]

34. *Competition Act*, 1998.

35. Margaret Bloom (in jornal *Gazeta Mercantil*, ed. de 20.9.2002) afirma que após a criação do programa de leniência o Reino Unido passou a descobrir, em média, um cartel por mês.

36. Para maiores informações sobre o programa de leniência britânico, consultar "Director General of Fair Trading's guidance as to the appropriate amount of a penalty", disponível em *www.oft.gov.uk*.

37. Refere-se ao *Chapter I* contido no *Competition Act*, 1998, e que proíbe práticas anticompetitivas e concertadas no mercado.

38. O acordo de leniência foi introduzido na legislação concorrencial brasileira pela Medida Provisória 2.055, transformada na Lei 10.149/2000, que o introduziu os arts. 35-B e 35-C da Lei 8.884/1994.

39. As atividades do cartel são consideradas pela legislação nacional como um ilícito administrativo, punível pela Lei 8.884/1994, bem como as condutas estabelecidas na Lei 8.884/1994, arts. 20 e 21, podem ser classificadas como crimes contra a ordem econômica, de acordo com a Lei 8.037/1990, arts. 4º, 5º e 6º.

sujeitas a ação penal pública incondicionada. Este obstáculo, caso não fosse superado, seria suficiente para estabelecer a ineficácia do acordo de leniência, pois as autoridades antitruste não tinham como impedir a propositura da ação penal por parte do Ministério Público[40] contra as pessoas interessadas em participar do programa.

A solução possível, encontrada pelas autoridades de defesa da concorrência, foi recorrer ao legislador.[41] Assim, alterou-se a redação da lei que instituiu a leniência, estabelecendo, para os crimes contra a ordem econômica, em caso de acordo de leniência, as seguintes disposições:[42] (i) suspensão do prazo prescricional; (ii) impedimento do oferecimento da denúncia pelo Ministério Público.

Contudo, esta solução gerou conflitos, no sentido de que estaria ferindo a competência privativa do Ministério Público para o oferecimento da ação penal pública, expressa na Constituição Federal. Portanto, uma lei ordinária, impossibilitando o oferecimento de tal ação, haveria de ser inconstitucional, uma vez que o acordo não é firmado com o Ministério Público, mas com outro ente – no caso, a Secretaria de Direito Econômico (SDE).

Porém, entende-se que não se trata de inconstitucionalidade. Isso porque a competência privativa do Ministério Público para propor ação penal pública continua preservada, e somente ele pode fazê-lo.

Ocorre que a lei, em sentido estrito, estabeleceu a proibição de denúncia nos casos em que há acordo de leniência firmado com a SDE. Portanto, o Ministério Público continua propondo ação penal pública quando a lei assim determinar ou não proibir expressamente, como é o caso.

Na verdade, esta foi a única medida com respaldo legal capaz de resolver esta questão, que, caso contrário, acabaria por inutilizar o mecanismo da leniência como forma de combate às práticas anticompetitivas.

5.1 Aplicação prática do acordo de leniência brasileiro

No tocante à participação no programa de leniência brasileiro, exige-se o cumprimento de quatro principais requisitos,[43] que devem ser cumpridos de forma cumulativa, a saber: (i) o interessado em participar do acordo deve ser o primeiro a fazer a denúncia; (ii) após o relato, o denunciante deve cessar sua prática ilícita; (iii) à época da denúncia, o órgão antitruste não deve possuir provas suficientes para a condenação da empresa ou da pessoa física; (iv) o denunciante deve colaborar de forma plena durante todo o interregno das investigações.

O acordo é firmado pela SDE.[44] O Conselho Administrativo de Defesa Econômica (CADE), de seu lado, tem como funções: (i) verificar o cumprimento do acordo; (ii) extinguir a punição da Administração Pública em favor do infrator;[45] (iii)

40. Lei 8.137/1990, arts. 15 e 16; CP, art. 100, § 1º.

41. Renato Parreira Stetner e outros, *Direito Concorrencial – Aspectos Jurídicos e Econômicos*, cit., p. 318.

42. A Medida Provisória 2.055, responsável por estabelecer o instituto da leniência no ordenamento jurídico brasileiro, não lidava com os crimes contra a ordem econômica. Assim, ao transformá-la na Lei 10.149/2000, que estabeleceu a atual redação dos arts. 35-B e 35-C da Lei 8.884/1994, foram feitas as alterações necessárias a fim de corrigir o problema em questão (Lei 8.884/1994, art. 35-C).

43. Estes requisitos estão dispostos na Lei 8.884/1994, art. 35-B, § 2º.

44. O Sistema Brasileiro de Defesa da Concorrência (SBDC) é formado pelo Conselho Administrativo de Defesa da Concorrência (CADE), autarquia do Ministério da Justiça com função judicante; pela Secretaria de Direito Econômico (SDE), do Ministério da Justiça, como perito jurídico; pela Secretaria de Acompanhamento Econômico (SEAE), do Ministério da Fazenda, como perito econômico.

45. Essa extinção da ação punitiva ocorrerá quando a denúncia tenha sido feita à SDE antes que ela tivesse conhecimento da infração reportada. Caso

reduzir as penas aplicadas de um a dois terços.

Necessário enfatizar que os efeitos do programa de leniência celebrado com empresas infratoras estendem-se a seus executivos, diretores e funcionários.

Cabe ressaltar que o instituto da leniência brasileiro contempla o sigilo[46] da proposta de acordo, ainda que tal proposta seja rejeitada pela SDE. Neste caso, a delação feita não é considerada como confissão, nem como reconhecimento de ato ilícito.[47]

É importante ressaltar que, para conceder efetividade ao referido programa, é essencial que o Brasil se utilize com constância dos requisitos necessários[48] para garantir o sucesso do programa de leniência, quais sejam: (i) pesadas sanções pecuniárias; (ii) receio do cartel de ser descoberto; (iii) transparência.

Tais requisitos são importantes, na medida em que proporcionam efetividade ao programa, possibilitando aos agentes infratores considerarem as recompensas provenientes da leniência como uma alternativa às atividades ilícitas. Não há dúvida de que escolherão participar do programa caso as sanções que venham a sofrer, com a descoberta do cartel, sejam mais pesadas que os lucros que possam auferir com a prática anticoncorrencial.

Inclusive, todos os modernos programas de leniência – principalmente o dos Estados Unidos da América e o da União Européia – que foram reformulados há poucos anos pautam-se pela utilização destes requisitos como forma de tornar o instituto da leniência mais simples e atrativo para as empresas.

5.2 Empresa beneficiada

Desde a implementação do programa de leniência na legislação antitruste nacional, menos de cinco empresas aderiram ao acordo, como conseqüência, sobretudo, das dificuldades, acima mencionadas, quando da criação deste instituto em nosso ordenamento jurídico.

Assim, o primeiro acordo de leniência nacional foi firmado com a empresa *Vigilância Antares Ltda.*,[49] a partir de denúncias de fraude a licitações de serviço de segurança privada armada em estabelecimentos do Ministério da Fazenda do Estado do Rio Grande do Sul. Como a referida empresa foi a primeira a delatar o cartel, recebeu os benefícios previstos nos arts. 13 e 14 da Lei 9.807/1999, que dispõem acerca da extinção da punibilidade e da redução da pena.

6. Conclusão

Sem dúvida, o instituto da leniência mostra-se bastante eficaz nos países em que tem sido efetivamente aplicado. Seus efeitos são bastante compensadores, na medida em que torna mais vantajosa a cooperação com a autoridade antitruste, em detrimento da continuidade nas ações ilícitas.

contrário será concedida a redução da pena; e, para tanto, o cálculo da redução considerará a menor das penas aplicadas aos demais autores da infração, a fim de que o benefício concedido não apresente distorções.

46. O sigilo é necessário para evitar retaliações ao delator.

47. Este tipo de disposição é importante para o sucesso do programa, pois o infrator, ao manifestar sua intenção de participar do programa de leniência, não tem como saber se preencherá todos os requisitos para ser aceito, ou não. Apenas terá ciência sobre sua inclusão em momento posterior, após análise da SDE. Assim, caso a lei não estabeleça o sigilo e a não-confissão, em caso de não-enquadramento do infrator no acordo, tal fato inibiria a procura dos interessados, comprometendo a eficiência do próprio instituto da leniência (Lei 8.884/1994, art. 35-B, §§ 9º e 10).

48. Para mais detalhes sobre a importância destes requisitos, consultar o item 1 do presente trabalho.

49. Acordo de Leniência 01, firmado em 8.10.2003, sob o Procedimento SDE 08012.001826/2003-10.

Dessa forma, há um incentivo enorme para que as empresas possam cessar suas práticas criminosas, garantindo isenção no pagamento de multas e a extinção da punição criminal.

No Brasil esse instituto é ainda incipiente, considerando-se o pouco tempo de sua adoção. Entretanto, a iniciativa das autoridades de adotar o programa de leniência, visando a ampliar o combate aos cartéis, é de suma importância para a proteção da livre concorrência.

Acrescente-se, ainda, a necessidade de aprimorar o citado programa, concedendo-lhe maior transparência, a fim de que os eventuais delatores das atividades do cartel sintam-se seguros em aderir ao acordo. De forma conjunta, é preciso estabelecer pesadas sanções pecuniárias e possibilidade de sentenças prisionais para as atividades concorrenciais ilícitas, sempre com o intuito de tornar desvantajosa a prática do cartel.

Portanto, duas considerações devem ser feitas: (i) não há dúvida quanto à eficiência de um programa de leniência, e tampouco, quanto aos benefícios que pode proporcionar; (ii) qualquer instrumento de combate a práticas ilícitas somente trará benefícios se os órgãos antitruste estiverem estruturados e fortalecidos o suficiente para implementá-lo.

Nesse sentido, o programa de leniência, considerado um instrumento de vanguarda na prevenção e repressão aos cartéis, devido à sua comprovada eficiência, precisa ser aproveitado de forma adequada e efetiva.

Ressalte-se, ademais, que o incremento deste mecanismo proporcionará à sociedade um ambiente de competição saudável, e ao país um maior potencial frente às exigências de uma economia internacional marcada por disputas constantes. Deve-se observar sempre que, em uma economia de mercado, para obter ganhos, não é suficiente o potencial econômico, mas o preparo das estruturas do país, a fim de efetivá-lo ante os demais Estados.

Bibliografia

ARAÚJO JR., José Tavares. "*Antidumping* e política de concorrência na ALCA e no MERCOSUL". *Boletim Latinoamericano de Concorrência* 13. Luxemburgo, Serviço das Publicações Oficiais das Comunidades Européias, 2001.

BLOMM, Margaret. In: jornal *Gazeta Mercantil*. ed. 20.9.2002.

FERREIRA, Aurélio Buarque de Holanda. *Novo Aurélio – Dicionário da Língua Portuguesa – Século XXI*. Rio de Janeiro, Nova Fronteira, 1999.

GRIFFIN, James M. (Deputy Assistant Attorney General of U.S. Department of Justice Antitrus Division). "The modern leniency program after 10 years – A summary overview of the Antitrust Division's Criminal Enforcement Program". Disponível em: *www.usdoj.gov/atr/public/speechs*. 2003.

HAMMOND, Scott D. (Director of Criminal Enforcement of U. S. Department of Justice Antitrust Division). "Detecting and deterring cartel activity throug an effective leniency program". Disponível em: *www.usdoj.gov/atr/public/speechs*. 2000.

——————. *Fighting Cartels – Why and How? Lessons Common to Detecting Cartel Activity*. Department of Justice (USA). Setembro/2000.

——————. *Lessons Common to Detecting and Deterring Criminal Activity*. 3rd Nordic Competition Policy Conference. Setembro/2000.

LIRA, Lucas Machado. "O acordo de leniência: avanço ou precipitação?". *Revista do IBRAC* 8-2. São Paulo, IBRAC, 2001.

MONTI, Mario. "A global competition policy?". Disponível em: *www.europa.eu.int/comm/competition/index_pt.htmal*. 2002.

MORGENSTERN, Oskar, e NEUMANN, Johannes von. *Theory of Games and Economic Behavior*. 1944.

NASH, John. *Equilibrium Points in N-Person Games*. Procedings of the National Academy of Science/USA.

NEUMANN, Johannes von, e MORGENSTERN, Oskar. *Theory of Games and Economic Behavior*. 1944.

PINDYCK, Robert S., e RUBINFELD, Daniel L. *Microeconomia*. São Paulo, Makron Books, 1994.

RUBINFELD, Daniel L., e PINDYCK, Robert S. *Microeconomia*. São Paulo, Makron Books, 1994.

SADDI, Jairo. "As fronteiras entre Direito e Economia". *Valor Econômico*, ed. 10.12.2002. Caderno "Legislação e Tributos" (p. E-2).

SANDRONI, Paulo. *Novo Dicionário de Economia*. 6ª ed. São Paulo, Best Seller,1994.

SILVA, Eugênio da Costa e. "A concorrência no MERCOSUL: considerações preliminares". *Revista de Direito Econômico* janeiro-julho/1997. Brasília.

SILVA, Vladimir Spíndola. "O instituto da leniência no direito antitruste norte-americano". *Revista do IBRAC* 9-1. São Paulo, IBRAC, 2002.

SPRATLING, Gary R. *Making Companies an Offer they Shouldn't Refuse*. Department of Justice/USA, fevereito/1999.

———. *The Corporate Leniency Policy: Answers to Recurring Questions*. ABA Antitrust Section, Spring Meeting, abril/1998.

STETNER, Renato Parreira, e outros. *Direito Concorrencial – Aspectos Jurídicos e Econômicos*. Rio de Janeiro, América Jurídica, 2002.

Atualidades

O ACORDO DE SUBSÍDIOS E MEDIDAS COMPENSATÓRIAS DA ORGANIZAÇÃO MUNDIAL DO COMÉRCIO

ALEXANDRE MARQUES DA SILVA MARTINS

1. Introdução. 2. Subsídios e medidas compensatórias no antigo GATT. 3. O conceito de "subsídio" na legislação da OMC. 4. Tipos de subsídios: 4.1 Explicação necessária – 4.2 Subsídios proibidos: 4.2.1 Subsídios à exportação – 4.2.2 Subvenções vinculadas ao uso preferencial de produtos nacionais em detrimento de produtos estrangeiros – 4.3 Subsídios recorríveis – 4.4 Subsídios irrecorríveis. 5. Medidas compensatórias: 5.1 Introdução – 5.2 Considerações críticas acerca das medidas compensatórias – 5.3 Pontos polêmicos: 5.3.1 A expressão "produto similar" – 5.3.2 O art. 15, § 5, do Acordo de Subsídios – 5.4 Solução alternativa. 6. Conclusões.

1. Introdução

O tema *subsídios e medidas compensatórias* foi um dos mais delicados de toda a Rodada Uruguai, sendo sua negociação bem acalorada e acirrada. Tal fato decorreu da dificuldade de definição de "subsídio" e das posições políticas e econômicas que gravitavam em torno dessa definição. Para melhor ilustrar esta assertiva, é útil mencionar o seguinte comentário de Barral (1998:371): "Quais são o papel e os limites da atuação do Estado na economia? Afinal, a concessão de uma vantagem configura claramente um subsídio quando se trata de doações ou empréstimos a baixos juros. Entretanto, a definição se torna menos precisa quando se trata de investimento em infra-estrutura, ou pesquisa, ou educação – que terão, evidentemente, reflexos distintos na conjuntura econômica e na produtividade dos diversos setores".

O termo "subsídio" costuma ter diversas acepções. Às vezes, pode significar uma transferência de dinheiro do governo para uma empresa do setor privado. Noutras vezes, pode equivaler à aquisição de um produto por uma empresa, mediante ajuda governamental, por um valor inferior àquele que ela pagaria em condições normais de mercado. Pode, ainda, se referir a políticas governamentais dirigidas para o setor privado, como o desenvolvimento de programas educacionais para os trabalhadores de dado ramo industrial.

Partindo-se de uma análise puramente econômica, poder-se-ia imaginar que inexistiria subsídio caso houvesse equilíbrio absoluto no mercado sem a presença de qualquer ente governamental. Com o ingresso do governo, notadamente por meio de suas políticas tributárias, perder-se-ia tal equilíbrio, havendo modificações na produção e nos preços dos bens e serviços.

A visão acima exposta é difícil de ser colocada em prática. Com a ausência do governo, raramente os agentes do mercado poderão agir de maneira equilibrada a fim de que cada um tenha suas devidas oportunidades. Ademais, as atividades desenvolvidas pelo governo, em todas as suas esferas, têm desdobramentos bem complexos e intrincados. Primeiramente, pode-se mencionar a política tributária, nas suas mais variadas formas, com seus diversos tributos, modos de pagamento, isenções etc. Em seguida, deve-se considerar a imposição, por parte do governo, de certos programas que implicam elevados custos para as empresas, tais como programas de qualidade ambiental e de segurança no trabalho. Por fim, há o gasto do governo em inúmeros programas que beneficiam as entidades privadas, como portos, estradas, usinas, educação pública, justiça etc.

Em decorrência da escassez de operacionalidade do sistema *supra*, é mister recorrer a outros mais viáveis para se conceituar os "subsídios".

Um método muito simples de se averiguar a existência de uma prática de subsídio é analisar cada programa governamental de modo isolado, desconsiderando se a eventual vantagem daí advinda é compensada com outros custos que são impostos para o beneficiário do subsídio. Assim, à guisa de exemplo, vislumbra-se este quando determinada sociedade mercantil recebe doação de um Município, pouco importando se este mesmo Município cobra diversos tributos dessa sociedade, como o ISS e a taxa de iluminação pública.

Outra tentativa seria considerar que os tributos e políticas regulatórias, aplicados de maneira genérica, têm idêntico impacto nas empresas, e, por conseqüência, não equivalem a subsídios. Seguindo esse raciocínio, caso um subsídio seja aplicado a programas de modo genérico, ele não será tido como ilegal. Exemplificando com uma hipótese: se um governo pretender instituir um programa de concessão de taxa de juros baixos a todas as indústrias que utilizem bens não-duráveis, ele não poderá ser contestado. Por outro lado, se referido programa se reportar apenas a um ramo das indústrias que utilizam bens não-duráveis, então, haverá um subsídio, que será contestado.

Uma terceira tentativa seria considerar o impacto que o auxílio governamental teria nas empresas privadas e compará-lo com o impacto que o auxílio de outros governos teria nas respectivas empresas privadas em situações parecidas. Se o impacto fosse maior, então, poder-se-ia afirmar que se está diante de um subsídio.

Cada uma dessas alternativas tem seus defeitos. A primeira peca pela extrema simplicidade, podendo considerar existente um subsídio numa empresa sem que esta tenha, efetivamente, obtido vantagem com o programa do governo. A segunda também peca pela simplicidade exacerbada, partindo do falso pressuposto de que um programa do governo de aplicação genérica terá igual impacto em todas as indústrias. A prática observada nos diferentes países vem a demonstrar o quanto tal concepção está impregnada de ilusão. Já, a terceira também se denota frágil, na medida em que se revela duvidoso o fato de que os governos tributam e regulam de maneira semelhante os bens e serviços, bem como o fato de que um dado tipo de auxílio governamental está presente em um país, mas em outro, não.

Até o momento se verificou a dificuldade de conceituar os "subsídios". Passa-se, agora, a perscrutar seus efeitos nos produtores de bens – tarefa que se revela fundamental.

Os subsídios que beneficiam os produtores de bens reduzem seus custos de produção. Disso decorre que provavelmente haverá alargamento da produção final, variando conforme a natureza dos subsídios. Por um lado, alguns subsídios são dependentes diretamente da produção, como aquele que concede ao produtor 10 Reais por cada unidade fabricada. Esse tipo de subsídio significa, em termos econômicos, uma diminuição, a curto prazo, nos custos marginais de produção do beneficiário do subsídio. Por conseguinte, haverá uma queda nos preços, de modo que a demanda aumentará, fazendo a produção acelerar até satisfazer a quantidade solicitada pelos compradores. Por outro lado, deve-se frisar que há subsídios que acabam afetando, a longo prazo, os custos marginais da produção, majorando a capacidade desta. Assim, cogite-se de uma empresa deficitária que é incapaz de cobrir seus custos operacionais e que fecharia suas portas em condições normais. Se vier a receber um subsídio condicionado à sua permanência no mercado, ela não quebrará, bastando que o aludido subsídio seja suficiente para possibilitar à empresa a cobertura de seus custos operacionais.

As constatações feitas acima levam a uma questão fundamental quando se trata de definir os subsídios, qual seja, para que "a government program to confer a 'subsidy', must it encourage an increase in output by the recipient? If it does not, then it cannot 'tilt the playing field' in a way that causes detriment to competing producers. But if this question is answered affirmatively, it becomes necessary to inquire whether the government program in question affects marginal costs in the short run, or has an effect on long-run marginal cost that is sufficient to cause capacity to remain in production when it would exit otherwise, or to enter when it would not otherwise. Such issues are not always easily resolved" (Sykes, 2003:6).

Tendo em vista a dificuldade de se conceituar "subsídios" e o impacto que eles têm nos produtores, o melhor critério para se determinar se vale a pena, ou não, a aplicação de uma política voltada à concessão de subsídios é o da análise de custo/benefício dos mesmos.

O Estado, atualmente, atravessa uma crise de credibilidade, principalmente em decorrência do fenômeno da globalização. Os governantes precisam atrair investimento para suas economias. Assim, quanto maior o grau de transparência no processo de tomada de decisões, maior será o prestígio do governo entre os atores do mercado econômico. O sistema de análise de custo/benefício caminha justamente nesse sentido. O risco na escolha de determinada decisão pode ser elevado em diversos casos. Tratando-se de subsídios, quando se deseja proteger um ramo da indústria doméstica, pode-se, ao mesmo tempo, impor um fardo pesado em outros setores, como o dos consumidores. O governo, ao ponderar o ônus de uma decisão, certamente calculará, com bom nível de acerto, os desdobramentos da mesma nos variados campos, especialmente no comércio internacional. Saberá, por exemplo, quais parceiros seus serão afetados com a outorga de um subsídio e o peso de uma possível resposta de cada um. Saberá, igualmente, qual o desenvolvimento razoavelmente esperado daquelas indústrias que foram auxiliadas com a prática subvencionista. Pesquisando todos esses fatores, a decisão a ser acolhida terá grandes chances de obter êxito e de, conseqüentemente, evitar que o país tenha menos força no cenário externo.

Várias são as vantagens oriundas desse sistema. Em primeiro lugar, ele permite que um governo possa, com bases sólidas, responder negativamente a um pedido de proteção. De fato, por meio desse sistema, o governo perceberá que uma dada assistência protecionista revelar-se-á muito mais dispendiosa que a vantagem provável a ser auferida pela indústria doméstica. Outro fator positivo é o fato de que o sistema em tela oferecerá aos governantes a possibilidade de comparar as diversas ferramentas de que dispõem ao seu alcance a fim de cumprir suas políticas de regulamentação, não somente em termos de conveniência administrativa, mas igualmente de óbices sociais e conjuntura econômica. Uma terceira vantagem seria aquela relacionada à publicidade. Quando um ente político, em qualquer nível – seja federal, distrital, estadual ou municipal –, transmite à sociedade as razões do porquê da escolha de uma certa opção em dado assunto, ele consegue maior legitimidade para implementar aquela decisão. Além disso, sabendo dos motivos da escolha em questão, os demais atores do mercado poderão fazer melhor seus planejamentos, mormente no tocante a investimentos. Um quarto benefício a ser conferido é o de que, aperfeiçoando o processo de tomada de decisões, as diretrizes da política comercial tornar-se-ão menos vulneráveis a ações judiciais. Havendo segurança jurídica, as chances de questionamento das decisões acolhidas no Poder Judiciário serão bem mais remotas.

2. *Subsídios e medidas compensatórias no antigo GATT*

O antigo GATT continha poucas disposições acerca de subsídios e medidas compensatórias. Somente os arts. II, III, VI e XVI do GATT/1947 cuidavam do assunto. Tais artigos eram aplicados somente em relação ao comércio de bens, mas não de serviços.

O art. XVI, que era o mais importante deles, continha duas seções. A primeira era dedicada aos subsídios em geral, sendo que as partes reconheciam que, no caso de concessão de subsídio que aumentasse as exportações de um produto a partir de ou reduzisse as importações de bens em seu território, o membro que outorgasse o subsídio deveria notificar os demais acerca de tal prática, de modo que, caso houvesse dano grave aos interesses de um Estado, originado ou tido como ameaçado por um subsídio, o Estado que o concedesse, a pedido daquele, deveria entrar em negociações com este a fim de discutir a possibilidade de impor um teto ao subsídio. Já, a segunda seção continha quatro parágrafos dedicados aos subsídios à exportação. A mais importante delas, o § 3 do art. XVI, dispunha o seguinte: "Por conseguinte, as Partes Contratantes deverão procurar evitar o uso de subsídios na exportação de produtos primários. Se, contudo, uma Parte Contratante conceder, direta ou indiretamente, alguma forma de subsídio a fim de aumentar a exportação de algum produto primário a partir de seu território, tal subsídio não será aplicado de modo que esta Parte Contratante tenha mais que uma parte eqüitativa das exportações mundiais deste produto, considerando-se as parcelas das Partes Contratantes no comércio de tal produto durante um período representativo prévio e quaisquer outros fatores que possam ter afetado ou estejam afetando o comércio de tal produto".

De se notar que a expressão "parte eqüitativa das exportações mundiais", utilizada no citado § 3, é bastante vaga e imprecisa. A jurisprudência do GATT corrobora esse entendimento. Dignos de menção, em relação a essa expressão, são dois casos contra a Comunidade Européia, iniciados em 1979, que tiveram como reclamantes Austrália e Brasil, respectivamente (GATT, *EC – Refunds on Exports of Sugar – Complaint by Australia*, BISD 26S/290; e *EC – Refunds on Exports of Sugar – Complaint by Brazil*, BISD 27S/69). A Comunidade Européia era acusada de, mediante subsídios à exportação, ter prejudicado as exportações de açúcar da Austrália e do Brasil. Foi estabelecido um único Painel para solucionar os dois casos, sendo que ambos tiveram praticamente as mesmas conclusões. Nestes casos, o Painel introduziu um novo critério para se definir a expressão "parte eqüitativa", qual seja, o do deslocamento em mercados específicos: "The Panel was of the opinion that the term 'more than an equitable share of world export trade' should include situations in which the effect of an export subsidy granted by a signatory was to displace the exports of another signatory, bearing in mind the developments in world markets" (GATT, *EC – Refunds on Export of Sugar – Complaint by Australia*, BISD 26S/290, § 4.17).

O Painel não se contentou em fazer uma análise global da evolução do mercado de exportação de açúcar. Ao revés, preferiu investigar os mercados principais, para verificar se efetivamente ocorreu um deslocamento das exportações da Austrália e do Brasil nestes mercados. No caso da Austrália, somente no mercado chinês o Painel cogitou de um efetivo deslocamento das exportações australianas em decorrência do subsídio da Comunidade Européia: "Community sales which had been negligible until 1978, reached 93,000 tons or approximately

6 per cent of total imports into China in that year. *This might have partly replaced Australian sales to this market*, which fell by 138,000 tons from 1977 to 1978" (idem, § 4.21).

Nos dois casos, o Painel concluiu que não havia provas suficientes para se afirmar que o subsídio da Comunidade Européia, então combatido, causou, diretamente, o deslocamento das exportações de açúcar das partes reclamantes.

Pode-se perceber que o critério acolhido pelo Painel era limitado. Na verdade, o Painel queria que ficasse demonstrado que o subsídio da Comunidade Européia era quase totalmente responsável pelo afrouxamento das exportações da Austrália e do Brasil. Deveria o Painel ter adotado o critério da análise da divisão global do mercado. Assim agindo, o Painel "was willing to accept that EC's increased subsidized exports were only one important cause (among others) of other countrie's stagnating or declining market shares. A definition based on global world market shares could also mean that the Panel was ready to consider lost potential in an expanding market 'inequitable' and not only loss of existing sales. In reality, partial causality and lost opportunities in an expanding market is likely what indeed occurred" (Benitah, 2001:181).

Por seu turno, o art. II, § 2 (b), estipulava que as partes poderiam utilizar medidas compensatórias, desde que fossem impostas consoante o preceituado no art. VI, sendo indiferente se elas implicassem tarifas alfandegárias maiores que as tarifas anteriormente negociadas na Rodada multilateral.

Já, o art. VI previa algumas condições para a aplicação de medidas compensatórias, sendo válido mencionar as seguintes: (i) a medida não poderia ser maior que o montante do subsídio concedido; (ii) a medida somente poderia ser autorizada se o efeito do subsídio fosse de tal ordem que causasse ou ameaçasse causar dano material para uma indústria doméstica já estabelecida, ou fosse tal que retardasse materialmente o estabelecimento de uma indústria nacional.

Por fim, o art. III, § 8 (b), apenas dispunha que o contido no referido artigo não evitava o pagamento de subsídios exclusivamente para os produtores domésticos.

No final dos anos 70 do século passado, durante a Rodada Tóquio, floresceu um novo instrumento legal conhecido como o "Código de Subsídios". Suas mais importantes conquistas foram as seguintes: tornou mais rígidas as restrições no emprego dos subsídios à exportação; criação das normas do procedimento de investigação que poderia culminar com a aplicação de medidas compensatórias e elaboração de alguns fatores que poderiam servir de guia na verificação de subsídios que estivessem causando ou ameaçassem causar dano material. Infelizmente, a adesão ao referido Código não era compulsória, o que acarretou perda relativa de sua influência.

No geral, vê-se que a legislação do antigo GATT era razoavelmente tolerante com subsídios domésticos. Com relação a subsídios à exportação, alguns membros aceitaram o compromisso de diminuir a utilização dos mesmos, notadamente daqueles destinados aos produtos primários. Já, as medidas compensatórias poderiam ser aceitas, desde que com apoio na existência de um dano e limitadas ao montante do subsídio. Em comparação com a nova legislação do sistema OMC, a do antigo GATT era bem mais leniente com as práticas de subsídios, sendo que os direitos concedidos às partes vítimas de subsídios não tinham a mesma força destes.

3. *O conceito de "subsídio" na legislação da OMC*

Ao contrário do Código de Subsídios da Rodada Tóquio, o atual Acordo de Subsídios prevê o conceito de subsídio:

"1. Para os fins deste Acordo, considerar-se-á a ocorrência de subsídio quando:

"(a) (1) haja contribuição financeira por um governo ou órgão público no interior do território de um Membro (denominado, a partir daqui, 'Governo'), isto é, (i) quando a prática do Governo implique transferência direta de fundos (por exemplo, doações, empréstimos e aportes de capital), potenciais transferências diretas de fundos ou obrigações (por exemplo, garantias de empréstimos); (ii) quando receitas públicas devidas são perdoadas ou deixam de ser recolhidas (por exemplo, incentivos fiscais tais como bonificações fiscais); (iii) quando o Governo forneça bens ou serviços além daqueles destinados à infra-estrutura geral, ou quando adquire bens; (iv) quando o Governo faça pagamentos a um sistema de fundo, ou confie ou instrua órgão privado a realizar uma ou mais das funções descritas nos incisos (i) a (iii) acima, as quais seriam normalmente incumbência do Governo e cuja prática não difira, de nenhum modo significativo, da prática habitualmente seguida pelos Governos; ou

"(a) (2) haja qualquer forma de receita ou sustentação de preços no sentido do art. XVI do GATT/1994; e

"(b) com isso se confira uma vantagem.

"2. Um subsídio, tal como definido no § 1, apenas estará sujeito às disposições da Parte II ou às disposições das Partes III ou V se o mesmo for específico, de acordo com as disposições do art. 2."

A primeira questão que se deve analisar é se, consoante a forma com a qual foi redigido, o conceito de "subsídio" é caracterizado pela simples existência de uma contribuição financeira por parte do governo, ou se basta somente o benefício desfrutado pela parte que recebeu o subsídio. Para um ponto de vista, entende-se que o ônus financeiro para o ente governamental é o suficiente. Já, em outra posição, pode-se sustentar que a vantagem auferida pela parte é o que basta, ou seja, deve-se averiguar o benefício que a empresa teve com a ajuda estatal e compará-lo com a situação que esta mesma empresa teria em condições normais de mercado, sem o auxílio, portanto. Analisando-se a redação do art. 1 do Acordo de Subsídios, pode-se perceber facilmente que este acolheu, concomitantemente, a teoria dos custos e a do benefício. Neste sentido, já se pronunciou um Painel da OMC: "In short, art. 1.1 of the SCM Agreement provides that a subsidy exists if a 'financial contribution' by a government or public body confers a 'benefit'". Em seguida, afirmou que "the notion of 'subsidy' comprises two elements: (1) 'financial contribution', and (2) 'benefit'. As noted above, 'benefit' is determined by reference to the terms on which a 'financial contribution' would have been available to a particular legal or natural person, or group of persons, in the market" (WTO, *US – Imposition of Countervailing Duties on Certain Hot-Rolled Lead and Bismuth Carbon Steel Products Originating in the United Kingdom*, WT/DS138/R, §§ 6.58 e 6.69, respectivamente).

O art. 1, § 1 (a) (2), faz menção à expressão "forma de receita ou sustentação de preços" como hipótese de ocorrência de subsídio. Deve-se entender, contudo, que não se trata de nova hipótese de subsídio. A expressão "forma de receita ou sustentação de preços" deve ser considerada como um meio de contribuição financeira – esta, sim, tendo uma interpretação extensiva. Na verdade, as partes quiseram apenas ter o cuidado de explicitar que tal hipótese caracterizaria o subsídio, afastando, por conseguinte, qualquer dúvida que pudesse surgir em relação ao assunto. Nesta linha de raciocínio, vale frisar que a doutrina assim já se manifestou, como Flavio Floreal González (2001:77).

Outro ponto digno de análise é o de se saber se o subsídio está caracterizado quando é concedido, recebido ou usado. A questão é pertinente, porquanto o Acordo de Subsídios, em diversas passagens, emprega expressões que podem ensejar dúvidas. Assim, logo no art. 1, estipula que "existe subsídio (...) quando haja uma contribuição financeira por um governo ou órgão público (...) ou quando haja qualquer forma de receita ou sustentação de preços (...) e com isso se confira uma vantagem". Neste quadro, pode-se ter a impressão de que o subsídio existe quando a vantagem tiver sido concedida. Por outro turno, o art. 2, § 1 (c), faz menção à expressão "uso predominante de um programa de subsídios". Já, o título do art. 14 dispõe acerca do "cálculo do valor de um subsídio em termos da vantagem percebida pelo beneficiário", enquanto a cabeça do artigo menciona "(...) qualquer método utilizado pela autoridade investigadora para calcular a vantagem percebida pelo beneficiário (...)". Neste caso, o título do artigo em comento poderia estar se referindo às vantagens recebidas, enquanto o *caput*, às subvenções concedidas.

A melhor exegese para se deslindar a questão acima proposta é entender que o fito precípuo do Acordo de Subsídios é o de evitar distorções nos mercados, mantendo a igualdade de armas entre seus atores. Sendo assim, o conceito de "subsídio" abarca tanto a concessão como o recebimento do mesmo, bem como a fruição das suas vantagens. Pouco importa que, em determinadas passagens, o Acordo em tela faça referência ao ato de conceder ou receber as subvenções ou, ainda, de usufruir seus benefícios. O que se deve ter em mente é a supressão dos efeitos deletérios na sadia competição entre as empresas, o que proporcionaria também outras melhorias, como a qualidade dos bens para os consumidores. Neste tópico, é útil trazer à baila os ensinamentos de González (2001:78): "Por lo tanto, el ASMC apunta a prohibir la *concesión* de determinados subsidios y a neutralizar el potencial daño que puedan producir otros tipos de ayuda que han sido *recibidas* y *utilizadas* por unas empresas en desmedro de otras ubicadas en el país importador".

Para se ter uma compreensão mais exata do raciocínio exposto, pode-se citar o caso dos subsídios proibidos, eis que o art. 4, § 1, do Acordo de Subsídios estipula que, quando um Estado mantém ou concede tal tipo de auxílio, estará sujeito ao mecanismo de consultas com vistas a eliminar possível efeito danoso a um outro Estado. *In casu*, pode-se vislumbrar que o país já estará sujeito a certos deveres tão-somente com a outorga de dita maneira de ajuda. Pode-se mencionar também o art. 7, § 1, do Acordo de Subsídios, que preceitua que, em caso de concessão ou manutenção de subvenção, sendo esta responsável por alguma conseqüência prejudicial a um Estado-membro, igualmente será viável a abertura do sistema de consultas visando a uma composição amigável entre as partes.

Quanto à prática governamental que implicar transferência direta de fundos, prevista no art. 1, § 1 (a) (1) (i), o Órgão Permanente de Apelação já teve oportunidade de reconhecer tal prática como forma de contribuição financeira para a caracterização de subsídio: "An evaluation of the existence of a financial contribution involves consideration of the nature of the transaction through which something of economic value is transferred by a government. A wide range of transactions falls within the meaning of 'financial contribution' in art. 1.1 (a) (1). According to paragraphs (i) and (iii) of art. 1.1 (a) (1), a financial contribution may be made through a direct transfer of funds by a government (...)" (WTO, *US – Softwood Lumber IV*, WT/DS257/AB/R, § 52).

No que tange ao art. 1, § 1 (a) (1) (ii), é mister observar que, para se saber se a receita pública era devida, deveria haver legislação de sorte a permitir um grau de comparação entre a receita efetivamente devida aos cofres públicos e aquela que poderia ter sido arrecadada se não tivesse havido o perdão da mesma. Ademais, a legislação a servir de base de comparação seria a do país tido como reclamado. Neste sentido já se pronunciou o Órgão Permanente de Apelação: "In our view, the 'foregoing' of revenue 'otherwise due' implies that less revenue has been raised by the government than would have been raised in a different situation, or, that is, 'otherwise'. Moreover, the word 'foregone' suggests that the Government has given up an entitlement to raise revenue that it could 'otherwise' have raised. This cannot, however, be an entitlement in the abstract, because governments, in theory, could tax *all* revenues. There must, therefore, be some defined, normative benchmark against which a comparison can be made between the revenue actually raised and the revenue that would have been raised 'otherwise'. We, therefore, agree with the Panel that the term 'otherwise due' implies some kind of comparison between the revenues due under the contested measure and revenues that would be due in some other situation. We also agree with the Panel that the basis of comparison must be the tax rules applied by the Member in question (...)" (WTO, *US – FSC*, § 90).

Igualmente relevante asseverar que, por força da nota de rodapé 1 do Acordo de Subsídios, "não serão consideradas como subsídios as isenções, em favor de produtos destinados à exportação, de impostos ou taxas habitualmente aplicados sobre o produto similar quando destinado ao consumo interno, nem a remissão de tais impostos ou taxas em valor que não exceda os totais devidos ou abonados". Duas observações são pertinentes. Apesar de a nota de rodapé em comento se referir somente a "isenções", deve-se dar ao instituto uma interpretação extensiva, de modo a abranger as imunidades. Conforme Carvalho (1997:116), pode-se conceituar a imunidade como "a classe finita e imediatamente determinável de normas jurídicas, contidas no texto da Constituição Federal, e que estabelecem, de modo expresso, a incompetência das pessoas políticas de direito constitucional interno para expedir regras instituidoras de tributos que alcancem situações específicas e suficientemente caracterizadas". Ao se referir a isenções, o Acordo de Subvenções poderia dar margem à seguinte dúvida: estar-se-ia se referindo somente à legislação infraconstitucional? Sabe-se que a imunidade é instituto previsto, no ordenamento jurídico brasileiro, somente na Constituição Federal. Deixá-la de fora do campo de incidência da nota de rodapé ora focada equivaleria a assumir o risco de não se atingir o real objetivo do Acordo de Subsídios, que é o de manter o equilíbrio de mercado entre os Estados. A outra observação a ser feita é que a concepção que se deve possuir da expressão "produto similar" é aquela que considera não só os produtos que detêm todas (ou quase todas) as mesmas características físicas, mas também os bens que são diretamente concorrentes entre si, conforme já abordado no tópico dedicado ao estudo do produto similar.

A contribuição financeira aludida pela cabeça do art. 1 do Acordo de Subvenções não engloba somente transferência monetária de fundos. Caso fosse assim, poderia haver muitos subsídios concedidos por outras formas. Portanto, para evitar essas distorções, prevê-se que, quando do fornecimento, por parte do governo, de produtos ou serviços, que são destinados para além da infra-estrutura geral, está presente a prática subvencionista. Neste caso, o termo "bens" deve ser interpretado de maneira ampla, sendo que, adotando-se posição diversa, poderia haver uma "circumvention of subsidy disciplines in cases of financial contributions granted in a form other than money, such as through the provision of standing timber for the sole purpose of severing it from land and processing it" (WTO, *US – Softwood Lumber IV*, WT/DS257/AB/R, § 64).

A decisão acima mencionada faz referência ao instituto da *circunvenção*. A definição desta não é tarefa fácil, tendo em vista que há considerável divergência entre os países-membros da OMC sobre seu conteúdo. Ademais, a circunvenção está presente em outros campos do comércio internacional, como o *dumping*. Entretanto, apesar dessa dificuldade, pode-se conceituar "circunvenção", *grosso modo*, como a prática que, por meio de brechas na legislação, visa a burlar o acordo de subsídios a fim de impor uma subvenção a um grupo de empresas. Urge, pois, que na atual Rodada Doha o tema seja aprofundado. Neste ponto, pertinente o comentário de Barros (2004:154) no sentido de que "é preciso, portanto, ter cuidado em não deixar que a *circumvention* seja usada como mais uma arma protecionista da indústria doméstica, e, para tanto, mister se faz definir claramente o que constitui a *circumvention*".

A aquisição onerosa, pelo governo, pode implicar subvenção. Na verdade, trata-se de aquisição num patamar capaz de causar prejuízo para os concorrentes do beneficiário da compra governamental. O escopo, nesta hipótese, é o de impedir que operações desse jaez tenham a capacidade potencial de majorar, de maneira artificial, a receita da empresa adquirida por meio da venda dos bens.

O subsídio pode ser também concedido por um órgão privado ou sistema de fundos, desde que haja orientações por parte do governo no sentido de que sejam executadas funções habitualmente a cargo do governo, sendo que tais orientações devem corresponder a práticas freqüentemente realizadas pelo ente governamental. A idéia foi a de ampliar ao máximo as hipóteses de subsídio sem a participação direta estatal. Se assim não fosse, seria muito fácil ludibriar as intenções do Acordo, favorecendo a indústria nacional de um dado membro.

Analisando-se os conceitos de "governo" e "órgão público", mencionados no *caput* do art. 1, deve-se considerar tanto a Administração direta como a indireta. Na Administração direta os órgãos que compõem o governo não têm personalidade jurídica, ou seja, fazem parte de todo o arcabouço governamental, mas não agem em nome próprio. Podem-se citar como exemplos os diversos ministérios, secretarias, seções, repartições, departamentos etc. Já, na administração indireta estão presentes entidades que estão revestidas de personalidade jurídica. São diretamente responsáveis pelos seus atos, podendo ser acionadas judicialmente. Nesta seara estão incluídas as autarquias, sociedades de economia mista, empresas públicas e fundações públicas. A finalidade é a de abranger toda a Administração Pública, fechando as portas para qualquer tentativa de um ente público conceder subvenção.

Questão de extremo relevo é aquela que se reporta à responsabilidade internacional do Estado em decorrência de atos praticados por outros entes federados, como Estados Federados, Municípios, Distritos Federais, Províncias etc. Com efeito, dispõe o art. XXIX, § 12, do GATT/1947: "Cada Parte Contratante deve tomar medidas razoáveis que lhe sejam pertinentes para assegurar a observância das provisões deste Acordo pelos governos regionais e locais e autoridades no interior de seus territórios".

"Nos primeiros tempos do GATT esta provisão foi interpretada pelos Estados Federais como uma exceção substantiva ao GATT. Especialmente os Estados Unidos e o Canadá expressaram a opinião de que o GATT não poderia vincular as Províncias e os Estados da Federação, ou apenas à medida que o governo central fosse capaz de convencer as autoridades estaduais e locais a se vincularem" (Kuyper, 1998:33-34).

Este entendimento colidia frontalmente com o ideal de efetividade das normas do GATT. Felizmente, no decorrer dos anos, o art. XXIV, § 12, passa a ter interpretação mais consentânea com os princípios do Direito Internacional. Vários relatórios de Painéis passaram a reconhecer a responsabilidade do Estado por atos de seus entes internos. Ademais, durante a Rodada Uruguai foi negociada uma declaração interpretativa do art. XXIV, que abordava o § 12 desse artigo, enfatizando a necessária responsabilização dos Estados em face de medidas tomadas por entidades internas suas.

Anteriormente fora afirmado que, para existir um subsídio, é preciso haver o binômio contribuição financeira/vantagem auferida pelo beneficiário. Desse modo, resta saber quando realmente surge a vantagem, isto é, a partir de qual momento ela está caracterizada. E isso acontecerá quando o respectivo beneficiário estiver, na prática, em posição mais privilegiada que aquela que deveria estar caso inexistisse o subsídio. O fator mais contundente para se determinar qual a posição que teria o beneficiário, não havendo a subvenção, é a pesquisa do mercado. Este é efetivamente capaz de indicar tal posição, eis que engloba todos os personagens que devem ser considerados quando da análise da posição.

"In our view, the marketplace provides an appropriate basis for comparison in determining whether a 'benefit' has been 'conferred', because the trade-distorting potential of a 'financial contribution' can be identified by determining whether the recipient has received a 'financial contribution' on terms more favourable than those available to the recipient in the market" (WTO, *Canada – Aircraft*, WT/DS70/AB/R, § 157).

Aspecto fundamental ainda a ser abordado é o de saber se a enumeração prevista no art. 1, § 1 (a), é taxativa ou *numerus apertus*. Apesar de respeitáveis opiniões em sentido contrário, levando-se em conta a segurança jurídica, deve-se entender que referida enumeração é taxativa. A uma, porque as hipóteses contidas na enumeração estão descritas de modo assaz vasto, que seria praticamente impossível cogitar-se de uma situação de contribuição financeira além do seu limite. A duas, posto que o emprego da expressão "isto é" sinaliza na direção de que se trata de um rol *numerus clausus*. Por fim, investigando-se o desenrolar das tratativas na Rodada Uruguai, percebe-se que a intenção dos Estados-Partes era o de considerar a enumeração como taxativa (Desta, 2002:162).

Um subsídio, para ser contrário às normas da OMC, deve ser, ainda, específico, a teor do contido no art. 1, § 2. Destarte, o art. 2 define as hipóteses que determinam quando há especificidade. Assim, quando a entidade que concede o subsídio, ou a legislação que norteia a atuação de tal entidade, impuser, de forma explícita, limites à obtenção da subvenção a determinadas pessoas jurídicas, há o caráter da especificidade. Saliente-se que quando o órgão outorgante ou, ainda, a legislação por meio da qual funcione dito órgão definir critérios ou requisitos claros, isto é, que não imponham favoritismo a dadas empresas e que tenham cunho econômico e aplicação horizontal, tais como número de empregados ou dimensão da empresa, que estipulem acerca do direito de obtenção e da quantia a ser oferecida, sendo esse direito automático e os critérios e requisitos integralmente respeitados, não haverá a mencionada especificidade.

Todavia, se há motivos para crer que o subsídio pode, na realidade, ser tido como específico, apesar do que foi exposto no parágrafo acima, poderão ser considerados outros fatores, previstos no art. 2, § 1 (c), para a caracterização da especificidade, como o emprego de um programa de subsídios por uma quantidade reduzida de certas empresas ou o modo com que a autoridade que outorgou o benefício tenha exercido faculdades discricionárias quando da concessão do mesmo. Trata-se, portanto, de verdadeira fórmula antielisão, que tem o escopo de bloquear qualquer tentativa de escape da especificidade do subsídio.

Por ser traço fundamental da subvenção, a especificidade deve estar comprovada em provas robustas e contundentes. Deste modo, meros indícios ou suposições da parte reclamante não são suficientes para dar ensejo a uma condenação pela prática de subsídio.

Ainda no que concerne à especificidade, é útil frisar dois pontos. Primeiro, o Acordo de Subsídios não traz uma definição específica de beneficiário da concessão da subvenção. Em diversas passagens do citado Acordo são encontradas expressões como "empresa ou indústria ou grupo de empresas ou indústrias" (art. 2), "indústria" (art. 6, § 1 (b)), "subsídio concedido direta ou indiretamente ao fabrico, à produção ou à exportação de qualquer mercadoria" (nota de rodapé 36 referente ao art. 10) – entre outras. Por fim, uma transferência de fundos pode ser realizada diretamente do governo para o fabricante do bem subsidiado ou indiretamente, como, por exemplo, uma isenção tributária para os proprietários de determinada empresa (na medida em que os mesmos investem na produção dessa empresa). Nota-se que em ambos os casos o custo final da produção para a empresa será diminuído sensivelmente.

Atualmente, a Rodada Doha está sendo desenvolvida a pleno vapor. Diversas propostas estão sendo oferecidas no campo das subvenções. Notadamente no tópico da definição de "subsídio", há várias propostas, umas no sentido de um maior fortalecimento do Acordo, enquanto outras se direcionam numa linha de mais abrandamento do mesmo. Valem ser citadas a sugestão da Comunidade Européia, que pretende que as disposições acerca dos subsídios industriais sejam mais operacionais, a fim de que subsídios disfarçados para bens industriais sejam mais claramente identificados (WTO, *EC – TN/RL/W/30*), e dos Estados Unidos, que desejam um maior detalhamento da definição de "órgão público" (WTO, *US – TN/RL/W/78*).

4. Tipos de subsídios

4.1 Explicação necessária

Diversamente do Código de Subsídios, da época da Rodada Tóquio, que não conceituava "subvenção", o Acordo de Subsídios traz uma definição. E, após conceituar "subsídio", passa a cuidar dos tipos desse – quais sejam: subsídios proibidos, recorríveis e irrecorríveis. Adotou-se, assim, o que ficou conhecido como o "sistema do semáforo", na medida em que cada um desses tipos de subvenção representa uma das luzes do semáforo. Os subsídios proibidos referem-se à luz vermelha, eis que, em princípio, são sempre inadmissíveis. Já, os recorríveis são a luz laranja, eis que condenáveis, sob certas condições. Por fim, os irrecorríveis (luz verde) são admitidos, mas em poucas situações, taxativamente enumeradas. A seguir, serão estudados os principais pontos de cada um desses tipos de subsídio.

4.2 Subsídios proibidos

Tais subsídios, que são inadmissíveis, são de duas espécies: (i) "subsídios vinculados, de fato ou de direito, ao desempenho exportador, quer individualmente, quer como parte de um conjunto de condições, inclusive aqueles indicados a título de exemplo no Anexo I"; (ii) subsídios vinculados ao uso preferencial de produtos nacionais em detrimento de produtos estrangeiros, quer individualmente, quer como parte de um conjunto de condições.

Impende ressaltar, ainda, que os subsídios em comento são considerados específicos, por meio de presunção legal contida no art. 2, § 3, do Acordo de Subsídios.

4.2.1 *Subsídios à exportação*

Os subsídios vinculados ao desempenho exportador[1] podem implicar desfavorecimento da posição de exportadores estrangeiros em relação a mercados de terceiros países. A título de exemplo, imagine-se que o Estado "A" introduz um subsídio à exportação que implica menor custo de produção para seus exportadores que exportam para um Estado "C". Já, os exportadores do Estado "B" também vendem seus bens para o Estado "C", só que sem o auxílio do subsídio. Diante desse quadro, percebe-se que a participação no mercado do Estado "C" por parte do Estado "A" aumentará significativamente, enquanto que a do Estado "B" deve ser reduzida.

1. Em relação aos subsídios vinculados à exportação, neste tópico, serão abordadas as questões principais. Por ser o tema bem vasto, não é intenção deste trabalho esgotar todas as observações acerca do mesmo.

Os subsídios à exportação podem ter inúmeras formas, desde um singelo pagamento por cada unidade do bem ou serviço que é direcionada ao exterior até formas mais complexas, como financiamento ou seguro à exportação a taxas abaixo das de mercado e benefícios tributários à exportação, entre outros.

Os efeitos econômicos de um subsídio à exportação são, em geral, deletérios. Esses subsídios podem, como acima revelado, prejudicar o acesso de exportadores competitivos a determinados mercados, deteriorando, assim, suas expectativas no tocante a acordos comerciais já negociados. Decorrência disso é que esses acordos serão menos atrativos e que menos acordos desse jaez serão celebrados no futuro. Ademais, é possível que esses exportadores prejudicados em suas aspirações peçam a seus governos que instituam novos tipos de subvenções a fim de proteger seus interesses, gerando, como conseqüência, uma batalha infindável e perniciosa pela conquista de mercados – situação que o Acordo de Subsídios quis impedir.

Outros custos podem advir da concessão desses subsídios no âmbito interno do país que outorga o benefício. Se concedido mediante um privilégio de ordem tributária, o Estado que assim age perde receitas. Disso decorre que terá de recompô-las de outro modo, geralmente onerando outros setores da economia, que podem até ser produtivos. Tais medidas visando a essa recomposição podem, eventualmente, ser questionadas no Poder Judiciário, gerando insegurança nos investidores em potencial. Podem, ainda, os consumidores e os trabalhadores sair perdendo, eis que os setores afetados com as medidas podem ser compelidos a majorar seus preços ou a despedir parte de sua mão-de-obra, a fim de não diminuir suas margens de lucro. Vê-se, portanto, que se trata de verdadeira "bola-de-neve", cujos desdobramentos podem ser destrutivos para a saúde de uma economia nacional.

As subvenções ora fulcradas podem estar vinculadas de fato ou de direito ao desempenho exportador. Quanto à vinculação de direito, esta é mais facilmente perceptível. Em princípio, basta a mera leitura da lei, regulamento ou outro ato administrativo que implementa a medida. Entrementes, às vezes, embora presente, a vinculação de direito pode estar implícita.

"The underlying legal instrument does not always have to provide *expressis verbis* that the subsidy is available only upon fulfillment of the condition of export performance. Such conditionality can also be derived by necessary implication from the words actually used in the measure" (WTO, *Canada – Autos*, WT/DS139/AB/R, WT/DS142/AB/R, § 100).

Por outro lado, a vinculação de fato já é mais complicada de ser vislumbrada. Nesse tema, deve-se considerar a nota de rodapé 4, que dispõe que: "Esta norma *[a relativa à vinculação de fato]* será satisfeita quando os fatos demonstrarem que a concessão de um subsídio, ainda que não esteja vinculada de direito ao desempenho exportador, está de fato vinculada a exportações ou a ganhos com exportações, reais ou previstos. O simples fato de que subsídios sejam concedidos a empresas exportadoras não deverá, por si só, ser considerado como subsídio à exportação no sentido definido neste artigo".

O melhor método já desenvolvido no seio da OMC provém do Relatório do Painel do caso *Australia – Subsidies Provided to Producers and Exporters of Automotive Leather* (*WTO*, WT/DS126/R). Consoante a conclusão do Painel, a vinculação à exportação e o contido na nota de rodapé 4 ensejam a investigação de todos os fatos que efetivamente permeiam a outorga ou manutenção de um subsídio à exportação, incluindo tanto as expressões e estrutura do mesmo, bem como as circunstâncias sob as quais ele foi concedido ou mantido. Prosseguindo, asseverou o Painel que: "A determination whether a subsidy is in fact contingent upon export performance cannot, in our view, be limited to an examination of the terms of the legal instruments or the administrative arrangements providing for the granting or maintenance of the subsidy in question. Such a determination would leave wide open the possibility of evasion of the prohibition of art. 3.1 (a), and render meaningless the distinction between 'in fact' and 'in law' contingency".

4.2.2 *Subvenções vinculadas ao uso preferencial de produtos nacionais em detrimento de produtos estrangeiros*

No que tange aos subsídios vinculados ao uso preferencial de produtos nacionais em detrimento de produtos estrangeiros, importante, inicialmente, ressaltar um problema de tradução. Na versão em Língua Inglesa a redação do art. 3, § 1 (b), é a seguinte: "subsidies contingent, whether solely or as one of several other conditions, upon the use of domestic over imported goods". Já, na versão em Língua Portuguesa, acolhida pelo Brasil, consta o que segue: "subsídios vinculados, de fato ou de direito, ao uso preferencial de produtos nacionais em detrimento de produtos estrangeiros, quer individualmente, quer como parte de um conjunto de condições". Com efeito, nota-se que a versão em Língua Inglesa não faz menção à expressão "de fato ou de direito", como o faz a outra versão. Na versão em Língua Espanhola, por seu turno, a redação é a seguinte: "las subvenciones supeditadas al empleo de productos nacionales con preferencia a los importados, como condición única o entre otras varias condiciones". Sucede que tanto a versão em Língua Inglesa como a em Língua Espanhola são autênticas, conforme dispõe a Ata Final em que se Incorporam os Resultados da Rodada Uruguai de Negociações Comerciais Multilaterais; mas não a versão em Língua Portuguesa. De rigor, *in casu*, a aplicação do art. 33, § 2, da Convenção de Viena sobre Direito dos Tratados, que preceitua que "uma versão do tratado em Língua diversa daquelas em que o texto foi autenticado só será considerada texto autêntico se o tratado o previr ou as partes nisso concordarem". Assim, em caso de conflito, a versão em Língua Portuguesa deve ser afastada, neste ponto.

Ato contínuo, surge a seguinte indagação: afinal de contas, o subsídio em debate pode ser reconhecido se houver vinculação de fato? A resposta é afirmativa. A uma, posto que se deve observar que o art. III, § 4, do GATT/1947 também aborda a questão de medidas que favorecem o emprego de produtos domésticos em desfavor de similares importados, referindo-se a situações de fato ou de direito, apesar de o fazer em um contexto diverso. Dessa forma, seria estranho imaginar que uma disposição semelhante prevista no Acordo de Subsídios não contemplaria também a hipótese de fato, mas somente a de direito. A duas, porque, embora não faça menção explícita à expressão "de fato", também não a exclui de modo claro e preciso. Por fim, ao utilizar a expressão "whether solely or as one of several other conditions", o Acordo de Subsídios inclui, implicitamente, a vinculação de fato. Caso contrário seria muito fácil haver a circunvenção do acordo em tela, outorgando-se um subsídio ilícito.

4.3 Subsídios recorríveis

Prosseguindo-se na análise dos subsídios que fazem parte do "sistema do semáforo", agora é o momento de tecer algumas considerações sobre os subsídios recorríveis. Estes, como já frisado anteriormente, correspondem à luz laranja do semáforo, ou seja, são subsídios que passam a ser inadmissíveis se causarem efeitos danosos aos interesses de outros países-membros. Esses efeitos danosos, por sua vez, são de três espécies: (i) dano à indústria nacional de outro membro; (ii) anulação ou prejuízo de vantagens resultantes, para outras partes contratantes, direta ou indiretamente, do GATT/1947, notadamente aquelas decorrentes de concessões consolidadas sob o art.

II do GATT/1947; (iii) dano grave aos interesses de outro membro.

Percebe-se que o Acordo de Subsídios vai mais longe que o antigo Código de Subsídios da Rodada Tóquio, na medida em que ditas subvenções, além de poderem estar sujeitas à imposição de medidas compensatórias no caso de dano a uma indústria concorrente de outro país, causado em decorrência de importações nesse país, podem ser objeto de discussão no Órgão de Solução de Controvérsias da OMC, mesmo se elas não causam prejuízo nas expectativas de acesso a mercados associadas com concessões tarifárias. A parte que outorgar os subsídios em questão poderá ser acionada na OMC quando os mesmos implicarem dano a uma indústria concorrente de outro membro por meio de importação que ingressa nesse mesmo membro, ou deslocarem as exportações anteriormente direcionadas ao país que está a subsidiar ou a terceiros mercados.

A possibilidade de se acionar na OMC a parte que concede tais subsídios é importante, por duas razões. A primeira refere-se ao fato de que na legislação mais antiga as subvenções que eram responsáveis por prejuízos impostos a uma indústria concorrente no estrangeiro em razão de importação somente poderiam ser objeto de investigação e, posteriormente, de aplicação de medidas compensatórias, que são uma via menos atrativa, pois elas podem, em muitas situações, não eliminar os subsídios perniciosos, podendo, simplesmente, deslocar os produtos subsidiados para outros mercados. Dessa forma, o estrago causado pela subvenção permanece, impedindo que a renda econômica global melhore. Já, a segunda consiste no seguinte: a legislação do finado GATT não previa proteção aos exportadores no caso de um subsídio doméstico aos seus concorrentes que lhes causasse a diminuição de suas exportações em direção a terceiros países. Exemplificando: o Estado "X", por meio de uma lei, contemplava com um subsídio doméstico as indústrias exportadoras do ramo automobilístico, sendo que tal subsídio acabava fazendo com que esses exportadores aumentassem suas vendas ao Estado "Z" em detrimento dos exportadores do Estado "Y", sendo que esses não tinham auxílio da legislação do GATT. Descartava-se a possibilidade de aplicação de medidas compensatórias, porquanto o dano era em um mercado estrangeiro. Também não se poderia cogitar do emprego da teoria da *non-violation nullification or impairment* (que será estudada logo mais em breve), pelo singelo motivo de que a perda de mercado ocorria em terceiro Estado, e não no mercado do Estado que concedia a subvenção.

O primeiro dos efeitos danosos enumerado pelo art. 5, que aborda os subsídios recorríveis, é o dano à indústria nacional de outro Estado-membro. Neste tópico, insta aduzir que, por força da nota de rodapé 11 do Acordo de Subsídios, a expressão "dano à indústria nacional" é utilizada com o mesmo significado em que é empregada na Parte V do Acordo em tela. Tal advertência é feita pela aludida nota de rodapé para evitar que haja descompasso, eis que os subsídios que causam estes danos à indústria nacional são investigados pelas autoridades administrativas nacionais, que podem, no final do procedimento administrativo, decidir impor medidas compensatórias.

Quando se cogita de dano à indústria doméstica, surge a dificuldade de se saber qual é o melhor critério para aferir se há o dito dano. Mais uma vez é mister socorrer-se da Economia[2] para deslindar a questão

2. Não custa, nesta quadra, realçar a importância da análise econômica do Direito. O jurista que lida com a legislação da OMC deve ter o cuidado de ter conhecimentos mínimos de Economia. Verifica-se que diversos dos fenômenos que são investigados na legislação em comento têm índole econômica. Assim sendo, ao se proceder à análise exegética de uma norma de algum acordo da Rodada Uruguai, deve ser perscrutados os efeitos econômicos que gravitam em torno da questão, sob pena de se perder o objetivo maior de todo o sistema, que é a liberalização progressiva e gradual do comércio internacional.

ora posta. Destarte, atenção especial deve ser dada aos lucros das empresas.

"The extent to which subsidies have led to reductions in profits in the affected industry below what may be considered normal profits can be examined. An adjustment would then need to be made for changes in business conditions" (Balassa, 1989:71).

O segundo dos efeitos danosos mencionados corresponde à anulação ou prejuízo de vantagens resultantes, para outras partes, direta ou indiretamente, do GATT/1947, em especial as vantagens de concessões consolidadas sob o art. II – efeito, esse, previsto no art. 5 (b). Uma dos maiores problemas enfrentados pelas nações que redigiram o Acordo de Subsídios reside no fato de que as subvenções podem ofuscar as expectativas de acesso a mercados associadas com os compromissos que as partes assumiram umas com as outras. Saliente-se que nem todas as subvenções são indesejadas, mas tão-somente aquelas que rompem o necessário equilíbrio de competição entre os exportadores e seus concorrentes domésticos de um modo que não era possível ser antecipado pelas partes contratantes na época das negociações.

O problema acima suscitado é combatido com a doutrina da *nonviolation nullification or impairment*, que está contida justamente no art. 5 (b). Após a implementação das medidas acertadas na rodada de negociações, os membros que dela participaram esperam obter as almejadas vantagens. Todavia, se advier alguma mudança na política comercial ou tarifária de algum dos Estados-membros que implique rejeição ou diminuição dos benefícios acima desejados, a parte afetada terá o direito de exigir a supressão da medida causadora do problema ou uma compensação comercial. Isto sendo feito, o poder de barganha entre os participantes da OMC é mantido.

De acordo com a doutrina em comento, um subsídio não precisa ser mensurado. Basta que a parte afetada comprove que alguma medida governamental, que não podia ter seus efeitos previstos na época da conclusão das negociações, foi responsável pela melhoria do desempenho das indústrias domésticas do Estado que concede o subsídio às custas dos seus exportadores. O ponto nevrálgico passa a ser, portanto, se a medida governamental foi ou podia ser antecipada pelos Estados que estavam negociando. Por conseguinte, há uma presunção relativa de que as medidas adotadas posteriormente à rodada de negociações não podiam ser previstas pelas nações. Por outro viés, as políticas em curso ao tempo das tratativas implicam uma presunção relativa de que suas conseqüências no mercado poderiam ser previstas.

O último dos efeitos danosos equivale ao dano grave aos interesses de outra parte contratante. Todo o art. 6 do Acordo de Subsídios cuida do dano grave, enumerando, no seu § 1 (que não está mais em vigor, em razão do art. 31 do Acordo em comento), as situações que o prevêem. Estas ocorrerão quando: (i) o subsídio total, calculado *ad valorem*, ultrapassar 5%; (ii) os subsídios destinarem-se a cobrir prejuízos operacionais incorridos por uma indústria; (iii) os subsídios destinarem-se a cobrir prejuízos operacionais incorridos por uma empresa, exceto se for o caso de medida isolada, não recorrente, que não possa ser repetida para aquela empresa e que seja concedida apenas para dar-lhe o tempo necessário para desenvolver soluções de longo prazo e evitar graves problemas sociais; (iv) ocorrer perdão direto de dívida, isto é, perdão de dívida existente com o governo, ou ocorrer doação para cobrir o reembolso de dívidas.

Caso ocorra o subsídio, a parte que o outorga poderá ver-se livre de uma acusação de violação do Acordo de Subsídios se lograr demonstrar que a subvenção não ocasionou qualquer dos seguintes efeitos: (i) deslocamento ou impedimento de importação de produto similar produzido por um membro no mercado da parte que concede a subvenção; (ii) deslocamento ou impedimento da exportação de produto similar produzido por um membro no mercado de terceiro país; (iii) significativa redução do preço do produto subsidiado em relação ao preço do produto similar de outro membro no mesmo mercado, ou significativa contenção de aumento de preços, redução de preços ou perda de vendas no mesmo mercado; (iv) aumento da participação no mercado mundial de determinado produto primário ou de base subsidiado pela parte outorgante, quando se compara com a participação média que a parte detinha no período de três anos anteriores e quando tal aumento se mantém como firme tendência durante algum tempo após a concessão dos subsídios.

Percebe-se, então, que o Estado ao qual o subsídio é nocivo tem o ônus de provar apenas uma das situações previstas no § 1 do art. 6, ao passo que o Estado autor da prática subvencionista, para se livrar de uma possível condenação, tem um ônus bem maior, qual seja, o de provar a inexistência de todos os efeitos contidos no § 3 do mesmo art. 6.

Interessante questão que recai sobre o dano grave é se a nacionalidade dos fabricantes dos bens é essencial para se verificar a ocorrência do mesmo. No caso *Indonesia – Autos*, os Estados Unidos alegaram que haviam sofrido dano grave previsto no art. 6, § 3 (a), posto que bens não produzidos nos Estados Unidos, mas em terceiro país, por empresas norte-americanas, estavam sendo vítimas de subvenção.

O Painel assim se pronunciou: "We see nothing in art. XVI or in Part III *[of the SCM Agreement]* that would suggest that the United States may claim that it has suffered adverse effects merely because it believes that the interests of US *companies* have been harmed where US *products* are not involved. The United States has cited no language in art. XVI:1 or Part III suggesting that the nationality of producers is relevant to establishing the existence of serious prejudice" (WTO, *Indonesia – Autos*, WT/DS54/R, WT/DS55/R, WT/DS59/R, WT/DS64/R, § 14.206).

A introdução do sistema de dano grave na legislação da OMC tem o escopo de fazer com que os Estados procurem acionar mais o mecanismo de solução de controvérsias ao invés de utilizar o procedimento das medidas compensatórias. Essa missão somente dará certo se as decisões oriundas dos Painéis ou do Órgão Permanente de Apelação forem fundadas nas razões econômicas que gravitam em torno do problema. Claro que isso não significa não levar em consideração os argumentos de conteúdo unicamente jurídico suscitados pelos Estados envolvidos no litígio.

"The credibility of the mechanism, and its effectiveness as a subsidy discipline, will depend on whether it can produce decisions that deal in an analytically sound fashion with the effects that one government's subsidies have on economic agents in other jurisdictions" (Collins-Williams e Salembier, 1996:15).

4.4 Subsídios irrecorríveis

Os subsídios irrecorríveis são aqueles permitidos. Nesta esteira, são permitidos todos os subsídios que não são específicos, bem como os previstos no § 2 do art. 8. Estes podem ser assim enunciados: (i) assistência para atividades de pesquisa realizadas por empresas ou estabelecimentos de pesquisa ou de educação superior vinculados por relação contratual; (ii) assistência a uma região economicamente desfavorecida dentro do território de uma parte contratante; (iii) auxílio a fim de fomentar a adaptação de instalações existentes a novas exigências ambientalistas exigidas por lei e/ou regulamentos, de que resultem maiores obrigações ou carga financeira sobre as empresas.

Essas exceções contempladas no Acordo de Subsídios têm dado margem a grandes discussões. Alguns entendem que elas não são saudáveis para o comércio internacional. O principal argumento neste sentido repousa no fato de que poderá haver abusos, cujo controle será bem difícil. Por exemplo: determinada empresa recebe certa verba financeira para investir em pesquisa e tecnologia. Quem garante que o numerário que foi destinado a pesquisa não será desviado para o aperfeiçoamento do seu parque industrial, aumentado, por conseguinte, sua produção? Por outro turno, há aqueles que sustentam a necessidade dessas exceções, porquanto fundamentais para o desenvolvimento dos Estados-membros, notadamente em termos econômicos e sociais.

A primeira das exceções refere-se à ajuda à pesquisa ou educação superior. O auxílio à pesquisa tem despertado enorme interesse dos países, em especial dos mais desenvolvidos. Conforme asseveram Kleinfeld e Kaye (1994:62), a Rodada Uruguai tem coincidido, bem ou mal, com uma fase "of increased emphasis on economic, as opposed to military or 'geo-strategic', security. This new focus has led to increased government support in most industrialized nations for the development of technologies deemed critical to future economic success". Por essas razões, pode-se crer que a exceção em comento tenha sido inserida no Acordo de Subsídios. À medida que os países em desenvolvimento fossem dando mais atenção à importância da pesquisa séria como forma de desenvolvimento, esta exceção seria de maior valia para os mesmos.

Já, os subsídios destinados a prestar assistência a regiões economicamente desfavorecidas são mais úteis aos Estados que ainda têm um grau elevado de pobreza. A atração de indústrias para se instalarem nessas regiões é perfeitamente aceitável, vez que podem gerar emprego e distribuição de renda nessas áreas, diminuindo a exclusão social. Obviamente, abusos e fraudes poderão ocorrer, mas estes infelizes acontecimentos não poderão ser capazes de impedir a concessão dos subsídios. Deve-se, sim, buscar mecanismos aperfeiçoados que sejam idôneos para verificar se houve desvio de finalidade, transformando o auxílio dado em vantagem indevida para essas empresas, de forma a desequilibrar o comércio internacional.

No tocante à assistência ambiental, vale frisar que a poluição é um dos clássicos exemplos, fornecido pelos economistas, de uma externalidade negativa. A partir de uma perspectiva econômica, o ideal seria fazer com que a parte que desse azo à externalidade a internalizasse. Assim, na seara ambiental, a conseqüência seria a aplicação do princípio do poluidor-pagador – vigente já há um tempo razoável no ordenamento jurídico da Comunidade Européia, diga-se de passagem.

Por fim, é mister constatar que, por força do art. 31, as disposições relativas aos subsídios irrecorríveis deixaram de ser aplicadas após o período de cinco anos a contar da data da entrada em vigor do acordo constitutivo da OMC.

5. *Medidas compensatórias*

5.1 *Introdução*

O art. VI do GATT/1947, além de permitir a aplicação de medidas *antidumping*, também possibilita a aplicação de medidas visando a obter compensação por subvenções outorgadas ao fabrico, à produção ou à exportação de qualquer bem. Estas são as denominadas *medidas compensatórias*.

Como visto anteriormente, o Acordo de Subsídios conceitua "subvenção" como uma contribuição financeira por parte de um governo que confere uma vantagem. A partir do momento em que o subsídio passa a ser específico para uma indústria ou grupo de indústrias, ele viola as normas da OMC. Por seu turno, vale repetir que uma contribuição de cunho financeiro pode estar revestida de muitas formas: uma transferência direta de fundos, como um empréstimo de um banco estatal; uma potencial transferência direta de fundos, como uma garantia de empréstimo; isenções tributárias; fornecimento, por parte de algum ente governamental, de bens ou serviços além daqueles destinados à infra-estrutura geral; ou o apoio governamental a uma entidade privada que desempenhe as funções acima descritas.

Impende observar que as medidas compensatórias são apenas uma das alternativas das quais dispõem os Estados que são afetados por alguma prática subvencionista. Note-se que eles também podem se socorrer do sistema de solução de controvérsias da OMC. No que diz respeito aos subsídios vinculados à exportação e ao uso de produtos nacionais em detrimento dos estrangeiros, estes correspondem à luz vermelha do "sistema do semáforo" acolhido pelo Acordo de Subsídios, ou seja, são terminantemente proibidos, somente podendo ser questionados perante a OMC. Não se tratando de subvenções proibidas, mas causando efeitos danosos aos interesses de outras partes contratantes, podem ser considerados recorríveis. Por conseqüência, se houver um subsídio proibido, ele deve ser retirado, ao passo que, havendo a manutenção de um subsídio recorrível, este dever ser suprimido ou ter seus efeitos deletérios afastados.

Uma explicação forte, muitas vezes citada para justificar a instauração de um procedimento administrativo visando à imposição de medidas compensatórias, é o fato de que elas são utilizadas para conferir proteção para a indústria doméstica que está sofrendo dano ocasionado pelo subsídio, oferecendo, desse modo, uma solução em um interstício relativamente breve. Ademais, é o próprio Estado afetado que tem o poder de escolher essa solução, o que, em alguns casos, pode revelar-se importante.

"If a subsidy is successfully challenged at the WTO, and the subsidizing member declines to withdraw it or remove its adverse effects, a successful complaining member may obtain compensation or take countermeasures, but neither of these is likely to inure to the benefit of the injured industry" (Palmeter, 2003:153).

Todavia, como será visto adiante, as medidas compensatórias, no geral, são mais prejudiciais que úteis.

A gênese das medidas compensatórias data do final do século XIX e do início do século XX relativamente às questões que versavam sobre monopólios e práticas de ordem predatória que acabaram por criar as primeiras leis *antidumping*.

"Indeed, the two were seen as much the same thing. In Jacob Viner's words, '[d]umping is as likely to result from an official or government export bounty as from a private bounty'. The world's first broadly-based countervailing duty law seems to have been the US Tariff Act of 1897, which authorized the Secretary of the Treasury to impose countervailing duties equal to the amount of a direct or indirect subsidy ('bounty or grant') on otherwise dutiable merchandise" (Palmeter, 2003:153).

Naquela época, a grande parte das questões dos subsídios envolvia a produção de bens europeus. Mais tarde, no decorrer do entre-guerras, adveio o *Tariff Act* de 1930, conhecido como a *Lei Smoot-Hawley*, que estava em pleno vigor quando o GATT foi efetivado em 1948.

5.2 Considerações críticas acerca das medidas compensatórias

Os países que importam mercadorias a um preço mais reduzido, em razão de subsídio concedido aos exportadores de outro país, são, em termos econômicos, os respectivos beneficiários, pelas mesmas razões por que qualquer diminuição no custo dos bens que eles (beneficiários) adquirem do exterior é, em si mesma, uma vantagem. Por conseguinte, a partir do momento que os países contra-atacam, impondo medidas compensatórias, eles fazem desaparecer a vantagem que possuíam anteriormente. Muitas vezes as medidas compensatórias são adotadas por influência de setores da economia que são muito bem-organizados e têm fortes interesses em jogo. Esses setores utilizam a desculpa do subsídio a fim de obter proteção contra importações que lhes fazem concorrência, sendo que sem essa desculpa eles não conseguiriam competir em condições de igualdade. Ademais, a simples ameaça da utilização de medidas compensatórias pode dar origem a discussões nada proveitosas em nível governamental, o que pode implicar aumento de preços e, conseqüentemente, efeitos semelhantes a um cartel. Diversos estudos e pesquisas apontam no sentido de que as medidas compensatórias são usadas essencialmente em indústrias já estabelecidas e freqüentemente decadentes, onde o progresso tecnológico é reduzido e os retornos são, na grande maioria das vezes, muito aquém do esperado.

Um argumento geralmente empregado em favor da adoção de medidas compensatórias é o fato de que elas ajudam a preservar a riqueza no Planeta, ao desencorajar subvenções perniciosas. Apesar disso, a atual sistemática da OMC concernente às medidas compensatórias deixa a desejar no que se refere ao fato de desencorajar subsídios. As medidas compensatórias têm sido utilizadas por uma quantidade reduzida de países, sendo que os Estados Unidos detêm o recorde absoluto de aplicação das mesmas. Se as medidas compensatórias forem adotadas de maneira descoordenada, elas podem apenas fazer com que as mercadorias subsidiadas sejam direcionadas para mercados cuja legislação não prevê a utilização dessas medidas, ou seja, não haveria o almejado desencorajamento dos subsídios tidos como prejudiciais.

"Nations without an import-competing industry claiming injury and clamoring for protection might have no incentive to employ countervailing duties even if they could use them legally, but this observation simply underscores the reasons why countervailing duties will be used sporadically and in an uncoordinated fashion that greatly reduces their deterrent value. In addition, countervailing duties will never be employed unless the subsidy program becomes known to trading partners, and only then after a lag during which the beneficiaries of the subsidy may derive considerable benefit" (Sykes, 2003:24).

Em decorrência dos motivos acima expostos, é melhor que os subsídios nocivos ao sistema de comércio internacional sejam considerados como violações da legislação da OMC, sendo julgados pelo Órgão de Solução de Controvérsias, ao invés de serem combatidos com a imposição de medidas compensatórias por parte dos Estados importadores. Partindo-se do pressuposto de que o Estado perdedor cumprirá as determinações do Órgão de Solução de Controvérsias, a parte vencedora verá a prática subvencionista ser suprimida, conjuntamente com seus efeitos deletérios.

Pensar-se, contudo, que as disposições do Acordo de Subsídios referentes às medidas compensatórias são ineficazes equivale a um exagero. Não se podem perder de vista as dificuldades que a legislação da OMC tem no tocante à identificação e quantificação dos subsídios danosos. Além disso, o próprio sistema de solução de litígios precisa ser aprimorado, notadamente para ser mais eficaz em situações delicadas, como quando a parte perdedora de grande economia recusa-se a cumprir as obrigações impostas, sendo a parte vencedora de porte econômico bem mais simples.

5.3 Pontos polêmicos

5.3.1 *A expressão "produto similar"*

Na maior parte dos casos, a expressão "produto similar", no âmbito da legislação da OMC, deveria ter interpretação extensiva, a fim de englobar produtos potencialmente concorrentes entre si, e não apenas bens fisicamente parecidos. Entretanto, o Acordo de Subsídios, por meio da nota de rodapé 46, dispõe de modo contrário: "Ao longo de todo este Acordo, o termo 'produto similar' [*like product, produit similaire*] será interpretado como produto idêntico, isto é, igual em todos os aspectos ao produto em consideração, ou, na ausência de tal produto, outro produto que, embora não igual em todos os aspectos, tenha características muito parecidas àquelas do produto em consideração".

O Órgão Permanente de Apelação parece enveredar pelo caminho de confirmar o conteúdo dessa disposição, pois no caso *EC Measures Concerning Meat and Meat Products (Hormones)* (relatório de 16.1.1998, § 104) ficou assentado que "o simples fato de se caracterizar uma disposição de um tratado como exceção não basta para justificar uma interpretação mais estrita dessa disposição". Tal entendimento encontra eco nos arts. 31 e 32 da Convenção de Viena sobre o Direito dos Tratados de 1969, que direcionam no sentido de que não se deve conceder preferência a uma parte do Tratado sobre outras, de sorte a se ter uma exegese mais ampla no que tange à primeira e mais restritiva no que se refere às demais.

Além disso, deve-se aduzir que, atualmente, o aludido Órgão Permanente de Apelação tem dado prioridade à interpretação meramente literal, o que já é objeto de críticas de alguns doutrinadores.

5.3.2 *O art. 15, § 5, do Acordo de Subsídios*

O art. 15 do Acordo de Subsídios cuida da determinação do dano ao qual alude o art. VI do GATT/1947. Para que se verifique essa determinação, é preciso que se proceda ao exame acurado dos seguintes itens, contidos no § 1 do art. 15: (i) volume das importações subsidiadas e de seu efeito sobre os preços dos produtos similares no mercado nacional; e (ii) o conseqüente impacto dessas importações sobre os produtores nacionais de tais produtos. A seguir, tanto o § 2 como o § 4 do art. 15 prescrevem fatores que as autoridades administrativas deverão levar em consideração quando do exame dos itens acima mencionados.

Já, o § 5 do art. 15 estipula que: "Deverá ser demonstrado que as importações subsidiadas estão, por via de seus efeitos, causando dano no sentido definido deste Acordo. A demonstração de relação causal entre as importações subsidiadas e o dano causado à produção nacional basear-se-á no exame das provas pertinentes apresentadas às autoridades. As autoridades examinarão também todo e qualquer outro fator conhecido, além das importações subsidiadas, que esteja simultaneamente causando dano à produção nacional, e os danos causados por esses outros fatores não deverá ser atribuído às importações subsidiadas. Fatores que poderão ser importantes nesse sentido são, *inter alia*, os volumes e os preços de importações não-subsidiadas do produto em causa, contração da demanda ou mudanças nos padrões de consumo, práticas comerciais restritivas e competição de produtores estrangeiros e nacionais, desenvolvimento de novas tecnologias, desempenho exportador e produtividade da indústria nacional".

Após a expressão "por via de seus efeitos" vem uma referência à nota de rodapé 47, que dispõe que os "efeitos" aos quais alude a expressão em tela são aqueles dispostos tanto no § 2 como no § 4 do art. 15.

A redação do § 5 do art. 15 pode dar margem a duas interpretações distintas.

A primeira delas prega que, por força do contido na aludida nota de rodapé 47 e no estabelecimento dos efeitos das importações subsidiadas (previstos no § 1 do art. 15), é viável estabelecer tanto a presença de um dano como o fato de que esse dano é originado pelas importações agraciadas com o subsídio por meio dos efeitos deste. Em outras palavras: a idéia é a de que uma exegese meramente literal dos fatores enunciados nos §§ 2 e 4 do art. 15 conduzirá à caracterização do dano e, concomitantemente, do fato de que esse dano foi ocasionado pelas mercadorias importadas subsidiadas mediante os efeitos da subvenção. Isto posto, percebe-se que a exigência de causa prevista na primeira sentença do § 5 é redundante e, portanto, desnecessária. Insta observar que, ante o teor da nota de rodapé 47, a caracterização do dano, conforme prevista tanto no § 2 como no § 4, é, simultaneamente, uma comprovação do nexo causal entre, de um lado, as importações subsidiadas e, de outro, o mencionado dano, por meio dos efeitos das subvenções.

Já, a segunda corrente de interpretação está ciente de que a primeira versão interpretativa está baseada exclusivamente na nota de rodapé 47. Desse modo, resta demonstrar que os fatores previstos nos §§ 2 e 4 não são suficientes para dar cabal cumprimento à obrigação contida na primeira sentença do § 5.

Para suplantar a dificuldade em questão, é mister ter em mente que os fatores enunciados nos §§ 2 e 4 estão em relação direta com os efeitos dos subsídios. A partir dessa premissa, é razoável inferir que "the reference to these factors contained in footnote 47 does not mean that only subsidized imports are being dealt with. The theme of the effects of subsidies and, consequently, the causality requirement included in the first sentence of art. 15.5 of the SCM Agreement is therefore not redundant" (Benitah, 1999:90).

Vê-se, pois, que, com essa segunda corrente de interpretação, "the examination of these factors must allow one to apprehend the effects of the subsidy, and this is natural as the effects of the subsidy are *transmitted* through these factors. In the end, it is possible to say that there is a legal obligation to use a methodology based of course on the raw material mentioned in arts. 15.2 and 15.4 of the SCM Agreement, but that must lead to the understanding or feeling that the effect of the subsidy has been captured" (Benitah, 1999:91).

Essa segunda exegese é mais equilibrada, eis que não faz com que a primeira sentença do § 5 seja mera redundância de outro dispositivo; isto é, ela deixa bem claro que a referida nota de rodapé 47 não elimina o fato de que outra exigência é feita em relação ao método de determinação do dano. E essa outra exigência está prevista na terceira sentença do § 5, ao dispor que "as autoridades examinarão também todo e qualquer outro fator conhecido, além das importações subsidiadas, que esteja simultaneamente causando dano à produção nacional, e os danos causados por esses outros fatores não deverão ser atribuídos às importações subsidiadas".

Saliente-se que a ocorrência de causas várias que contribuam para a existência do dano é fenômeno provável. Aliás, note-se que o escopo da segunda sentença do aludido § 5 não é o de sinalizar a possível aparição de múltiplas causas. Em momento algum está previsto no art. 15, que trata da determinação do dano, que a causa deste precisa ser única. O contido na primeira sentença do § 5 somente preceitua que o dano material é originado pelas importações subsidiadas. Ademais, percebe-se que o dano material é realçado pelo uso das expressões "aumento significativo nas importações subsidiadas", "significativa depressão dos preços" e "impedimento de que os mesmos subam significativamente" no § 2 do art. 15. Com efeito, vislumbra-se que a maior preocupação dos Estados signatários era a desconfortável conseqüência que poderia advir de uma situação onde havia, de acordo com todas as aparências, dano ocasionado pelas importações contempladas com um subsídio, enquanto, na verdade, a única causa do dano perpetrado estava vinculada a fatores outros que não a subvenção.

"The Canadian (...) Tribunal's findings (...) were themselves largely based on factors other than subsidized imports: in particular, the factor of a dramatic decline in world market prices (...). Clearly, if there is a general and dramatic decline in world market prices for grain corn, this will affect Canadian producers. It will affect Canadian producers *even if Canada does not import any grain corn from the United States* (...)" (WTO, *Panel on Canadian Countervailing Duties on Grain Corn from the United States*, BISD 39S/411) (grifamos).

5.4 Solução alternativa

Uma via importante, que pode ser uma alternativa para as medidas compensatórias, são as reciprocidades alcançadas mediante negociações. Vale dizer: a OMC tem um papel significativo no sentido de facilitar as negociações entre as partes contratantes a fim de reduzir os subsídios. Obviamente que houve uma grande evolução com a chegada do atual Acordo de Subsídios. Pela primeira vez estipulou-se a definição de "subvenção" e se adotou uma classificação como a do "sistema do semáforo". Não se pode olvidar que foi por intermédio do sistema de reciprocidades obtidas com as negociações que o antigo GATT conseguiu o grande sucesso da redução do nível das tarifas praticadas pelos Estados-membros, lembrando-se que não foi necessário utilizar uma classificação do tipo "proibido", "recorrível" e "irrecorrível". Neste ponto, vale realçar a importância dos procedimentos de notificação contidos no Acordo de Subsídios, que podem ajudar a tornar mais fácil a aproximação ao sistema de subvenções.

Uma hipótese que poderia dar ensejo a negociações com arrimo na reciprocidade é o caso onde inúmeros Estados estão sustentando a produção de indústrias decadentes mediante a injeção regular de recursos financeiros nas mesmas ou onde os Estados acabam concedendo subvenções a fim de atrair investimentos e a instalação de indústrias nos seus territórios. Chegará um momento que a situação estará tão delicada que todos os subsídios outorgados equivalerão a um jogo de soma zero, ou seja, ninguém sairá ganhando. Tal situação poderá propiciar o início de uma rodada de negociações com o propósito de que os Estados busquem diminuições nas subvenções.

Oportuna, neste momento, a descrição, ainda que sucinta, da experiência da União Européia. Sabe-se que havia diversas proibições no tocante a subvenções no Tratado de Roma. Entretanto, a visão inicial da Comissão Européia era a de que, apesar das várias vedações a auxílios estatais, não haveria um impedimento total de não-intervenção nos mercados. Foi somente com o advento das crises dos anos 70 e princípio dos anos 1980 que a Comissão Européia começou a ter uma atuação mais significativa em termos de intervenção nas políticas nacionais de auxílio estatal. Essas se originaram do fato de que os produtores dos países da União Européia estavam com excesso de capacidade em várias áreas estratégicas como têxteis, aço e veículos. Diante dessa situação complicada e assustadora, as práticas subvencionistas passaram a ser vistas como a "luz no fim do túnel". Dessa forma, os países que concediam os subsídios externalizavam nos demais países-membros da União Européia os custos dos ajustes dos setores que então estavam em declínio. Dada essa gravidade, a Comissão passou a interferir. Em muitas oportunidades a Comissão acabou aceitando o reajustamento do auxílio em comento a fim de se obter uma reestruturação e diminuição da capacidade produtiva. Esta última hipótese tinha o fito de permitir um certo respiro na crise de sobreprodução que permeava a União Européia. Em outras ocasiões a Comissão foi condescendente com subvenções destinadas a ajudar empresas que tinham que arcar com custos em mudanças das suas instalações, em razão de exigências ambientalistas feitas pelas legislações nacionais, bem como em casos onde o aporte estatal era destinado a fomentar o desenvolvimento de regiões menos favorecidas economicamente. Nestes casos a Comissão sempre realçou a legitimidade das ajudas governamentais concedidas, acabando por não aceitar os subsídios concedidos a empresas falidas que não tinham competência para permanecer no mercado, mas que estavam situadas em áreas menos favorecidas. Realçou, ainda, que os auxílios governamentais em tela tinham como missão fomentar a longo prazo a economia local. Nestes casos todos a Comissão Européia sempre estava bem-aparelhada tecnicamente no sentido de supervisionar e fazer análise criteriosa das políticas governamentais. Desta forma, ela foi capaz de entabular uma conversa saudável – embora às vezes um pouco calorosa – com os Estados que concediam subvenções, esclarecendo que, nos casos de atuações estatais nos seus respectivos mercados com vistas a atingir metas sociais, foi reconhecida a legitimidade dessas interferências, assim como ficou assentado que um Estado-membro não pode impor aos demais o ônus de arcar com os custos dessas metas, ou seja, cada Estado deve arcar com o peso de suas intervenções. Comparando-se as decisões do Tribunal de Justiça da Comunidade Européia com as das Cortes Norte-Americanas em matéria de subsídios, percebe-se que na Europa havia muito mais tolerância com as interferências governamentais, enquanto do outro lado do Atlântico havia a presunção de que qualquer subvenção feita no exterior que não estivesse revestida de especificidade seria julgada carecedora de legitimidade.

Analisando-se todo o aparato do sistema GATT/OMC, verifica-se que este deveria ter melhores sistemas de negociação e supervisão de temas ligados ao regime de subsídios. A criação de uma infra-estrutura mais bem-equipada é missão bem mais valiosa que simplesmente se tentar criar uma taxonomia de subvenções boas ou más.

"A transparency agency operating under the aegis of the GATT, now to an important extent contemplated in the detailed notification and surveillance mechanisms of the Uruguay Round Subsidies Agreement (arts. 25 and 26), could also play a positive role by monitoring subsidy policies and calculating subsidies in tariff equivalents, or effective rates of protection, thus providing a kind of common bargaining currency. For instance, in the steel sector, the USA might agree to remove some existing voluntary export restraints or contingent protection actions in return for EU commitments to use subsidies to reduce, rather than sustain, excess capacity" (Howse e Trebilcock, 1999:223).

É óbvio que, para que esses compromissos sejam acatados, urge que haja a presença de um sistema de monitoramento totalmente livre e desimpedido, a fim de investigar se todas as condutas dos Estados-membros estão obedecendo às normas estabelecidas. Infelizmente, o finado GATT não tinha um aparato capaz de realizar tal tarefa. A OMC, por sua vez, fica muito a desejar no desempenho dessas funções (como será abordado adiante).

Para finalizar, saliente-se que o ideal (hoje praticamente utópico) seria que a diminuição dos subsídios fosse tratada como eliminação tarifária, como sucedia no antigo GATT; isto é, o objetivo principal seria fazer com que os Estados-membros auferissem riquezas obtidas por meio de barganhas baseadas em um sistema de reciprocidades negociadas.

6. Conclusões

O Acordo de Subsídios e Medidas Compensatórias foi um dos mais debatidos de toda a Rodada Uruguai, podendo-se mencionar como uma das razões a dificuldade na conceituação de "subsídio", que costuma ter diversos significados, notadamente econômicos e jurídicos.

Importante é a análise dos efeitos das subvenções nos produtores de mercadorias. Em geral, elas reduzem o custo de produção, implicando alargamento da fabricação final, trazendo benefícios tanto a curto como a longo prazo, conforme o caso.

Considerando-se a complexidade de se chegar a um consenso quanto à definição de "subsídio", bem como o impacto que ele tem nos produtores, deve-se utilizar a análise de custo/benefício para se verificar se é viável a elaboração de uma política direcionada para a outorga de subvenção.

Inúmeras vantagens decorrem do sistema de custo/benefício. Inicialmente, ele viabiliza resposta negativa de um órgão público a um pedido de subsídio. Ademais, possibilita aos ocupantes de cargo no governo a comparação dos diversos instrumentos de que dispõem com a finalidade de realizar suas políticas de regulamentação, levando-se em consideração tanto o contexto administrativo como o social e econômico. Seria, ainda, útil esse sistema ao conferir maior publicidade às decisões governamentais, tornando estas mais legítimas frente à população. Por fim, os vetores da política comercial de um país estariam menos propensos a contestações no Poder Judiciário, reforçando a segurança jurídica.

No que se refere aos subsídios no finado GATT, poucos dispositivos cuidavam do assunto. A antiga legislação era bem mais condescendente com os subsídios, especialmente os domésticos. O Código de Subsídios da Rodada Tóquio, que foi o primeiro diploma no âmbito do GATT a tratar exclusivamente do tema, perdeu grande força em decorrência do fato de que sua adesão era tão-somente facultativa.

Inovando no ordenamento jurídico internacional, a nova legislação da OMC definiu, pela primeira vez, "subvenção", acolhendo tanto a teoria dos custos como a do benefício. Em outras palavras: a subvenção somente estará caracterizada pela presença de uma contribuição financeira por parte do governo e também pela de um benefício auferido pela parte que recebeu o subsídio.

Tendo-se em mente que o objetivo essencial do Acordo de Subsídios é o de impedir desequilíbrios nos mercados, verificando-se o texto do Acordo em comento, vê-se que o conceito de "subvenção" abrange tanto sua concessão e seu recebimento assim como a fruição das suas vantagens.

Um dos requisitos para a presença de um subsídio é a vantagem desfrutada pelo respectivo beneficiário. Esta, por seu turno, terá surgido quando o aludido beneficiário detiver, na prática, posição mais favorável que aquela que deveria estar recebendo se não existisse a subvenção.

No que toca aos tipos de subsídios, novamente o Acordo em tela inovou. Foram estipuladas três espécies: subsídios proibidos, recorríveis e irrecorríveis. Nota-se, portanto, que foi acolhido o "sistema do semáforo", porquanto cada uma dessas espécies equivale a uma das luzes de um semáforo. Dessa forma, os subsídios proibidos fazem alusão à luz vermelha, posto que, em princípio, nunca tolerados. Em seguida, os subsídios recorríveis equivalem à luz laranja, vez que podem ser reprimidos, desde que presentes certas condições. Finalmente, os chamados irrecorríveis, atrelados à luz verde, eram aceitos (atualmente não o são mais, por força do art. 31 do Acordo de Subvenções) em algumas raras hipóteses, taxativamente previstas. As subvenções que não são específicas são permitidas, ou seja, continua a haver luz verde.

Apesar de serem uma opção dos Estados, as medidas compensatórias geralmente têm uso nocivo. Não raras vezes elas são empregadas em razão do jogo de influência de campos da economia – muito organizados, por sinal – que têm grandes interesses na questão. O subsídio é então utilizado como escusa com o escopo de conseguir uma defesa contra importações que lhe são rivais. Ademais, os direitos compensatórios têm sido aplicados por um número limitado de Estados, sendo os Estados Unidos o campeão deles. Se esses direitos forem exercidos de modo desalinhado, eles poderão limitar-se apenas a fazer com que os produtos beneficiados sejam redirecionados para outros mercados cujo sistema jurídico não contém previsão desses mesmos direitos, não havendo, conseqüentemente, o desencorajamento desses subsídios deletérios.

Em razão dos argumentos *supra*, a melhor alternativa é fazer com que os subsídios tidos como prejudiciais sejam tidos como afrontas às regras da OMC, sendo que haveria o julgamento deles por parte do Órgão de Solução de Controvérsias. Deve-se, contudo, aprimorar o atual sistema de resolução de litígios, especialmente na questão do cumprimento das obrigações impostas pelo órgão decisório.

Na verdade, talvez a mais eficaz alternativa para o problema das medidas compensatórias sejam as reciprocidades conseguidas por meio de negociações. E este papel pode e deve ser exercido pela OMC. Deve-se lembrar que foi mediante o esquema de reciprocidades obtidas com as negociações que o falecido GATT alcançou sucesso na diminuição do patamar das tarifas então empregadas pelos países. Sendo firmados os acordos necessários, estes somente serão cumpridos se houver um esquema de supervisão livre e independente a fim de perscrutar se os países estão obedecendo às regras pactuadas.

A Rodada Doha está longe de um final feliz. Muitas matérias são polêmicas, não sendo possível, até o momento, vislumbrar um consenso sobre as mesmas. Em linhas gerais, as propostas defendidas pelos países em desenvolvimento prevêem a flexibilização do Acordo de Subsídios em diversos tópicos, isto é, em direção diametralmente oposta à dos países desenvolvidos. *Grosso modo*, as principais propostas brasileiras referem-se aos subsídios às exportações e, também, às medidas compensatórias, procurando fazer com que estas sejam menos aplicadas, posto que tidas como, em muitos casos, instrumentos de distorção do equilíbrio no mercado internacional.

A análise econômica do Direito é assaz relevante para se perscrutar a legislação da OMC, notadamente o Acordo de Subsídios. Não se pode fazer uma exegese sem levar em consideração os aspectos econômicos que circundam a questão, sob pena de se perder de vista o escopo primordial da legislação ora em comento, que é o de liberalizar gradual e progressivamente o comércio internacional, suprimindo os obstáculos ao seu fluxo desimpedido.

O tema de *subsídios e medidas compensatórias* é fascinante e extremamente fértil para análises e estudos. No advento da era GATT ele era fruto de pouca atenção da legislação então vigente. Entretanto, no transcorrer das décadas adquiriu campo próprio, culminando no atual Acordo da Rodada Uruguai. Hoje em dia as negociações dentro da Rodada Doha estão com um futuro incerto, já que não se pode afirmar se o presente Acordo será fortalecido ou enfraquecido em alguns pontos. Independentemente do que venha a ser negociado, o certo é que o tema em tela deverá ser alvo de contínua atenção não só do Governo Brasileiro, mas de toda a sociedade, incluindo economistas, acadêmicos e juristas, a fim de que o Brasil possa, cada vez mais, ter uma maior inserção no cenário internacional.

Bibliografia

BALASSA, B. (1989). "Subsidies and countervailing measures: economic considerations". *Journal of World Trade* 23(2)/63-79. Genebra.

BARRAL, Welber (1998). "Subsídios e medidas compensatórias na OMC". In: CASELLA, P. B., e MERCADANTE, A. A. (coords.). *Guerra Comercial ou Integração Mundial pelo Comércio? A OMC e o Brasil*. São Paulo (pp. 371-382).

BARROS, M. C. M. de (2004). *Antidumping e Protecionismo*. São Paulo, Aduaneiras.

BENITAH, M. (1999). "From economic complexity to legal indeterminacy: causality between subsidy and injury". *Journal of World Trade* 33(1)/87-106. Genebra.

———— (2001). *The Law of Subsidies under the GATT/WTO System*. Londres, Kluwer Law International.

CARVALHO, P. de B. (1997). *Curso de Direito Tributário*. São Paulo, Saraiva.

COLLINS-WILLIAMS, T., e SALEMBIER, G. (1996). "International disciplines on subsidies: the GATT, the WTO and the Future Agenda". *Journal of World Trade* 30(1)/5-17. Genebra.

DESTA, M. (2002). *The Law of International Trade in Agricultural Products: From GATT 1947 to the WTO Agreement on Agriculture*. Haia-Londres/Nova York, Kluwer Law International.

GENERAL AGREEMENT ON TARIFFS AND TRADE (GATT). *EC – Refunds on Exports of Sugar – Complaint by Australia.* BISD 26S/290.

———. *EC – Refunds on Exports of Sugar – Complaint by Brazil.* BISD 27S/69.

———. *Panel on Canadian Countervailing Duties on Grain Corn from the United States.* BISD 39S/411.

GONZÁLEZ, F. F. (2001). *"Dumping" y Subsidios en el Comercio Internacional.* Buenos Aires, Ad-Hoc.

HOWSE, R., e TREBILCOCK, M. J. (1999). *The Regulation of International Trade.* Londres, Routledge.

KLEINFELD, G., e KAYE, D. (1994). "Red light, green light? The 1994 Agreement on Subsidies and Countervailing Measures, Research and Development Assistance, and U.S. policy". *Journal of World Trade* 28(6)/43-63. Genebra.

KUYPER, P. J. (1998). "O Direito do GATT como um campo especial do Direito Internacional: ignorância, refinamentos posteriores ou um sistema autocontinente de Direito Internacional?". In: CASELLA, P. B., e MERCADANTE, A. A. (coords.). *Guerra Comercial ou Integração Mundial pelo Comércio? A OMC e o Brasil.* São Paulo (pp. 15-49).

PALMETER, D. Safeguard (2003). "Anti-dumping, and countervailing duty disputes in the transatlantic partnership: how to control 'contingency protection' more effectively". In: PETERSMANN, E.-U., e POLLACK, M. (eds.). *Transatlantic Economic Disputes. The EU, the US, and the WTO.* Oxford (pp. 141-173).

SYKES, A. O. (2003). "The economics of WTO Rules on Subsidies and Countervailing Measures". *John M. Olin Law & Economics Working Paper* 186 (2[d] series). The Law School/The University of Chicago (disponível em: *http://papers.ssrn. com/sol3/papers.cfm?abstract_id=415780*, acesso em 1.4.2005).

WORLD TRADE ORGANIZATION. *Australia – Subsidies Provided to Producers and Exporters of Automotive Leather.* WT/DS126/R.

———. *Canada – Aircraft.* WT/DS70/AB/R.

———. *Canada – Autos.* WT/DS139/AB/R, WT/DS142/AB/R.

———. *European Community, TN/RL/W/30.*

———. *Indonesia – Autos*, WT/DS54/R, WT/DS55/R, WT/DS59/R, WT/DS64/R.

———. *United States – FSC*, WT/DS108/AB/R.

———. *United States – Imposition of Countervailing Duties on Certain Hot-Rolled Lead and Bismuth Carbon Steel Products Originating in the United Kingdom.* WT/DS138/R.

———. *United States – Softwood Lumber IV.* WT/DS257/AB/R.

———. *United States, TN/RL/W/78.*

Direito e Economia

ANÁLISE ECONÔMICA DO DIREITO (AED): PARANÓIA OU MISTIFICAÇÃO?

PAULA A. FORGIONI[1]

I – A AED e alguns de seus principais postulados. II – Ainda os postulados da AED. A função do Direito e as falhas de mercado. III – "A transformação permanente do tabu em totem". "Mundo reversível e idéias objetivadas"? IV – A AED e as peculiaridades da realidade brasileira. V – Em que medida a análise econômica pode servir ao Direito? "Lasciate ogne speranza, voi ch'intrate?". VI – Os riscos da mistificação dissimulada. VII – AED: nem paranóia, nem mistificação.

1. A difusão, entre nós, de certos postulados ligados à Análise Econômica do Direito (AED) encontrou solo fértil para discussões acaloradas. Alguns apresentam-na como messiânica solução para a decantada crise do Direito; outros vêem-na como mais um instrumento visando à colonização do nosso ordenamento.

De qualquer modo, no atual momento brasileiro, o estudo da ordem jurídica não pode passar ao largo da compreensão do método e das propostas trazidos pela AED. O ambiente institucional em que vivemos, caracterizado por embates estéreis e incertezas, força-nos a desnudar as estratégias e os instrumentos jurídicos de que se pode lançar mão para a *implementação de políticas públicas*. Daí ser importante deixar bem vincado, desde logo, que *a AED pode e deve ser aplicada em benefício da implementação de políticas públicas, com o escopo de incrementar o grau de eficácia material do ordenamento jurídico, em especial dos arts. 170, 1º e 3º da Constituição do Brasil.*

No entanto, como ocorre com todo *método*, é preciso não apenas saber operá-lo, mas conhecê-lo. Parafraseando Irti, não é dado ao jurista o luxo da nostalgia, tampouco da serena tristeza que nos invade ao ver o pôr-do-sol; temos o dever de entender e recompor a lógica de nosso próprio tempo, movendo-nos entre os destroços do passado e as incertezas do futuro.[2]

I – A AED e alguns de seus principais postulados

2. As expressões "Escola de Chicago" e "Análise Econômica do Direito" são utilizadas de maneira excessivamente ampla,

1. Agradeço a revisão do esboço deste artigo, bem como as sugestões que me foram feitas pelo Professor Titular da Faculdade de Direito da USP, Eros Roberto Grau, e pelo Professor da Escola de Administração e da Escola de Economia da FGV/SP, Arthur Barrionuevo Filho. Igualmente, a cuidadosa revisão e sugestões do Professor da Faculdade de Direito da USP, Marcos Paulo de Almeida Salles.

2. Natalino Irti, *L'Età della Decodificazione*, 4ª ed., Milão, Giuffrè Editore, 1999, p. 45.

de forma que sob o mesmo rótulo abrigam-se visões diversas entre si. Entretanto, opinião bastante difundida identifica a AED com linha de pensamento que pugna por uma *teoria positiva do sistema jurídico desde a perspectiva do paradigma do mercado e da eficiência econômica*[3]

Freqüentemente, as expressões ("AED" e "Escola de Chicago") vêm empregadas como sinônimas, referindo-se ao movimento de vários teóricos ligados àquela Universidade,[4] cuja orientação destaca a *falência da intervenção sobre a economia, celebrando o conúbio entre Direito e eficiência.*[5-6-7]

3. Muitos dos postulados da AED *não lhe são exclusivos*, mas compartilhados por outras escolas jurídicas. A paranóia com que muitas vezes é encarada dissipa-se quando nos damos conta de que algumas de suas propostas são há décadas ensinadas nas escolas tradicionais de Direito. De fato, por vezes encontramos apenas diferenças terminológicas e de métodos de exposição entre a AED e o direito "dogmático". Em outros pontos, entretanto, a disparidade é inconciliável.

4. Um dos pilares sobre os quais se funda a AED liga-se à verificação de que o incremento do grau de segurança e de previsibilidade proporcionado pelo sistema jurídico leva ao "azeitamento" do fluxo de relações econômicas. Em outras palavras, os mercados funcionam de forma mais eficiente se ligados a um *ambiente institucional estável*, no qual os agentes econômicos podem *calcular*, isto é, razoavelmente prever o resultado de seu comportamento e o daqueles com quem se relacionam.

Nada há de original nessa assertiva, que tampouco é exclusiva da AED. "O commercio para medrar e desenvolver-se necessita, além do seu mechanismo especial, o transporte e intelligente distribuição das mercadorias, de segurança, estabilidade e confiança" – era, há muito, a lição de José da Silva Lisboa, o Visconde de Cairu.[8]

A mesma necessidade foi apontada por Max Weber ao tratar da racionalidade do Direito. Também o *movimento de codificação* e o *Positivismo Jurídico* encontram sua razão de ser na busca de segurança e de previsibilidade. Já se disse que a idéia de codificação é redutora e simplificadora; Bobbio destacou a *simplicidade* e *unidade* ("unicidade") do Direito como *leitmotiv* da codificação. Para Ascarelli o código encerra a concepção de uma "ordem jurídica 'nova', 'completa' e 'definitiva'". Na síntese desse autor, a criação de um código completo e definitivo "encontra a sua justificação na necessidade de *certeza jurídica, que é fundamental no Direito*, e, até, no que se poderia chamar a simplicidade do sistema e a fácil 'previsibilidade' da solução jurídica a ser dada pela sentença"[9] (grifamos).

5. Para afastar discursos que muito sucesso podem fazer nas salas de bacharelado – mas que não resistem a uma análise mais profunda –, é preciso ter bem claro que *todos* os operadores do Direito, por mais "modernos" que se proponham ser, preocupam-se em preservar (ou, pelo me-

3. Pedro Mercado Pacheco, *El Análisis Económico del Derecho*, Madri, Centro de Estudios Constitucionales, 1994, p. 30.

4. Que teve início nos anos 50 e alcançou seu ápice nos anos 80 do século passado.

5. Maria Rosaria Ferrarese, *Diritto e Mercato*, Turim, G. Giappiachelli Editore, 1992, p. 437.

6. Para uma definição mais precisa de AED e Escola de Chicago, v. Pedro Mercado Pacheco, *El Análisis Económico del Derecho*, cit., pp. 25 e ss.

7. A alcunha de "Escola de Chicago" é, no entanto, mais utilizada para designar a linha que se identifica com Richard Posner e seus seguidores; já, a expressão "AED" (por vezes denominada, até com certa ironia, de "versão Yale da Escola de Chicago") situar-se-ia mais próxima de Calabresi, que, de certa forma, defende a conciliação entre os cálculos econômicos e o mundo dos valores (cf. Maria Rosaria Ferrarese, *Diritto e Mercato*, cit., p. 440, valendo-se das lições de Pardolesi).

8. José da Silva Lisboa, *Princípios de Direito Mercantil*, 6ª ed., Rio de Janeiro, Typographia Acadêmica, 1874, p. XXVI.

9. Ascarelli, *Studi di Diritto Comparato e in Tema di Interpretazione*, Milão, Giuffrè Editore, 1952, p. 174.

nos, em não abalar demasiadamente) a segurança e a previsibilidades jurídicas. Caso contrário defenderiam o autoritarismo e deixariam portas abertas para que a legalidade, pela qual a Humanidade lutou séculos,[10] fosse substituída pelo despotismo e pelo arbítrio.

6. Note-se, todavia, que a segurança e a previsibilidade são valiosas também para os juristas "progressistas", que vêem na interpretação uma *atividade criativa* – e não *meramente declaratória*; e o são também para os que admitem a existência de uma pluralidade de ordenamentos jurídicos, reconhecendo como Direito normas não postas exclusivamente pelo Estado. Valem para os que defendem a larga utilização das cláusulas gerais, como fator necessário à flexibilização/adequação do Direito.

Em verdade, por conta da situação em que se encontram os operadores do Direito, por mais "pós-modernos" que se julguem, é certo que, como observa Ascarelli:

"Ao ser elaborada a norma legal, surge essa exigência de certeza e segurança e fica em perene contraste com as não menos justificadas exigências da eqüidade, da justiça do caso concreto, contraste que o Direito supera nos diferentes casos segundo as diversas exigências dos vários institutos.

"Esse contraste de eqüidade e de certeza se encontra também, a cada passo, na interpretação da norma e nas sempre renovadas discussões metodológicas e exprime, aliás, o contraste entre a justiça do caso singular e a generalidade da norma, entre a discricionariedade do juiz e o poder do legislador."[11]

7. Compreendido esse primeiro fundamento da AED (e a identidade que guarda com aqueles de escolas jurídicas tradicionais), devemos conjugá-lo com outros de seus postulados.

10. Cf. Eros Roberto Grau, em palestras proferidas.

11. Ascarelli, *Teoria Geral dos Títulos de Crédito*, 2ª ed., São Paulo, Saraiva, 1969, p. 4.

(i) Dada a escassez de recursos em face das necessidades humanas, sua alocação mais eficiente gerará o incremento do bem-estar e do fluxo de relações econômicas.

(ii) A alocação mais eficiente, por sua vez, é identificada com o chamado *ótimo paretiano*, segundo o qual uma sociedade não se encontra em situação ótima se houver pelo menos uma modificação capaz de melhorar a posição de alguém, sem prejudicar a de outrem.[12] Uma *escolha eficiente* é aquela tomada quando não há outra alternativa que seria preferida por todos os envolvidos, levando em conta seus objetivos e suas preferências individuais. Diz-se que a alocação de recursos é *ineficiente* quando há outra alternativa que todos os envolvidos prefeririam ou que seria aceita por pelo menos um deles, enquanto para os outros a nova disposição seria no mínimo indiferente.[13]

Note-se que para alguns teóricos da AED, como Calabresi, o *teste de Pareto* não passaria de um guia jurídico, econômico e jurieconômico, servindo ao aprimoramento da sociedade,[14] na medida em que visa a estabelecer situação fática em que todos se encontrem na melhor posição possível.

(iii) A forma de alocação mais eficiente dos recursos é determinada pelo funcionamento do livre mercado, e não pela intervenção estatal.

(iv) Esse funcionamento do mercado pressupõe o maior grau possível de *concorrência* entre os agentes que nele atuam.

(v) A formulação ou a interpretação/aplicação de textos normativos não podem

12. "A Pareto-optimal allocation is one for which there is no other reasible reallocation that is preferred by one party and liked at least equally well by the other party" (Robert Frank, *Microeconomics and Behavior*, 3ª ed., Boston, Irwin/McGraw-Hill, 1997, p. 559).

13. Paul Milgrom e John Roberts, *Economics, Organization and Management*, Englewood, Prentice-Hall, 1992, pp. 22-23.

14. Calabresi, "Introduzione", *Analise Economica del Diritto Privato*, Milão, Giuffrè Editore, 1998, p. 23.

ser influenciadas por considerações desestabilizadoras e não-uniformes, tal como a busca do ideal de *justiça*. O escopo do Direito deve ser *determinável*, sob pena de comprometimento da segurança e da previsibilidade (indispensáveis ao bom funcionamento do mercado).

O movimento positivista clássico já havia procurado afastar do Direito tudo quanto pudesse desestabilizá-lo. Por exemplo, para Kelsen o Direito é uma unidade não porque uma norma pode ser deduzida logicamente da outra, mas porque todas são postas pela mesma autoridade e capazes, portanto, de serem reconduzidas à *mesma fonte originária*. Já, para a AED a certeza e a segurança demandam o afastamento de elementos que não levam à eficiência alocativa e que, conseqüentemente, poderiam comprometer o grau de previsibilidade exigido pelo sistema. Daí a afirmação de Posner, para quem a AED seria, de certa forma, compatível com a doutrina de Kelsen,[15] indo além ao superar o problema da "indeterminação" do Direito. Enquanto na doutrina kelseniana ("indiscutível paradigma dos juristas continentais") a indeterminação da linguagem seria um *problema*, porque abriria espaço a interpretações divergentes, para a AED "as escolhas dos juízes e dos advogados não são negadas, mas admitidas explicitamente, desde que endereçadas com base em critérios de eficiência. A linguagem assume menos relevância (do que na doutrina kelseniana): as regras têm justificativa não hermenêutica, as palavras são apenas um modo de representá-la e, por conta disso, podem ser verbalizadas de várias formas".[16]

15. "I shortly made the surprising discovery that Kelsen1's philosophy of law opens a space for economic analysis, and in particular for the use of economics by judges in a wide range of cases that come before them" (Richard Posner, "Kelsen, Hayek, and the economic analysis of law", disponível em *www.users.ugent.be/~bdpooste/EAZE/posner-lecture.pdf*, acesso em 28.6.2005).

16. AA.VV., *Il Mercado delle Regole. Analisi Economica del Diritto Civile*, Bolonha, Mulino, 1999, p. 15.

(vi) O escopo (*determinável e uniforme*) do Direito é a busca da *eficiência alocativa* acima referida, atrelada sempre ao *bem-estar do consumidor*. Conseqüentemente, o grau de eficiência alocativa é diretamente proporcional ao bom fluxo de relações econômicas (= funcionamento adequado do mercado).

(vii) É legítimo que o foco do ordenamento jurídico repouse na *eficiência alocativa* (objetivamente determinável), porque resultante da consideração global das preferências individuais.

Essa afirmação da AED é baseada no *individualismo metodológico*, que pressupõe ser o comportamento econômico global a agregação das decisões individuais; o comportamento individual é o ponto de partida da análise e encerra *racionalidade procedimental*, no sentido de adequação de meios a fins e de ordenar os objetivos dos agentes econômicos de acordo com suas preferências. Assim, o agente sempre decidirá por um resultado "mais preferido", em relação a um "menos preferido", buscando maximizar seus interesses individuais.[17-18] Em suma, o comportamento do mercado globalmente considerado resulta das preferências individuais (e, portanto, *democraticamente justificável*).

Partindo, assim, da verificação de que os operadores do Direito não podem dizer algo de "científico" sobre os pontos de partida do ordenamento ou sobre os valores distributivos, a AED sustenta que esses valores devem ser ignorados, analisando-se o Direito apenas com base na eficiência econômica, definida abstratamente como maximização do bem-estar (= eficiência alocativa).[19]

17. Cf. Arthur Barrionuevo Filho, em palestras proferidas.

18. Posner, *Economic Analysis of Law*, 4ª ed., Boston, Little, Brown and Co., 1992, pp. 3-4.

19. Guido Calabresi, "L'inutilità di Pareto: un tentativo di andare oltre Coase", AA.VV., *Analisi Economica del Diritto Privato*, Milão, Giuffrè Editore, 1998.

II – Ainda os postulados da AED. A função do Direito e as falhas de mercado

8. Vimos linhas acima que para a AED o maior grau de bem-estar social será atingido por meio do bom funcionamento do mercado. No entanto, esse mesmo mercado comumente apresenta *falhas*, e, por conseqüência, seu funcionamento (defeituoso) não aporta o maior grau de eficiência alocativa possível (isto é, o que ocorreria se funcionasse adequadamente, presidido pela concorrência entre os agentes que nele atuam).

Essas *falhas* são, em breve síntese, as seguintes:

(i) *Assimetria de informações* – para que o mercado possa promover o fluxo de relações econômicas de maneira eficiente, é necessário que as partes, ao se vincularem, tenham acesso *às informações necessárias à tomada de decisão*, sob pena de desestímulo às contratações, por aumento dos custos a elas relacionados.

(ii) *Existência de poder econômico* por parte de alguns agentes – o poder econômico pode dar margem a distorções, como a prática de preços de monopólio, que prejudicam o fluxo de transações econômicas e levam à alocação menos eficiente de recursos, quando comparada àquela realizada pelo mercado concorrencial.

(iii) *Externalidades* – por vezes, terceiros são afetados pelas conseqüências de relação jurídico-econômica na qual não são partes. As externalidades podem ser tanto positivas quanto negativas. Por exemplo, a destruição do meio ambiente derivada do processo de industrialização deve ser entendida como uma *externalidade negativa*, e o conhecimento gerado com o investimento em pesquisas como uma *externalidade positiva*.

(iv) *Bens públicos* – há certos bens que, por sua natureza, não podem ser subtraídos do uso de terceiros. O exemplo clássico, dado por Coase, é o de uma companhia de navegação que constrói um farol. Seus concorrentes poderão, sem qualquer custo, valer-se do investimento.

Os bens públicos dão lugar à atuação dos chamados *free riders*, considerados *ineficientes* porque se utilizam dos esforços e recursos de outros, sem dever incorrer, eles próprios, em gastos e custos, desestimulando a boa atuação e o nível eficiente de investimento dos agentes econômicos.

9. Para a maioria dos autores ligados à AED,[20] na presença de falhas de mercado, justifica-se a intervenção com o *escopo específico* de supri-las ou de neutralizá-las. O objetivo da atuação estatal é, assim, claro e delimitado: *eliminar (ou reduzir) essas falhas, para que se tenha como resultado o melhor grau de eficiência alocativa possível, ou seja, logre-se obter um ambiente econômico como se falhas não houvesse*. Em outras palavras, a neutralização das falhas que se dá pela intervenção visa apenas a *simular* o funcionamento de um mercado concorrencial.[21]

10. Com base nesses pressupostos, a AED postula que as seguintes diretrizes de-

20. Mas não para todos, especialmente para aqueles mais ligados à Escola de Chicago (v. Maria Rosaria Ferrarese, *Diritto e Mercato*, cit., pp. 425 e ss.).

21. A AED baseia-se em trindade assim resumida por Pedro Mercado Pacheco: quando existem condições de concorrência perfeita, ao Direito não é reservada qualquer função decisória ou de intervenção para obter o resultado eficiente. O Direito seria, assim, "uma estrutura redundante em relação ao mercado", e sua única função, nesta hipótese, é garantir as condições de liberdade e segurança do tráfico mercantil. Na presença de falhas de mercado (externalidades, monopólio, bens coletivos), a função do Direito é reduzir a existência desses obstáculos, reduzindo os custos de transação "que impedem que um resultado eficiente seja atingido por intermédio de um acordo negociado". Quando a decisão de mercado é impossível, porque os obstáculos não podem ser eliminados, a função do Direito seria "atuar como um mercado simulado"; o juiz ou o legislador deve tomar "a solução que o mercado teria adotado, se não existissem obstáculos ao seu funcionamento" (*El Análisis Económico del Derecho*, cit., pp. 42 e ss.).

vem ser adotadas quando da formulação de textos normativos ou da interpretação/aplicação do Direito:[22]

(i) Abandono do método clássico de análise jurídica, que considera apenas o prejuízo que *uma parte causou à outra*,[23] para verificar em que medida *ambas* as partes causaram-se prejuízos, mutuamente. Nenhum direito há de ser absoluto, pois é sempre necessário examinar *os custos e os benefícios para todas as partes envolvidas na relação* (e não para apenas uma delas). Dessa forma, se uma empresa polui determinado manancial, o operador do Direito não deve restringir sua análise a esse aspecto, mas deve nela incluir também os eventuais benefícios advindos da atividade da empresa poluidora.

(ii) O sistema jurídico deve proporcionar a redução dos *custos de transação*, facilitando as contratações entre os agentes econômicos. Coase, em 1937,[24] indicava que a realização de transações econômicas no mercado implica custos (custos de transação, ou *transaction costs*), variáveis segundo a natureza da própria operação e a forma mediante a qual é organizada.[25-26] Na dicção de Hovenkamp: "Market can be expensive. Negotiating costs money. Dealing with other persons involves risk, and the less information one firm has about the other, the greater the risk".[27-28] Se o sistema jurídico não proporciona adequado grau de segurança e de previsibilidade, torna-se mais difícil a concretização das transações econômicas, porque essa concretização implica o dispêndio de maior quantidade de recursos,[29] em decorrência desse acréscimo de risco.

22. Chiassoni, "Analisi economica del Diritto e teorie economiche: un inventario di strumenti", AA.VV., *Analisi Economica del Diritto Privato*, cit., p. 505.

23. Que aparece nítido em meio ao texto do art. 159 do CC de 1916: "Aquele que, por ação ou omissão (...) causar prejuízo a outrem fica obrigado a reparar o dano" (CC/2002: "Art. 186. Aquele que, por ação ou omissão voluntária, negligência ou imprudência, violar direito e causar dano a outrem, ainda que exclusivamente moral, comete ato ilícito").

24. Para um resumo do pensamento de Coase, v. Rachel Sztajn, *Teoria Jurídica da Empresa: Atividade Empresária e Mercados*, São Paulo, Atlas, 2004.

25. Cf. Viscusi, Vernon e Harrington, *Economics of Regulation and Antitrust*, Lexington, Heath, 1992, p. 221.

26. "In order to carry out a market transaction, it is necessary to discover who it is that one wishes to deal with, to inform people that one wishes to deal and on what terms, to conduct negotiations leading up to a bargain, to draw up the contract, to undertake the inspection needed to make sure that the terms of the contract are being observed, and so on" (Coase, "The problem of social cost", *The Firm, the Market and the Law*, Chicago, The University of Chicago Press, 1990, p. 114).

27. Hovenkamp, *Federal Antitrust Policy. The Law of Competition and its Practice*, 2ª ed., Saint Paul, West Group, 1999, p. 372.

28. Partindo das idéias de Coase, Williamson define os custos de transação: "The ex ante costs of drafting, negotiating, and safeguarding an agreement and, more especially, the ex post costs of maladaptation and adjustment that arise when contract execution is misaligned as a result of gaps, errors, omissions, and unanticipated disturbances; the costs of running the economic system" (*The Mechanisms of Governance*, Nova York, Oxford University Press, 1996, p. 379).

29. É elucidativo o exemplo histórico de Douglas C. North sobre os fatores que levaram à criação de um ambiente institucional propício ao desenvolvimento do comércio na baixa Idade Média. Demonstra o autor (como já fizera Ascarelli) que naquela época desenvolveu-se ambiente institucional catalisador da diminuição dos custos de apropriação pelos agentes econômicos dos lucros de sua mercancia. Assim, a execução dos contratos foi facilitada pelas *corporações de ofício* e pela instituição de *tribunais próprios* dos comerciantes. A *mobilização do capital* e a *negociação dos créditos* foram viabilizadas mediante a utilização de institutos como as *letras de câmbio* e a *proteção do possuidor de boa-fé*. A divisão e a limitação dos riscos a serem suportados pelos agentes econômicos em suas negociações, por sua vez, foram facilitadas pela criação de *métodos de contabilidade* que permitiam melhor controle e análise das atividades de agentes (representantes, sócios etc.) em mercados distantes, de contratos ligados à distribuição de bens e de contratos de seguro, que seguiam certa uniformidade (formulários). De outra parte, o desenvolvimento de *"tipos" societários* limitadores da responsabilidade dos sócios possibilitou a diminuição do risco dos investidores (*v.g.*, a comenda e, posteriormente, as sociedades por ações). O reconhecimento dos usos e costumes (isto é, da prática de mercado) como *fonte de*

(iii) O aumento do grau de segurança e de previsibilidade jurídicas leva à *diminuição dos custos de transação*; nesse sentido, o Direito deve servir a aclarar o "marco regulatório", diminuindo o risco a ser suportado pelos agentes econômicos em suas transações.

(iv) A intervenção estatal (ou judicial) gera custos, que não podem ser desprezados pelos operadores do Direito, quer no momento da formulação de textos normativos, quer da interpretação/aplicação do Direito. Por exemplo, a imposição de uma regra que determine a quantidade máxima de açúcar na produção de vinhos implica custos de fiscalização do cumprimento do comando normativo. Não seria mais conveniente deixar que o próprio mercado selecionasse os bons vinhos, condenando à expulsão os produtores que se valem do açúcar em demasia? Eventualmente, se mercado houver para vinhos de qualidade (e preço) inferior, é porque existem consumidores dispostos a adquiri-los (e que restariam desatendidos se sua fabricação fosse proibida).

(v) Porque a intervenção estatal gera custos, deve, no máximo, ser admitida apenas quando necessária à neutralização das quatro falhas de mercado acima indicadas. *Assume-se a presunção de ineficiência da intervenção quando tenha lugar fora dessas quatro hipóteses.*

(vi) As normas jurídicas nada mais são que *incentivos* ou *não-incentivos* a que os agentes econômicos atuem de determinada forma. A sanção é simplesmente um *preço* que será valorado pelo agente econômico conforme a lógica do custo/benefício de seus possíveis comportamentos.[30]

(vii) O Direito não é permeado por outros valores que não a busca da eficiência alocativa; diz-se, então, dotado de *neutralidade redistributiva*. Na ausência de falhas de mercado, a melhor alocação de recursos será promovida pelo próprio mercado, como acima explicitado.

11. Partindo dessas premissas, a AED pretende fazer com que o Direito aflore depurado de fatores que causariam sua instabilidade. A determinação clara de um *único* objetivo retira espaço da atividade normativa e interpretativa e, conseqüentemente, diminui o leque de decisões possíveis por parte do regulador ou do intérprete.

Há, então, o incremento do grau de segurança e de previsibilidade do ordenamento jurídico, de que podem gozar os agentes econômicos. O sistema permite a adoção de comportamentos *calculáveis*, catalisando o mercado.

Nesse cenário, a concorrência entre os agentes econômicos assume papel central. O pressuposto de que a maior competição possível deve imperar em todos os mercados levaria à eficiência alocativa e, portanto, ao bem-estar do consumidor (incluindo preços inferiores aos praticados em mercados vitimados por desnecessária intervenção).

12. O raciocínio desenvolvido pela AED é simples: as decisões individuais dos agentes econômicos são marcadas pelo desejo egoístico de satisfação de suas necessidades; a solução "geral e natural" encontrada pelo mercado corresponde à consideração global dessas preferências. Em vez da hercúlea e impossível tarefa de buscar o "justo" ou o "adequado", o normal funcionamento do mercado trará a resposta a ser adotada em cada situação. *É admitida mais de uma solução (= decisão) correta, desde*

Direito e a obrigatoriedade do respeito à boa-fé completaram o quadro que levou ao desenvolvimento do comércio, porque propício à diminuição dos custos de transação (Douglas C. North, "Institutions, transaction costs, and the rise of merchant empires", *The Political Economy of Merchant Empires*, Nova York, Cambridge University Press, 1991, pp. 22-40).

30. Observa Rachel Sztajn que "essa idéia está presente no pensamento de Norberto Bobbio quando discute a fixação de prêmios, recompensas e punições que deve, de alguma forma, permear o sistema jurídico de forma a se obter certos comportamentos desejáveis e inibir os indesejáveis" ("Notas de análise econômica: contratos e responsabilidade civil", *RDM* 111/9, 1998).

que todas (e cada uma delas) levem ao mesmo resultado.

III – "A transformação permanente do tabu em totem". "Mundo reversível e idéias objetivadas"?[31]

13. Se a AED poderia atender às aspirações dos operadores do Direito, em especial a busca por segurança e previsibilidade jurídicas, por que sua adoção plena encontra resistência, especialmente nos países de *civil law*?

Essa indagação poderá ser melhor enfrentada partindo-se dos exemplos a seguir, que aplicam alguns postulados da AED acima referidos:

Exemplo 1:[32] para realizar todo seu potencial, as crianças requerem considerável investimento da parte de seus pais, que será maior ou menor conforme o comportamento dos pequenos e a disponibilidade dos genitores. Dependerá, também, de quanto os pais amam seus filhos: maior o apreço, maior o dinheiro que se disporão a despender. Mas mesmo quando há um profundo carinho, diante de uma família pobre, existe o risco de gastos insuficientes para o bom desenvolvimento da criança. Supomos que, no "mercado" da adoção, a procura supere a oferta, ou seja, haja mais casais à procura de filhos que crianças disponíveis. Essa escassez decorre de uma ineficiente intervenção estatal, que não leva em conta a *racionalidade dos agentes* e a *eficiência econômica*. Afinal, várias pessoas que poderiam ter filhos não os querem criar, ao mesmo tempo em que há famílias prontas para acolhê-los. Os "custos de produção" dos pais naturais são acentuadamente inferiores do que os da família que cria o bebê.

Se fosse permitido às mulheres grávidas celebrar contrato de venda de seus filhos (ou de seus *parent rights*), sem qualquer controle de preços, o problema estaria resolvido, com ganhos para as crianças: supõe-se que aqueles dispostos a pagar mais tratá-las-ão melhor. É bem verdade que os pais adotivos poderiam dispor-se a gastar seu dinheiro por motivos "errados", como a exploração sexual; no entanto, neste caso aplicar-se-ão as leis de proteção dos menores.

Igualmente, poder-se-ia argumentar que os ricos ficariam com todos os bebês – ou, pelo menos, com os melhores. Embora tal resultado fosse ótimo para as crianças, não se verificaria: geralmente, os ricos têm famílias menores que os pobres; os primeiros precisarão, portanto, de menor quantidade de bebês que os segundos. Ademais, a desregulamentação do mercado aumentaria o incentivo para a produção de crianças para a venda. Em suma, adotado fosse esse modelo, haveria filhos adotivos para todos, e, por via do funcionamento do mercado, oferta e demanda tenderiam a se encontrar.

Exemplo 2: há mais pessoas que necessitam de órgãos do que doadores. Se o sistema jurídico autorizasse a compra e venda de órgãos de pessoas mortas, é bem possível que, em um primeiro momento, os mais "eficientes" (= mais ricos, espertos, perspicazes) sobrevivessem, porque teriam dinheiro para comprar órgãos, ao contrário dos mais pobres.[33] Mas, com o passar do tempo, haveria encontro entre demanda e oferta. Em vez de contratar seguro com efeitos *post mortem* (que exige o dispêndio de dinheiro em vida), bastaria ao (futuro) morto vender seus órgãos. Dessa forma, o pro-

31. Oswald de Andrade, *Manifesto Antropofágico*, 1928.

32. O exemplo é de Richard Posner, "The legal protection of children", *Economic Analysis of Law*, cit., 4ª ed., pp. 149-154.

33. "Em qualquer mercado em que a quantidade de bens ofertados é racionada, compram aqueles que estão dispostos a pagar mais (possuem maior valor de reserva) pelo bem. Note-se que não são, necessariamente, os mais ricos, pois um indivíduo com renda menor que outro pode atribuir maior utilidade a determinado bem e dispor-se a pagar mais pelo mesmo" (Arthur Barrionuevo Filho, em palestras proferidas).

blema de escassez provavelmente seria eliminado, e o preço dos órgãos tenderia a diminuir.

Exemplo 3: o mercado de drogas sobrevive por conta dos lucros que advêm de seu tráfico. A ilegalidade aumenta o risco da produção e da distribuição e, conseqüentemente, o preço do produto, tornando o mercado atrativo para determinada classe de agentes econômicos. Se o ordenamento jurídico liberasse a compra e venda de drogas, desapareceria em grande parte o incentivo à produção e à criação de nova demanda (com o conseqüente aliciamento de crianças e jovens).

Exemplo 4: permitir a união dos trabalhadores para negociar seus salários e condições de trabalho diminui a concorrência que naturalmente ofereceriam uns aos outros, e, portanto, eleva os níveis de remuneração. O ordenamento jurídico deveria, então, impedir a formação de sindicados – pois nada mais são que grandes cartéis que aumentam o preço de mercadorias (= horas de trabalho).[34-35]

14. Afinal, qual é a diferença concreta entre esses quatro exemplos? Por que somos levados a crer que seria adequada a adoção de raciocínio tipicamente "de mercado" em alguns casos, mas não em outros? Por que, em certas situações, parece-nos correta a solução mais "econômica" e, em outras, essa hipótese causa-nos repugnância?

Simplesmente porque – por mais doloroso que seja para o jurista admiti-lo – os exemplos lidam com diversos *valores* e *preferências*. É possível pensar que a venda de órgãos de pessoas mortas (afinal, os doadores já se foram, e seus corpos apodrecerão) seria apenas um meio para atingir um fim "nobre": acabar com a escassez que ceifa a vida de milhares de pessoas. No caso das drogas, poderíamos pensar que não seria "moral" liberarmos seu uso, da mesma forma como é possível crer que "os fins justificam os meios".

Quanto aos trabalhadores, há quem sustente que a obrigatoriedade de negociação por intermédio dos sindicados impeça aqueles mais competentes de obter salários melhores, além de aumentar os preços para os consumidores. Da mesma forma, impedir a negociação dos direitos sociais prejudicaria os próprios trabalhadores (e sua liberdade de contratar).

Para muitos, bebês não são mercadorias, porque a vida humana não pode ser comprada e vendida, mercanciada.

15. Cada um de nós, dependendo de nossas crenças, de nossa história e de nossos *valores*, nos exemplos que trouxemos, tem opinião diversa sobre a opção jurídica que deveria (ou não) ser preferida à outra. Qual entendimento deve prevalecer?

A AED, em sua versão mais radical, defenderia que a melhor solução será dada

34. "Embora mesmo economistas bastante liberais reconheçam a existência de falhas de mercado como as ocasionadas por oligopsônios e monopsônios no mercado de trabalho, que poderiam fazer, em certas circunstâncias, com que o aumento do poder de barganha de trabalhadores pudesse incrementar o bem-estar da sociedade" (Arthur Barrionuevo Filho, em palestras proferidas).

35. Esse quarto exemplo traz à memória a exposição de Eros Roberto Grau, em parecer não publicado: "A lei *Le Chapelier* é citada freqüentemente como a lei que promove a abolição do sistema de corporações, o que constitui um erro. A abolição desse sistema foi definida no decreto *d'Allarde*. A lei *Le Chapelier* constitui um verdadeiro 'golpe de Estado' contra o direito de associação que os trabalhadores acabavam de conquistar na França revolucionária (Marx, *El Capital*, vol. I, trad. de Wenceslao Roces, 5ª ed., Fondo de Cultura Económica, México, 1968, p. 631). A lei dá resposta, nas palavras de Isaac-René-Guy Le Chapelier, que a apresentou como projeto ao Comitê de Constituição, à ameaça, à 'ordem pública', que constituía a criação de assembléias de trabalhadores, voltadas à reivindicação por aumentos de salários. Passando ao largo do direito de reunião, que fora reconhecido pela lei de 21.8.1790, a lei *Le Chapelier* proíbe toda associação, coalizão ou ação coletiva dos trabalhadores, qual o direito de petição e a greve – proibindo também, por outro lado, as associações e coalizões patronais. A negação da existência de interesses intermediários entre o interesse geral e o interesse particular é tomada como justificativa para o golpe. V. Jean-Pierre Potier, ob. cit., pp. 235 e ss.".

naturalmente pelo funcionamento do mercado em *todas* as hipóteses acima, porque esse seria o meio mais eficiente (e também o mais democrático) de alocar os recursos disponíveis.

O que nos impede de adotar a solução proposta pela AED para *todos* esses exemplos é o fato de a nossa sociedade portar determinados valores – que resultam por consubstanciar princípios jurídicos – que não podem ser ignorados no processo de criação do texto normativo e das normas jurídicas.

Qual a razão de admitirmos os sindicatos e fulminarmos de ilicitude os cartéis em outros setores da economia? Por que, no atual momento histórico, as conquistas sociais levam-nos a crer que os trabalhadores devem unir-se para aumentar seu poder de barganha e fazer frente à capacidade econômica dos empregadores?

A resposta à nossa indagação somente encontra explicação se admitirmos que, por conta dos princípios existentes em nosso ordenamento (e *também* de valores socialmente disseminados), *o Direito está voltado a outros escopos que não, simplesmente, a busca da eficiência alocativa.*

Na dicção de Belluzzo, o "Estado do Bem-estar" é "fundamentalmente a construção de um arcabouço jurídico e institucional destinado a domesticar as leis espontâneas do mercado capitalista".[36]

Por sua vez, Newton de Lucca afirma: "Frases comuns como 'Deixe por conta do mercado', 'Venderei a preços de mercado', 'Não se interfere no mercado', 'Tem-se direito a um preço justo de mercado', dão, por si sós, uma clara idéia de que o mercado passou a ser invocado com uma espécie de ênfase 'teológica', como se ele – o mercado – fosse capaz de determinar naturalmente a própria noção de preço justo. No entanto, (...) 'o mercado sabe tudo sobre preços, nada sobre valores'".[37]

16. Portanto, o postulado máximo da AED, que prega o *fim único* do sistema, não pode ser admitido pelos juristas que acreditam que o Direito – posto e pressuposto – não existe apenas para corroborar os determinismos econômicos. Há situações em que o mais fraco merece proteção; ainda se acredita que *gente é feita para brilhar, e não para passar fome.* Há coisas (como a vida humana e a liberdade) que *ainda* não foram transformadas em mercadorias e não podem ser submetidas à lógica de mercado.

IV – A AED e as peculiaridades da realidade brasileira

17. A compreensão da AED no contexto brasileiro deve necessariamente partir da consideração de alguns fatores que compõem nosso ambiente institucional. Isso porque, globalmente considerados, em uma primeira análise poderiam fazer crer que a adoção plena dos postulados da AED seria o caminho obrigatório a seguir.

(i) *Menos intervenção, menor a necessidade de gastos públicos.* Em princípio, a diminuição da atuação estatal implica economia de recursos públicos. Se o Estado deixa de investir na educação da população, "economiza" os recursos que teriam esse destino. Igualmente, se não se dedica à construção de usinas termoelétricas ou estradas, não incorre nos respectivos gastos. Em um país que foi castigado pela inflação, cairia qual uma luva o "rigor fiscal" proporcionado pela AED.

(ii) Nos países em que a sociedade civil viu-se prisioneira da atuação ineficiente do Estado na economia, a opção da gestão privada de serviços essenciais, sujeita ao

36. Belluzzo, "Prefácio" ao livro de Eros Roberto Grau, *Ensaio e Discurso sobre a Interpretação/Aplicação do Direito*, São Paulo, Malheiros Editores, 2003.

37. Newton de Lucca, *Teoria Geral da Relação Jurídica de Consumo*, tese de concurso para provimento do cargo de Professor Titular de Direito Comercial da Faculdade de Direito da USP, São Paulo, 2001, p. 167.

maior grau de concorrência possível, não costuma gerar a mesma resistência encontrada em Estados cuja população tem acesso a serviços universais e de qualidade.

(iii) Países que passaram por regimes ditatoriais, escândalos de corrupção ou simplesmente desiludidos com o sistema democrático trazem forte tendência popular de entregar a condução da economia a uma "instituição" que – ao menos em princípio – não possa ser instrumentalizada por classes políticas que atuam na busca da satisfação de seus interesses. Entre dois egoísmos (o do agente econômico e o de determinada classe política), prefere-se o primeiro, porque não centrado exclusivamente na instrumentalização do Estado e da coisa pública.

(iv) A concorrência, por definição, promove a sobrevivência do agente econômico mais eficiente. De uma parte, elimina o *clientelismo* dos empresários, que somente sobrevivem por conta de protecionismos governamentais, muitas vezes estabelecidos em detrimento da população (que deve pagar preço mais elevado por determinado produto ou serviço); de outra, deixa livre o caminho para que empresas mais eficientes ocupem o mercado, trazendo benefícios para o consumidor.

V – Em que medida a análise econômica pode servir ao Direito? "Lasciate ogne speranza, voi ch'intrate?"

18. Para muitos, no inferno de Dante estará reservado um círculo aos que ousarem contaminar o Direito com a Economia, ou propor a utilização de método ligado à AED na solução de problemas jurídicos. Suporta-se até a utilização de elementos da Sociologia, da Filosofia e mesmo da Psicologia. Não se admite, todavia, a promiscuidade com métodos de análise *racionais*, destinados a identificar a conseqüência econômica dos atos praticados pelos formuladores das políticas públicas e dos operadores do Direito. Para esses profissionais, a realidade pouco interessa; os textos normativos devem ser aplicados, "custe o que custar". Daí adviria a segurança para o sistema, sendo irrelevantes as ponderações sobre as conseqüências ou os pressupostos econômicos das normas jurídicas.

Mas aqueles que defendem as fogueiras não compreenderam que os juristas e os economistas ligados à AED desenvolveram poderoso instrumental que se presta à implementação das políticas públicas consideradas convenientes/oportunas em uma sociedade democrática. Essa Escola pode auxiliar a melhor compreensão da realidade e – indo além – socorrer os operadores do Direito em sua missão de solucionar e de evitar problemas.[38]

19. Conveniente repetir, aqui, a indagação proposta por David Friedman: "Por que a análise econômica pode servir ao Direito?".

A primeira resposta é que a AED permite a identificação dos efeitos de determinada norma jurídica ou decisão (ou seja, propõe a análise da relação entre custo e benefício das políticas jurídicas e das decisões proferidas).

Por exemplo, quando da formulação de texto normativo que fixe em patamar de-

38. Não se afirma, com isso, a neutralidade da técnica. Aliás, como bem salientado por vários doutrinadores, essa armadilha é uma forma (mal) dissimulada de implementação de políticas públicas, impregnada de elevado grau ideológico. Ficou dito sobre a crença na neutralidade tecnicista que "a falácia de tal argumento salta aos olhos, porque impossível separar os dois aspectos: *toda técnica implementa uma opção política*. A negação dessa evidência produz, como já se assinalou, 'dissimulação política (...)'. Trata-se de 'ofensiva de neutralidade apolítica' (cf. Natalino Irti, *L'Ordine Giuridico del Mercado*, 5ª ed., Roma, Laterza, 2003, 35), baseada na lógica do economicismo e na pressuposição (inegavelmente política) de que os mercados devem ser conduzidos conforme suas próprias e irrevogáveis leis" (Paula A. Forgioni, "Agências reguladoras, serviços públicos e disciplina da concorrência no Brasil. Meios que justificam fins?", no prelo). A proposta é bem outra. Não se busca ou admite a neutralidade da técnica, *mas a utilização de instrumental que pode servir a outros objetivos que não a simples busca da eficiência alocativa*.

masiadamente baixo a multa incidente sobre atrasos no pagamento das taxas condominiais, entende a AED ser obrigatório ponderar que o estímulo à inadimplência será a conseqüência econômica esperada e que, portanto, faltarão os recursos necessários à manutenção de serviços comuns.

O segundo préstimo da AED para o Direito é explicar a razão pela qual determinadas normas jurídicas encontram lugar no ordenamento.

Por fim, a AED também serve ao Direito na medida em que se propõe a determinar qual o tipo de norma que deve ser acolhida pelo ordenamento, e, neste ponto, a eficiência econômica é tomada como a pedra angular do sistema jurídico (= a eficiência econômica passa a ser "o" valor jurídico máximo).[39-40]

20. A *primeira razão* acima indicada é contestada por poucos. "Na medida em que a análise econômica auxilia a compreensão dos reais efeitos produzidos pelos atos normativos e pelos outros atos ou fatos juridicamente relevantes, especialmente as conseqüências menos óbvias, ela se mostra útil para todos aqueles que produzem ou estudam as normas jurídicas."[41] Contra essa utilização restam apenas os técnicos que não têm tempo ou disposição para aprofundar seus estudos.

21. A *segunda razão* propõe que lancemos mão do aparato conceitual trazido pelos estudos de análise econômica para explicar os motivos de existência das normas vigentes, bem como suas conseqüências. Nesse aspecto, a estrada a ser percorrida é um tanto mais espinhosa. Posner, por exemplo, chega a sustentar que as normas de direito privado hoje existentes seriam idênticas mesmo que resultassem de um trabalho de estruturação do sistema jurídico segundo os cânones da eficiência econômica. Ou seja, não houvesse intervenção estatal, a ordem jurídica do mercado seria a mesma.

Essa assertiva, embora em parte verdadeira, como adiante exposto, deve ser tomada com reservas, e requer a compreensão de alguns traços característicos da chamada "ordem jurídica do mercado". Essa ordem compõe-se da interação entre dois tipos de normas: (i) as *endógenas*, geradas pela *praxis* dos agentes econômicos (principalmente dos mercadores), e (ii) as *exógenas*, postas por um poder que lhes é externo.

O ordenamento jurídico estatal admite uma fonte que lhe é (em princípio) externa como geradora de Direito, produtora de normas vinculantes do comportamento dos agentes de mercado. Para comprovar essa afirmação, basta tomar a obrigatoriedade do respeito aos usos e costumes ou às boas práticas comerciais, criadas no seio do mercado. Inegável, pois, que *a ordem jurídica estatal atribui ao mercado relevante papel como regulador de comportamentos e de expectativas de comportamentos*.[42]

Vale referir imagem talhada por Goldschmidt para explicar a relação entre *lex mercatoria* (normas endógenas) e Direito estatal (normas exógenas): "Podemos compará-la a uma geleira: nas regiões inferiores o gelo derretido se une com a massa geral da água da chuva, ao mesmo tempo em que novo gelo vai se formando nas regiões superiores".[43]

39. Pacheco, *El Análisis Económico del Derecho*, cit., p. 23.

40. V., sobre as possíveis aplicações, no Brasil, da AED, bem como para a evolução histórica da Escola de Chicago, Faraco e Muniz Santos, "Análise econômica do Direito e possibilidades aplicativas no Brasil", *RDPE* 9/27-61, 2005.

41. David Friedman, "Perché l'analisi economica può servire al Diritto", *L'Ordine del Diritto*, Bolonha, Il Mulino, 2004, p. 40.

42. Maria Rosaria Ferrarese, *Diritto e Mercato*, cit., p. 61.

43. "Lo si può paragonare a un ghiacciaio: nelle regioni inferiori il ghiaccio sciogliendosi si unisce con la generale massa dell'acqua piovana, mentre nuovo ghiaccio si va di continuo formando nella regione superiore" (Levin Goldschmidt, *Storia Universale del Diritto Commerciale*, trad. italiana de Vittorio Pouchain e Antonio Scialoja, Turim, UTET, 1913).

A ordem jurídica do mercado é, portanto, resultado de dinâmica que, a partir das normas endógenas e exógenas, contém em sua unidade aquilo antes dividido. Esse ordenamento, como não poderia deixar de ser, é um *work in progress*, uma "inteligência jurídica, produzida concomitantemente por vários sujeitos públicos e privados".[44]

Complementando a imagem de Goldschmidt, podemos dizer que a ordem jurídica do mercado é composta não apenas das normas endógenas que provêm do gelo derretido e sempre renovado, mas também das normas originadas de fontes subterrâneas invisíveis, cuja localização e quantidade/qualidade das normas que emanam não conhecemos bem.

Ao admitir uma fonte que lhe é externa como produtora de regras vinculantes para os agentes econômicos, o Direito estatal chama para dentro de si o Direito não produzido pelo Estado. Hoje, boa parte da ordem jurídica do mercado acaba subtraída do controle estatal, dificultando a implementação de políticas públicas. Por conta dessa gênese *privada*, muitas normas jurídicas são criadas e respeitadas sem a participação do Estado. Por exemplo, as cláusulas criadas nos escritórios estrangeiros de Advocacia, clonadas em todo o mundo, cuja eficácia material é assegurada por procedimentos arbitrais (com funções semelhantes àquelas desempenhadas, outrora, pelos tribunais especiais dos mercadores). Gera-se, assim, a "constituição de novos percursos de legalidade que são estreitamente entrelaçados com a vida e as vicissitudes das empresas".[45] Por isso, a forte "tendência de privatização dos mecanismos de produção jurídica relativos aos mercados".[46]

44. Maria Rosaria Ferrarese, "Mercati e globalizzazione. Gli incerti cammini del Diritto", *Le Istituzioni della Globalizzazione*, Bolonha, Il Mulino, 2000, p. 59.

45. Maria Rosaria Ferrarese, "Mercati e globalizzazione. Gli incerti cammini del Diritto", cit., *Le Istituzioni della Globalizzazione*, p. 92.

46. Idem, 61.

Ocorre que essas normas jurídicas são muitas vezes produzidas de acordo com uma *lógica econômica*, e não conforme a *lógica jurídica* decorrente da interpretação sistemática de todo o Direito, nível do todo social. O Direito estatal, implementador de políticas públicas, passa ao largo desse regramento e de sua formulação.

Nesse cenário, não obstante ser incontestável o *fato* da privatização do Direito, a intervenção estatal assume papel relevante, por voltar-se contra a implacável lógica do mercado, implementando *políticas públicas* (e, neste ponto, a afirmação de Posner não há de ser tomada como completamente verdadeira). Por exemplo, mediante a edição de textos normativos pode-se determinar a proteção a determinado setor da economia (ou de certo grupo de pessoas), ainda que essa solução não seja conforme à lógica de mercado.

O Direito existe também para subjugar os determinismos econômicos; muitas das regras que seriam tidas como *ineficientes* do ponto de vista do mercado existem, valem e são eficazes.

22. A *terceira razão* da serventia da análise econômica para o Direito estaria no uso da teoria econômica não apenas para sugerir mas, principalmente, para *prescrever* o conteúdo das normas e o valor máximo do ordenamento jurídico. Este préstimo, como vimos, deve ser dispensado, mesmo porque incompatível com os princípios insculpidos na Constituição do Brasil.[47]

47. A esse respeito, já se disse que: "Os princípios da *livre iniciativa* e da *livre concorrência* são *instrumentais* da promoção da *dignidade humana*. A Constituição do Brasil, em seu todo, persegue objetivos mais amplos e maiores do que, singelamente, o do 'livre mercado'. Referindo-nos aos princípios veiculados pelo seu art. 170, teremos que *todos eles* têm por fim assegurar a todos *existência digna*, conforme os ditames da *justiça social*. E o seu art. 1º enuncia como dois dos fundamentos do Brasil a *dignidade da pessoa humana* e os *valores sociais da livre iniciativa*. Nesse quadro, impõe-se compreendermos que a interpretação/aplicação do princípio da *dignidade da pessoa humana* ilumina a concre-

É evidente que a eficiência paretiana não pode ser simplesmente transposta para o mundo jurídico, *porque o Direito abarca outros valores, transformados em premissas implícitas do ordenamento.* Como se vê, o afastamento da lógica puramente econômica não é uma questão de ojeriza ou preconceito, *mas uma imposição a ser atendida tendo em vista o funcionamento do ordenamento, desde seu fundamento jurídico, visando ao dinamismo do mercado de acordo com uma lógica também jurídica (e não apenas econômica).*

A sociedade civil não se resume ao mercado; há princípios (jurídicos) que não atendem à lógica econômica e que também compõem a chamada "ordem jurídica do mercado". Não é possível admitir a terceira função a que se prestaria a AED; uma lei considerando lícita a compra e venda de bebês não há de ser acolhida pela ordem jurídica, ainda que eficiente do ponto de vista econômico.

VI – Os riscos da mistificação dissimulada

23. No atual contexto brasileiro ligado ao estudo da AED, o grande risco é a *mistificação dissimulada* de seus postulados. Muitas opiniões supostamente "técnicas" carregam consigo a intenção de depurar o Direito de tudo aquilo que não seja "economicamente eficiente", implementando o terceiro préstimo da AED.

Há inúmeras situações nas quais a introdução da competição em grau máximo em determinado setor da economia significa, no fundo, *reservar ao Direito apenas a função de mero neutralizador das quatro falhas de mercado antes referidas*, retirando-se-lhe o cômpito de implementação de políticas públicas que não tenham a busca da eficiência alocativa como único norte.

Igualmente, procurar furtar da análise do Poder Judiciário decisões das autoridades cuja principal função é imprimir a lógica concorrencial a determinados mercados é querer reduzir o sistema ao império da lógica determinista.[48]

24. Note-se bem: em um grande número de setores econômicos o aumento do grau de concorrência *é não apenas saudável, como absolutamente necessário para o bem-estar social.* Mas em outros é bem possível que, em face dos fins da política pública veiculada pelo art. 170 da Constituição do Brasil, combinado com seu art. 3º, o texto normativo adote a proteção de

tização dos princípios veiculados pelos arts. 1º, 3º e 170 da Constituição; mas a interpretação/aplicação desses mesmos princípios, concomitantemente, ilumina a concretização do principio da *dignidade da pessoa humana*. Por isso incide em grave erro, equívoco grosseiro, quem sustente que o ordenamento infraconstitucional deve, sob pena de inconstitucionalidade, adequar-se plenamente, em termos absolutos, às regras típicas do 'mercado livre'. É certamente absurdo o argumento que afirma a prevalência do *livre mercado*, na acepção mais *chicaguiana* admissível do vocábulo, sobre o dever do Estado de produzir direito positivo. (...). Evidentemente não estamos a afirmar que a Constituição do Brasil persiga um modelo de mercado apartado da *livre iniciativa* e da *livre concorrência* – muito ao contrário. Sustentamos que os princípios veiculados pelo art. 170 da Constituição do Brasil e todas as regras que a partir deles se desdobram estão à disposição dos fins enunciados pelo art. 3º da própria Constituição, e, portanto, não podem ser lidos ou tomados apartadamente do sistema ao qual pertencem e ao qual, ao mesmo tempo, dão conformação" (Eros Roberto Grau e Paula A. Forgioni, "Loterias: serviços públicos. Livre iniciativa/livre concorrência e imposição de restrições à atividade dos lotéricos", *O Estado, a Empresa e o Contrato*, São Paulo, Malheiros Editores, 2005, pp. 139-140). "O texto da Constituição de 1988 não deixa dúvidas quanto ao fato de a concorrência ser, entre nós, um meio, um instrumento para o alcance de outro bem maior, qual seja, 'assegurar a todos existência digna, conforme os ditames da justiça social' (...). A tutela da concorrência não é, portanto, um fim em si mesma e poderá ser afastada quando o escopo maior perseguido pelo sistema assim o exigir" (Paula A. Forgioni, *Os Fundamentos do Antitruste*, 2ª ed., São Paulo, Ed. RT, 2005, pp. 190-193).

48. Nessa empreitada, vemos ressurgir teses que buscam reduzir o papel do Poder Judiciário e mesmo do Ministério Público na revisão das decisões das chamadas "agências reguladoras". Um dos argumentos que mais têm sido utilizados – ainda que com diferente terminologia – é o do "ato administrativo discricionário", que não poderia ter seu mérito revisto.

determinado setor da economia. Essa política – ao contrário do que pregam muitos – nada tem de inconstitucional. Enfim, é plenamente possível, em nosso sistema, a implementação de políticas que não se curvem aos determinismos econômicos.

Por isso, é preciso que os operadores do Direito estejam atentos. Um discurso "pró-concorrencial" e "pró-mercado" pode ocultar, em alguns casos, a concepção do Direito como mero vassalo dos determinismos econômicos.

VII – AED: nem paranóia, nem mistificação

25. Em conclusão, o operador do Direito, ao se deparar com a AED e com seus postulados, não pode ser movido nem pela paranóia, nem pela mistificação: a relação entre o método jurídico e o método juseconômico deve ser de *complementaridade* e não de *substituição ou oposição.*[49-50]

Na ausência da correta compreensão da AED, de duas, uma: ou será desprezado instrumental apto a dar concreção aos princípios de nosso ordenamento jurídico, ou – o que é pior – a AED será tomada como remédio apto a solucionar todos os males, reduzindo o papel do Direito à simples reafirmação e legitimação dos determinismos econômicos. Será dada, assim, razão à advertência de Cairu: "Os mesmos cordiais se podem converter em venenos, pela precipitação da receita, ou intemperança de quem os toma".[51]

49. Michele Abrescia, no "Prefácio" à edição italiana da obra de David Friedman, acima referida (nota 41).

50. Rachel Sztajn explica que, "quando se pensa em análise econômica do Direito imagina-se, por vezes, que se estará no campo do direito econômico ou do direito comercial, ou ainda naquele em que preponderam os modelos econométricos sobre as regras jurídicas. Nada mais enganoso. A análise econômica do Direito pretende aferir a maior ou menor eficiência das operações negociais. (...). Fica claro que, sob o aspecto econômico, a busca do próprio interesse nas condutas humanas é admissível. *Não se quer com isso dizer que o egoísmo absoluto seja desejável, nem que deva ser premiado, mas sim que o interesse individual deve ser reconhecido e admitido, pois as pessoas reagem conforme os incentivos que lhes sejam oferecidos*" ("Notas de análise econômica: contratos e responsabilidade civil", cit., *RDM* 111/9 – grifamos).

51. Cairu, *Observações sobre a Franqueza da Indústria, e Estabelecimento de Fábricas no Brasil*, Brasília, Senado Federal, 1999, p. 34.

Espaço Discente

RESOLUÇÃO DA SOCIEDADE LIMITADA EM RELAÇÃO A UM SÓCIO NO CÓDIGO CIVIL DE 2002

Beatriz Trovo

1. Introdução. 2. Sociedades limitadas: conceito, natureza jurídica e legislação aplicável. 3. Conceito de "dissolução parcial". 4. Resolução da sociedade em relação a um sócio. 5. Causas de resolução da sociedade em relação a um sócio: 5.1 Morte de sócio – 5.2 Exclusão de sócio – 5.3 Despedida voluntária de sócio – 5.4 Falência de sócio – 5.5 Liquidação da quota a pedido de credor do sócio – 5.6 Causas previstas no contrato social. 6. Sociedade reduzida a um sócio. 7. Apuração e pagamento de haveres. 8. Conclusão.

1. Introdução

O Código Civil Brasileiro de 2002 (Lei 10.406, de 10.1.2002) revogou a totalidade do Código Civil de 1916, trazendo diversas alterações e inovações ao Direito pátrio.

Dentre as inovações trazidas pelo novo Código Civil, pode-se destacar, no "Livro II – Do Direito da Empresa", a introdução do instituto da resolução da sociedade limitada em relação a um sócio. Ao positivar este instituto, o legislador acolheu tendência doutrinária e jurisprudencial de permitir a dissolução parcial de sociedades, com o escopo de preservar a empresa em detrimento de um sócio ausente ou prejudicial à consecução do fim social. Através do instituto da dissolução parcial, passou a ser possível a superação dos problemas existentes entre os sócios, sem o comprometimento da existência da sociedade e da preservação da atividade econômica da empresa por ela explorada.

Conseqüentemente, necessário é o aprofundamento do referido instituto trazido pelo Código Civil, principalmente por envolver instrumentos jurídicos eficazes na proteção da continuidade das atividades sociais. A extinção de uma empresa próspera, que cumpre sua função social, além de ser contrária à satisfação dos interesses dos sócios não-dissidentes, também afeta negativamente a comunidade em que está inserida, trazendo aumento no número de desempregos, diminuição na arrecadação de impostos, bem como desaceleração na economia local.

2. Sociedades limitadas: conceito, natureza jurídica e legislação aplicável

O art. 981 do atual Código define, indiretamente, "sociedade", ao dispor que "celebram contrato de sociedade as pessoas que reciprocamente se obrigam a contribuir, com bens ou serviços, para o exercício de atividade econômica e a partilha, entre si, dos resultados".

Atualmente, é praticamente unânime, na doutrina nacional e estrangeira, a consideração de que o contrato de sociedade consiste em um contrato plurilateral, com comunhão de escopo. Foi justamente esta construção doutrinária que possibilitou a defesa de eventual dissolução parcial das sociedades sem prejuízo, conforme o caso, da continuidade das atividades sociais.

A constituição da sociedade através de um contrato plurilateral foi aprimorada por Tullio Ascarelli. Para este, o contrato de sociedade é um contrato plurilateral em que "à pluralidade corresponde a circunstância de que os interesses contrastantes das várias partes devem ser unificados por meio de uma finalidade comum; os contratos plurilaterais aparecem como contratos com comunhão de fim. Cada uma das partes obriga-se, de fato, para com todas as outras, e para com todas as outras adquire direitos; é natural, portanto, coordená-los, todos, em torno de um fim, de um escopo comum".[1] Ademais, nos contratos plurilaterais a impossibilidade de execução da obrigação de uma das partes ou sua inexecução importa nulidade por impossibilidade superveniente ou resolução do contrato somente em relação à adesão da parte a cuja obrigação se refere, não se extinguindo o contrato.

A especificidade que a sociedade limitada apresenta em relação aos demais tipos societários é que, segundo o art. 1.052 do CC, "na sociedade limitada, a responsabilidade de cada sócio é restrita ao valor de suas quotas, mas todos respondem solidariamente pela integralização do capital social".

Assim, a sociedade limitada é uma pessoa jurídica, constituída através de um contrato plurilateral, de personalidade e patrimônio próprios, como todas as demais formas societárias, consistindo em um ente autônomo, distinto e inconfundível com a figura de seus sócios, com seu capital social dividido em quotas e com a responsabilidade dos sócios limitada ao montante de suas quotas, observado o disposto em lei.

1. Tullio Ascarelli, *Problemas das Sociedades Anônimas e Direito Comparado*, 2ª ed., p. 271.

Grande discussão é gerada quando da tentativa de caracterização das sociedades limitadas como sendo de pessoas ou de capitais. Tal polêmica decorre do fato de, ao mesmo tempo em que há sociedades limitadas de pequeno e médio porte, cujas qualidades pessoais dos sócios – tais como experiências de negócios, honradez, confiança recíproca dos sócios – são essenciais para a consecução das atividades sociais, há outras maiores, cujos sócios são meros contribuintes de capital. Além disso, ao passo em que as sociedades limitadas são proibidas de realizar qualquer apelo ao público para arrecadação de recursos e que são exigidas formalidades para cessão dos quinhões sociais, demonstrando proximidade das sociedades limitadas às sociedades de pessoas, este tipo societário aproxima-se das sociedades de capitais por limitar a responsabilidade dos sócios, por seu ato constitutivo possuir grande autonomia, por consagrar o princípio da deliberação majoritária, com a possibilidade de recesso dos dissidentes, e por poder ser regida pela Lei das S/A em casos de omissão legal ou contratual.

Para solução da controvérsia acima citada, parte da doutrina tem entendido que as sociedades limitadas possuem caráter híbrido, ocupando posição intermediária entre as sociedades de pessoas e as sociedades de capital, por apresentarem características de ambas as categorias.

No entanto, é importante destacar poderem as sociedades limitadas, no Brasil, pender para um caráter mais capitalista ou mais personalista, dependendo da análise das características que os quotistas atribuíram à sociedade em um caso concreto e da análise de seu contrato social.

Até 2002 as sociedades limitadas eram reguladas pelo Decreto 3.708, de 10.1.1919. Todavia, por este decreto apresentar muitas lacunas no tocante a certas disposições aplicáveis ao tipo societário em questão, a Lei das S/A (Lei 6.404, de 15.12.1976) era utilizada subsidiariamente nos casos de omissões do contrato social de um caso concreto.

Atualmente as sociedades limitadas são regidas pelo Código Civil Brasileiro (Lei 10.406, de 10.1.2002). O Código Civil, ao disciplinar o regime jurídico aplicável às sociedades limitadas, na Parte Especial, "Livro II – Do Direito de Empresa", "Título II – Da Sociedade", "Subtítulo II – Da Sociedade Personificada", "Capítulo IV – Da Sociedade Limitada", revogou, tacitamente, o Decreto 3.708, de 10.1.1919.

Com esta alteração na legislação aplicável às sociedades limitadas, na hipótese de omissão em qualquer caso há a regência supletiva do regime aplicável às sociedades simples, também disciplinadas pelo Código Civil atual. Entretanto, caso o contrato social de uma sociedade limitada preveja a subsidiariedade das normas das sociedades anônimas, há, diferentemente, a aplicação destes dispositivos nos casos omissos.

3. Conceito de "dissolução parcial"

O Código Civil Brasileiro adotou o princípio de que uma sociedade é constituída através de um contrato plurilateral ao consagrar a disciplina da "resolução da sociedade em relação a um sócio". Considerando o contrato de sociedade como um contrato plurilateral, é perfeitamente admissível a saída ou a entrada, a qualquer tempo, de um sócio, sem que haja alteração na natureza do negócio originário ou do objeto social. Este princípio já era adotado anteriormente pelo Código Civil Italiano, o qual, em seu art. 1.420, reza que "nei contratti con più di due parti, in cui le prestazioni di ciascuna sono dirette al conseguimento di uno scopo comune, la nullità che colpisce il vincolo di una sola delle parti non importa nullità del contratto, salvo che la partecipazione di essa debba, secondo le circostanze, considerarsi essenciale".

Mesmo antes da entrada em vigor do atual Código Civil Brasileiro a resolução da sociedade em relação a um sócio já era intensamente tratada pela doutrina e jurisprudência através do instituto da *dissolução parcial*, originado, por sua vez, como uma forma de se evitar a dissolução total de uma sociedade.

Partindo-se da premissa de o ato constitutivo de uma sociedade ser um contrato plurilateral, como os direitos e obrigações dos sócios são exercidos por cada um perante todos os demais, a morte, a despedida voluntária, a exclusão, a falência ou a liquidação da quota a pedido de credor de um dos sócios são responsáveis por dissolver apenas o vínculo individual que liga o respectivo sócio à sociedade, nas hipóteses em que a permanência do mesmo não é indispensável à continuidade das atividades sociais.

Neste sentido, "a jurisprudência, tendo em vista a natureza plurilateral do contrato de sociedade, que permite sua continuidade a despeito do desfazimento do vínculo societário com relação a um dos sócios, e o princípio essencial de preservação da empresa, passou a acolher a chamada *dissolução parcial* da sociedade quando da verificação de causas de dissolução relacionadas apenas à pessoa de um ou mais sócios que não prejudicassem a permanência da sociedade"[2] (grifos do autor). Assim, a partir de então passou a ser permitida, através da dissolução parcial, a saída do sócio ao qual estivesse relacionada a causa dissolutória, mediante a apuração e o pagamento de seus haveres, sem a conseqüente extinção da sociedade.

Dentro deste contexto, pode ser conceituada a *dissolução parcial* como sendo o afastamento de um sócio, através da dissolução da relação social limitadamente a este, com a preservação do ente social. A dissolução parcial é a responsável pela superação dos problemas existentes entre os sócios, sem o comprometimento da exis-

2. Modesto Carvalhosa, *Comentários ao Código Civil – Parte Especial – Do Direito da Empresa (arts. 1.052 a 1.195)*, vol. 13, p. 350.

tência da sociedade e da preservação da atividade econômica da empresa por ela explorada.

Assim, "a dissolução parcial nada mais é do que a resolução ou, mais precisamente, a resilição do contrato de sociedade com relação a um ou mais sócios, em razão da verificação de causas pessoais capazes de provocar a extinção do vínculo contratual societário que o vincula ao corpo social. E o fundamento dessa *resolução parcial* do contrato de sociedade é a necessidade de preservação da empresa, razão pela qual a sociedade permanece a despeito do desligamento de um de seus sócios"[3] (grifos do autor).

Apesar de ser responsável por procurar resolver as divergências entre os sócios, sem o comprometimento da existência da sociedade e da preservação da atividade econômica da empresa, é importante ressaltar que muitas vezes a aplicação do instituto da dissolução parcial acaba por levar a sociedade a uma dissolução total. Esta dissolução total da sociedade ocorre em alguns casos em que o pagamento dos haveres do sócio retirante acarreta redução do capital social que, por sua vez, inviabiliza a continuidade das atividades sociais. Principalmente nas pequenas sociedades, o pedido de dissolução parcial pode se transformar em liquidação da sociedade. A solução para que não tenha que haver disposição de máquinas, equipamentos ou valores essenciais para a continuidade das atividades sociais é a realização de cessão das quotas do sócio retirante para um terceiro – desde que o contrato social assim o permita – ou para outro sócio.

4. Resolução da sociedade em relação a um sócio

O Código Civil disciplina o instituto da dissolução parcial sob a denominação de "resolução da sociedade em relação a um sócio". Entretanto, tanto a denominação "dissolução parcial" como "resolução da sociedade em relação a um sócio" são criticadas por diversos autores, já que, para os mesmos, nem dissolução da sociedade nem resolução do contrato social ocorrem.

No instituto denominado pelo Código Civil como "resolução da sociedade em relação a um sócio" há a extinção do contrato por uma causa de dissolução superveniente, que é a extinção do vínculo contratual por declaração de vontade da parte, e não a extinção do vínculo contratual decorrente da inexecução, voluntária ou involuntária, de qualquer dos contraentes ou de ambos. Deste modo, o instituto presente no atual Código Civil Brasileiro deveria ser denominado "resilição da sociedade em relação a um sócio". Para justificar as afirmações aqui tecidas, pode-se observar que, por exemplo, o art. 1.029 do CC, que trata da resolução da sociedade em relação a um sócio, ao dispor que, "além dos casos previstos na lei ou no contrato, qualquer sócio pode retirar-se da sociedade; se de prazo indeterminado, mediante notificação aos demais sócios, com antecedência mínima de 60 (sessenta) dias; se de prazo determinado, provando judicialmente justa causa", refere-se justamente à cessação da relação jurídica contratual em virtude da dissolução superveniente por declaração de vontade unilateral de um dos sócios, ou seja, de uma das partes.

Podem ser citadas como causas que, segundo a legislação em vigor, possibilitam a resolução de uma sociedade em relação a um sócio as seguintes hipóteses: (i) morte de sócio (art. 1.028 do CC); (ii) exclusão de sócio (art. 1.085 do CC); (iii) despedida voluntária de sócio (arts. 1.029 e 1.077 do CC); (iv) falência de sócio (art. 123 da atual Lei de Falências e art. 1.030, parágrafo único, do CC); (v) liquidação da quota a pedido de credor do sócio (arts. 1.026, parágrafo único, e 1.030, parágrafo único, do CC); e (vi) causas previstas no contrato social (art. 1.029 do CC).

3. Idem, p. 354.

5. *Causas de resolução da sociedade em relação a um sócio*

5.1 Morte de sócio

A morte do sócio consiste em um evento responsável por causar muita discussão sobre a conseqüência que o falecimento traz no âmbito societário.

A morte de um sócio já era tratada no âmbito do Direito Brasileiro, embora de maneira diversa, anteriormente à entrada em vigor do atual Código Civil. O CComercial, não mais em vigor, dispunha, em seu art. 335, dever ser a sociedade dissolvida em caso de morte de um dos sócios, salvo se houvesse convenção em contrário.

Com o advento do atual Código Civil, a morte de sócio foi tratada de modo diferente, já que seu art. 1.028 afirma dever a sociedade ser resolvida em relação a este sócio, "salvo: I – se o contrato dispuser diferentemente; II – se os sócios remanescentes optarem pela dissolução da sociedade; III – se, por acordo com os herdeiros, regular-se a substituição do sócio falecido". Com este diploma legal, conferiu-se estabilidade às sociedades e resolveu-se a incoerência, presente anteriormente, de, concomitantemente, reconhecer a personalidade jurídica das sociedades e manter características de comunhão em sua estrutura, dissolvendo totalmente a mesma, em caso de ausência de disposição contratual em contrário, quando da morte de um dos sócios.

Desta maneira, percebe-se que, buscando consolidar orientação doutrinária e jurisprudencial do princípio da preservação da sociedade, o legislador do Código Civil Brasileiro determinou, como regra geral, a liquidação da quota do sócio morto, com o pagamento de seus haveres aos herdeiros.

Não se pode deixar de ressaltar que o contrato social, além de poder prever o livre ingresso dos sucessores do sócio falecido, independentemente de qualquer condição, pode também restringir tal ingresso, através de indicação específica dos herdeiros que estão expressamente autorizados a se tornarem sócios.

Ademais, também no contrato social de caráter personalista, ou em caso de ausência de disposição contratual neste sentido, os sócios remanescentes podem determinar a dissolução total da sociedade em razão da morte de um sócio em especial ou de qualquer um deles, ocasionando a liquidação total da sociedade, e não apenas da quota do sócio falecido.

É importante observar que, em caso de morte de um dos sócios, os remanescentes podem introduzir alteração no contrato social original, modificando cláusula de dissolução total da sociedade para cláusula de resolução da sociedade em relação ao sócio morto, com pagamento de haveres aos herdeiros.

Deve-se também notar que os herdeiros, por falta de interesse jurídico, não podem impugnar a continuidade da sociedade com os sobreviventes, exigindo cumprimento de cláusula dissolutória contida no contrato social. A falta de interesse jurídico decorre do fato de que, com a dissolução parcial e a conseqüente liquidação parcial da sociedade, os herdeiros recebem seus haveres, da mesma forma que receberiam se a sociedade fosse dissolvida e liquidada totalmente.[4]

Portanto, diante do exposto, nota-se que, com a morte de um dos sócios, podem ocorrer as seguintes situações: (i) substituição do sócio morto por seus herdeiros; (ii) aquisição das quotas do sócio morto pelos sócios remanescentes ou pela sociedade, com o conseqüente pagamento aos herdeiros dos haveres do sócio falecido; ou (iii) dissolução total e liquidação da sociedade.

5.2 Exclusão de sócio

O direito de expulsar um sócio indesejável, que, com ou sem culpa, prejudica

4. Cf. Waldecy Lucena, *Das Sociedades Limitadas*, 5ª ed., pp. 949-950.

as atividades sociais, está diretamente relacionado ao fato de poder a sociedade, por ser constituída por um contrato plurilateral de fim comum, eliminar os elementos prejudiciais ao alcance de seus objetivos e de suas finalidades. O direito de exclusão está fundado no fato de que, apesar de os sócios terem direito de permanecer em uma sociedade, esta deve ser defendida em caso de existência de algum sócio omisso ou faltoso que prejudique a continuidade das atividades sociais. Além disso, como, em princípio, é a sociedade que sofre os danos causados, direta ou indiretamente, por um de seus sócios, é somente a esta que cabe o direito de exclusão.[5]

Em decorrência do acima exposto, nota-se que a caracterização da justa causa é essencial para o poder de exclusão de um sócio. Isto ocorre porque a discórdia responsável pela exclusão deve ser grave, causando inadimplemento do dever de colaboração, a ponto de comprometer a continuidade das atividades sociais.[6]

Desta maneira, a expulsão do sócio, em caso de descumprimento de seus deveres de sócio, não é medida de discricionariedade da maioria societária, principalmente por estar vinculada a circunstâncias objetivas, as quais sempre poderão ser apreciadas posteriormente pelo Poder Judiciário. Assim, a maioria dos sócios não pode deliberar a exclusão de um sócio sem justa causa, não podendo, enfim, "deliberar a exclusão de um sócio por razões que nada tenham a ver com as exigências da colaboração e da exploração da empresa comum, para satisfazer interesses extra-sociais, para prosseguir finalidades que não cabem dentro da função que o legislador atribuiu ao instituto da exclusão de sócios".[7]

Antes da entrada em vigor do atual Código Civil predominava o entendimento doutrinário e jurisprudencial de que podia haver exclusão unilateral de quotista detentor de participação minoritária, desde que fundamentada em justa causa e mesmo na ausência de cláusula contratual que a previsse. Defendendo esta teoria, A. J. Avelãs Nunes afirma que "a exclusão do sócio justamente intolerável pode sempre considerar-se como a efetivação de uma cláusula do pacto: cláusula que os sócios *expressamente* fixaram; ou com que *tacitamente* concordaram; ou que *previamente teriam estipulado* se tivessem pensado na hipótese; ou que *deveria ter sido aceita*, de acordo com a mais razoável interpretação dos interesses em jogo feita *agora*, dentro dos cânones da *boa-fé contratual*"[8] (grifos do autor).

5. Segundo Carlos Fulgêncio da Cunha Peixoto, "o instituto da exclusão de sócios existe em razão da sociedade e não em benefício daqueles. A sociedade mercantil deve existir em caráter permanente, pouco importando a mudança de seus elementos componentes, de forma que se deve afastar tudo que for capaz de lhe tolher o funcionamento. Por isso mesmo, se não é possível permitir o arbítrio de um ou mais sócios, a fim de não transformar em benefício pessoal o que só deve existir em função da sociedade, não é aceitável também a opinião daqueles que exigem, para exclusão do sócio, se especifiquem, no contrato, os casos em que a sociedade pode lançar mão desta faculdade, pois tal solução não se coaduna com os interesses sociais, uma vez que seria muito difícil, no seu início, prever todas as hipóteses de incompatibilidade dos sócios" (*A Sociedade por Cotas de Responsabilidade Limitada (Doutrina, Jurisprudência, Legislação e Prática)*, vol. 1, pp. 268-269).

6. Na tentativa de definir o que significa o termo genérico "justa causa", contido em contrato social prevendo a possibilidade de exclusão de sócio, Waldecy Lucena afirma que "a 'justa causa', o 'motivo grave', o 'motivo legítimo', o 'ato irregular', etc., traduzirão em regra um inadimplemento contratual, principalmente a quebra da *affectio societatis*, conceituada esta modernamente, pelos doutrinadores franceses, como uma colaboração ativa, consciente e igualitária de todos os contratantes, em vista da realização de um lucro a partilhar" (*Das Sociedades Limitadas*, cit., 5ª ed., p. 724).

7. A. J. Avelãs Nunes, *O Direito de Exclusão de Sócios nas Sociedades Comerciais*, p. 224.

8. A. J. Avelãs Nunes, *O Direito de Exclusão de Sócios nas Sociedades Comerciais*, cit., p. 67. Ademais, o autor ainda completa que "a boa-fé implica, a nosso ver, que à sociedade não seja nunca negado o direito de excluir um sócio em relação ao qual se verificam motivos graves que tornam sua presença incompatível com o normal desenvolvimento da empresa social – o contrário seria negar às so-

Além disso, antes da entrada em vigor do atual Código Civil era permitida a exclusão de sócio minoritário, mediante justa causa e por meio de alteração contratual, mesmo nos casos de não-previsão contratual acerca da possibilidade de exclusão,[9] a menos que houvesse no contrato social cláusula restritiva deste ato. Entretanto, atualmente o Código Civil exige, além da justa causa e de alteração do contrato social, a existência de cláusula contratual permitindo a exclusão de sócio por justa causa pela maioria dos sócios, representativa de mais da metade do capital social, sendo que tal convenção entre as partes não pode contrariar qualquer dispositivo legal, a moral e os bons costumes.

O Código Civil Brasileiro elenca seis hipóteses em que é possível haver exclusão de sócios de sociedades limitadas, quais sejam: (i) mora de quotista na integralização do capital social subscrito, na forma prevista no contrato social; (ii) falta grave, pelo quotista, no cumprimento de suas obrigações, ou por incapacidade; (iii) em caso de falência do sócio-quotista; (iv) liquidação da quota detida pelo sócio, em caso de sua penhora; (v) não-integralização do valor da quota pelo sócio remisso; e (vi) um ou mais sócios detentores da minoria do capital social poderão ser excluídos caso coloquem em risco a continuidade da empresa, em virtude de atos de inegável gravidade. Quando configurada qualquer destas hipóteses de exclusão de sócio, a princípio, o vínculo social somente se dissolve parcialmente em relação ao sócio expulso.

5.3 Despedida voluntária de sócio

Os sócios podem se desligar voluntariamente da sociedade, quer através da saída, da retirada ou do recesso, já que o inciso XX art. 5º da CF reza que "ninguém poderá ser compelido a associar-se ou a permanecer associado".

As hipóteses de despedida voluntária de sócio encontram-se dispostas no atual Código, o qual, em seu art. 1.029, reza que: "Além dos casos previstos na lei ou no contrato, qualquer sócio pode retirar-se da sociedade; se de prazo indeterminado, mediante notificação aos demais sócios, com antecedência mínima de 60 (sessenta) dias; se de prazo determinado, provando judicialmente justa causa". Ademais, o art. 1.077 do mesmo diploma legal ainda completa que, "quando houver modificação do contrato, fusão da sociedade, incorporação de outra, ou dela por outra, terá o sócio que dissentiu o direito de retirar-se da sociedade, nos 30 (trinta) dias subseqüentes à reunião, aplicando-se, no silêncio do contrato social antes vigente, o disposto no art. 1.031".

Quando a sociedade limitada tem prazo indeterminado, a lei confere ao sócio a faculdade de denunciar unilateralmente o contrato social, com a conseqüente obtenção extrajudicial da dissolução parcial da

ciedades comerciais os meios necessários para satisfazerem a função que o legislador lhes destinou e para realizarem o escopo comum dos sócios ao contratarem. Por isso dissemos que o direito de exclusão de sócios é inerente à própria natureza das sociedades comerciais. Por isso dissemos que o direito de exclusão de sócios com fundamento em justa causa pode considerar-se sempre consentido no pacto social. Ainda que nele não seja autorizado *expressamente*, pode entender-se que os sócios *tacitamente* o aceitaram (como quer Scholz); ou que *provavelmente o teriam estipulado*, se tivessem pensado na hipótese; ou que, de qualquer modo, os sócios *deveriam ter aceitado estipular*, de acordo com a mais razoável interpretação dos interesses em jogo, feito *agora*, dentro dos cânones da *boa-fé contratual*" (ob. cit., p. 243 – grifos do autor).

9. O acórdão do STJ no REsp 7.183-AM (91.0000263-1, 4ª T., rel. Min. Barros Monteiro, j. 13.8.1991) confirma o entendimento jurisprudencial, anterior à entrada em vigor do Código Civil, no sentido de não ser necessário que haja cláusula no contrato social permitindo a exclusão de sócio minoritário pelos majoritários, conforme se verifica a partir da seguinte ementa: "Sociedade por quotas de responsabilidade limitada – Exclusão de sócio – A desarmonia entre os sócios é suscetível de acarretar a exclusão de um deles por deliberação da maioria, *independentemente de previsão contratual* ou de pronunciamento judicial – Inadmissível a pretensão do recorrente de rediscutir a matéria probatória no âmbito do apelo excepcional (Súmula n. 7 do STJ) – Recurso especial não conhecido" (grifos nossos).

sociedade. Para tanto, conforme o disposto no art. 1.029 do CC, o sócio, sem necessidade de indicação do motivo, deve notificar os demais sócios, com no mínimo 60 dias de antecedência, sobre seu desligamento da sociedade. Decorrido o prazo acima referido, uma reunião de quotistas deve ser realizada para deliberação da saída do sócio e para haver a conseqüente alteração no contrato social. Todavia, caso após a notificação não tenha sido realizada tal reunião, o sócio dissidente pode promover ação judicial para obter seu desligamento da sociedade e o recebimento de seus haveres.

Em contrapartida, quando a sociedade limitada tem prazo determinado, o sócio deve permanecer na sociedade por um lapso temporal determinado, não podendo desligar-se a qualquer momento, desmotivadamente. Isto decorre do fato de que o desligamento de um sócio de uma sociedade com prazo determinado ocasiona grave descapitalização da sociedade quando do pagamento de seus haveres, por esta descapitalização poder até mesmo impedir que a sociedade atinja seu escopo dentro de seu prazo de duração. Desta forma, o atual Código Civil ressalta a necessidade de denúncia unilateral do contrato da sociedade através da via judicial e mediante comprovação de justa causa para poder retirar-se.

5.4 Falência de sócio

Antes da vigência do atual Código Civil, da atual Lei de Falências (Lei 11.101, de 9.2.2005) e da antiga Lei de Falências (Decreto-lei 7.661, de 21.6.1945) a falência de sócio juntamente com a falência da sociedade eram causas – segundo o art. 335, 2º, do CComercial – dissolutórias, de pleno direito, de sociedades. Tal preceito, guiado pelo princípio individualista ao atrelar o estado falimentar da sociedade ao dos sócios e vice-versa, sofreu diversas críticas por propiciar, à época, a dissolução de diversas sociedades prósperas.

Entretanto, desde a vigência da antiga Lei de Falências (Decreto-lei 7.661/1945) foi estabelecida enorme diferença entre os efeitos causados pela falência de sócio e pela falência da sociedade: enquanto o primeiro evento acarreta a dissolução parcial da sociedade, se o contrato social não dispuser o contrário, o segundo gera a dissolução total da pessoa jurídica em questão.[10]

Seguindo o disposto na Lei de Falências até então em vigor, e buscando preservar sociedades prósperas e econômica e socialmente relevantes, o atual Código Civil positivou como hipótese de resolução da sociedade em relação a um sócio, e não de dissolução total, em seu art. 1.030, parágrafo único, a falência de um dos sócios.

5.5 Liquidação da quota a pedido de credor do sócio

A liquidação de quota a pedido de credor de sócio consubstancia-se em uma hipótese de resolução da sociedade limitada em relação ao sócio devedor, conforme o disposto nos arts. 1.026, parágrafo único, e

10. Tal modificação no sistema jurídico deveu-se ao art. 5º, *caput*, do Decreto-lei 7.661/1945, que buscou preservar a continuidade da sociedade e a vontade dos sócios contida no contrato social, ao dispor que "os sócios solidária e ilimitadamente responsáveis pelas obrigações sociais não são atingidos pela falência da sociedade, mas ficam sujeitos aos demais efeitos jurídicos que a sentença declaratória produza em relação à sociedade falida. Aos mesmos sócios, na falta de disposição especial desta Lei, são extensivos todos os direitos e, sob as mesmas penas, todas as obrigações que cabem ao devedor ou falido". Além disso, o art. 48, *caput*, do mesmo diploma legal ainda complementou que, "se o falido fizer parte de alguma sociedade, como sócio solidário, comanditário ou cotista, para a massa falida entrarão somente os haveres que na sociedade ele possuir e forem apurados na forma estabelecida no contrato. Se este nada dispuser a respeito, a apuração far-se-á judicialmente, salvo se, por lei ou pelo contrato, a sociedade tiver de liquidar-se, caso em que os haveres do falido, somente após o pagamento de todo o passivo da sociedade, entrarão para a massa". Apesar de hoje o regime falimentar brasileiro ser regido somente pela Lei 11.101/2005, este diploma legal também apresenta norma no mesmo sentido.

1.030, parágrafo único, do CC. Acolhida a pretensão pelo juiz, a sociedade é obrigada a realizar a respectiva apuração dos haveres do sócio.

Segundo a lei acima referida, o valor apurado da quota do devedor deve ser depositado, em dinheiro, no juízo em que tramita a execução, em até 90 dias após a respectiva liquidação.

Ademais, considerando-se o princípio da preservação da empresa, o juiz somente deve conceder a liquidação da quota do sócio nas hipóteses em que não houver qualquer outro bem disponível no patrimônio do executado.

Há quem entenda – como Jorge Joaquim Lobo[11] – que, havendo ou não disposição contratual neste sentido, caso somente a liquidação parcial das quotas do sócio seja suficiente para garantir o juízo da execução e satisfazer a dívida do credor, a maioria pode deliberar a exclusão do sócio devedor por justa causa relacionada à gravidade do fato e às repercussões sobre a empresa, com a conseqüente restituição dos valores das quotas remanescentes.

Finalmente, de acordo com o art. 1.027 do CC Brasileiro, os herdeiros do cônjuge do sócio ou o cônjuge do sócio que se separou judicialmente não podem exigir da sociedade a liquidação das quotas do respectivo sócio, mas tão-somente exigir parcela correspondente nos lucros distribuídos pela sociedade. Entretanto, visando a encerrar a relação da sociedade com os herdeiros do cônjuge de sócio ou com ex-cônjuge, é facultado à sociedade liquidar a parte da quota proporcional aos direitos sucessórios ou decorrente da separação.

5.6 Causas previstas no contrato social

O contrato social pode prever outras causas de dissolução, não só total, mas também parcial, das sociedades limitadas.

A possibilidade de existência de causas de dissolução parcial da sociedade diversas das elencadas em lei visa a preservar os objetivos para os quais a sociedade foi constituída, além das peculiaridades da mesma.

Apesar de haver imensa diversidade de causas de dissolução parcial que podem ser inseridas no contrato social, desde que lícitas, que atendam aos bons costumes e que reflitam as peculiaridades de cada sociedade, muitos autores defendem que, por serem relevantes e freqüentes na vida societária a saída, a retirada, o exercício do direito de recesso e a exclusão de sócios devem ser incluídos no contrato social para, além de resguardar a preservação da empresa, evitar futuras dissensões, as quais poderão originar intermináveis e onerosas disputas judiciais.

6. Sociedade reduzida a um sócio

Antes da entrada em vigor do atual Código Civil o direito positivo brasileiro desconhecia a figura das sociedades limitadas unipessoais. Desta forma, antes do advento diploma legal acima referido, como não era admitida a dissolução parcial das sociedades limitadas compostas por apenas dois sócios, estas eram dissolvidas totalmente com a morte, exclusão ou retirada de um dos sócios.

Entretanto, mesmo antes da entrada em vigor do atual Código Civil, baseada no princípio da preservação da empresa, a jurisprudência contornou a dificuldade lógica de ter que sempre dissolver totalmente uma sociedade limitada composta originalmente por uma pluralidade de sócios, e passou a assegurar ao sócio remanescente o direito de continuar explorando a mesma atividade econômica, como empresário individual, garantindo a continuidade da organização econômica e da atividade empresarial.

Nesse sentido, a jurisprudência, influenciada principalmente no princípio da

11. Jorge Joaquim Lobo, *Sociedades Limitadas*, 1ª ed., vol. 1, p. 244.

preservação da empresa, passou a admitir a dissolução parcial de sociedade limitada composta por apenas dois sócios pelo prazo de um ano, por analogia à alínea "d" do inciso I do art. 206 da Lei das S/A (Lei 6.404, de 15.12.1976).

É justamente visando a acompanhar esta tendência jurisprudencial de continuação, ainda que temporária, da sociedade unipessoal, justificada nos interesses não apenas dos sócios, mas também de toda a comunidade influenciada pela sociedade, que o Código Civil prevê a possibilidade de uma sociedade limitada perdurar com apenas um sócio, por um período de até 180 dias. Desta forma, o Código Civil disciplina como regular a sociedade limitada com apenas um único sócio por um período considerado pelo legislador como suficiente para restabelecer a pluralidade de sócios. Conseqüentemente, somente após o transcurso desse período e após o não-restabelecimento da pluralidade de sócios é que, nos termos do inciso IV do art. 1.033 do CC, a sociedade deve ser totalmente dissolvida.

7. Apuração e pagamento de haveres

A apuração de haveres consiste no cálculo do reembolso em favor de sócio desligado ou de seu sucessor perante a sociedade, nos casos de dissolução parcial da mesma. O sócio dissidente, ao se afastar da sociedade, torna-se meramente credor do ente social pelo valor de seus haveres, sendo que a apuração destes não implica, via de regra, liquidação da pessoa jurídica em questão, nem interrupção das atividades sociais.

É importante ressaltar que quando há o reembolso do sócio que se desliga de uma sociedade, por não ter havido a liquidação da mesma, o patrimônio continua a lhe pertencer e permanece adstrito ao fim social, tendo o sócio dissidente, nesta hipótese, apenas o direito de exigir da sociedade cumprimento de obrigação exclusivamente pecuniária, qual seja, a liquidação de sua quota após o cumprimento de obrigação de determinação concreta da mesma.

O instituto da apuração de haveres é polêmico, já que, por tratar dos efeitos patrimoniais da dissolução parcial, promove uma concorrência de interesses. Este conflito de interesses decorre do fato de que, enquanto os sócios dissidentes desejam receber haveres no maior valor possível, a sociedade e os sócios remanescentes almejam minimizar o comprometimento dos recursos sociais, com a finalidade de viabilizar a preservação da empresa.

Anteriormente à entrada em vigor do atual Código Civil não havia diploma legal que disciplinasse o valor do reembolso devido ao sócio que se desligava, especificamente, da sociedade limitada. O Decreto 3.708, de 10.1.1919, apenas rezava, em seu art. 15, sobre o valor do reembolso devido ao sócio que se retirasse voluntariamente da sociedade por divergir de alteração do contrato social; e o art. 668 do CPC de 1939 (Decreto-lei 1.608, de 18.9.1939), em vigor por força do art. 1.218, VII, do atual CPC, somente cuidava da apuração de haveres de sócio em caso de morte ou retirada da sociedade.

De acordo com o art. 15 do Decreto 3.708/1919, o reembolso a ser efetuado ao sócio deveria ser equivalente à quantia correspondente ao seu capital, na proporção do último balanço aprovado, sendo que a Súmula 265 do STF acrescentou o entendimento de que, "na apuração de haveres, não prevalece o balanço não aprovado pelo sócio falecido, excluído ou que se retirou".

Todavia, a aplicação do art. 15 acima mencionado trazia o inconveniente de somente levar em conta os valores contábeis refletidos no último balanço contábil, o qual pode não expressar o valor de mercado dos ativos da sociedade. Negando valor ao último balanço aprovado, Tullio Ascarelli ensina que "para dar-se valor somente ao 'último balanço ordinário' permite-se, por um lado, ao sócio que se retira subtrair-se aos prejuízos verificados na gestão social depois do encerramento do último exercício social; por outro lado, o sócio que se retira ficaria privado dos lucros verificados na gestão social depois do encerramento do último exercício social, embora perdas e danos constem de um balanço regularmente aprovado";[12] e Carlos Fulgêncio da Cunha Peixoto ainda completa que o balanço, em relação ao sócio dissidente, "não é vinculativo só pelo fato de ser aprovado pela maioria; é preciso que ele retrate fielmente a posição da sociedade, que acuse sua verdadeira situação econômica".[13] Ademais, a apuração de haveres baseada simplesmente no balanço patrimonial não leva em consideração os bens intangíveis da sociedade, ou seja, os elementos integrantes do estabelecimento empresarial, que, embora estejam diretamente ligados à rentabilidade da sociedade, constituindo parcela de seu patrimônio, não se encontram refletidos em balanço contábil.

Por esta distorção entre o valor contábil do patrimônio da sociedade e o valor real do mesmo, e até para evitar um eventual enriquecimento sem causa por parte da sociedade, em detrimento do sócio que se desligava, a doutrina e a jurisprudência passaram a defender que a apuração de haveres ocorrida com base no último balanço patrimonial ou até mesmo a apuração realizada com base em disposições contratuais somente se aplicavam em caso de concordância entre os sócios.

Com isto, a jurisprudência passou a determinar, para preservar o *quantum* devido ao sócio dissidente, que a apuração de haveres deveria se dar da forma mais aproximada possível à apuração realizada quando da dissolução total de uma sociedade, através de avaliação dos ativos sociais por valor de mercado. Deste modo, o sócio não pode, na dissolução parcial, receber valor diverso do que receberia no caso de dissolução total.

Atualmente, com a vigência do Código Civil de 2002, há dispositivo legal expresso afirmando que a apuração de haveres do sócio desligado se dá na forma disposta no respectivo contrato social ou, em caso de ausência de cláusula neste sentido, através de levantamento da situação patrimonial da sociedade à data da resolução, realizado em balanço especial levantado para tanto.

É perfeitamente possível a previsão do modo de apuração de haveres no contrato social, já que, nesta hipótese, serão estabelecidas regras necessárias ao equilíbrio entre a continuidade da sociedade e o pagamento dos respectivos haveres e responsáveis por trazer segurança, certeza e justiça às relações entre os sócios, dissidentes e não-dissidentes, e a sociedade. Assim, a previsão contratual visa a manter a empresa economicamente viável, com suas atividades não afetadas em razão do ônus de reembolsar o sócio que se afasta da sociedade, mesmo que a previsão contratual não corresponda à realidade no momento da retirada do sócio dissidente.

Já, no caso em que não há previsão contratual acerca da apuração de haveres, deve prevalecer na avaliação patrimonial critério que leve em conta o valor real de mercado dos ativos sociais, e não o valor contabilizado, assim como o valor dos bens intangíveis da sociedade e do fundo de comércio, como a clientela e o aviamento. Em outras palavras, o balanço especial deve consistir em um levantamento físico e contábil que reavalia, a valor de mercado, os bens corpóreos e incorpóreos do patrimônio social e que considera o passivo da sociedade.

O balanço especial levantado para apurar os haveres do sócio dissidente deve também considerar os valores dos bens que contribuem efetivamente para a rentabilidade da sociedade, mesmo se estes não puderem estar registrados contabilmente, como no caso do fundo de comércio, tal

12. Tullio Ascarelli, *Problemas das Sociedades Anônimas e Direito Comparado*, cit., 2ª ed., p. 429.

13. Carlos Fulgêncio da Cunha Peixoto, *A Sociedade por Cotas de Responsabilidade Limitada (Doutrina, Jurisprudência, Legislação e Prática)*, cit., vol. 1, p. 275.

como ocorreria na dissolução total da sociedade.

Ademais, não se pode deixar de observar que o momento da apuração de haveres é aquele em que o sócio efetivamente se afastou da sociedade, já que, desde então, ocorreu cessação de sua contribuição para o aumento ou diminuição do patrimônio social.

Quanto à forma de pagamento da quota liquidada em caso de resolução da sociedade em relação a um sócio, esta está disposta no art. 1.031, § 2º, do CC. De acordo com este dispositivo legal, após apurados os haveres do sócio dissidente, "a quota liquidada será paga em dinheiro, no prazo de 90 (noventa) dias, a partir da liquidação, salvo acordo, ou estipulação contratual em contrário". É, porém, importante notar que este artigo, ao dispor sobre o prazo de 90 dias da liquidação, cria uma imprecisão, por não se saber se este prazo é contado da liquidação das quotas do sócio em relação ao qual a sociedade se dissolveu – ou seja, da apuração de haveres do sócio que se desliga, como defende Modesto Carvalhosa[14] – ou se este prazo é contado da ocorrência do evento que ensejou a dissolução parcial – como defende Fábio Ulhôa Coelho.[15]

Finalmente, quanto à obrigação de pagamento, esta recai sobre a sociedade, quando as quotas do sócio desligado forem canceladas com a redução do capital social, quando forem adquiridas pela sociedade para permanência em tesouraria; ou recai sobre os sócios remanescentes, se as quotas forem adquiridas pelos mesmos.

8. Conclusão

Em 2002 o novo Código Civil entrou em vigor, trazendo diversas inovações ao Direito Brasileiro. Dentre as modificações advindas deste diploma legal, pode-se destacar a unificação de disciplinas relativas ao direito civil e ao direito comercial em uma mesma lei. Com esta inovação, desde 2002 as sociedades limitadas passaram a ser regidas pela Lei 10.406, de 10.1.2002, e não mais pelo Decreto 3.708, de 10.1.1919.

A resolução da sociedade limitada foi apenas uma das novidades do Código Civil de 2002 no que tange, especificamente, a este tipo societário. Este instituto foi positivado pelo legislador com a intenção de positivar a tendência doutrinária e jurisprudencial de preservar o ente social, constituído a partir de um contrato plurilateral, nas hipóteses de ausência ou de desligamento de um dos sócios.

Antes de 2002 a resolução da sociedade limitada era tratada pelos operadores do Direito através do instituto da dissolução parcial, originado como uma forma de evitar a dissolução total de uma sociedade.

A dissolução total das empresas viáveis e socialmente e economicamente relevantes passou a ser repelida por gravitarem em torno da exploração da atividade econômica interesses dos sócios, bem como dos trabalhadores em manter seus empregos, do governo que arrecada impostos e da economia local que é impulsionada pelas atividades empresariais da região.

Nesse particular, ganha relevo o presente artigo. A dissolução parcial, criada doutrinária e jurisprudencialmente, e a resolução da sociedade em relação a um sócio, trazida pelo atual Código Civil, ao resguardarem a sociedade, garantem a efetividade dos princípios da justiça social e do respeito à função social das empresas.

A partir da análise das causas capazes de ensejar a resolução da sociedade limitada em relação a um sócio, pode-se observar que a positivação deste instituto no ordenamento jurídico brasileiro contribuiu para a existência de mecanismos jurídicos eficazes na proteção, defesa e autotutela de sociedades que não merecem ser dissolvidas totalmente por conta da ausência de

14. Modesto Carvalhosa, *Comentários ao Código Civil – Parte Especial – Do Direito da Empresa (arts. 1.052 a 1.195)*, cit., vol. 13, p. 363.

15. Fábio Ulhôa Coelho, *A Sociedade Limitada no Novo Código Civil*, p. 160.

algum sócio ou da retirada de quotista que, com ou sem culpa, prejudica a consecução do objetivo social e o prosseguimento das atividades empresariais.

Todavia, não se pode deixar de ressaltar que o Código Civil, apesar de poder ser elogiado em diversos aspectos, pecou em muitos outros. Pode-se destacar como ponto desfavorável do diploma legal em questão o fato de que o instituto denominado como "resolução da sociedade em relação a um sócio", por disciplinar a extinção do contrato social por uma causa de dissolução superveniente, que é a extinção do vínculo contratual por declaração de vontade da parte, e não a extinção do vínculo contratual decorrente da inexecução, voluntária ou involuntária, de qualquer dos contraentes ou de ambos, deveria ser denominado "*resilição* da sociedade em relação a um sócio".

Não obstante, elogiada deve ser a iniciativa do legislador de permitir a existência, ainda que temporária, das sociedades unipessoais, justificada nos interesses tanto dos sócios como, também, de toda a comunidade influenciada pela empresa. Desta maneira, mais uma vez com base no princípio da preservação de empresa próspera, economicamente viável e socialmente relevante, o Código Civil de 2002 disciplina como regular a sociedade limitada com apenas um único sócio por um período considerado, pelo legislador, como suficiente para restabelecer a pluralidade de sócios, preservando-se, com a não-dissolução total da sociedade, o interesse de toda a coletividade.

Finalmente, o Código Civil também foi feliz ao positivar regras relacionadas à apuração de haveres de sócio dissidente, colocando fim a algumas polêmicas que este instituto, tão relacionado à resolução da sociedade em relação a um sócio, suscitava. Com a vigência do Código Civil de 2002 a apuração de haveres do sócio desligado se dá na forma disposta no respectivo contrato social, através de regras necessárias ao equilíbrio entre a continuidade da sociedade e o pagamento dos respectivos haveres, ou, em caso de ausência de cláusula neste sentido, através de levantamento da situação patrimonial da sociedade à data da resolução, realizado em balanço especial levantado para tanto. Para que não haja distorção entre o valor contábil do patrimônio da sociedade e o valor real do mesmo, e até para evitar eventual enriquecimento sem causa por parte da sociedade, em detrimento do sócio dissidente, é razoável afirmar que a apuração de haveres deve se dar da forma mais aproximada possível à apuração realizada quando da dissolução total de uma sociedade, através de avaliação dos ativos sociais por valor de mercado.

Bibliografia

ABRÃO, Nelson. *Sociedade por Quotas de Responsabilidade Limitada.* 8ª ed. São Paulo, Saraiva, 2000.

AMARAL, Hermano de Villemor. *Das Sociedades Limitadas.* Rio de Janeiro, 1921.

ASCARELLI, Tullio. *Problemas das Sociedades Anônimas e Direito Comparado.* 2ª ed. São Paulo, Saraiva, 1969.

BARBI FILHO, Celso. *A Dissolução Parcial da Sociedade por Quotas de Responsabilidade Limitada.* Tese (Doutorado). Belo Horizonte, Faculdade de Direito da Universidade Federal de Minas Gerais, 2000.

CARVALHOSA, Modesto. *Comentários ao Código Civil – Parte Especial – Do Direito da Empresa (arts. 1.052 a 1.195).* vol. 13. São Paulo, Saraiva, 2003.

COELHO, Fábio Ulhôa. *Curso de Direito Comercial.* 6ª ed., vol. 2. São Paulo, Saraiva, 2003.

———. *A Sociedade Limitada no Novo Código Civil.* São Paulo, Saraiva, 2003.

ESTRELLA, Hernani. *Apuração dos Haveres de Sócio.* 4ª ed. Rio de Janeiro, Forense, 2004.

FONSECA, Priscila M. P. Corrêa da. *Dissolução Parcial, Retirada e Exclusão de Sócio.* São Paulo, Atlas, 2002.

FRANCO, Vera Helena de Mello. "Dissolução parcial e recesso nas sociedades por quotas de responsabilidade limitada – Legitimidade e procedimento. Critério e momento de apuração de haveres". *RDM* 75. Ano XXVIII. São Paulo, Ed. RT, julho-setembro/1989.

———. "O triste fim das sociedades limitadas no novo Código Civil". *RDM* 123/81. Ano XL. São Paulo, Malheiros Editores, julho-setembro/2001.

GHIDINI, Mario. *Società Personali*. Pádua, CEDAM, 1972.

LEÃES, Luiz Gastão Paes de Barros. "Exclusão extrajudicial de sócio em sociedade por quotas". *RDM* 100. Ano XXXIV. São Paulo, Ed. RT, outubro-dezembro/1995.

LOBO, Jorge Joaquim. *Sociedades Limitadas*. 1ª ed., vol. 1. Rio de Janeiro, Forense, 2004.

LUCENA, José Waldecy. *Das Sociedades Limitadas*. 5ª ed. Rio de Janeiro, Renovar, 2003.

MARTINS, Fran. *Das Sociedades por Quotas no Direito Brasileiro e Estrangeiro*. 1ª ed., vol. 1. Rio de Janeiro, Forense, 1960.

NUNES, A. J. Avelãs. *O Direito de Exclusão de Sócios nas Sociedades Comerciais*. São Paulo, Cultural Paulista, 2001.

PEIXOTO, Carlos Fulgêncio da Cunha. *A Sociedade por Cotas de Responsabilidade Limitada (Doutrina, Jurisprudência, Legislação e Prática)*. vol. 1. Rio de Janeiro, Revista Forense, 1956.

PENTEADO, Mauro Rodrigues. *Dissolução e Liquidação de Sociedades*. 2ª ed. São Paulo, Saraiva, 2000.

PONTES DE MIRANDA, F. C. *Tratado de Direito Privado – Parte Especial – Contrato de Sociedade. Sociedade de Pessoas*. t. XLIX. Rio de Janeiro, Borsói, 1965.

REALE, Miguel. "Exclusão de sócio das sociedades comerciais". *Vox Legis* 144. Ano XII. São Paulo, Sugestões Literárias, dezembro/1980.

REQUIÃO, Rubens. *A Preservação da Sociedade Comercial pela Exclusão do Sócio*. Tese (Cátedra de Direito Comercial). Curitiba, Faculdade de Direito da Universidade do Paraná, 1959.

———. *Curso de Direito Comercial*. 21ª ed., vol. 1. São Paulo, Saraiva, 2000; 24ª ed., vol. 2. São Paulo, Saraiva, 2000.

SALOMÃO FILHO, Calixto. *A Sociedade Unipessoal*. São Paulo, Malheiros Editores, 1995.

SZTAJN, Rachel. "Evolução e perspectivas das sociedades por quotas de responsabilidade limitada no Direito Brasileiro". *Revista do Advogado – Aspectos Atuais das Sociedades por Quotas de Responsabilidade Limitada* 57. São Paulo, janeiro/2000.

———. "O direito de recesso nas sociedades comerciais". *RDM* 71. Ano XXVII. São Paulo, Ed. RT, julho-setembro/1988.

Jurisprudência Comentada

CANCELAMENTO DE CONTRATO DE SEGURO SOB ALEGAÇÃO DE AUMENTO SAZONAL DA SINISTRALIDADE – ABUSIVIDADE – APLICAÇÃO DO CÓDIGO DE DEFESA DO CONSUMIDOR

Comentários de
Tarcísio Teixeira
ao acórdão do TJPE, 4ª C., no AI 93.448-9

Ementa oficial: Direito do consumidor e processual civil – Agravo de instrumento desafiando liminar em ação cautelar – Cancelamento do contrato de seguro sob alegação de aumento sazonal da sinistralidade – Abusividade – Agravo improvido – Decisão unânime – Em sendo o contrato de seguro um negócio jurídico que tem por característica o risco, não pode a seguradora cancelar apólice coletiva ao argumento de que houve, em determinado período, aumento da taxa de sinistralidade – Circunstância que não se coaduna com os ditames do Código de Defesa do Consumidor (Lei n. 8.078/1990), máxime porque frustra a legítima expectativa dos segurados – Decisão de primeiro grau confirmada – Agravo improvido – Decisão unânime.

(TJPE – 4ª C. Cível – AI 93.448-9 – Recife/PE – rel. Des. Eloy d'Almeida Lins – j. 13.6.2003 – v.u.)

ACÓRDÃO – Vistos, relatados e discutidos estes autos: Decidem os Desembargadores da 4ª Câmara Cível do Tribunal de Justiça do Estado de Pernambuco, à unanimidade de votos, negar provimento ao presente recurso, na forma do voto do Relator. Os Des. Jones Figueirêdo e Leopoldo de Arruda Raposo votaram com o Relator. Presente no julgamento a Procuradora de Justiça L. F. S. R.

Recife, 13 de junho de 2003 – *Jones Figueirêdo*, pres. – *Eloy d'Almeida Lins*, relator.

RELATÓRIO – S. A. S. S. S/A, devidamente qualificada nos autos, interpõe recurso de agravo de instrumento, desafiando liminar exarada pelo MM. Juiz de Direito da 16ª Vara Cível do Recife, em sede de ação cautelar inominada proposta por N. C. Ltda.

A decisão agravada entendeu por bem determinar a manutenção do contrato de seguro de assistência médico-hospitalar firmado entre os contendores, sob pena de multa diária de R$ 2.000,00 (dois mil Reais) na hipótese de descumprimento da decisão.

Do exame dos autos, constato que a agravada celebrou contrato de assistência médica especial para dar a necessária cobertura a um grupo de oito segurados, tendo a agravante, em 13.12.2002, emitido uma comunicação à agravada para cancelamento do seguro, com base na Cláusula n. 14, item n. 14.1, rescisão, esta, que foi calçada na falta de interesse da seguradora em renovar o seguro.

Menciona a agravante, em suma, que o contrato agitado é da modalidade global, tendo sido contratado em 1.2.1998, não estando, portanto, adaptado à Lei federal n. 9.656, de 3.6.1998, e suas posteriores regulamentações.

Em suas considerações recursais, sustenta a agravante que a sua equipe técnica concluiu que, entre os meses de dezembro de 2001 e novembro de 2002, houve uma "vertiginosa evolução do índice de sinistralidade", acarretando a incompatibilidade na manutenção do contrato, notadamente por ter se tornado economicamente inviável.

Dessa forma, afirma a agravante que houve um desequilíbrio contratual que lhe colocaria em posição extremamente desvantajosa, levando-a a comunicar à agravada a impossibilidade de manutenção do contrato de seguro.

Em suma, diz a agravante ser possível, do ponto de vista legal ou contratual, cancelar unilateralmente o seguro.

Às fls. 79-82 dos autos, indeferi o pedido de efeito suspensivo, tendo em vista a ausência dos pressupostos legais.

Por seu turno, às fls. 87 dos autos, certidão do DJUCI noticiando que, malgrado tenha sido regularmente intimada, a parte agravada não apresentou contra-razões ao recurso.

É o relatório.

Recife, 15 de maio de 2003 – *Eloy d'Almeida Lins*, relator.

VOTO – Entendo como acertada a decisão hostilizada, desmerecendo qualquer censura.

Com efeito, pela natureza do contrato de seguro, onde o risco é algo imanente à avença, entendo que o aumento sazonal da sinistralidade, mesmo previsto em contrato como causa de sua rescisão, não se coaduna com as disposições do vigente Código de Proteção e Defesa do Consumidor (Lei n. 8.078/1990).

Ora, mesmo na hipótese de atraso no pagamento do prêmio, tem a jurisprudência entendido que a rescisão automática do contrato, em determinadas circunstâncias, não é possível. Se não, observe, *verbis*:

> Ementa: Seguro – Cláusula de cancelamento automático do contrato em caso de atraso no pagamento do prêmio – Insubsistência em face do Código Civil e do Código de Defesa do Consumidor.
>
> Não subsiste a cláusula de cancelamento automático da apólice, seja porque a resolução da avença é de ser requerida previamente em juízo, seja porque reputada nula em face do Código de Defesa do Consumidor (art. 51, incisos IV e XI) – Recurso conhecido, em parte, e provido. (REsp n. 323186-SP; REsp n. 2001/0053944-4 – Fonte: *DJ* – Data: 4.2.2002 – p. 00386 – Rel.: Min. Barros Monteiro – Data da decisão: 6.9.2001 – Órgão julgador: 4ª T.)

Além do mais, é de todo sabido que, ao celebrar um plano ou seguro de assistência privada à saúde, o consumidor, seja pessoa física ou jurídica, tem a legítima expectativa de que, caso ocorra o sinistro, a seguradora arcará com os respectivos custos.

No caso dos autos, a agravada firmou um contrato de seguro-saúde coletivo, com o objetivo de salvaguardar um grupo específico de segurados.

Destarte, o número de indivíduos envolvidos, notadamente por se tratar de uma apólice coletiva, conduz à necessidade de manutenção provisória do pacto, como medida que salvaguarda o direito à saúde de várias pessoas envolvidas, as quais, por certo, podem estar sofrendo alguma espécie de tratamento médico que, se interrompido, poderá lesar bens jurídicos intangíveis (saúde, vida etc.).

A cláusula que permite à seguradora considerar rescindido o contrato simplesmente por, em determinado período, considerar elevado o número de sinistros, s.m.j., contraria as diretrizes do Código de Defesa do Consumidor. É, portanto, nula de pleno direito por abusividade, na medida em que contraria expectativas legítimas da ora agravada, enquanto segurada.

A Cláusula n. 14 do contrato em tela contraria o escopo do contrato, estabelecendo vantagem exacerbada em prol da seguradora agravante; isto porque, tendo a agravada contratado seguro para beneficiar o seu grupo e, por outro lado, tendo a agravante aquiescido com o valor da contraprestação, a única forma de assegurar o direito de terceiros interessados, que necessitam estar acobertados por eventos imprevistos (presentes ou futuros), é a manutenção em vigor do negócio jurídico da forma em que foi primitivamente ajustado.

Ademais, certamente os segurados abriram mão de outros planos de saúde para beneficiarem-se da apólice coletiva firmada pela agravada, não sendo justo, portanto, que sejam prejudicados pela rescisão pretendida pela agravante, pois, como se sabe, terão de se submeter a outros prazos de carência exigidos por outras seguradoras com o fito de terem acesso amplo aos tratamentos/procedimentos médicos de que porventura necessitem.

Doutro turno, não se cogita nos autos de inadimplemento da agravada, ou mesmo má-fé, os quais, em princípio, poderiam justificar o cancelamento do plano em questão.

Anoto o detalhe de que a agravada contratou os serviços da agravante desde o ano de 1997, sendo a avença um típico contrato de adesão, em que a parte contratante, aqui agravada, pela hipossuficiência presumida, não pôde alterar o conteúdo das cláusulas entabuladas.

É o que os ingleses denominam de *unequal bargaining power*; ou, no bom Português: desigual poder de barganha. Isto porque não existe espaço para a fase pré-contratual de tratativas e discussões; as condições são preestabelecidas pelo fornecedor de produtos ou serviços, sem que reste qualquer possibilidade prática para o contratante modificá-las. Ora, resulta claro que, sem participação na discussão das cláusulas e necessitando adquirir o bem oferecido, a liberdade contratual resume-se em aderir (*pressure to buy*) aos termos contratuais apresentados. Não existe, assim, um poder de barganha igualitário entre as partes, havendo um claro desequilíbrio de forças. Essas são as características de um contrato de adesão. Além do mais, a forma padronizada (*unilaterally-draft form agreement*), com que se apresentam os contratos de adesão, limita – e muito – uma discussão amiúde sobre os termos e condições da avença, refletindo nas decisões que os fornecedores de produtos ou serviços pretendem impor após a celebração do pacto.

No caso dos autos, reside em prol da agravada e do seu respectivo grupo de segurados a necessidade de proteger-se o direito à saúde e à vida, exigência emergente dos princípios fundamentais em que repousa o próprio direito natural, sobrelevando qualquer outro interesse, ainda que se ache este expressamente tutelado pela lei ou pelo contrato.

A efetiva possibilidade da ocorrência de lesão grave e de difícil (ou até impossível) reparação existiria, sim, para a agravada caso não lhe tivesse sido concedida a providência liminar impugnada por via deste recurso; fato, este, acentuado pelos manifestos prejuízos de terceiros interessados, os quais ou estão necessitando ou poderão necessitar de atendimento médico ou hospitalar de urgência.

Anoto o detalhe de que a liberdade de contratar sofreu uma considerável limitação, a qual remonta desde a edição do Código de Defesa do Consumidor (Lei n. 8.078/1990), subordinando-se, atualmente, à prevalência do interesse social sobre o privado.

Esse fenômeno, intitulado pela melhor doutrina como "dirigismo contratual", reside, segundo Caio Mário da Silva Pereira (*Instituições de Direito Civil*, São Paulo, Saraiva, vol. III, 9ª ed., pp. 18-20), "na convicção de que o Estado tem de intervir na vida do contrato, seja mediante a aplicação de leis de ordem pública, que estabelecem restrições ao princípio da autonomia da vontade em benefício do interesse coletivo, seja com a adoção de uma intervenção judicial na economia do contrato, instituindo a contenção dos seus efeitos, alterando-os ou mesmo liberando o contratante lesado, por tal arte que logre evitar que por via dele se consume atentado contra a justiça".

Por fim, conclui o renomado civilista: "O que no momento ocorre, e o jurista não pode desprender-se das idéias dominantes no seu tempo, é a redução da liberdade de contratar em benefício do princípio da ordem pública, que na atualidade ganha acendrado esforço, e tanto que Josserand chega mesmo a considerá-lo a 'publicização do contrato'. Não se recusa o direito de contratar, e não se nega a liberdade de fazê-lo. O que se pode apontar como a nota predominante nesta quadra da evolução do contrato é o reforçamento de alguns conceitos, como o da regulamentação legal do contrato, a fim de coibir abusos advindos da desigualdade econômica; o controle de certas atividades empresariais; a regulamentação dos meios de produção e distribuição e sobretudo a proclamação efetiva da preeminência dos interesses coletivos sobre os de ordem privada, com acentuação tônica sobre o princípio da ordem pública, que sobreleva ao respeito pela intenção das partes, já que a vontade destas obrigatoriamente tem de submeter-se àquele".

Assim sendo, a intervenção do Estado na seara dos contratos teve por escopo evitar abusos exatamente quando, em situação como a ora examinada, seja necessária a preservação de sua função social.

Em resumo, entendo que a liminar deferida pelo Juiz *a quo* cumpriu bem o seu papel de resguardar o resultado prático do processo principal, não tendo qualquer nódoa que careça de corrigenda.

Feitas essas considerações, firme no acerto da decisão agravada, meu voto é no sentido de negar provimento ao recurso.

É como voto, Sr. Presidente.

Recife, 12 de junho de 2003 – *Eloy d'Almeida Lins*, relator.

Comentários de

TARCÍSIO TEXEIRA

Trata-se de acórdão que negou provimento a agravo de instrumento por meio do qual se pretendia reformar decisão liminar que determinou a manutenção do contrato de seguro-saúde coletivo pactuado entre seguradora, agravante, e estipulante, agravada.

A seguradora comunicou a empresa-cliente da resilição do contrato alegando falta de interesse na sua renovação, em razão de se ter tornado economicamente inviável diante da crescente utilização (sinistralidade) da assistência médico-hospitalar pelos oito segurados vinculados à empresa contratante (funcionários e/ou dependentes).

A decisão do Tribunal analisou a aplicação do Código de Defesa do Consumidor, especialmente quanto à questão de ser a pessoa jurídica considerada consumidora; bem como o fato de a cláusula que permite tal cancelamento ser abusiva e contrariar o próprio objeto contratual; e também o fato de o contrato de seguro-saúde em tela ser um contrato de adesão. Nesse passo, trouxe à baila o tema da prevalência do interesse social sobre o coletivo e a intervenção estatal na esfera contratual.

Para uma efetiva análise do acórdão, devem ser feitas algumas considerações prévias a respeito do contrato de seguro.

Através do contrato de seguro, o segurador, mediante pagamento do prêmio, assume a obrigação de garantir interesse legítimo do segurado, relativo a pessoa ou a coisa, contra riscos futuros e predeterminados. Conceito atualmente positivado pelo art. 757 do CC.

Vale lembrar que o seguro, um dos contratos mais antigos[1] da Civilização, baseia-se em probabilidades (possibilidade de ocorrência de um acontecimento).

As probabilidades são mensuradas pela "lei dos grandes números", que, por sua vez, trata-se de um princípio científico (atuarial) em que se estabelecem os fenômenos eventuais, determinando o grau de possibilidade de que se produza um determinado evento.[2]

Assim, a partir de dados estatísticos, é possível mensurar a ocorrência de eventos, o que possibilita à seguradora avaliar o risco[3] (grau de incerteza a respeito de um evento) para aquele bem que será objeto de seguro.

Um aspecto importante do seguro é a formação da mutualidade. O mutualismo, no contrato de seguro, dá-se na medida em que se consegue repartir entre um grande número de pessoas as conseqüências do advento de um sinistro[4] (ocorrência do evento segurado).

Nessa união de esforços, em que pessoas estão expostas ao mesmo risco, ocor-

1. Sobre o surgimento do seguro, v. Marcelo da Fonseca Guerreiro, *Seguros Privados: Doutrina, Legislação e Jurisprudência*, 2ª ed., Rio de Janeiro, Forense Universitária, 2004, pp. 1-5. Sobre a história e a evolução do seguro, v. Silney de Souza, *Seguros: Contabilidade, Atuária e Auditoria*, São Paulo, Saraiva, 2002, pp. 4-18.

2. Nesse sentido: Silney de Souza, *Seguros: Contabilidade, Atuária e Auditoria*, cit., p. 148.

3. A respeito do risco, suas características e classificação, v. João Marcos Brito Martins, *Direito de Seguro: Responsabilidade Civil das Seguradoras*, 2ª ed., São Paulo, Forense Universitária, 2004, pp. 44-49.

4. Marcelo da Fonseca Guerreiro, *Seguros Privados: Doutrina, Legislação e Jurisprudência*, cit., 2ª ed., p. 11.

re uma socialização das perdas, uma vez que isoladamente não teriam condições de suportar os prejuízos. Na ocorrência do sinistro, todos acabam participando na sua recomposição patrimonial, tendo em vista que contribuíram para a formação de um fundo, com o objetivo de fazer frente às indenizações ocorridas durante a vigência do contrato.

Outro ponto é que a "lei dos grandes números" observa a freqüência de acontecimentos de situações análogas, pois, à medida que aumenta o número de casos verificados, maiores serão (i) a precisão da mensuração do risco e (ii) a precificação (prêmio) do seguro a ser comercializado, a fim de formar um fundo adequado para cobrir as indenizações ocorridas durante a vigência do contrato.

Quanto à sinistralidade, ela é mensurada pelo valor dos prêmios arrecadados *versus* as indenizações pagas (no caso de seguro-saúde, pelas utilizações de assistência médico-hospitalar ou pelo reembolso destas). No geral, as indenizações não podem ultrapassar, normalmente, 70% dos prêmios pagos; ou seja: para cada 1.000 Reais pagos em prêmios se poderá indenizar até 700 Reais.

Dentro das seguradoras, cada segmentação de seguro (vida, automóvel, residência etc.), por ela comercializado, forma uma carteira. Nesta, a mutualidade formada serve para cobrir os sinistros ocorridos, sendo que, na proporção em que os eventos aumentem ou diminuam, os valores dos prêmios a serem pagos, por aqueles que pertençam à carteira, tendem a aumentar ou diminuir.

Já, no contrato de seguro-saúde coletivo (ou empresarial) com até 49 segurados (conhecidos no mercado como "PME" – "pequenas e médias empresas") aparentemente não há a formação do mútuo, pois a soma de esforços para fazer frente às coberturas fica prejudicada em razão do parco número de pessoas. As seguradoras não formam a mutualidade com todas as pequenas e médias empresas seguradas. Elas consideram cada contrato uma mutualidade, o que prejudica toda a sistemática do seguro, como visto anteriormente, especialmente porque, quanto maior o número de participantes, melhores são as condições de mensurar o risco (tanto que as estatísticas feitas por atuários e pelas próprias seguradoras levam em conta um número mínimo de 1.000 – de pessoas ou de bens).

Na verdade, as seguradoras comercializam um serviço/produto que não forma uma mutualidade, pois são considerados individualmente, em que o baixo número de participantes prejudica a formação de qualquer fundo. Aqui, a arrecadação de prêmios deve ser maior que os sinistros pagos – o que gera um problema, uma vez que eventual utilização hospitalar pode ultrapassar, e muito, os prêmios já arrecadados.

Associado a esse fato, as seguradoras têm em seus contratos cláusulas que avaliam a sinistralidade a partir dos últimos 12 meses do contrato, ou seja, consideram apenas os prêmios e utilizações do último ano de contrato.

Não raro acontece que durante anos a contratante apresenta uma sinistralidade baixa, gerando proporcionalmente grandes lucros à seguradora, mas quando, por uma eventualidade, utiliza uma cobertura contratual que represente expressivo valor monetário (diante do seu prêmio), o índice de sinistralidade aumenta e a seguradora cancela o contrato unilateralmente.

Quer dizer, a seguradora não avalia todo o histórico de arrecadação de prêmios daquele cliente. É o que aconteceu na presente demanda (e o que acontece diariamente no mercado securitário), pois a empresa era cliente desde 1998,[5] e enquanto não utilizou o seguro foi interessante à seguradora a manutenção do contrato. Entretanto, quando precisou utilizar sazonalmente (para tratar uma doença ou um acidente de

5. O acórdão ora menciona 1997, ora 1998.

um segurado), teve a pretensão de cancelamento unilateral da apólice de seguro.

Nestes casos, parece que não há álea contratual alguma para a seguradora, pois as utilizações não podem ultrapassar certo limite (em regra, 70%) relacionado aos prêmios pagos, sob pena de aumento dos prêmios ou rescisão contratual. Nesses contratos, considerados individualmente, a seguradora não faz a transferência de risco do segurado à mutualidade (até porque ela não existe), e nem para ela. Aqui, inexiste risco para a seguradora, que é próprio da atividade securitária, pois o risco é apenas da empresa contratante e dos seus beneficiários.

Esses contratos de seguro-saúde coletivo para pequenas empresas amoldam-se mais a um contrato de prestação de serviços, no qual a seguradora se compromete a cobrir eventos até um determinado limite, não havendo formação de mútuo e transferência de risco. E, se assim for considerado, é um contrato em que a seguradora não assume risco algum, só o de lucrar.

Diante desse fato, a cláusula contratual que prevê a rescisão unilateral, pela seguradora, por utilização que ultrapassou o índice estabelecido de sinistralidade, mesmo que sazonalmente, deve ser considerada abusiva e nula.

Primeiro, por contrariar o próprio objeto contratual, que é a cobertura de assistência médico-hospitalar,[6] através de reembolso das despesas ou pela utilização em rede referenciada[7] de prestadores médicos.

Segundo, porque a inviabilidade econômica (e a impossibilidade de sua manutenção em razão do déficit) desse contrato se dá pela própria falta de técnica securitária da seguradora, por não formar mutualidade para esse tipo contratual.

Terceiro, por ferir o princípio da boa-fé. O seguro é um contrato de máxima boa-fé, e isso vale não apenas para o segurado, mas também para a seguradora – o que, no caso sob comento, parece não estar presente, quando se comercializa algo que só beneficia uma parte, ultrapassando as técnicas necessárias ao negócio, o que acaba por frustrar a expectativa da estipulante e dos segurados.

Assim, um aumento esporádico na sinistralidade do contrato de seguro-saúde faz parte do risco desse negócio, até porque a utilização de cobertura médico-hospitalar é o objeto contratual.

No que se refere à aplicação do regime jurídico da Lei 8.078/1990 – Código de Defesa do Consumidor –, tendo em vista que a contratante é pessoa jurídica, mister se faz tecer um breve comentário sobre a teoria maximalista e a finalista.

A maximalista considera como consumidor toda pessoa física ou jurídica que adquire ou utiliza produto ou serviço como destinatário final. Em contrapartida, a teoria finalista (teleológica) leva em conta a intenção do Código de Defesa do Consumidor de proteger o consumidor que é vulnerável em relação ao fornecedor; logo, a princípio, uma pessoa jurídica não poderia ser considerada consumidora. Essa teoria, atualmente, tende a admitir a possibilidade de uma pessoa jurídica ser considerada consumidora em razão de algumas peculiaridades e "fragilidades" – por exemplo, a micro e a pequena empresas.[8]

6. Independentemente da vigência da Lei 9.656/1998 (que regulamenta o setor), a assistência médico-hospitalar visa à prevenção de doenças ou à recuperação da saúde (atingida por doença ou acidente pessoal).

7. "Rede referenciada" é própria do seguro-saúde, pois o objeto principal do contrato é o reembolso, e a rede é apenas subsidiária e facultativa. Já, nos contratos de planos de saúde é "rede credenciada", pois se trata de uma lista de prestadores para a utilização dos participantes.

8. O art. 51, I, do CDC prevê que nas relações de consumo entre fornecedor e consumidor-pessoa jurídica a indenização poderá ser limitada em casos justificáveis – o que externa a peculiaridade dessa relação, quando comparada à relação que tem o consumidor-pessoa física em um dos pólos.

Apesar de o acórdão ter passado à margem do tema, uma questão que poderia ter sido suscitada é a de a pessoa jurídica ser considerada "destinatária final" do serviço, a fim de ser, ou não, considerada consumidora.

Por ser a estipulante empresa de pequeno porte, também vulnerável às práticas abusivas de fornecedores, estaria plenamente abrigada pelas disposições do Código de Defesa do Consumidor.

Ainda, com relação à cláusula que prevê a possibilidade de rescisão unilateral do contrato pela seguradora em razão da falta de interesse, por elevação da sinistralidade, é nítida a violação de norma de ordem pública, que é o Código de Defesa do Consumidor, especialmente quanto ao previsto no art. 51, XI, que dispõe que são nulas de pleno direito as cláusulas que autorizem o fornecedor a cancelar o contrato unilateralmente sem que igual direito seja conferido ao consumidor.

O acórdão decidiu acertadamente quanto à manutenção provisória do contrato, tendo em vista a proteção do direito à saúde das pessoas abrigadas pelo seguro-saúde, que ficariam desamparadas pela interrupção repentina da cobertura securitária, em razão do cancelamento da apólice.

Nesse aspecto, de acordo com a Lei 9.656/1998, somente os seguros-saúde coletivos acima de 50 vidas seguráveis não poderão ter carências.[9] Logo, a pequena massa de 8 pessoas, ao ter de contratar nova cobertura com outra seguradora de saúde ou operadora de plano de saúde, estaria sujeita a um novo período de carência – o que pode colocar em risco bens jurídicos a serem tutelados, como a vida e a saúde física e mental (em detrimento do interesse contratual), como bem avaliou a decisão judicial de segunda instância.

Sob esse prisma, no cumprimento de um novo período de carência para a cobertura médico-hospitalar pode ocorrer um acidente ou doença que, ainda não tendo direito à cobertura, tornará difícil ou impossível sua reparação – o que leva à necessidade da preservação do contrato, diante da prevalência do interesse coletivo em preservar vidas sobre o interesse privado de lucro.[10]

Na questão de ser um contrato de adesão, o acórdão foi bastante feliz na abordagem do tema, uma vez que, na realidade das práticas do mercado, as pequenas empresas podem ser tão hipossuficientes quanto os consumidores pessoas físicas, pois não têm poder para mudar qualquer cláusula do contrato.

Poder-se-ia dizer que a adesão é relativa, pois o aderente tem a opção de escolher com quem contrata. Mas, como é sabido, em muitos mercados – e no de seguro-saúde não é diferente – as empresas têm suas minutas parametrizadas (independentemente da vigência da Lei 9.656/1998), o que torna os aderentes "reféns" dos clausulados semelhantes e padronizados, não restando ao contratante reais opções de escolha. Nestes contratos, ao aderente resta – quando muito – optar pelo dia de vencimento da prestação mensal.

Uma vez diante de uma relação de consumo, ressalta-se a questão do reconhecimento da vulnerabilidade do consumidor diante do fornecedor (art. 4º, I, do CDC), que nas relações firmadas em sede securitária pode ser ainda mais potencializada, uma vez que há desigualdade de informações entre as partes. Há um desequilíbrio de condições técnicas e econômicas entre seguradoras (fornecedoras) e contratantes (consumidores), inclusive quando estes são micro e pequenas empresas.

Contudo, apesar de a decisão judicial passar à margem da sistemática securitária,[11] parece-nos acertada a posição de manter um contrato que tem por objeto o trata-

9. Isso já é uma prática do mercado securitário de longa data.

10. Deixaremos de lado a questão dos impactos econômicos de determinadas decisões judiciais, em vista dos estudos de *law and economics* (relação do Direito e Economia).

11. Em geral, os operadores do Direito no Brasil desconhecem o mecanismo do seguro, fazendo com que muitas vezes se posicionem de forma equivocada.

mento de doenças e acidentes pessoais, tendo em vista a abusividade da cláusula que permite seu cancelamento de forma unilateral pela seguradora, quando entende ser inviável a manutenção de uma pequena massa por culpa exclusivamente sua, pois não formou a mutualidade atinente aos contratos de seguro.[12]

12. Mais recentemente se têm notícias de uma operadora em funcionamento no Brasil que mudou seu clausulado, resgatando a técnica securitária de formação de mútuos. Na prática, as empresas com até 49 vidas formam mútuos (um para cada mês de aniversário das apólices). Estes, sim, funcionam de maneira a formar um fundo adequado para cobrir as despesas com utilizações médico-hospitalares, sendo que a sinistralidade não é analisada por empresa-cliente, mas sim de toda a carteira de seguro-saúde coletivo de um determinado mês – o que é muito louvável.

Jurisprudência Comentada

PROPRIEDADE INDUSTRIAL – SEMELHANÇA ENTRE LOGOMARCAS

Identidade de atividade empresarial – Produto com marca registrada no INPI

Comentários de

ANALI DE OLIVEIRA ANHUCI

aos acórdãos do TJMT, 1ª C., nas Ap. cíveis 702/2004 e 47.343/2003

Ementa oficial: Recurso de apelação cível – Ação cautelar – Marca – Propriedade industrial – Semelhança entre logomarcas – Identidade de atividade empresarial – Produto com marca registrada no INPI – Sentença que ratifica medida liminar de busca e apreensão deferida pela instância superior no caso de reprodução ou imitação flagrante de marca registrada – Aplicação dos §§ 1º e 2º do art. 209 da Lei n. 9.279/1996 – Recurso improvido.

Merece proteção quem detém titularidade de marca contra a contrafação de seus produtos, a teor do que prescrevem os dispositivos insculpidos na Lei n. 9.279/1996.

(TJMT – 1ª C. – Ap. cível 702/2004 – Cuiabá – rel. Des. Jurandir Florêncio de Castilho – j. 7.5.2004 – v.u.)

ACÓRDÃO – Vistos, relatados e discutidos os autos em epígrafe: A eminente Turma Julgadora, composta pelo Des. Jurandir Florêncio de Castilho (relator), Des. Rubens de Oliveira Santos Filho (revisor) e Des. Licínio Carpinelli Stefani (vogal), na sessão da E. 1ª Câmara Cível do Tribunal de Justiça do Estado de Mato Grosso, sob a presidência do Des. Munir Feguri, proferiu a seguinte decisão: *À unanimidade, negaram provimento à medida cautelar, nos termos do voto do Relator.*

Cuiabá, 7 de maio de 2004 – *Munir Feguri*, pres. da 1ª Câmara Cível em substituição legal – *Jurandir Florêncio de Castilho*, relator.

RELATÓRIO – *O Exmo. Sr. Des. Jurandir Florêncio de Castilho*: E. Câmara, trata-se de recurso de apelação cível contra sentença prolatada pelo Juízo da 7ª Vara Cível da comarca de Cuiabá/MT, lançada nos autos da ação cautelar inominada proposta por Organização Leão do Norte Ltda. em desfavor de Sandi & Cia. Ltda.

A requerente sustenta na ação que, dentre vários produtos, fabrica o "Vinho Tinto Seco Composto com Jurubeba", que se distingue pela marca "Leão do Norte", e, considerando que efetuou registro no Instituto Nacional de Propriedade Industrial – INPI, detém a titularidade de referida marca; não obstante isto, afirma que a requerida passou a fabricar e a comercializar produto contrafeito, com a denominação "Vinho Tinto Seco Composto com Jurubeba Leão do Nordeste", onde ostenta rótulo que é cópia servil do produto por ela produzido, razão pela qual pugnou que lhe fosse deferida liminar de busca e apreensão dos produtos contrafeitos intitulados "Leão do Nordeste", para, no mérito, requerer a ratificação da liminar perquirida.

O Juízo monocrático, em análise perfunctória, não vislumbrando os requisitos autorizadores da medida, indeferiu a liminar requerida, citada decisão foi impugnada por agravo de instrumento, recurso, este, que acabou sendo provido pela 1ª Câmara Cível deste Tribunal, concedendo à autora a liminar de busca e apreensão dos produtos contrafeitos.

A liminar veio a ser ratificada pelo Juízo de origem ao ser prolatada a sentença.

Insurgindo-se contra a sentença proferida, a requerida, ora apelante, aduz que seus produtos não guardam semelhança com os produtos da apelada, bem como são incapazes de confundir o consumidor os rótulos de seus produtos, razão pela qual pugna pelo provimento da presente para reformar a sentença.

O recurso foi tempestivamente interposto, preparado, não tendo sido contra-arrazoado.

É o relatório.

VOTO – *O Exmo. Sr. Des. Jurandir Florêncio de Castilho* (relator): E. Câmara, a sentença objurgada não comporta nenhum reparo.

Com efeito, infere-se dos autos que a apelada registrou a marca "Vinho Tinto Seco Composto com Jurubeba Leão do Norte" no Instituto Nacional de Propriedade Industrial – INPI, dessa forma cabendo-lhe a exclusividade do uso desta marca em todo o território nacional, a teor do que estipula o art. 129 da Lei n. 9.729/1996. Se não, vejamos: "Art. 129. A propriedade da marca adquire-se pelo registro validamente expedido, conforme as disposições esta Lei, sendo assegurado ao titular seu uso exclusivo em todo o território nacional, observado quanto às marcas coletivas e de certificação o disposto nos arts. 147 e 148".

Por sua vez, o § 2º do art. 209 de referida lei estipula que, na ocorrência de reprodução ou de imitação flagrante de marca registrada, lícito ao juiz da causa determinar a apreensão dos produtos que imitem ou reproduzam ilicitamente a marca registrada. Assim, vejamos, a seguir, o dispositivo em comento:

> Art. 209. (...).
>
> (...).
>
> § 2º. Nos casos de reprodução ou de imitação flagrante de marca registrada, o juiz poderá determinar a apreensão de todas as mercadorias, produtos, objetos, embalagens, etiquetas e outros que contenham a marca falsificada ou imitada.

No caso em tela, consoante se verifica do cotejo das logomarcas acostadas aos autos (fls. 43-46), é manifesta a imitação de uma em relação à outra, fazendo com que a apelada experimente prejuízos ao ver utilizada sua marca de forma indevida pela apelante, destarte merecendo guarida a pretensão da apelada em buscar repelir que injunções neste sentido continuem a se perpetuar no tempo.

Portanto, uma vez presentes o *fumus boni iuris*, uma vez que a pretensão da apelada está fundamentada com base em disposição expressa de norma legal pertinente à espécie, bem como o *periculum in mora*, considerando que a contrafação dos seus produtos induz seus consumidores a comprar produto diverso, fazendo com que os prejuízos por conta disto se protraiam no tempo, não vejo como reformar a sentença para o fim de cassar a liminar que apreendeu os produtos contrafeitos.

Insta salientar que a presente ação foi ajuizada como preparatória de ação ordinária com pedido de abstenção, de modo que a apreensão dos produtos contrafeitos levada a efeito pela sentença que ratificou a liminar neste sentido deferida restabelece a paridade entre as partes no curso da ação principal e evita a perpetuação do ilícito perpetrado pela apelante em face do uso indevido de marca de outrem.

Assim, com essas considerações, conheço do recurso e nego-lhe provimento.

É como voto.

Ementa oficial: Recurso de apelação cível – Marca – Propriedade industrial – Semelhança entre marcas – Produto com marca registrada no INPI – Lesão aos direitos de propriedade industrial – Recurso improvido.

A precedência do registro de marca no INPI garante a proprietária contra a contrafação de seus produtos, a teor do que prescrevem as normas veiculadas pela Lei n. 9.729/1996.

(TJMT, 1ª C. – Ap. cível 47.343/2002 – Cuiabá – rel. Des. Jurandir Florêncio de Abreu – j. 21.6.2004 – m.v.)

ACÓRDÃO – Vistos, relatados e discutidos os autos do recurso de apelação cível n. 47.343/2003 – classe II – 20 –, comarca da Capital: Acordam os Membros da 1ª Câmara Cível do Tribunal de Justiça do Estado de Mato Grosso, sob a presidência do Des. Munir Feguri, por maioria de votos, em rejeitar a preliminar e, no mérito, por unanimidade, em negar provimento ao recurso. A composição da Câmara Julgadora foi a seguinte: Des. Jurandir Florêncio de Abreu (relator), Des. Rubens de Oliveira Santos Filho (revisor) e Dr. José Mauro Bianchini Fernandes (vogal convocado).

Cuiabá, 21 de junho de 2004 – *Munir Feguri*, pres. da 1ª Câmara Cível em substituição legal – *Jurandir Florêncio de Castilho*, relator.

RELATÓRIO – *O Exmo. Sr. Des. Jurandir Florêncio de Castilho*: E. Câmara, trata-se de recurso de apelação cível interposto contra sentença proferida pelo Juízo da 7ª Vara Cível da comarca de Cuiabá/MT, lançada nos autos da ação de abstenção c/c pedido de indenização promovida por Organização Leão do Norte em desfavor de Sandi & Cia. Ltda.

Na ação a autora aduz que, dentre vários produtos, fabrica o "Vinho Tinto Seco Composto com Jurubeba", que se distingue pela marca "Leão do Norte", e, considerando que efetuou registro no Instituto Nacional de Propriedade Industrial – INPI, detém a titularidade de referida marca; não obstante isto, afirma que a requerida passou a fabricar e comercializar produto contrafeito com a denominação "Vinho Tinto Seco Composto com Jurubeba Leão do Nordeste", onde ostenta rótulo que é cópia servil do produto por ela produzido, razão pela qual pugnou seja a requerida impedida de continuar usando a expressão "Leão do Nordeste", bem como seja esta proibida de comercializar produtos com rótulos imitativos do produto legítimo; outrossim, requereu também indenização pelos prejuízos experimentados.

O Juízo monocrático, acolhendo os pedidos formulados, determinou na sentença que a requerida se abstivesse de usar a expressão "Leão do Nordeste", ou qualquer outra assemelhada com a marca da autora, em rótulos imitativos, condenando a requerida a reparar os prejuízos ocasionados pelo uso indevido da marca, a serem apurados em liquidação.

Insurgindo-se contra a decisão, a requerida, ora apelante, interpôs o presente recurso, sustentando, preliminarmente, que é nula a sentença, por ter indeferido a produção da prova técnica, prova, esta, necessária para verificar se houve contrafação, sustentando, ainda, a nulidade da sentença em razão de não ter sido intimada da audiência de instrução e julgamento; desta forma, não pôde ser ouvida, ficando impossibilitada de completar sua defesa.

Isto posto, pugna por que seja cassada a sentença, no mérito aduz que não tinha conhecimento da existência da marca da apelada, assim como sustenta ser o rótulo de seu produto diferente do comercializado pela outra parte, razão pela qual requer o provimento do recurso para o fim de reformar a sentença.

Contra-arrazoando, a apelada pugna pela manutenção da sentença, pelos próprios e bem-lançados fundamentos.

O recurso foi tempestivamente interposto, preparado e contra-arrazoado.

É o relatório. À douta Revisão.

(...).

VOTO (Mérito) – *O Exmo. Sr. Des. Jurandir Florêncio de Castilho* (relator): No mérito carece de melhor sorte a apelante.

Conforme se depreende da comparação entre a logomarca de uma e de outra, é manifesta a semelhança nas características das duas marcas, seja no nome comercial dos produtos, seja nos rótulos que os identificam.

Assim, uma vez que a apelada comprovou a anterioridade de sua titularidade da marca em evidência nos autos, em face de tê-la registrado no Instituto Nacional de Propriedade Industrial – INPI, conclui-se que o produto da apelante nada mais é que uma imitação do outro produto, por isso não sendo lícito usá-lo.

Outro não pode ser o entendimento à luz dos dispositivos legais pertinentes à espécie; se não, vejamos.

Da Lei n. 9.279/1996:

> Art. 129. A propriedade da marca adquire-se pelo registro validamente expedido, conforme as disposições desta Lei,

sendo assegurado ao titular seu uso exclusivo em todo o território nacional, observado quanto às marcas coletivas e de certificação o disposto nos arts. 147 e 148.

Da Constituição Federal:

Art. 5º. (...).

(...).

XXIX – a lei assegurará aos autores de inventos industriais privilégio temporário para a sua utilização, bem como proteção às criações industriais, à propriedade das marcas, aos nomes de empresas e a outros signos distintivos, tendo em vista o interesse social e o desenvolvimento tecnológico e econômico do país;

(...).

Por sua vez, a respeito da matéria colhamse os apontamentos do douto Tavares Paes, in *Nova Lei da Propriedade Industrial*, Ed. RT, 1996: "Em suma, a exclusividade de uso da marca, conseqüente ao registro, importa proibição de uso de marca idêntica, semelhante, afim ou suscetível, de qualquer modo, de induzir em erro ou confusão, seja como marca propriamente dita, título de estabelecimento, papel, insígnia ou nome comercial, por parte de terceiro não autorizado".

No mesmo diapasão os ensinamentos de João da Gama Cerqueira, in *Tratado da Propriedade Industrial*: "Quando o comerciante ou industrial adota uma palavra, um símbolo ou um emblema como marca para distinguir seus produtos, o seu direito não se exerce sobre a representação material da marca escolhida ou sobre os exemplares em que ela se reproduz, mas sobre a própria palavra, sobre o próprio emblema, ideal ou abstratamente considerado, e, conseqüentemente, sobre sua representação sensível, de modo que o uso da mesma, símbolo ou emblema, embora em exemplares materialmente distintos, vem a constituir violação do seu direito", acrescentando que "a marca de fábrica e de comércio pode ser definida como todo sinal distintivo aposto facultativamente aos produtos e artigos das indústrias em geral para identificá-los e diferenciá-los de outros idênticos ou semelhantes de origem diversa".

Neste sentido:

Recurso de apelação cível – Cominatória – Marca – Propriedade industrial – Forte semelhança entre as logomarcas – Coincidência da atividade comercial – Possibilidade de indução do consumidor a erro – Recurso provido.

Ocorrendo coincidência nas características entre as duas marcas e atuando as empresas litigantes no mesmo ramo comercial, pode o consumidor ser induzido a erro, além de ocorrer lesão aos direitos de propriedade industrial, tanto na esfera constitucional quanto na esfera ordinária (RAC n. 27.187, Barra do Garças, 2ª C. Cível, rel. Des. Odiles Freitas Souza).

Ante, pois, todo o exposto, e com estas considerações, nego provimento ao recurso.

É como voto.

VOTO (Mérito) – *O Exmo. Sr. Des. Rubens de Oliveira Santos Filho* (revisor): Consta dos autos que a empresa apelante, para a comercialização do produto contrafeito que fabrica – "Vinho Tinto Seco Composto com Jurubeba" –, vem utilizando-se da marca "Leão do Nordeste", a qual se assemelha, em muito, com os produtos da apelada, que explora a marca "Leão do Norte".

Há nos autos comprovação eficaz de que a apelada explora a marca "Leão do Norte" há mais de 50 anos; inclusive é detentora de certificado de registro expedido pelo Instituto Nacional de Propriedade Industrial – INPI, datado de 2.5.1989, que lhe conferiu exclusividade do uso da marca nominativa "Jurubeba Leão do Norte" pelo prazo de 10 anos, nos termos do art. 85 do Código da Propriedade Industrial, prorrogados por mais 10 em 2.9.1999 (docs. de fls. 33-35).

Como sabido, a marca é o sinal ou expressão destinado a individualizar os produtos ou serviços de uma empresa, identificando-os.

O "Vinho Tinto Seco Composto com Jurubeba" da marca "Leão do Norte" de longa data é comercializado no território nacional, sendo, portanto, fato público e notório a sua comercialização pela apelada.

É do conhecimento jurídico que o nome comercial é protegido independentemente de depósito, de registro ou da prática de qualquer outra formalidade, derivando sua tutela do simples fato da regularidade da constituição da sociedade, mediante arquivamento, na Junta Comercial competente, dos respectivos estatutos ou contratos.

No tocante à reprodução ou à imitação, que é a espécie versada nos autos, dispõe expressamente o art. 59 do Código da Propriedade Industrial que: "Será garantida no território nacional a propriedade da marca e o seu uso exclusivo àquele que obtiver o registro de acordo com o presente Código, para distinguir seus produtos, mercadorias ou serviços, de outros idênticos ou semelhantes, na classe correspondente à sua atividade".

O argumento da apelante é o desconhecimento da marca da apelada e que a sua marca tem registro no Ministério da Agricultura, e que estaria buscando o registro no Instituto Nacional de Propriedade Industrial quando foi citada dos termos da ação promovida pela apelada.

O que se vê dos autos é que o produto comercializado pela apelante assemelha-se, em muito, com a marca registrada da apelada, já que os rótulos foram confeccionados com as mesmas cores dos produtos da apelada, de forma que totalmente impertinente a alegação de que não se trata de contrafação de marca e/ou desvio de clientela, porquanto evidenciada na hipótese a possibilidade de confusão entre os consumidores dos produtos da apelada, e, por conseqüência, em previsíveis prejuízos econômicos, além de afrontar o art. 129 da Lei n. 9.279/1996, que dispõe: "A propriedade da marca adquire-se pelo registro validamente expedido, conforme as disposições desta Lei, sendo assegurado ao titular seu uso exclusivo em todo o território nacional, observado quanto às marcas coletivas e de certificação o disposto nos arts. 147 e 148".

Tavares Paes (in *Nova Lei da Propriedade Industrial*, Ed. RT, 1996, p. 24) observa que "o nosso sistema de registro é o atributivo, segundo o qual o registro assume caráter constitutivo do direito ao uso exclusivo da marca".

Nesse sentido, confira-se a jurisprudência:

Comercial e civil – Direito marcário – Uso indevido de marca caracterizado – Abstenção – Indenização.

A violação marcária se dá quando a imitação reflete na formação cognitiva do consumidor, que é induzido, por erronia, a perceber identidade nos dois produtos de fabricações diferentes. O uso indevido de marca alheia sempre se presume prejudicial a quem a lei confere a titularidade. Recurso parcialmente conhecido e, nessa parte, provido (STJ, REsp n. 510885-GO (2003/0035347-0), rel. Min. César Asfor Rocha, 4ª T., j. 9.9.2003).

Propriedade industrial – Marca – Similaridade – Princípio da especificidade – No princípio da especificidade está ínsita a noção da diversidade do ramo de atividade explorado – Marcas similares – Atividades do mesmo ramo – Confusão entre consumidores (STJ, REsp n. 36517-SP (1993/0018275-7), rel. Min. Cláudio Santos, 3ª T., 2.5.1995).

Propriedade industrial – Marca – Nome comercial – A precedência do registro de marca no INPI e do nome na Junta Comercial, além da notoriedade, garantem a proprietária contra o uso de nome e marca cuja semelhança possa induzir em erro o consumidor – Recurso não conhecido (STJ, REsp n. 30751-SP, rel. Min. Ruy Rosado de Aguiar, 4ª T., 7.6.1994).

Processual civil – Comercial – Recurso especial – Ação indenizatória – Imitação de modelo industrial – Violação da propriedade industrial – Concorrência desleal – Legitimidade ativa. Aquele que se utiliza de desenho industrial, para fabricar e comercializar produto, detém legitimidade para propor ação indenizatória contra o contrafator, por violação à propriedade industrial ou por concorrência desleal (STJ, REsp n.466360-SP, rela. Min. Nancy Andrighi, 3ª T., j. 26.8.2003).

Como se vê, os entendimentos, tanto jurisprudenciais como doutrinários, conduzem à conclusão de que a violação da marca se dá quando a imitação reflete na formação cognitiva do consumidor, que é induzido, por erronia, a perceber identidade nos dois produtos, de fabricações diferentes.

Diante dessas considerações e fundamentos, nego provimento ao recurso.

É como voto.

VOTO (Mérito) – *O Exmo. Sr. Des. José Mauro Bianchini Fernandes* (vogal): Acompanho os votos precedentes.

Comentários de

ANALI DE OLIVEIRA ANHUCI

Os acórdãos retro-reproduzidos merecem comentários não em razão da complexidade da lide submetida a julgamento, mas sim por abordarem, com propriedade, inúmeras questões afetas à disciplina da propriedade industrial e legislação pertinente.

Cuida-se de recursos de apelação interpostos por Sandi & Cia. Ltda. contra as sentenças de procedência proferidas em ações cautelar e ordinária, ratificando a concessão de liminar de busca e apreensão e condenando-a a cessar, em definitivo, o uso da expressão "Jurubeba Leão do Nordeste" na identificação de seus produtos, bem como de rótulos imitativos daqueles utilizados pela demandante "Organização Leão do Norte", produtora do conhecidíssimo vinho tinto composto "Jurubeba Leão do Norte" desde 1920. A sentença de primeiro grau proferida na ação principal condenou a recorrente, ainda, a indenizar a autora pelos prejuízos decorrentes de seu comportamento ilícito, em montante a ser apurado em sede de execução de sentença.

Ambos os recursos de apelação foram acertada e integralmente repelidos pela Câmara Julgadora.

Ao apreciar o recurso interposto contra a sentença prolatada na ação cautelar, desde logo destacou o Relator a quase-identidade entre os rótulos afixados aos produtos das partes litigantes, bem como entre as expressões que identificam as bebidas, reconhecendo que à recorrida, com efeito, era assegurado o direito de uso exclusivo de sua marca registrada em todo o território nacional, a teor do quanto dispõe o art. 129 da Lei de Propriedade Industrial, n. 9.279/1996.

A iniciativa da recorrente de identificar seu produto por expressão que consistia em flagrante imitação do signo de titularidade da recorrida autorizou esta última a lançar mão das prerrogativas que a Lei de Propriedade Industrial lhe confere, merecendo especial destaque a norma inserta no § 2º do art. 209 do referido diploma legal, que autoriza o juiz da causa a determinar a busca e apreensão de todos os produtos, embalagens, etiquetas e outros materiais que estampem a marca imitada.

Por óbvio que à recorrida cabia, quando do ajuizamento da ação cautelar em caráter preparatório, demonstrar o preenchimento dos requisitos do *fumus boni iuris* e *periculum in mora*, tendo a Câmara Julgadora do recurso reconhecido que ambos haviam restado fartamente comprovados, especialmente porque (i) a recorrida é a legítima titular da marca "Jurubeba Leão do Norte", regularmente concedida pela autarquia competente, e (ii) a quase-identidade entre a expressão utilizada pela recorrente em seus produtos e a marca registrada da recorrida, bem como entre os rótulos dos produtos, evidenciava o ilícito imputado à recorrente e a possibilidade de confusão por parte do público consumidor. Autorizada, assim, a concessão da liminar de busca e apreensão, ratificada pela sentença atacada, que, de fato, não merecia reforma, salientou o Relator, ao final, que "a apreensão dos produtos levada a efeito (...) restabelece a paridade entre as partes no curso da ação principal e evita a perpetuação do ilícito perpetrado pela apelante em face do uso indevido de marca de outrem".

Merece pequeno reparo, *data venia*, esta passagem do julgado, na medida em que a execução de liminar de busca e apreensão no bojo de procedimento cautelar preparatório não tem o condão de impedir a continuidade da comercialização do produto que estampa a marca imitada ou reproduzida – conseqüência, essa, própria da concessão da antecipação da tutela jurisdicional na ação principal.

O recurso interposto contra a sentença que julgou procedente a ação principal foi igualmente rejeitado, enfatizando o voto do Relator, desde logo, que a estreita semelhança entre as marcas e os rótulos dos produtos impunha a outorga da tutela prevista na Lei de Propriedade Industrial à recorrida.

Ao apreciar a quase-identidade entre as expressões que identificam os produtos das partes e entre seus rótulos, acrescenta o julgado que o nome comercial da recorrida era igualmente merecedor de proteção, eis que também parcialmente violado pela recorrente; proteção, essa, independente de depósito, registro ou qualquer outra formalidade, que deriva da simples constituição regular da sociedade perante o órgão competente.

Com efeito, a preponderância de semelhanças sobre diferenças entre os rótulos afixados aos produtos fabricados pelas partes, aliada à quase-identidade das expressões que os identificam no mercado, afastou as alegações da recorrente de desconhecimento da marca da recorrida e da não-ocorrência dos ilícitos de uso indevido de marca e prática de atos de concorrência desleal.

A observação das semelhanças entre as marcas em detrimento das diferenças é, aliás, a forma correta de averiguação da ocorrência de ilícito contra marca registrada e da possibilidade de confusão junto ao público consumidor, conforme lições de João da Gama Cerqueira que aqui merecem ser relembradas:

"(...). Êste, porém, não é o caso da possibilidade de êrro ou confusão, em matéria de marcas, cuja apreciação está sujeita a regras e princípios, legais ou doutrinários, a que não pode se esquivar quem tenha de pronunciar-se em questão dêste gênero.

"Entre estas regras encontra-se, em primeiro lugar, a do art. 95, n. 17, do Código da Propriedade Industrial, segundo a qual se considera 'existente a possibilidade de êrro ou confusão, sempre que as diferenças entre as marcas não se evidenciem sem exame ou confrontação'. Dêste preceito se deduzem três princípios da maior importância no assunto:

"*1º) as marcas não devem ser confrontadas e comparadas, mas apreciadas sucessivamente, a fim de se verificar se a impressão causada por uma recorda a impressão deixada pela outra*;

"*2º) as marcas devem ser apreciadas tendo-se em vista não as suas diferenças, mas as suas semelhanças*;

"*3º) finalmente, deve-se decidir pela impressão de conjunto das marcas e não pelos seus detalhes*" (*Tratado da Propriedade Industrial*, vol. II, t. II, Parte III, Rio de Janeiro, Revista Forense, 1956).

Assim, detectada e reconhecida a estreita semelhança entre as marcas em tela e rótulos dos produtos, restou demonstrada a efetiva possibilidade de confusão junto ao mercado consumidor, logrando a recorrente, graças ao seu reprovável comportamento, desviar a clientela da recorrida.

Finalmente, no que diz respeito ao pleito indenizatório deduzido na ação principal e acolhido em primeira instância, destacou o julgado, citando precedente do STJ, que o uso indevido de marca sempre se presume prejudicial a quem a lei confere a titularidade.

Embora nem o precedente do STJ nem o julgado ora comentado expressamente versem sobre os termos da legislação aplicável no que concerne ao tema da indenização por violação a direitos de propriedade industrial, é verdade que um dos critérios oferecidos pelo art. 210 da Lei 9.279/1996, de Propriedade Industrial, para apuração do montante devido ao prejudicado prescinde da efetiva comprovação dos danos reclamados, determinando que a indenização pode ser calculada considerando-se o valor que o autor da violação teria pago ao titular do direito caso uma licença de exploração houvesse sido requerida e concedida.

Sem sombra de dúvida, as peculiaridades do litígio ensejaram a abordagem de muitos institutos e previsões da Lei de Propriedade Industrial, consistindo em importante referência e precedente, pela precisão com que os ilustres Julgadores apreciaram e decidiram a lide.

GRÁFICA PAYM
Tel. (011) 4392-3344
paym@terra.com.br